Strafrechtsfälle.

Zum

akademischen Gebrauch und zum Selbststudium.

Von

Dr. L. v. Bar,
ord. Professor der Rechte an der Universität Breslau.

Berlin,
Verlag von J. Guttentag. (D. Collin.)
1875.

Praktische Uebungen scheinen in neuester Zeit wieder eine wichtigere Stelle im juristischen Unterrichte einnehmen zu sollen, und überflüssig würde es in der That sein, den Werth solcher Uebungen für die Belebung des Studiums, für den persönlichen Verkehr der Lehrenden und der Lernenden eingehend darzulegen. Indeß mögen einige Bemerkungen gestattet sein, um die Methode der Ausarbeitung der vorliegenden Sammlung und folgeweise auch die Methode, in welcher der Verfasser diese Sammlung benutzt sehen möchte, zu kennzeichnen.

Die praktische Uebung während der Universitätszeit kann allerdings nicht vollständig Dasjenige leisten, was die wirkliche Praxis zu bieten im Stande ist. Der persönliche Verkehr mit Parteien, Zeugen, Sachverständigen und Anwälten entrollt die Lebensverhältnisse weit vollständiger und farbenreicher, als kurze Erzählungen und selbst vollständige Acten zu thun vermögen, und immer bleibt der wichtige Unterschied, daß eine sehr wesentliche Seite der Praxis gerade in der richtigen Heranziehung des Materials, in der Vermeidung und Beseitigung unnützer Schwierigkeiten, in der Schulung des Verstandes und Entschlusses durch den Geschäftsdrang besteht. Auf der anderen Seite aber haben praktische akademische Uebungen — und dies wird nicht selten von Praktikern verkannt, welche der Universität hier eine zu geringe Bedeutung zuschreiben — auch vor der wirklichen Praxis ihre eigenthümlichen Vorzüge. In der wirklichen Praxis müssen die Fälle genommen werden, wie sie eben kommen, und selbstverständlich ist, daß in der Praxis der Strafgerichte erster Instanz die Fälle des juristischen Alltagslebens, aus denen der juristische Verstand nur verhältnißmäßig wenig Gewinn ziehen kann, die große Mehrzahl bilden. Die praktische Uebung der Universität steht hier günstiger; zweckmäßig geleitet, kann sie in verhältnißmäßig kurzer Zeit dem Lernenden eine Menge interessanter Fälle zur Bearbeitung überweisen. Sodann ist die wirkliche Praxis geneigt — und hierin auch vollständig in ihrem Rechte — Schwierigkeiten möglichst zu umgehen, die Entscheidung zweifelhafter Fragen möglichst zu vermeiden. Die praktische Uebung der Universität wird umgekehrt jeden Fall möglichst erschöpfend behandeln; ja der Lehrer wird durch angemessene Variationen und Zusätze den Lehrstoff noch vermehren, das Interesse des Falles erhöhen können, und wenn die eigentliche Praxis oft nicht die Zeit läßt, dem einzelnen interessanten Falle sein volles theoretisches Recht zu gewähren, so hindert die akademische Uebung nichts, wenn nöthig, recht umfassendes Material heranzuziehen, und hierzu ist in der Regel der akademische Lehrer mehr befähigt, auch meist, was die theoretischen Hülfsmittel betrifft, schon äußerlich besser ausgerüstet, als ein wissenschaftlich gebildeter Praktiker, der etwa mit der Unterweisung angehender Juristen zu thun hat. Je besser Jemand aber von vornherein die möglichen Schwierigkeiten eines Falles zu würdigen versteht, um so besser wird er in der wirklichen Praxis, wenn es darauf ankommt, sie zu beseitigen, zu vermeiden, oder aber, wenn sie nicht vermeidbar sind, gleich anfangs die richtigen Schritte zur Instruction zu thun wissen, und so dürfte in der That die Behauptnng nicht zu gewagt sein, vielmehr durch die Erfahrung bestätigt werden, daß diejenigen jungen Juristen, welche an richtig geleiteten praktischen Uebungen bereits auf der Universität mit Eifer sich betheiligt haben, auch in der wirklichen Praxis sehr bald sich zu Hause fühlen.

Praktische Uebungen aber, welche die eben bezeichneten wünschenswerthen Ergebnisse liefern sollen, dürfen nicht etwa in Wahrheit in rein theoretische Erörterungen bekannter Controversen sich auflösen. Zwar können naturgemäß wichtigere Controversen nicht unberührt bleiben, und es hat auch seinen Nutzen, die eine und die andere schwierige Controverse von den Studirenden eingehend behandeln zu lassen. Im Allgemeinen aber werden den Vorzug verdienen solche Fälle, in denen schon die richtige Fragenstellung, die Aussonderung des Erheblichen von dem Unerheblichen Nachdenken erfordert, die dem zweifelhaften Grenzgebiete verschiedener Delicte angehören, oder in denen eine scheinbar unbedeutende Nüancirung des Thatbestandes die Grenze der strafbaren und der straflosen Handlung verschiebt. Zugleich aber erscheint es angemessen, den Fällen, soweit es mit wenigen Strichen geschehen kann, gleichsam die Farbe des wirklichen Lebens zu geben: ein ganz abstract erzählter Fall fesselt das Interesse weit weniger und gibt ja auch in keiner Weise Gelegenheit, die wichtige Kunst der Scheidung des Erheblichen vom Unerheblichen zu üben. Und nicht selten wird es auch von Nutzen sein, daß der Studirende sich versetze, nicht nur in die Stelle des entscheidenden Richters, sondern auch in die des Staatsanwaltes, des Untersuchungsrichters, des Vertheidigers oder juristischen Rathgebers der Partei. Er soll sein Augenmerk auch richten lernen auf nahe liegende, aber in der bisherigen Instruction des Falles noch nicht genügend bestimmt hervorgehobene oder übergangene Umstände, von denen nicht selten doch das Schicksal des Angeklagten abhängen kann, und wie in der wirklichen Praxis oft auf unvollständige Berichte und Erzählungen rechtsunkundiger Personen Verfügungen getroffen werden müssen, so wird es auch für die akademische Uebung vortheilhaft sein, hin und wieder absichtlich einen Fall mit etwas unvollständiger, unbestimmter Geschichtserzählung zu geben, bei welchem dann die Frage, auf welche näheren Umstände es noch ankomme, die wesentliche Frage bildet. Endlich erscheint es, wie im Civilrechte, so auch im Strafrechte zweckmäßig, den Blick öfter hinzulenken auf die Verhältnisse des gewöhnlichen Lebens, deren vielfach interessante juristische Seite übersehen zu werden pflegt, die aber, einmal in den Kreis des juristischen Nachdenkens gezogen, dasselbe von selbst täglich mit neuem Stoffe versorgen.

Die hier gegebenen Fälle umfassen ziemlich die wichtigeren Delicte des gemeinen Deutschen Strafrechts*); einzelne Verbrechensarten, die ihrer Natur nach nicht wohl für die akademisch-praktische Erörter-

---

*) Strafprocessualische Fragen mußten, da eine Deutsche Strafproceßordnung — und noch weniger eine zu dergleichen Fällen erforderliche Praxis — noch nicht existirt, principiell ausgeschlossen bleiben, und nur an wenigen Stellen, wo Strafrecht und Strafproceß gleichsam von einander abhängen, ist eine strafprocessualische Frage aufgeworfen worden.

ung sich eignen, sind absichtlich ausgeschlossen worden.*) Eine gewisse systematische Ordnung ist beobachtet; freilich hat sie, weil eben die große Mehrzahl der Fälle in verschiedene Materien des Strafrechts zugleich einschlägt, keine streng consequente sein können. Anzeigen über die Quellen, aus denen die einzelnen Fälle entnommen wurden — meist freilich auch mit mancherlei Modificationen entnommen wurden — ebenso literarische Notizen und selbst Ueberschriften sind nicht — letztere wenigstens regelmäßig nicht — hinzugefügt, um der vollkommen freien Behandlung und Beurtheilung in keiner Weise vorzugreifen. Dagegen ist besondere Aufmerksamkeit darauf gerichtet worden, daß wirklich oder scheinbar verwandte Fälle unmittelbar hintereinander gestellt sind, um so die Gegensätze der Begriffe, die wirklich entscheidenden Umstände recht scharf hervortreten zu lassen oder auch durch die Reihenfolge der Fälle auf die richtige Lösung mittelbar hinzuweisen, und diesem letzteren Zwecke dienen auch die zuweilen beigefügten kurzen Ausführungen des Staatsanwalts, der Vertheidigung; freilich, wie auch dem wirklichen Leben entspricht, so daß hin und wieder ein Trugschluß die juristische Widerlegung herausfordert. Zuweilen ist übrigens auch das Princip beobachtet worden, eine Reihe sehr verschiedenartiger Rechtsfragen in einem und demselben Rechtsfalle mit einander zu verbinden.

In vielfachen Beziehungen hat Verfasser die bekannten vortrefflichen Civilrechtsfälle R. v. Jhering's sich zum Muster auch für das Gebiet des Strafrechts genommen. Daß die hier vorliegende Sammlung einer gleich günstigen Aufnahme wie jenes Vorbild sich erfreuen sollte, wagt Verfasser freilich nicht zu erwarten. Immerhin aber hofft er, keine ganz überflüssige Arbeit unternommen zu haben, schon deshalb, weil seit der Gültigkeit des Deutschen Strafgesetzbuchs keine derartige Sammlung im Gebiete des Deutschen Reichs erschienen ist, und wenn bis jetzt der Verfasser bei den praktischen Uebungen, welche er seit einer Reihe von Jahren gehalten, auch mit dem Dictiren von Fällen sich beholfen hat, so ist er doch der Meinung, daß, wenn die Theilnehmer im Besitze einer einigermaßen reichhaltigen gedruckten Sammlung sich befinden, eine weit größere Anzahl von Fällen während eines Semesters zur Erörterung kommen kann, daß ferner einzelne Fälle mit Nutzen,

---

*) Beim Morde und einigen anderen schweren Verbrechen liegt auch die wesentliche Schwierigkeit meist nicht in der Rechts-, sondern in der Beweisfrage.

wenn die Theilnehmer schon weiter vorgeschritten sind, auch cursorisch durchgegangen werden können und daß endlich selbst die nicht vom Lehrer erörterten Fälle das eigene Nachdenken und Studium bei den Studirenden anregen; wie denn auch mehr befähigte Studirende, selbst ohne Hülfe des Lehrers, die Discussion und Lösung der hier gegebenen Fälle versuchen, dieselben zum Selbststudium neben den theoretischen Vorlesungen benutzen mögen.

Breslau, im April 1875.

Correcturen.

S. 3 Z. 15 von oben statt Ihren zu lesen Jahren.
S. 7 Z. 11 von unten zu lesen Trinkgenossen.
S. 69 Z. 15 und 17 von oben zu lesen Maleficant.
S. 70 Z. 11 von unten statt abschnitt zu lesen abschnitte.
S. 80 Z. 17 v. oben statt Adressanten zu lesen Adressaten.
S. 80 Z. 19 von oben statt eignet" zu lesen eignete.
S. 89 Z. 7 von unten zu lesen Interventionsklage.
S. 90 Z. 11 von unten zu lesen erklärt nachher.
S. 95 Z. 14 von unten statt 19 zu lesen 1).
S. 125 Z. 10 von oben zu lesen Verkäufers.

I.

Die Einfuhr gewisser Waaren ist aus Rücksichten der Veterinärpolizei eine Zeit lang verboten gewesen, gegenwärtig aber wieder frei gegeben. Jemand hat innerhalb jener Zeit Waaren der fraglichen Art verbotswidrig eingeführt; kann er jetzt, wegen dieser Contravention angeklagt, auf § 2 Abs. 2 des St. G. B. sich berufen, nach welchem bei Verschiedenheit der Gesetze von der begangenen Handlung bis zu deren Aburtheilung das mildeste Gesetz anzuwenden ist? Wie wäre es wenn die Aufhebung des betreffenden Einfuhrverbots zur Zeit der fraglichen Handlung bereits beschlossen, aber noch nicht publicirt worden wäre?

Könnte ein feindlicher Unterthan, der während eines von dem Deutschen Reiche geführten Krieges wegen Spionage in Untersuchung gezogen, aber noch während des Krieges entkommen ist, noch nachträglich, wenn der Friedensschluß darüber keine Bestimmungen enthält, verurtheilt werden? Wie wäre es, wenn ein Kriegsgefangener unter Bruch des Ehrenwortes während des Krieges entwichen wäre und nachher im Deutschen Reiche ergriffen würde? (Militär-Strafgesetzbuch v. 20 Juni 1872 § 159). — Wie wäre es, wenn der Spion, der entwichene Kriegsgefangene bereits rechtskräftig verurtheilt wäre? Könnte dann das ergangene Urtheil einfach in Vollzug gesetzt werden?

II.

Jemand hatte in Preußen in den Jahren 1867 — 1869 Champagnerweine fälschlich mit der Firma und dem Fabrikorte verschiedener Champagnerfabriken zu Reims bezeichnet und in den Verkehr gebracht. Auf Grund des § 28 des am 2. Aug. 1862 mit Frankreich abgeschlossenen Handelsvertrages und des § 269 (287) des Deutschen Strafgesetzbuchs im Jahre 1871 angeklagt, machte der Angeklagte den Artikel

11 des Friedensvertrags zwischen dem Deutschen Reiche vom 10. Mai 1871 und Frankreich und § 2. Abs. 2 des St. G. B. geltend. In dem citirten Art. 11 des Friedensvertrags, der übrigens gerade in der hier fraglichen Beziehung durch Art. 11 der gesetzlichen Uebereinkunft vom 12. October 1871 (Reichsgesetzblatt S. 368) wieder außer Kraft gesetzt ist, sind nämlich die früheren Deutsch-Französischen Handelsverträge als aufgehoben bezeichnet.

III.

Jemand ist von Elsässischen Gerichten vor dem Kriege im Jahre 1870 in erster und zweiter Instanz wegen Betrugs verurtheilt worden, hat aber dagegen den Cassationsrecurs an den Pariser Cassationshof ergriffen. Dieser Gerichtshof hat, während der Heimathsort des Verurtheilten bereits von den Deutschen Truppen occupirt war, entschieden, daß die Verfolgung des Verurtheilten aus rechtlichen Gründen überhaupt unstatthaft gewesen sei. Mußte diese Entscheidung während der Occupationszeit, muß sie nach dem Friedensschlusse respectirt werden? Würde es einen Unterschied machen, wenn zwar nicht der Heimathsort (Wohnsitz) des Verurtheilten, wohl aber der Ort, an welchem das Delict begangen wurde, oder der Ort, an welchem das Gericht erster, oder das Gericht zweiter Instanz seinen Sitz hat, zur Zeit der Aburtheilung der Sache in der Cassationsinstanz, von den Deutschen Truppen occupirt war?

IV.

M. in Schlesien wohnhaft hat vor 12 Jahren unter Production gefälschter ärztlicher Atteste mit der Gesellschaft C.. einen Lebensversicherungsvertrag betrüglich abgeschlossen. Durch einen Zufall ist gegenwärtig die verübte Betrügerei an den Tag gekommen. Kann M. noch gegenwärtig bestraft werden? Könnte M. nicht abgesehen von dem Einwande der Verjährung noch die Aufnahme des Beweises geltend machen, daß durch den Abschluß des Vertrags die Versicherungsgesellschaft gar nicht geschädigt worden sei, da er, obschon zur Zeit des Vertragsabschlusses kränklich, nunmehr so lange gelebt habe, daß durch die jährlich von ihm geleisteten Zahlungen die Versicherungssumme schon jetzt vollständig gedeckt sei, oder eventuell, daß sich zur Zeit noch gar nicht übersehen lasse, ob jemals eine Schädigung und nicht vielmehr ein Vortheil der Gesellschaft eintreten werde, eventuell, daß nach den

Grundsätzen der Wahrscheinlichkeitsrechnung das Geschäft als ein für die Gesellschaft vortheilhaftes betrachtet werden müsse, ja daß es dies schon aus dem Grunde sei, weil die von der Versicherungsgesellschaft aufgestellten, von dem Versicherten bei Abschluß des Vertrags acceptirten Bedingungen die Clausel enthalten, daß betrügliche Angaben des Versicherten über die demselben vor Abschluß des Vertrags vorgelegten Fragen die Ungültigkeit der Versicherung neben Verfall der gezahlten Prämien an die Gesellschaft zur Folge haben sollen?

Nehmen wir an, der Schuldige sei ein Bayerischer Unterthan und die That in Bayern begangen, aber erst vor fünf Jahren (vom März 1875 gerechnet). Wie würde es hier mit dem Einwande der Verjährung stehen, da nach Art. 93,2) des Bayerischen Strafgesetzbuchs vom 10. Juli 1861, (in Kraft getreten 1. Juli 1862) das begangene Delict jedenfalls in fünf Jahren verjährt sein würde? Wie wenn die Handlung vor länger als fünf Jhren von einem Bayern in Bayern verübt, dieser aber gegen Ende des Jahres 1869 nach Preußen gezogen und Preußischer Unterthan geworden wäre? —

Wie wäre es, wenn ein Preuße vor länger als drei Jahren den betrüglichen Abschluß des Versicherungsgeschäfts dadurch veranlaßt hätte, daß er einen Arzt zur Ausstellung eines unrichtigen Gesundheitsattestes bewog und von diesem Zeugniß Gebrauch machte? Wie wenn der Versicherte, ohne dazu gefälschte oder unrichtige Atteste zu benutzen, nur wissentlich falsche Angaben über seine Verhältnisse gemacht hätte, z. B. über das Nichtvorkommen von Krankheiten unter seinen Verwandten?

V.

Zwischen zwei in der zum Deutschen Reiche gehörigen Stadt B. das dortige Polytechnicum besuchenden Russen Namens P. und S. endigt ein heftiger Wortstreit damit, daß P. dem S. eine Herausforderung zum Duell zusendet, und S. letztere annimmt. Das Duell selbst hat nicht in B., sondern in Böhmen ohne weitere Schaden für die Betheiligten stattgefunden.

Ist es richtig gegen die beiden Personen, welche nach B. zurückkehren, vor dem dortigen Gerichte Anklage wegen Herausforderung zu erheben?

Angenommen, das Duell hätte in einem Lande stattgefunden, in welchem dasselbe als solches gar nicht strafbar ist, sondern nur etwa rücksichtlich seiner Folgen als Todtschlag, Mord oder Körperverletzung bestraft wird, könnten dann im Deutschen Reiche die Anhetzer zu diesem Duelle bestraft werden, wenn ihre specielle Handlung im Deutschen Reiche vorgekommen wäre?

VI.

Nach einem Preußischen Gesetze vom 7. Mai 1853 ist die Abschließung von Auswanderungsverträgen in Preußen nur Inländern und zwar nur auf Grund einer von den Preußischen Behörden ertheilten besonderen Concession gestattet. Ausländer können die Concession nur unter besonderen Bedingungen erhalten. § 10. des Gesetzes bestimmt zugleich:

„Wer ohne Concession Verträge mit Auswanderern zum Zwecke deren Beförderung nach außerdeutschen Ländern schließt oder vermittelt, oder wer ohne Concession seine Vermittelung zur Abschließung solcher Verträge oder die Ertheilung von Auskunft über die Beförderung von Auswanderern anbietet, wird . . . bestraft.

L. betreibt nun in Hamburg das Geschäft der Auswanderer-Beförderung. Die Verträge über diese Beförderung werden der Art abgeschlossen, daß die Auswanderer ein Handgeld — eine Anzahlung — einsenden, oder an die Preußischen Vermittler zur Abführung nach Hamburg einzahlen und sodann von L. von Hamburg her brieflich oder durch jene Vermittler s. g. Haftscheine empfangen, welche 1) die Quittung über das gezahlte Handgeld, 2) der Bestimmungen über die Zeit der Abreise und über das ganze zu zahlende Ueberfahrtsgeld und 3) die näheren Bedingungen enthalten, unter denen von dem Unternehmer die Ueberfahrt geleistet wird.

Kann L. nach dem citirten § 10 von den Preußischen Gerichten verurtheilt werden, wenn er entweder brieflich, direct mit in Preußen wohnenden Auswanderungslustigen oder durch brieflich engagirte nicht concessionirte in Preußen wohnende Unterhändler durch Zustellung von sg. Haftscheinen Auswanderungsverträge abgeschlossen hat?

Kann ein Preuße nach der Preußischen Verordnung vom 5. Juli 1847 bestraft werden, wenn er bei einem Aufenthalt in Hamburg dort ein Loos der Hamburger oder einer andern auswärtigen Lotterie kauft und dasselbe mit nach Preußen nimmt? Wie ist es, wenn er sich brieflich ein Loos bei einem Hamburger Collecteur bestellt?

In § 1 des citirten Gesetzes heißt es: Wer in auswärtigen Lotterien, die nicht mit Unserer Genehmigung in Unseren Staaten besonders zugelassen sind, spielt, wer sich dem Verkaufe der Loose dergleichen auswärtiger Lotterien unterzieht, oder einen solchen Verkauf als Mittelsperson befördert . . . . soll mit einer fiscalischen Geldstrafe bis zu Fünfhundert Thalern bestraft werden.

Kann der Hamburger Collecteur, der per Post ein Loos einer nicht besonders zugelassenen auswärtigen Lotterie einem Preußen zusendet, von einem Preußischen Gerichte hiernach verurtheilt werden?

VII.

N. Inhaber einer Baumwollenwaaren-Fabrik in der Preußischen Stadt X. ließ sich, als er im Jahre 1872 zur Zeit der Blüthe des Börsenspieles in Wien einige Tage verweilte, von seinem dortigen Geschäftsfreunde L. verleiten, sich an dessen an der Wiener Börse betriebenen Speculationen in Industriepapieren mit dem für seine des N. Verhältnisse recht bedeutenden Betrage von 50,000 Thlr. zu betheiligen, ein Betrag, den er theils durch fremde auf ihn, den N., girirte, theils durch Wechsel erlegte, die L. auf N. zog und die N. sofort acceptirte und nachher denn auch in X bezahlte. L. stellte dagegen einen schriftlichen Empfangsrevers aus. Bei dem großen Börsenkrach im Jahre 1873 ging indeß jene ganze Summe bis auf den geringen Rest von 2000 Fl. ö. W. verloren, und die nun auch im Deutschen Reiche ausbrechende Krisis der Industrie veranlaßte N. zur Einstellung seiner Zahlungen.

Es wird nunmehr gegen ihn Anklage erhoben wegen einfachen Bankerutts — Verbrauch übermäßiger Summen im Differenzhandel mit Börsenpapieren — nach § 283. 1) des St. G. B.

N. opponirt, da die ihm zur Last gelegten Handlungen in Wien vorgenommen seien, er aber, obwohl im Deutschen Reiche wohnhaft, doch kein Deutscher, sondern Schweizer (Züricher) sei, so könne jedenfalls nicht ein Deutsches, sondern nur ein Oesterreichisches oder ein Züricher Strafgericht für zuständig erachtet werden.

Wie wäre es, wenn es sich um eine Anklage wegen betrüglichen Bankerutts nach § 281. 2) des St. G. B. handelte, der Abschluß der erdichteten Rechtsgeschäfte aber im Auslande erfolgt wäre? Wie wenn ein im Auslande sich aufhaltender Ausländer solche erdichtete Forderungen durch den Cridar selbst, oder durch eine hiesige von ihm brieflich bevollmächtigte Person bei dem hiesigen Concursgericht anmeldete?

VIII.

X. wird nach § 180 des St. G. B. wegen Kuppelei angeklagt, weil er mehrere junge Mädchen durch Geschenke, Geben von Reisegeld und Versprechungen bewogen habe, nach einer im Auslande gelegenen Stadt zu reisen, um dort in ein Bordell einzutreten. Die Vertheidigung macht geltend, die Handlung des X. könne höchstens als eine Vorbereitungshandlung für das im Auslande erfolgende Vorschubleisten der Unzucht betrachtet werden. Hier aber sei diese Handlung, da es sich um ein polizeilich concessionirtes Bordell handle, straflos. Die Vorbereitungshandlung zu einer an sich straflosen Handlung könne aber gewiß nicht mit Strafe belegt werden.

IX.

Zwei Deutsche Unterthanen haben im Auslande sich des Wilddiebstahls schuldig gemacht und sind deßhalb dort verurtheilt und bestraft worden. Es sind ihnen dort auch die Gewehre, welche sie bei sich führten, confiscirt worden. Eines ihrer Gewehre hat ein dortiger Forstschutzbeamter auf der auswärtigen fiscalischen Auction gekauft. Als dieser eines Abends von X, einem Preußischen Orte nach seiner Heimath zurückkehrte und dabei sein Gewehr mit sich führte, lauerte ihm der frühere Eigenthümer des Gewehres mit mehreren Genossen auf und zwang ihn unter lebensgefährlichen Drohungen mit Waffen, das Gewehr wieder herauszugeben. Der Staatsanwalt erhebt Anklage wegen Raubes nach § 250. Nr. 1. 3. des St. G. B. Die Vertheidigung wendet ein, Raub liege deshalb nicht vor, weil das auswärtige, die Confiscation des Gewehres aussprechende Strafurtheil hierorts nicht anzuerkennen oder zu vollstrecken sei. Um eine solche Anerkennung aber würde es sich handeln, wenn man annehmen wollte, daß durch die Confiscation nnd den sich daran schließenden Verkauf des Gewehres eine auch von unseren Gesetzen und Gerichten zu respectirende Eigenthumsänderung habe bewirkt werden können.

X.

Z., ein Angehöriger des Norddeutschen Bundesstaates M., war vor Erlaß des Bundesgesetzes vom 1. Novbr. 1867 über die Freizügigkeit durch rechtskräftiges Strafurtheil eines Gerichtes des Bundesstaates H. des Landes verwiesen worden. Kann Z., wenn er nunmehr, ohne

Begnadigung erhalten zu haben, nach H. zurückkommt, auf Grund des § 361 Nr. 2 des St. G. B. verurtheilt werden?

XI.

Ein zuweilen ausgeübter, freilich keineswegs unbedenklicher Scherz ist es, Jemanden trunken zu machen. Welches Strafgesetz könnte zur Anwendung kommen, wenn Jemand einem Anderen unbemerkt oder ohne dessen Vorwissen eine besonders stark berauschende Flüssigkeit unter den Wein mischt, und dieser davon trunken wird und am folgenden Tage einen furchtbaren „Katzenjammer" hat?

Die Folgen einer starken Berauschung, namentlich mit Liqueuren und Branntwein, können aber auch verhängnißvoll sein. Eine muntere Gesellschaft läßt einen großen Becher mit sehr starkem Grog unter sich umgehen: Jeder muß Bescheid thun und der Letzte stets die Neige vollständig leeren. Sie richten es nun so ein, daß diese Rolle immer den G. trifft, und zwar so, daß er alleiu immer die volle Hälfte des Bechers leert. Anfangs merkt G. die List; allein da er sich viel zutraut, kümmert er sich nicht darum, und nachdem der Becher ein Paar Male die Runde gemacht hat, ist G. bereits in einem Zustande, in welchem er ohne weitere Ueberlegung und wie mechanisch den Becher auf einen Zug leert. Nehmen wir an, G. bekommt in der Trunkenheit einen jener Wuthanfälle, die früher schon zur Belästigung der Zuschauer gereicht hatten. Unglücklicher Weise bringt er in diesem Zustande mit einem Bierseidel einer dritten an dem Gelage nicht betheiligten Person, die ihn zu beruhigen sucht, eine Kopfwunde bei, die eine länger dauernde Krankheit und eine häßliche Narbe verursacht. Ist G. allein oder sind seine Trunkgenossen auch dafür verantwortlich? Würde es einen Unterschied machen, wenn G. das listige Verfahren seiner Zechbrüder überhaupt nicht bemerkt hätte? Wären die Trinkgenossen etwa auch dann verantwortlich, wenn sie nicht gerade die Absicht gehabt hätten, den G. trunken zu machen, ihn aber durch Zutrinken oder auf andere Weise stark zum Trinken, wie man sich ausdrückt, genöthigt hätten? —

In X. kam folgender Vorfall zur Entscheidung der Gerichte. G. hatte sich berühmt, er könne ein ganzes Quartier Branntwein austrinken, ohne merklich trunken zu werden. S. bot ihm eine Wette an, daß er dies nicht könne, und erklärte sich bereit, wenn er wirklich ein Quartier Branntwein tränke, ihm dies zu schenken. G. nahm die Wette an, trank wirklich ein Quartier Branntwein welches ihm S. einschenkte, auf einen Zug und stürzte alsbald, nachdem S. ihm unmittelbar darauf noch $^{1}/_{8}$ Quart eingeschenkt und er auch dieses geleert hatte, sinnlos zusammen. Er starb, wie das ärztliche Gutachten bestimmt aussagte, an Alkoholvergiftung. S. wurde wegen fahrlässiger Tödtung verurtheilt. Ist das Urtheil juristisch haltbar? Auf welche Gründe könnte, angenommen, daß in der thatsächlichen Darstellung des Urtheils alles Obige gegeben wäre, eine Nichtigkeitsbeschwerde sich stützen?

Nehmen wir an, daß zwei Gäste die Wette eingehen, Wer am meisten trinken könne. Ist dann, wenn Einer von ihnen an den Folgen übermäßigen Branntweingenusses stirbt, der Gegner des Gestorbenen bei der Wette, oder der Wirth, welcher den Betreffenden fortwährend auf ihr Verlangen Schnaps eingeschenkt hat, oder sind Beide strafbar? Wie würde der Fall zu entscheiden sein, wenn einer der Trinkenden, der, weil er völlig besinnungslos wurde, auf sein gewöhnliches Strohlager im Pferdestalle geschafft wurde, am folgenden Tage stirbt, und wenn das Gutachten der Sachverständigen dahin geht, es sei als Todesursache anzusehen:

„der übermäßige Genuß von Branntwein, sowie vorzugsweise die lange Einwirkung von Kälte (im Pferdestalle) auf den durch völlige Trunkenheit in Lethargie versunkenen Körper."

Könnte nicht in diesem Falle auch eine Bestrafung Desjenigen oder Derjenigen stattfinden, die den Verstorbenen in den kalten Stall transportirt hatten?

Wie wäre es, wenn der Verstorbene sich noch selbst hinausbegeben hätte, draußen aber umgefallen wäre, und Niemand sich um ihn gekümmert hätte? Kommt es, wie die Anklage meint, in allen vorhin erwähnten Fällen lediglich auf den Umstand zur Begründung der Culpa an, daß man den traurigen Ausgang mit einiger Wahrscheinlichkeit hätte vorhersehen können und müssen, oder daß jener Ausgang wenigstens nicht ganz unwahrscheinlich war? — Sind wir auch dafür verantwortlich, wenn wir als Wirthe unsere Gäste auffordern und sie bestimmen, von gewissen schwer zu vertragenden Delicatessen tüchtig zu essen, und einer unserer Gäste unglücklicher Weise an den Folgen einer Indigestion stirbt, was z. B. bei alten Leuten leicht vorkommen kann? Sind wir juristisch verpflichtet, für das leibliche Wohl derjenigen Personen zu sorgen, die mit uns an einem Trinkgelage Theil nehmen und dabei, allerdings unter gegenseitigem Zutrinken, ihre Kräfte überschritten haben?

XII.

In einer Gaststube trinkt ein Kind aus einer dort während der Reinigung der Stube niedriger gestellten Schaale mit arsenikhaltigem Fliegengift. Das Kind ist noch an demselben Tage gestorben, und die Wirthin, welche während der von ihr vorgenommenen Reinigung des Zimmers das Fliegengift niedriger gestellt und die Stube auf wenige Augenblicke verlassen hatte, ist wegen fahrlässiger Tödtung angeklagt. Die Gutachten der beiden vernommenen Sachverständigen differiren. Der Physicus Dr. Ch. nimmt einfach an, daß durch den Genuß des arsenikhaltigen Fliegenwassers der Tod des Kindes verursacht sei. Der zweite Sachverständige Dr. M. dagegen führt aus, es sei fehlerhaft gewesen, wie im vorliegenden Falle geschehen, dem Kinde sofort die heftigsten Brechmittel zu geben, es in diesem Zustande nach der zwei Stunden entfernten Stadt zu fahren, und dort — auf Anordnung des dortigen Arztes — wiederum mit der Anwendung starker Brechmittel fortzufahren. Ein solches Erbrechen allein könne unter Umständen genügen, den Tod eines Kindes von schwächlicher Constitution, wie solche im vorliegenden Falle angenommen werden müsse, herbeizuführen.

Könnte nicht richtiger gesagt werden, daß im vorliegenden Falle nicht die Angeklagte, sondern die Eltern des Kindes, welche die verkehrte Behandlung des letzteren zuerst vornahmen, oder *der* Arzt, welcher dieselbe fortsetzte, oder Beide die Schuld an dem Tode des Kindes tragen?

Wie würde der Richter zu entscheiden haben, wenn zwar die verkehrte Behandlung des Kindes feststände, die *Conclusion* beider Sachverständiger aber dahin ginge, daß das Trinken des Arsenikwassers die Todesursache war? Würde es einen Unterschied machen, ob überhaupt ein Arzt sich bei der Behandlung des vergifteten Kindes betheiligte, ob überhaupt ein Arzt so schnell herbeizuziehen war, daß seine Hülfe voraussichtlich noch helfen konnte, oder etwa die Eltern glaubten mit sog. Hausmitteln auszukommen? Nehmen wir an, daß die Angeklagte in erster Instanz oder in zweiter (wenn es eine Berufung giebt) wegen fahrlässiger Tödtung verurtheilt wurden. Könnte sie etwa die Nichtigkeitsbeschwerde (Revision des Entwurfes der Deutschen Strafproceßordnung) zur Hand nehmen, um in letzter Instanz eine materiell andere Beurtheilung der Sache zu erlangen?

XIII.

Der Zimmermeister L. hat die Ausführung eines von ihm übernommenen Scheunenbaues seinem Polier P. übertragen. Dieser meldet ihm, daß er zum Richten fertig sei und damit vorgehen werde. L. antwortet ihm, daß er in der nächsten Woche nach der Baustelle kommen werde. P. nimmt aber, ohne L.'s Ankunft abzuwarten, schon früher mit verstärkten Arbeitskräften das Richten vor; hierbei stürzt das Gebäude ein und erschlägt einen der Arbeiter. Die Ursache lag darin, daß die Scheune, den Regeln der Baukunst zuwider, ohne jede zur Aufrechterhaltung des Bauwerkes erforderliche Querverbindung errichtet war, die von dem Polier angebrachten provisorischen Querverbände aber sich als ungenügend erwiesen hatten.

Kann L. nach § 222 des St. G. B. verurtheilt werden? Haftet L. ohne Weiteres für die Fehler, welche die von ihm engagirten Zimmerleute u. s. w. bei Ausführung des Baues begehen? Prästirt er culpa in eligendo? Oder kommt hier etwa § 2 des Norddeutschen Gesetzes vom 8. Juli 1868 in Betracht, wonach für den Betrieb des Bauhandwerks ein Fähigkeitsnachweis nicht mehr erforderlich ist?

Wie wäre der Fall zu beurtheilen, wenn der Meister zwar die Anordnungen richtig getroffen, dieselben aber unrichtig ausgeführt worden wären, und nun ein Geselle, z. B. in Folge Betretens eines fehlerhaft ausgeführten Gerüsts, eine Verletzung erlitten hätte?

XIV.

Jemand mißhandelt vorsätzlich eine Frau, indem er ihr von hinten einen heftigen Stoß in den Rücken giebt. Die Frau trägt ein Kind auf dem Arme; letzteres fällt in Folge des Sturzes zur Erde und erleidet einen Schädelbruch, an welchem es stirbt. Der Stoß selbst hat das Kind nicht getroffen; auch ist nicht anzunehmen, daß der Angeklagte das Kind zu verletzen beabsichtigte, wohl aber, daß er den Sturz des Kindes voraussehen konnte?

Kann er nach § 226 des St. G. B. verurtheilt werden?

Ist die Bestimmung dieses Paragraphen in Hinblick auf andere Bestimmungen des Strafgesetzbuchs als eine principiell richtige zu bezeichnen?

XV.

Die unverehelichte Minna R. hat in der Nacht vom 2/3 Februar 1873 ein Kind geboren, welches am andern Morgen, als die Frau P., ihre Dienstherrin, zu ihr in die Schlafkammer trat, bereits todt war. Nach dem ärztlichen Gutachten hat das Kind nach der Geburt gelebt, ist aber bald nachher gestorben. Als Todesursache wird angegeben, daß das Kind, welches im Bette geboren war, einem länger dauernden Drucke durch die Beine der Mutter ausgesetzt war und auch an atmosphärischer Luft Mangel gelitten habe. Hierdurch sei eine Blutüberfüllung im Gehirne eingetreten und in Folge deren der Tod. Die Angeklagte, welche früher noch nicht geboren hat, giebt zu ihrer Vertheidigung an — und den Umständen nach ist dies auch nicht unwahrscheinlich — sie habe die Geburt nicht so nahe bevorstehend erachtet, sei vielmehr von derselben überrascht, und dabei seien ihr sofort die Sinne geschwunden. Als sie die Besinnung wieder erlangt habe, sei das Kind schon todt gewesen.

Seitens der Anklage wird dagegen geltend gemacht, die beharrliche Verheimlichung der Schwangerschaft, welche allerdings in dem vorliegenden Falle stattgefunden hatte, sei die letzte Ursache des eingetretenen Todes des Kindes. Die Angeklagte hätte wissen müssen, daß sie bei dem Geburtsact leicht außer Stande sein würde, dem Kinde die nöthige Pflege und Sorgfalt zuzuwenden: da sie dennoch unterließ, sich Hülfe zu verschaffen, habe sie einer groben Fahrlässigkeit sich schuldig gemacht, deren Folge der Tod des Kindes gewesen sei. —

Wie würde der Fall zu beurtheilen sein, wenn angenommen werden könnte, daß die Angeklagte, z. B. weil sie früher schon einmal in derselben Weise geboren hatte, eine hülflose Niederkunft in der Absicht durch besondere Veranstaltungen, (z. B. dadurch, daß sie andere Bewohner des Hauses, des Stalles, auszugehen veranlaßte) herbeigeführt hätte, um dadurch auf die eine oder andere, vorläufig noch unbestimmte Weise den Tod des Kindes zu bewirken?

XVI.

A. hat dem B. vor die Brust gefaßt und heftig zurückgestoßen. Der Vorfall würde voraussichtlich ohne weitere Folgen geblieben sein, wenn nicht unmittelbar hinter dem B. ein niedriger Stuhl mit scharfkantiger Lehne gestanden hätte. Auf die letztere fiel B. so unglücklich, daß er eine Rippe brach und längere Zeit krank war.

Kann A., vorausgesetzt, daß eine Berufung auf Nothwehr unzuläßig ist, wegen vorsätzlicher Körperverletzung bestraft werden?

XVII.

In der Schule zu D. gab der dortige Elementarschullehrer in Ausübung seines disciplinaren Züchtigungsrechtes einem zehnjährigen Jungen eine starke Ohrfeige. Der Knabe erkrankte alsbald an einem bösartig werdenden Rothlaufe und starb an dem letzteren. Kann der Lehrer, und eventuell auf Grund welcher Bestimmungen, für diesen Erfolg verantwortlich gemacht werden, vorausgesetzt, daß der Rothlauf in Folge der Ohrfeige eintrat?

In einem anderen Falle entstand eine nicht unbedeutende Körperverletzung eines Knaben dadurch, daß der Lehrer mit einem Rohrstocke nach dem Rücken des Knaben schlug, dieser aber in Folge einer heftigen Bewegung, die er gerade im Augenblicke machte, von der Spitze des Stockes am Kopfe getroffen wurde.

Wie sind die vorstehenden beiden Fälle zu beurtheilen, wenn angenommen wird, daß nicht der Lehrer, sondern ein Dritter unbefugter Weise die Ohrfeige gab, den Schlag gegen einen Knaben, gegen einen Erwachsenen führte?

XVIII.

Ein Zimmermann war von einem anderen mit einem Beile auf den Kopf geschlagen. Der Schlag hatte Knochensplitter in das Gehirn getrieben. Hieraus entstand eine langwierige Krankheit, welche erst am 86. Tage mit dem Tode des Verletzten endete. Während des Verlaufes der Krankheit traten einzelne Tage, oft mehrere hintereinander ein, an welchen der Verletzte sich so wohl fühlte, daß er sein Handwerk betrieb und auch (mäßig) Branntwein trank. Das ärztliche Gutachten ging dahin, daß Verletzungen der fraglichen Art zwar meist in kürzerer Zeit einen tödtlichen Ausgang nehmen, daß sich jedoch mit Bestimmtheit nicht annehmen lasse, ob nicht der Verletzte bei besserer Pflege, und insbesondere, wenn er sich des Arbeitens und des Branntweintrinkens enthalten hätte, am Leben hätte erhalten werden können.

XIX.

Bei einer Schlägerei hat A. dem B. vorsätzlich, und ohne daß von einer Nothwehr die Rede sein könnte, einen Schlag auf den Arm mit einem schweren Knittel versetzt, so daß der obere Armknochen zerschlagen ist. Der den B. behandelnde Arzt glaubte anfangs den Arm heilen zu können. Die eigenthümliche Beschaffenheit des Bruches aber in Verbindung mit der nicht gesunden allgemeinen Körperbeschaffenheit des Verwundeten hinderte die Heilung. Der Arzt sah sich daher nach Consultation eines Collegen, der ihm zustimmte, veranlaßt zur Amputation des Armes zu schreiten, und an den Folgen dieser starb der Verwundete. Wie das Urtheil der in der Untersuchung vernommenen Sachverständigen beweist, wäre das Leben des A. vermuthlich zu retten gewesen, wenn der Arzt früher zur Amputation geschritten oder eine neuere freilich noch nicht allgemein bekannte Heilmethode angewandt hätte; daß aber ein Fehler gegen allgemein bekannte Regeln der Heilkunst begangen wäre, läßt sich nicht behaupten. —

XX.

Am Nachmittage eines Sommersonntages drängte sich eine große Menge von Menschen in das von X. über den Fluß führende Fährboot. Als dasselbe in die Nähe eines vorüberfahrenden Dampfbootes kam und von den durch letzteres erregten Wellen stärker geschaukelt wurde, schrie eine alte im Boote befindliche Frau: „Herr Gott, das Boot stürzt um!" In Folge dieses Angstrufes sprang eine größere Anzahl der auf der einen Seite des Fährbootes sitzenden Personen auf, und da sich nun das Gleichgewicht des Bootes verschob, fiel das letztere wirklich um, und mehrere Personen ertranken. Könnte der Fährmann, und wenn er mit einem Kechte fuhr, auch Letzterer wegen fahrlässiger Tödtung verantwortlich gemacht werden? Oder wäre die alte Frau allein verantwortlich? Wie wäre es, wenn der Fährmann in dem entscheidenden Augenblicke, als er den Schrecken der Passagiere bemerkte, laut gerufen hätte: „Sitzenbleiben", dieser Ruf aber nichts geholfen hätte?

XXI.

A. hatte, bewaffnet mit einer geladenen Pistole, in der Absicht seine Geliebte Maria H., welche ihm das Verlöbniß gekündigt hatte, zu erschießen, sich in das von der Maria H. bewohnte Haus begeben. Er bemerkte indeß, daß letztere zur Zeit nicht allein sei und wartete daher, bis sie das Zimmer verließ. Nun ging er ihr nach und setzte ihr nach kurzem Wortwechsel die Pistole, deren Hahn gespannt war, auf die Brust. Die Pistole entlud sich, und Maria H. stürzte, ins Herz getroffen, sogleich todt nieder.

A. ist der mörderischen Absicht vollkommen geständig. Er gesteht sogar, daß er den Finger am Drücker gehabt habe und im nächsten

Augenblicke losgedrückt haben würde, wenn nicht vorher durch eine abwehrende Bewegung, welche die Maria H. selbst machte, die Entladung bewirkt worden wäre. Den Umständen nach scheint es in der That vollkommen glaublich, daß diese abwehrende Bewegung, wobei die Maria H. wahrscheinlich den Drücker berührte, die Entladung herbeiführte.

XXII.

Der Angeschuldigte Sch., Maschinenwärter in einem Kohlenbergwerke, hatte, als der Untersteiger Z. und der Häuer K. aus dem Schachte mittelst der Fördermaschine ausgefahren waren, die durch die Beförderung von Personen gebotenen, auch durch seine Dienstinstruction ihm ausdrücklich vorgeschriebenen Vorsichtsmaßregeln nicht angewendet. Er hätte die Dampfmaschine nicht verlassen, ferner, um das Mißverhältniß der geringen Belastung des aufsteigenden Fördergestelles gegen die immer wachsende des hinabgehenden durch sorgfältige Leitung der Dampfmaschine auszugleichen gehabt, und namentlich, sobald das Fördergestell mit den darauf befindlichen Personen über der Mündung des Schachtes angelangt, die Maschine anhalten, und nachdem der Ausläufer das Fangzeug gezogen, das Gestell auf letzteres niederlassen müssen, so daß die beförderten Personen zu ebener Erde aussteigen konnten. Statt dessen hatte Sch. das Leiten der Maschine gänzlich unterlassen, und war daher das aufwärts gehende Fördergestell mit großer Schnelligkeit aus dem Schachte und über dessen Mündung hinaus bis an das ungefähr 9 Ellen über der ebenen Erde angebrachte zweite Fangzeug getrieben und dort erst zum Stehen gekommen.

Der Untersteiger Z. hatte nun, sobald das Gestell die Ausmündung des Schachtes erreicht hatte, die dort angebrachte Hängebank erfaßt und mit deren Hülfe, wenn auch fallend, den Boden erreicht. K. dagegen war auf dem Gestelle stehend bis an das obere Fangzeug gelangt, in dem Augenblicke aber, wo das erstere an das letztere traf, herab und unmittelbar in den 560 Ellen tiefen Schacht gestürzt, auf dessen Sohle man seinen ganz verstümmelten Leichnam aufgefunden hat.

Nach Lage der Sache und nach dem Gutachten der Sachverständigen ist dieser Erfolg herbeigeführt worden, entweder

1. dadurch, daß der Verunglückte, indem er an einen über dem Fangzeuge befindlichen Balken mit dem Kopfe anstieß, betäubt geworden und so hinabgestürzt ist, oder

2. dadurch, daß er, ohne solchen Zwischenfall durch die bloße Gewalt des Zusammenstoßes des Fördergestelles mit dem Fangzeuge von dem ersteren herabgeschleudert wurde, oder endlich

3. dadurch, daß er noch zu spät das Beispiel seines Begleiters nachahmend, von dem Gestelle herabspringend, statt auf den Boden in die Ausmündung des Schachtes gelangte. —

Jemandem, der zu fahren nicht versteht, der aber gleichwohl es unternimmt, einen mit zwei jungen muthigen Pferden bespannten Wagen zu lenken, gehen in Folge seiner Ungeschicklichkeit die Pferde durch. In dem Wagen befinden sich drei Personen. Zwei derselben bleiben, als das Rennen der Pferde gefährlich wird, im Wagen sitzen; einer springt in der Angst auf eine sehr ungeschickte Weise heraus und bricht den Hals. Die beiden anderen Insassen des Wagens kommen ebenso wie der Fahrende selbst ohne Schaden davon, da die Pferde zufällig stolpern und ein des Wegs kommender starker Mann nun sie vollends zum Stehen bringt. Ist der Lenker des Wagens für den Tod jener Person verantwortlich? Wäre etwa da für Derjenige verantwortlich, der absichtlich, z. B. um seine Freude an der Verlegenheit des ungeschickten Kutschers zu haben, die Pferde z. B. durch Schreien oder Trommeln auf einem Brette scheu gemacht hätte? Könnte er sich auch damit vertheidigen, daß solcher Lärm auf einer belebten Straße gar nichts Ungewöhnliches sei, Jeder also, der es unternehme, hier zu fahren, auf so etwas gefaßt sein müsse und allein selbst dafür verantwortlich sei, wenn seine Geschicklichkeit nicht seinem Wagstücke entspreche?

Nehmen wir an, daß ein Eisenbahnzug, in Folge eines Versehens oder einer Nachlässigkeit eines Bahnbeamten in der Nacht entgleist, und daß ein Theil der im Zuge befindlichen Personenwagen schief auf die Seite geworfen wird, ohne daß dadurch jedoch, wie es zuweilen vorkommt, irgend eine Person beschädigt wird. Ein sehr ängstlicher Passagier aber springt sogleich aus dem Wagen, und da sich der Zug gerade auf einer Brücke befindet, in den Fluß. Er ertrinkt hier oder wird durch einen Schlagfluß sofort getödtet. Kann gegen den schuldigen Eisenbahnbeamten die Bestimmung des § 316. Abs. 1 a. E. (verursachter Tod eines Menschen) zur Anwendung gebracht werden?

XXIII.

Der Wirthschaftsinspector W., der Förster M. und eine dritte Person S. gingen zusammen in dem zum Gute X. gehörigen umfangreichen Walde, in welchem sich auch ein fischreicher nicht unbedeutender Landsee befindet. Sie bemerkten, daß in einiger Entfernung drei Männer — offenbar unerlaubter Weise — angelten. Die beiden Erstgenannten W. und M., Beamte des Gutes, X., unternahmen sogleich die Verfolgung und Ergreifung der Contravenienten. W. näherte sich den Fischenden von der einen Seite, während M. ihnen von der anderen Seite den engen Weg an dem steilen Ufer des Sees abzuschneiden versuchte. S. postirte sich etwa in der Mitte zwischen den beiden Verfolgern. Zwei jener Männer entkamen nun gleichwohl; einer aber, der Arbeiter B., gerieth zwischen die beiden Verfolger und sah sich nun die Flucht abgeschnitten. Um zu entkommen lief er in den See. W. und M. verfolgten ihn in den See hinein und schlugen wüthend mit Stöcken nach ihm, freilich ohne ihn zu treffen. S. warnte „der Mann könne ja ertrinken; sie möchten ihn herauslassen.“ W. erwiderte aber darauf im Eifer der Verfolgung: „Der Teufel wird den Hund nicht holen; immer drauf, heraus!“ B. deckte nun, um nicht in's Gesicht von den rasch wiederholten Schlägen getroffen zu werden, sein Gesicht mit dem Arme, ging langsam zurück und ertrank, indem er in eine Vertiefung des Sees gerieth. Dem M. so wenig als dem W. war die Tiefe und Bodenbeschaffenheit des Sees bekannt. —

Angenommen, daß die Verfolger des B. das Recht zu dessen Festnahme hatten, wenigstens ihn zum Zwecke der Pfändung verfolgen durften, sind sie straffällig? Wie wäre es, wenn sie nicht mit Stöcken nach dem B. geschlagen, sondern auf die Verfolgung sich beschränkt hätten?

XXIV.

Die siebzehn Jahr alte, aber noch sehr schwache und wenig entwickelte Dienstmagd Auguste Th. trat zu Neujahr 1871 — mit Zustimmung ihres Vormundes — in den Dienst des Bauers B. und dessen Ehefrau. Sie wurde von Letzteren äußerst hart behandelt, erhielt sehr häufig Schläge mit Stöcken, Stricken, mit der Faust u. s. w.; ja der Bauer B. riß ihr einmal einen Verband ab, den sie um einen kranken Fuß gelegt hatte, die Frau übergoß sie mit Wasser.

Als sie endlich im Herbste 1871 krank wurde, stellten die B.'schen Eheleute ihre Mißhandlungen gleichwohl nicht ein, und ließen sie auch ferner noch das Vieh hüten und auf einer sehr kalten Strohschwinge noch im November schlafen. Ende November 1871 starb die Auguste Th. noch im Dienste der B.'schen Eheleute, und da das Gerücht verbreitet war, daß der Tod der Th. durch Mißhandlungen verursacht sei, wurde eine Untersuchung eingeleitet.

Die Obducenten erklärten, daß nach und nach die erwähnten Mißhandlungen erhebliche Nachtheile für die Gesundheit der Gestorbenen und schließlich in ihrer Gesammtheit den Tod verursacht haben. Bei keinem der angeführten Vorfälle haben übrigens die B.'schen Eheleute gemeinschaftlich die Th. gemißhandelt. Auf Grund welcher Bestimmungen können die B.'schen Eheleute verurtheilt werden? Kommt es etwa noch auf Ermittlung besonderer Umstände an, und eventuell welche sind dies?

Nehmen wir an, daß Auguste Th. im Sommer 1871 ihrem Vormunde ihre Noth geklagt, dieser aber ungeachtet des offenbar schon schlechten Befindens der Th. sie angewiesen hätte, den Dienst nicht zu verlassen. Könnte dann nicht auch der Vormund strafrechtlich verantwortlich gemacht werden?

In einem anderen Falle hatten mehrere Personen längere Zeit hindurch einen zwölfjährigen Knaben durch Schläge zu übermäßiger Arbeit gezwungen, und die Sachverständigen erklärten nachher, daß der schwache Knabe an der übermäßigen Arbeit, allerdings unter Mitwirkung auch der Schläge, schließlich gestorben sei. Sind beide Fälle gleich zu beurtheilen? Wären sie es nicht wenigstens dann, wenn in dem letzten Falle das Alter der mißhandelten Person dasselbe gewesen wäre, wie in dem ersten Falle?

XXV.

Der Bauer Ahrens fuhr mit zwei leeren hinter einander befestigten Wagen, deren erster mit zwei Pferden bespannt war, von der Stadt B. nach dem Dorfe M. zurück. Auf dem vorderen Wagen sitzend, hatte er die Leitung der Pferde dem mit ihm fahrenden Tagelöhner **Bußmann** überlassen. Auf dem Wege fuhr ihm in raschem Trabe der dreizehnjährige August **Jäger** auf einem mit zwei großen Hunden bespannten kleinen Wagen vorbei, indem er Ahrens und Bußmann wegen ihres langsamen Fahrens verhöhnte. Bußmann wurde hierdurch veranlaßt, wüthend auf die Pferde loszuhauen. Bei dem nun sich entspinnenden Wettlaufe verlor Bußmann aber die Herrschaft über die Pferde, fuhr, wie angenommen werden muß, freilich gegen seine Absicht, den Hundewagen über, und August Jäger gerieth dabei unter die Räder eines der beiden großen Wagen und wurde so erheblich am Kopfe verletzt, daß er nach drei Tagen starb.

Die beiden Pferde des Ahrens waren sehr mangelhaft eingespannt und gezäumt gewesen. Nur das rechtsgehende Pferd hatte ein Gebiß; das links gehende war nur mit einem Seile mittelst des Halfters gelenkt worden, und schon hierdurch war, wenn die Pferde in Trab gesetzt wurden, ein unsicheres Hin- und Herfahren bewirkt worden.

Kann gegen Bußmann und Ahrens Anklage erhoben werden und auf Grund welcher Bestimmungen des Strafgesetzbuches, wenn angenommen wird, daß Ahrens sich vollkommen passiv verhalten und den Bußmann zu hindern nicht versucht hatte? Wie, wenn er gelacht und etwa gesagt hätte „der verdammte Junge"? Hätte es eventuell genügt, wenn er Bußmann einfach aufgefordert hätte, langsamer zu fahren, oder mußte er, um straflos zu bleiben, wenn Bußmann in seinem Eifer, oder etwa weil er angetrunken war, nicht hörte, nöthigenfalls Gewalt anwenden, und hätte er es etwa riskiren müssen, daß ihn der stärkere Bußmann dabei vielleicht vom Wagen herunter geworfen hätte?

XXVI.

Der Gutsbesitzer A. bemerkte einen Raubvogel, der über dem Gutshofe schwebte. Er schoß auf den Vogel und stieg, um Etwas nachzusehen, auf einen im Hofe befindlichen Thurm, nachdem er, der Bequemlichkeit wegen, das Gewehr, dessen einer Lauf noch geladen war, außen an die Wand des Thurmes gelehnt hatte. Inzwischen kamen zwei Personen am Thurme vorbei. Eine derselben, der Tagelöhner T., nahm das Gewehr, spielte mit demselben und erschoß damit aus Unvorsichtigkeit seinen Begleiter.

Kann neben dem T. auch A. wegen fahrlässiger Tödtung verurtheilt werden?

M. hatte auf einem Tische seines Zimmers ein geladenes Terzerol liegen lassen. Zwei Knaben seines Hauswirths, die ihn zuweilen zu besuchen pflegten, Wilhelm und Heinrich S., im Alter von 11 und 8 Jahren, kamen in Abwesenheit des M. in das Zimmer, spielten mit dem Terzerol, und Heinrich erschoß dabei seinen Bruder Wilhelm. Ist M. wegen fahrlässiger Tödtung verantwortlich zu machen?

Jemand macht sich in unserem Gewehrschranke zu thun. Sind wir, um nicht eventuell wegen fahrlässiger Tödtung in Anspruch genommen zu werden, verpflichtet, ihn zu warnen, wenn in dem Schranke auch geladene Gewehre sich befinden? Müssen wir einen Sonntagsreiter, der eine unüberwindliche Neigung zeigt, ein uns gehöriges, nicht ganz leicht zu reitendes Pferd zu besteigen, davor warnen? Ein solcher Sonntagsreiter macht oft zu Pferde eine possirliche Figur. Wie wäre es, wenn Jemand, um sich einen Scherz zu machen, die Heftigkeit des Pferdes kennend, gleichwohl dem A., der ein nicht gerade geschickter Reiter ist, nicht warnte, sondern auf dessen Frage, ob das Pferd scheu oder heftig sei, erwiderte: „Sie sind ja, wie Sie mir oft gesagt haben, ein geübter Reiter, wie sollten Sie sich fürchten, das Pferd zu besteigen!", und wenn nun A. abgeworfen würde und eine schwere Verletzung erlitte? Würde es einen Unterschied machen, ob der Unfall dadurch mitherbeigeführt wurde, daß der unglückliche Reiter zufällig an einem wüthend bellenden Hunde oder einem Orgeldreher vorbeikam, oder daß einige Personen, welche die lächerliche Figur zu Pferde erblickten, dieselbe mit Hurrahschreien begrüßten oder daß einige Straßenjungen mit Steinen nach dem Pferde warfen?

Wäre hier, angenommen, daß Jemand den A. wirklich verleitet hätte, das Pferd zu besteigen, von einem eventuellen Dolus zu reden, da allerdings der Unfall mit einiger Wahrscheinlichkeit vorausgesehen werden konnte?

XXVII.

Der Bauergutsbesitzer A. will in der Nähe seines Hofes dort lagernde Steine zum Bau sprengen lassen und sucht dazu polizeiliche Erlaubniß nach. Diese wird ihm ertheilt unter der Bedingung, daß er die Steine zuvor in eine angemessene, bestimmt angegebene Entfernung von den Gebäuden seines Gehöftes und der Nachbarn bringen lasse. A. engagirte nun drei Arbeiter zur Sprengung der Steine, ohne daß er jedoch die polizeilich angeordnete Abfuhr der Steine bewirkt hätte. Die Steine wurden daher von den Arbeitern an dem ursprünglichen Lagerorte in einer Entfernung von nur fünf Schritten von einer Scheune des A. gesprengt. Ein heftiger Sturmwind, der gerade an dem Tage wehte, trieb die Sprengladung auf die Scheune zu und setzte letztere in Brand. Das Gehöft des A. und zwei andere nebenan stehende Gehöfte wurden in Asche gelegt.

Ist nun A. für diesen Erfolg verantwortlich, oder sind es auch oder sind es nur die Arbeiter?

Würde es einen Unterschied begründen, ob A. bei dem Steinsprengen unmittelbar mit Hand angelegt hätte, oder doch dabei zugegen gewesen wäre?

XXVIII.

Der Studiosus A. will die Universität zu H. verlassen und mit dem Nachts 1 Uhr von dort abgehenden Schnellzuge abreisen. Auf einer ihm zu Ehren in dem benachbarten Dorfe G. veranstalteten festlichen Kneipe verweilt er indeß zu lange, und veranlaßt nun, da er schon seinen Aufwärter mit dem Gepäcke nach dem Bahnhofe bestellt, auch bereits den Auftrag gegeben hat, ein sehr theures Billet nach einer entfernten Station für ihn zu nehmen, den Kutscher, der ihn nach dem Bahnhofe fährt, in einem übermäßig raschen Tempo zu fahren. Der Kutscher überfährt dabei einen Mann, der eine nicht unerhebliche Körperverletzung erleidet. Kann der Studiosus A. dafür verantwortlich gemacht werden, oder ist allein der Kutscher verantwortlich?

Wie wäre es, wenn der Studiosus A. gewußt hätte oder doch hätte wissen müssen, daß der Kutscher nicht nüchtern war, da er ihm selbst verschiedene Gläser mit starkem Grog hatte reichen lassen?

Wie wäre es, wenn der Unglücksfall dadurch wesentlich mit veranlaßt wurde, daß die überfahrene Person taub oder selbst etwas angetrunken war, so daß sie auf den Zuruf des Kutschers nicht hörte?

Wie wäre der Fall zu beurtheilen, wenn der in raschem Tempo fahrende Wagen mit einem anderen Wagen zusammenstieße, dessen Kutscher ebenfalls einer Unvorsichtigkeit in dem entscheidenden Augenblicke sich schuldig machte, z. B. indem er zu schnell oder zu scharf um die Ecke bog, und wenn nun eine in dem andern Wagen sitzende Person eine Verletzung erlitte? Wie, wenn diese Person zwar nicht äußerlich verletzt, aber so durch den heftigen Zusammenstoß erschreckt wurde, daß sie in Folge daran längere Zeit krank war?

Läuft in allen diesen Fällen die strafrechtliche Verantwortlichkeit mit der civilrechtlichen parallel?

XXIX.

Am zweiten Pfingsttage 187 . war auf der . . schen Eisenbahn dem Heizer R., der an diesem Tage den s. g. Rangirdienst auf dem Bahnhofe zu B. hatte, der Auftrag ertheilt worden, mit seiner Maschine dem nach S. abgegangenen stark besetzten Personenzuge zu folgen, um denselben später über eine Steigung der Bahn schieben zu helfen. Dieser Personenzug sollte vorschriftsmäßig bei der Station Z. halten. Der Führer des Personenzuges hielt aber, weil er der Meinung war, daß auf dem Bahnhofe zu Z. das betreffende Gleis für ihn noch nicht frei sei, plötzlich 400 Schritt vor der Station Z. an. Die Maschine des R. befand sich in der Rückwärtsbewegung, so daß R. sein Augenmerk häufig von der vor ihm liegenden Strecke ab und auf die arbeitenden Theile der Maschine wenden mußte. Da er nun wegen des starken Geräusches seiner eigenen Maschine das Bremssignal des vorauffahrenden Zuges nicht hören konnte und dieser sogar plötzlich durch den dichten Rauch einer auf einem Nebengleise haltenden Locomotive für einen Moment seinem Gesicht entzogen wurde, ist ihm das frühe Anhalten des Personenzugs erst zu spät kund geworden. Auf den Zuruf eines Bahnwärters traf er allerdings sofort Anstalt zum Halten. Bei der Schadhaftigkeit seiner Maschine — schlechter Feuerbüchse und untauglicher Bremsklötze — fuhr er jedoch auf den Personenzug auf. Durch dieses Auffahren fielen eine Anzahl von Bänken um, welche in dem letzten zeitweilig als Personenwagen benutzten Güterwagen des Personenzuges lose eingesetzt waren. 18 Passagiere dieses Wagens erlitten dadurch Contusionen, und gegen R. ist daher Anklage erhoben worden. Dieselbe stützt sich unter Anderem auch auf die Instruction für die Locomotivführer, wonach beim Vorkommen örtlicher Hindernisse ein so langsames Fahren vorgeschrieben ist, daß sofort innegehalten werden kann.

Die Vertheidigung macht geltend, daß das Besetzen des Güterwagens mit losen Bänken eine arge Ordnungswidrigkeit und verboten sei, daß ferner die Maschine des R. schadhaft gewesen sei und es nicht Sache der einzelnen Heizer oder Locomotivführer sei, für zweckentsprechende Maschinen zu sorgen. Jedenfalls müsse es genügen, wenn die Heizer und Locomotivführer den Maschinenmeister auf wahrgenommene Mängel aufmerksam machen. Dies sei auch im vorliegenden Falle geschehen. Man habe den Angeklagten aber an dem fraglichen Morgen mit der Ordnungsstrafe der Renitenz bedroht, wenn er nicht fahren wolle. — Kann R. verurtheilt werden? Wer könnte etwa außer dem R. für den Unglücksfall verantwortlich gemacht werden? Kommt etwa das Subordinations-Verhältniß der bei der Eisenbahn angestellten Personen in Betracht, und inwieweit?

XXX.

Die Dienstmagd Minna S. ging mit dem Gedanken um, ihrer Dienstherrin Frau P. durch Gift ein unangenehmes Unwohlsein zu bereiten. Sie hatte zu diesem Zwecke ein geringes Quantum arseniger Säure in einen Topf mit Milch gemischt und beabsichtigte letztere der Frau P. Nachmittags zum Kaffee hinzustellen. Zufälliger Weise kam indeß Frau P. in die Küche und gab, ungeachtet die S. den fraglichen Topf besonders bei Seite gestellt hatte, aus diesem Topfe die Milch einem ihrer Kinder zu trinken. Dies an sich schon schwächliche Kind ist an der Vergiftung gestorben. Die S. hatte zu ihrem Schrecken, wie sie nachher sagte, es bemerkt, daß Frau P. dem Kinde die Milch in die Tasse goß. Allein sie hätte nicht gewußt, wie sie das noch hätte hindern können, ohne sich zu verrathen. So hätte sie denn mit dem Gedanken sich getröstet, die Sache werde noch glücklich verlaufen. Endlich aber sei sie noch gar nicht einmal fest entschlossen gewesen, das Gift Fran P. wirklich vorzusetzen. Sie sei eben noch schwankend gewesen, ob sie das thun solle, und habe den Topf daher so zur Seite gestellt, daß ihrer Meinung nach die Frau P. denselben voraussichtlich nicht hätte entfernen können. Endlich wäre sie auch jedenfalls noch darüber unschlüssig gewesen, ob sie die Milch, um der Frau P. nicht eine zu starke Dosis zu geben, nicht noch, nachdem sie einen Theil weggegossen, mit Wasser habe verdünnen sollen. Nach dem Urtheile der Sachverständigen enthielt die Milch übrigens so wenig Arsenik, daß eine erwachsene Person voraussichtlich mit einigem Erbrechen davon gekommen wäre, während bei der besonders zarten Constitution des Kindes die Dosis zur Herbeiführung des Todes hinreichte.

XXXI.

A. hatte von B. dessen Bauergut gekauft. Der Vertrag war vor dem Gerichte zu X. zu Protokoll verlautbart, und A. hatte auf Grund der erhaltenen Ausfertigung die Umschreibung der Grundstücke in dem Grundbuche des Gerichts Th., in dessen Bezirke das betreffende Gut liegt, erlangt. Nachher erachtete sich B. aber durch den Vertrag übervortheilt; er behauptete, der Vertrag sei auch gar nicht so, wie beabsichtigt und vereinbart, zu Protokoll genommen, insbesondere hätte die Einwilligung zur Umschreibung im Grundbuche an die vorherige Leistung einer Zahlung von zweitausend Thalern geknüpft werden müssen, was im Protokolle nicht geschehen sei. Die Ursache dieser Ungenauigkeit liege, wie der Anwalt des B. in dem Civilprocesse, den B. gegen A. anhängig machte, behauptete, darin, daß das Protokoll den Contrahenten gar nicht, wie doch erforderlich gewesen, vorgelesen sei, während allerdings die Formel „vorgelesen, genehmigt" sich an der gehörigen Stelle in der Ausfertigung finde.

Es wurden nun auf Antrag des B.'schen Anwalts die Gerichtsbeamten, welche das fragliche Protokoll aufgenommen hatten, als Zeugen verhört. Der Gerichtsschreiber D. deponirte: Allerdings sei das Protokoll, wie er zugeben müsse, den Parteien nicht vorgelesen; er habe in der Voraussicht, daß dies sogleich geschehen werde, einstweilen schon den Vermerk „vorgelesen, genehmigt" unter das Protokoll gesetzt, und es sei ihm der Umstand, daß dies doch nicht geschehen sei, erst eingefallen, als das Protokoll auf Stempelpapier abgeschrieben und durch die Unterschrift des Richters als Ausfertigung beglaubigt — er als Gerichtsschreiber unterschreibe die Ausfertigungen nicht mit — dem A. übergeben worden sei. Es sei nun für ihn eine höchst unangenehme Sache gewesen, dem A., der sich vielleicht geweigert haben würde, die Urkunde wieder abzufordern, zumal da wegen des bereits kassirten Stempels Weiterungen und vielleicht Kosten entstanden sein möchten. So habe er denn geglaubt, die Sache auf sich beruhen lassen zu können, um so mehr als A. und B. an dem Tage der Aufnahme des fraglichen Protokolls, wo die Gerichtsstube voll von Parteien, und das Gerichtspersonal mit den mannigfachsten Anliegen bestürmt gewesen wäre, sich sehr eilig wieder entfernt hätten, und deshalb auch habe angenommen werden können, daß die Parteien, wie ja auch zuweilen ausdrücklich geschehe, auf die Vorlesung des Protokolles verzichtet hätten, ein Verzicht, der seiner, des Gerichtsschreibers, Meinung nach der wirklichen Vorlesung des Protokolles rechtlich gleich stehe.

Der vernommene Richter wußte aus eigener Erinnerung über den fraglichen Vorgang nichts Erhebliches mehr anzugeben. Jedenfalls sei er bei Unterzeichnung der ihm vorgelegten Ausfertigung der Meinung gewesen, daß Alles in Ordnung gewesen sei. Uebrigens habe er keinen Grund, die Wahrheit der Aussage des Gerichtsschreibers zu bezweifeln.

Würde die Staatsanwaltschaft Veranlassung haben, gegen den Gerichtsschreiber wegen fälschlicher Bezeugung einer Thatsache in einer öffentlichen Urkunde (§ 348 des St. G. B.) vorzugehen? Wie wäre es, wenn der Gerichtsschreiber das begangene Versehen nicht erst, nachdem er die Ausfertigung dem A. ausgehändigt, sondern schon früher, z. B. noch ehe der Richter die Ausfertigung unterzeichnete, entdeckte, gleichwohl aber die Sache, wie sie war, hätte gehen lassen?

Wie wäre es, wenn bei Feststellung der Identität der vor Gericht auftretenden Personen eine absichtliche Täuschung vorgekommen wäre, nnd der Richter oder Gerichtsschreiber nach Entdeckung der vermuthlich auf eine Betrügerei abzielenden Täuschung eine rechtzeitige Benachrichtigung derjenigen Personen unterließe, welche durch diese Betrügerei vermuthlich geschädigt werden sollten, und wie sich später herausstellte, auch wirklich geschädigt wurden? Könnte etwa auch A. wegen Betrugs angeklagt werden, wenn in dem ersterwähnten Falle er dolos, um die Aufnahme einer ihm ungünstigen Klausel, ungeachtet dieselbe vorher vereinbart war, in das Protokoll zu vereiteln, dieselbe in einem von ihm verfaßten Entwurfe des Vertrags weggelassen und dann die Vorlesung des Protokolles schlau zu umgehen oder zu verhindern gewußt hätte?

XXXII. Selbsthülfe und Nothwehr.

Jemand hat eine Wohnung mit Meublen gemiethet. Als er ausziehen will, behauptet die Vermietherin, er habe verschiedene dieser Meublen beschädigt; sie erklärt daher einen dem Miether gehörigen Koffer zur Sicherheit zurückbehalten zu müssen. Der Miether hält ihre Ansprüche für durchaus unbegründet und läßt den Koffer gleichwohl forttransportiren.

Kann der Miether nach § 289 des St. G. B. verurtheilt werden, und unter welchen Voraussetzungen? Entscheidet dabei lediglich das objective Sachverhältniß, ob wirklich eine den Miether zum Schadenersatz verpflichtende Beschädigung vorgekommen, oder kommt es dabei auf den guten Glauben an? Wie ist es, wenn es in solchem Falle, wie leicht möglich, zur Anwendung von Gewalt kommt? Kann der Miether oder der Vermiether sich auf Nothwehr berufen? Nehmen wir an, die

Vermietherin setze sich, um den Besitz des Koffers zu behaupten, auf den letzteren und fordere gleichzeitig den Miether auf, sich aus der Wohnung zu entfernen. Könnte der Miether, da ja sein Miethverhältniß zu Ende ist, nicht jedenfalls nach § 123 wegen Hausfriedensbruchs verurtheilt werden, wenn er diese Aufforderung unbeachtet läßt, und muß er den solchergestalt von der Vermietherin erlangten Besitz einstweilen unbedingt respectiren?

Würde es einen Unterschied in der Beurtheilung begründen, wenn der Miether die angeblich beschädigten Mobilien gar nicht mitgemiethet, vielmehr seine eigenen Meublen mitgebracht hätte, und jene nur auf besonderes Ersuchen der Vermietherin, weil dieselbe angeblich zur Zeit keinen anderen Platz hatte, dieselben unterzubringen, in dem vermietheten Zimmer stehen geblieben waren?

Nehmen wir an, daß im Falle eines solchen Streites, wie vielleicht nicht selten geschieht, ein Polizeibeamter von einer der Parteien herbeigeholt wird. Hat dieser ein Recht sich in den Streit zu mischen, nnd unter welchen Voraussetzungen? Wie wäre es, wenn der Polizeibeamte irriger Weise für den Miether oder den Vermiether Partei ergriffe, z. B. den Koffer dem Miether mit Gewalt abnehmen und der Vermietherin ausliefern wollte? Müßte jener sich das unbedingt gefallen lassen, wenn er nicht der Anklage nach § 113 des St. G. B. sich aussetzen wollte?

XXXIII. Selbsthülfe.

Die Polizei hat vor einem Teiche eine Barrière errichten lassen, weil sie die Verunreinigung desselben aus Gründen der öffentlichen Gesundheitspflege nicht mehr glaubt gestatten zu dürfen. Jemand hat nun diese Barrière eigenmächtig zerstört oder zerstören lassen, da er ein Recht zum Ausschwenımen von Tuchen in dem Teiche zu haben behauptet. Kann er unbedingt auf Grund des § 304 des Strafgesetzbuches verurtheilt werden, oder kommt es darauf an, ob ihm wirklich das behauptete Recht zusteht? Würde es einen Unterschied machen, wenn der fragliche Teich Privateigenthum des Betreffenden wäre? Wie wenn die Verfügung der Polizeibehörde in oberer Instanz, als durch Gründe der Gesundheitspolizei nicht gerechtfertigt, inzwischen wieder aufgehoben würde?

Müßte der Strafrichter in solchen Falle, wenn der Angeklagte behauptete, den Beschwerdeweg bei der Verwaltung beschritten zu haben, nicht die Entscheidung der höheren Instanz, oder wenn ein Verwaltungsgerichtshof competent wäre, die Entscheidung des letzteren abwarten.?

Jemand hat auf öffentlicher Straße vor unserem Hause eine uns höchst unbequeme Anlage, z. B. einen Zaun oder den Rest einer Planke, welcher noch von früher her, wo die Straße ein Complex von Gärten war, stehen geblieben ist. Die Polizei hat ihm bereits die Beseitigung der fraglichen Anlage bei Strafe binnen bestimmter Frist aufgegeben. Dürfen wir, ohne eine Anklage wegen Sachbeschädigung fürchten zu müssen, den Zaun beseitigen? Dürfen wir den Zaun nicht wenigstens dann eigenmächtig beseitigen, wenn die Frist, innerhalb welcher er beseitigt werden sollte, verstrichen ist?

Macht es einen Unterschied, ob die Anlage, welche Jemand in der Meinung, daß sie eine widerrechtliche sei, eigenmächtig beseitigt hat, von der Obrigkeit oder von einer Privatperson herrührt? Kommt es in solchem Falle darauf an, ob eine etwa anzurufende Hülfe der Gerichte oder der zuständigen Behörden zu spät kommen würde? Dürfen wir, wenn uns auf fremdem Grundstücke eine Wege- oder Fahrgerechtigkeit zusteht, ohne Weiteres, ohne einer Anklage wegen Sachbeschädigung befürchten zu müssen, ein von dem Grundeigenthümer gesetztes Gitter, welches uns die Passage wehrt, niederreißen? — Darf der Grundeigenthümer, der Pächter ohne Weiteres Anpflanzungen, die ein Anderer unberechtigter Weise, auf seinem, des Grundeigenthümers, bez. auf dem dem erpachteten Grund und Boden gemacht hat, abweiden lassen und dadurch zerstören? —

Sind wir berechtigt, eine Wasserleitung, die der Nachbar auf unserem Grund und Boden unberechtigter Weise angelegt hat, oder eine auf unserem Grund und Boden unberechtigter Weise errichtete Hütte ohne Weiteres zu zerstören? —

Widerrechtlicher Weise hat der Nachbar das Dach eines niedrigen Stallgebäudes über seine Luftsäule hinaus vorgebaut, so daß uns der Tropfenfall des Daches sehr lästig wird. Können wir, ohne Anklage wegen Sachbeschädigung befürchten zu müssen, die vorspringenden Theile des Daches abstoßen oder absägen lassen?

Ist es Diebstahl, (vgl. § 370. 5, des St. G. B.) wenn Jemand die vom Baume des Nachbars auf sein Grundstück fortgefallenen Früchte sich aneignet, oder von den überhängenden Zweigen sich abpflückt? Auf welche Vertheidigungsgründe wird der Angeklagte sich hier nicht selten berufen können?

XXXIV. Schutz des Eigenthums, Nachlässigkeit des Eigenthümers.

Zur Fernhaltung von Dieben werden auf s. g. Holzhöfen, wo Bau- und Brennmaterialien lagern, regelmäßig große Hunde gehalten, die Nachts von der Kette gelassen werden. Kann der Eigenthümer in solchen Falle dafür verantwortlich gemacht werden, wenn ein solcher Hund durch einen Zufall auf die Straße kommt und dort Jemanden beißt? Wie wäre es insbesondere, wenn dies Unglück dadurch herbeigeführt wäre, daß der mit der Schließung des Thores beauftragte Knecht oder Wächter dasselbe nachläßig oder gar nicht geschlossen hatte? Haftet der Eigenthümer ohne Weiteres mit, da allerdings es doch als ein nicht vorherzusehendes Ereigniß nicht anzusehen ist, daß ein solcher Hund Nachts einmal auf die Straße kommen möchte? Haftet er nicht wenigstens für Culpa in eligendo in Ansehung des Knechts?

In einem Falle, wo allerdings der Hof durch Diebe, wie die Erfahrung gezeigt hatte, besonders gefährdet erschien, war der Eigenthümer auf die Idee gekommen, die Hunde durch eine besondere Art der Fütterung besonders wild und bissig zu machen. Unglücklicher Weise gruben die Hunde nun unter der Holzplanke, welche den Hof umgab, ein Loch, ohne daß solches von den Wächter bemerkt wurde, gelangten so auf die öffentliche Straße und bissen hier einen Vorübergehenden derartig, daß er an den Verwundungen starb. —

In einer großen Stadt kam folgender Fall zur Entscheidung der Gerichte. An einer der belebtesten Straßen liegt ein theilweise mit einem Stacket, theilweise mit einer Mauer umgebener Hof, auf dessen Thür in großer Schrift die Worte zu lesen sind „Verbotener Eingang." Dicht neben dem Eingange befindet sich im Hofe die Hütte eines großen Kettenhundes, und wer in den Hof eintritt, kann leicht von diesem Hunde erfaßt werden. Von Außen kann man den Hund und sein Hütte nicht bemerken. Es ist nun Jemand in der Dunkelheit, um ein Bedürfniß zu befriedigen, in den Hof getreten und von dem Hunde so unglücklich gebissen, daß er an hinzutretendem Brande nach wenigen Tagen gestorben ist. Der Eigenthümer des Hundes und Besitzer des Hofes wird wegen fahrlässiger Tödtung angeklagt.

Die Vertheidigung macht geltend, Niemand habe ein Recht fremde Grundstücke zu betreten, und wenn er dabei zu Schaden komme, habe er sich diesen Schaden selbst beizumessen. Der Eigenthümer habe aber durch das über der Thür befindliche Schild noch ein Uebriges gethan, um das Publicum zu warnen. Das Halten des großen Hundes auf dem Hofe sei durchaus nothwendig, um Diebstähle zu verhüten.

Würde es einen Unterschied in der Beurtheilung des Falles begründen, wenn der Vorfall nicht in der Dunkelheit, sondern am Tage sich ereignet hätte, wo der Eintretende die Aufschrift des Schildes lesen konnte? Wie wenn er sie wirklich las, gleichwohl aber sich nicht abhalten ließ, einzutreten? Wie wäre es, wenn der in den Hof Eintretende die Absicht gehabt hätte zu stehlen? — Wie wenn der Eintretende nicht ein Erwachsener, sondern ein Knabe von elf Jahren war?

Ist es irrelevant, ob der Vorfall sich in einer großen Stadt oder auf einem einsamen Gehöfte ereignet?

Ist der Eigenthümer eines Gartens, um das Betreten desselben seitens Unbefugter zu hindern und etwaige Obstdiebstähle zu verhüten, befugt, gefährliche Fußangeln oder Selbstschüsse zu legen? Ist er, wenn dabei Jemand zu Schaden kommt, ohne Weiteres dafür verantwortlich? Ist es dabei von wesentlicher Bedeutung, ob dergleichen gefährliche Maßnahmen polizeilich verboten sind? Kann hier der Gesichtspunkt der Nothwehr entscheiden, und z. B. der Eigenthümer sich darauf berufen, daß ihm bereits mehrfache Diebstähle zugefügt seien, die er sonst nicht habe hindern können? —

Nicht selten werden auf die Mauern der Gärten oben scharfe Glasscherben eingemauert. Wie ist es wenn ein überkletternder Dieb, wie wenn ein überkletternder zehnjähriger Knabe des Nachbars sich daran die Pulsadern zerschneidet? Nehmen wir an, daß in solchen Falle der Eigenthümer des Gartens wirklich wegen fahrlässiger Körperverletzung oder Tödtung angeklagt würde, könnte er sich darauf mit Erfolg berufen, daß er selbst das Glas gar nicht habe einmauern lassen, dies vielmehr schon seitens seines Vorbesitzers geschehen sei?

Kann der Hausbesitzer, der entgegen der Bestimmung des § 367. Nr. 12, des St. G. B. eine Kellerluke offen stehen läßt, wegen fahrlässiger Körperverletzung bezw. Tödtung verurtheilt werden, wenn ein Mensch in den Keller fällt und beschädigt wird?

Wie wäre es, wenn ein Kind hineinfiele, gleichzeitig aber auch eine Nachlässigkeit der Wärterin des Kindes als dabei mitwirkend nachgewiesen werden könnte?

Wie wäre es, wenn Derjenige, der die Luke offen läßt, dabei die Absicht gehabt hätte, den A., der dort zu gehen pflegt, zu beschädigen, nun aber — allerdings unter eigener Unvorsichtigkeit; denn es war

Tag und Jedermann konnte das offene Loch sehen — ein Anderer, der B., hineinfällt und beschädigt wird?

XXXV.

In einem Eisenbahn-Coupé hat Jemand einen Platz belegt, um bis zum Abgange des Zuges noch eine Zeit lang in der Restauration sich aufhalten zu können. Inzwischen ist der Platz gleichwohl von einem Anderen in Besitz genommen. Wäre Jener etwa befugt, Gewalt anzuwenden, um sich den Besitz des Platzes zu erhalten oder wieder zu verschaffen? Oder könnte umgekehrt der factisch im Besitze Befindliche eine etwaige Gewaltanwendung eines Andern, der ihn auf Grund eines angeblichen früheren Besitzes verdrängen wollte, gewaltsam zurückweisen? Nehmen wir an, daß wirklich zwei Personen in der fraglichen Weise handgemein werden, und daß einer der Beiden dabei beschädigt wird, in dem einen Falle der factisch im Besitze Befindliche, in dem anderen der Angreifende, und zwar dadurch, daß in dem Augenblicke, wo ihn der Andere fortstößt, ein heftig herangeschobener Wagen den Fortgestoßenen vollends zur Erde wirft; könnte in diesem Falle von einer strafrechtlichen Verantwortlichkeit die Rede sein und inwieweit? —

XXXVI.

Jemand hat das Recht, seinen Weg mit einem Fuhrwerke über ein fremdes Grundstück zu nehmen. Vor kurzem ist das letztere an ein neuen Eigenthümer übergegangen. Dieser bestreitet ohne genügenden Grund das Servitutrecht, und als der Berechtigte eines Tags seinen Weg über das Grundstück nehmen will, tritt ihm der mit einem schweren Knittel bewaffnete Knecht des Eigenthümers entgegen. Wer könnte, wenn hier der Eigenthümer mit Gewalt die Ausübung der Servitut verwehren, der Berechtigte sie durchsetzen will, sich auf Nothwehr berufen? Wie wenn der neue Eigenthümer des dienenden Grundstückes aus allerdings unzureichenden Gründen sich in gutem Glauben befand?

Macht es einen Unterschied, ob schon, bevor, oder erst nachdem wir das Grundstück betreten haben, der Eigenthümer oder ein Knecht desselben uns den Weg versperren will?

XXXVII.

Zwischen den beiden Gemeinden X. und Y. ist ein Weideanger streitig. Mehrere der Gemeinde X angehörige Bauern pfänden dort weidende Kühe, welche in Y. ansässigen Bauern gehören. Letztere kommen, während die Kühe noch auf dem streitigen Anger sich befinden, hinzu und verlangen die Kühe zurück. Als ihnen dieselben verweigert werden, schreiten sie dazu den Gegnern, die Kühe, welche diese an einem Stricke mit sich fortführen, mit Gewalt zu entreißen. Einer der Angegriffenen hält den Angreifern eine Flinte entgegen und droht, im Falle die Gegner wirklich weiter Hand anlegen würden, von seiner Schußwaffe Gebrauch machen zu wollen. Die Angreifer lassen sich dadurch nicht abhalten, und Jener feuert nun wirklich und tödtet einen der Angreifer.

Nehmen wir an, daß eine Pfändung rechtmäßig erfolgt sei, würde dann die Bedrohung mit einem Messer, einem Beile, damit der Pfändende das Pfandobject wieder frei lasse, Erpressung sein?

XXXVIII.

Die Söhne einer in der Nachbarschaft wohnenden Tagelöhnerswittwe Otto und August S. eilf und bez. acht Jahr alt, haben schon mehrfach durch Geschrei und Werfen mit Steinen das Pferd des Herrn F., wenn dieser ausreitet, scheu gemacht. Als sie dies eines Tags wieder thun, gelingt es Herrn F., des Otto S. habhaft zu werden und ihn tüchtig mit der Reitpeitsche durchzuprügeln.

Nunmehr erscheint die Wittwe S. bei Herrn F. und beschwert sich, indem sie mit einem Strafantrage droht, über die unzulässige Mißhandlung ihres Sohnes. Herr F. sagt: „Liebe Frau; die Prügel waren Ihrem ungezogenen Sohne recht gesund, aber da Sie nach dem Tode Ihres Mannes in Bedrängniß sind, gebe ich Ihnen zwei Thaler, und nun erziehen Sie Ihre Söhne besser.“ Frau S. nimmt die zwei Thaler. Gleichwohl erhält Herr F. plötzlich eine Vorladung des Strafgerichts, da Frau S. einen Strafantrag gestellt hat.

Der Anwalt, den Herr F. nun mit der Führung der Sache beauftragt, wendet ein, das Antragsrecht sei durch Verzicht der Frau S. erloschen; denn diese, die Vormünderin ihrer Söhne, habe durch

Empfangnahme der zwei Thaler auf das Recht des Strafantrags verzichtet. Außerdem liege seiner Ansicht nach gar kein Delict vor.

Gegen die erstere Ausführung wendet der Anwalt der Frau S. ein, daß Frau S., als sie die zwei Thaler erhalten, noch gar nicht Vormünderin ihrer Kinder gewesen, vielmehr inzwischen erst als solche beeidigt sei. Sie habe daher auf ein ihrem Sohne zustehendes Recht damals noch gar nicht verzichten können.

XXXIX.

Sind wir befugt, einen großen und bissigen fremden Hund, wenn derselbe öfter in unseren Hof oder Garten läuft, zu erschießen? Sind wir nicht wenigstens dann dazu befugt, wenn wir den Eigenthümer vorher haben warnen lassen? Wie wenn der Hund der polizeilichen Verordnung zuwider ohne Maulkorb umherliefe, und etwa die polizeiliche Vorschrift bestände, daß die Hunde in solchem Falle von Polizeiwegen todtgeschlagen werden *können* oder *sollen*?

Dürfen wir, wenn auf unserem Grunde und Boden Thiere des Nachbars uns öfter belästigen, z. B. unsere Gartenanlagen, Blumen beschädigen oder unsere Früchte verzehren, Gift legen, um uns dieser Thiere zu erwehren? Dürfen wir es nicht wenigstens, wenn wir den Nachbar vorher gewarnt haben? Sind wir, wenn z. B. die Hühner des Nachbars von dem gelegten Gifte fressen, verantwortlich, wenn daraus ein Schaden auch für die Gesundheit von Menschen entspringt?

XL.

Der Brand eines bewohnten Hauses ist dadurch entstanden, daß ein Knecht, der sich in dem anstoßenden Stalle schlafen gelegt hatte, eine angezündete Laterne, deren eines Seitenglas fehlte, so gestellt hatte, daß schließlich ein Bündel Stroh in Brand gerieth.

Gegen den Knecht, der von einem Anderen noch mit Gefahr aus dem brennenden Stalle getragen und gerettet ist, wird Anklage wegen fahrlässiger Brandstiftung erhoben. Es wird jedoch constatirt, daß der Angeklagte schon zu dem Zeitpunkt, als er sich mit der brennenden Laterne in den Stall begab, im äußersten Grade betrunken gewesen und sofort eingeschlafen *ist*.

XL a.

Auf der Straße schimpft ein in hohem Grade betrunkener Mensch eine Anzahl vorübergehender Personen mit den gemeinsten Worten.

Einer der Passanten erkundigt sich nach dem Namen des Betrunkenen und richtet, da er auch selbst geschimpft sei, zugleich aber im öffentlichen Interesse, ein Schreiben an den Staatsanwalt, in welchem er um möglichst strenge Bestrafung jenes Subjectes ersucht. Der Betrunkene will sich später des Vorfalles gar nicht mehr erinnern, und dies erscheint auch nicht unglaubhaft; denn er war bald nachher bewußtlos umgefallen.

Welche Strafbestimmung ist gegen ihn anzuwenden?

Wie wäre es, wenn nachgewiesen werden könnte, daß er, eben aus einer socialdemokratischen Versammlung kommend, vorzugsweise anständig gekleidete Personen geschimpft hätte? Wie wenn er auch eine Majestätsbeleidigung laut ausgestoßen hätte?

XLI.

Der Angeklagte Schenkwirth S. in B. hatte, während in seinem Local ein öffentlicher Ball statt fand, an seinem Schenktische im Verlaufe von drei bis vier Stunden eine sehr erhebliche Quantität Madeira — wenigstens $1^3/_4$ Flaschen — und mindestens eine Flasche schweren Bieres getrunken. Auf eine geringfügige Veranlassung hin gerieth er in eine wahrhaft maniakalische Wuth und jagte zuerst mit einen geladenen Revolver bewaffnet einen Kellner unter der Drohung, ihn erschießen zu wollen, im Hause umher. Später, nachdem ihm zuvor glücklich der Revolver aus den Händen genommen war, gerieth er mit mehreren anderen Personen in Streit, ergriff ein doppelläufiges Hinterladungsgewehr, lud dasselbe bedachtsam und bedrohte mit diesem verschiedene Personen. Auch dieses Gewehr wurde ihm glücklich abgenommen. Es befand sich aber in seinem Besitze noch ein doppelläufiges Vorderladungsgewehr. S. hat nun mit diesem, indem er es zweimal nach einander sorgfältig geladen, in jenem Zustande maniakalischer Wuth zwei Personen erschossen, darunter seinen Schwager. Als er gleich nach der That verhaftet im Polizeigefängnisse wieder nüchtern wurde, wollte er sich des Geschehenen nicht mehr erinnern; er wollte nur wissen, daß er mit einer der anwesenden Personen, oder mit mehreren einen Streit gehabt habe und beschimpft sei. Diese Angabe erscheint nach dem Gutachten der Sachverständigen und nach den Aussagen der Zeugen nicht gerade unglaubhaft.

Zugleich wird constatirt, daß S. etwa ein Jahr vor dem fraglichen Vorfalle am Typhus erkrankt gewesen war und seit der Zeit nicht selten an sehr heftigen Kopfschmerzen litt. Ehe er nach B. gezogen war, war S. Besitzer einer Gastwirthschaft in L. gewesen; er hatte die letztere mit einem nicht unerheblichen Verluste verkauft und seit dieser Zeit öfter zum Trinken seine Zuflucht genommen; dann war ihm, wie er angab, Alles wirr vor den Augen geworden, bis er wieder an die frische Luft gelangte. Er hatte dann auch Wuthanfälle gehabt.

Nach dem Gutachten der Sachverständigen war bei S. zur Zeit der That die Freiheit der Willensbestimmung ausgeschlossen gewesen. Ein Interesse an der Tödtung der beiden Personen war bei ihm nicht anzunehmen. Kann S. und eventuell auf Grund welcher Bestimmungen bestraft werden?

XLII.

Der Müller F. in S. hatte über das Eigenthum eines Streifen Landes, welches seiner Meinung nach Zubehör der von ihm gekauften Mühle sein sollte, einen langwierigen und höchst kostspieligen Proceß gegen den Landesfiscus geführt und diesen Proceß nach Erschöpfung aller Instanzen endlich verloren. Immer wieder versuchte er die ihm gewordene ungünstige Entscheidung durch Queruliren bei den Behörden und elbst Immediateingaben bei dem Landesherrn in Frage zu stellen. Dabei vernachlässigte er, wie natürlich, sein Geschäft und gerieth in Vermögensfall. Die auf Antrag der Gläubiger erfolgende Concurseröffnung brachte ihn vollends außer Fassung; nicht nur richtete er eine mit den größten Schmähungen gegen die Richter angefüllte Zuschrift an das Gericht, sondern er verfaßte auch eine mehrfache unzweifelhaft Majestätsbeleidigungen enthaltende kurze Flugschrift, und als Niemand dieselbe drucken wollte, vervielfältigte er sie selbst mittelst Abschreibens und einer Copirpresse und verbreitete sie durch Vertheilung der Exemplare in verschiedenen Gasthäusern. Er wird nunmehr wegen Beleidigung des Gerichts und Majestätsbeleidigung in Untersuchung gezogen. Es werden aber Zweifel an seiner Zurechnungsfähigkeit geltend gemacht. Die gerichtsärztliche Untersuchung constatirt, daß F. an einem erheblichen physischen Gebrechen, welches erfahrungsmäßig auch geistige Störungen hervorrufe oder doch mit ihnen in Verbindung stehe, nicht leide, daß auch im Uebrigen Wahnideen und verkehrte Vorstellungen nicht vorhanden seien, daß er aber mit der fixen Idee behaftet sei, es sei ihm fortwährend von den Behörden, ja von dem Landesherrn selbst Unrecht geschehen, eine Idee, deren Berührung ihn allemal in die heftigsten Verwünschungen und Schmähungen gegen Jedermann verfallen lasse. —

Wie wäre es, wenn F. nicht in Concurs gerathen, sondern auf Antrag seiner Ehefrau oder seiner Verwandten wegen Verschwendung und durch unsinniges Processiren bekundeter Geistesstörung bereits vom zuständigen Civilgerichte unter Curatel gestellt worden wäre?

XLIII.

In einigen Gegenden kommt zuweilen noch der Aberglaube vor, daß Verstorbene unter gewissen besonderen Voraussetzungen sich in Vampyre verwandeln und ihre Verwandten beunruhigen, insbesondere ihnen Nachts das Blut aussaugen. Als Mittel dagegen wird wohl das Abschlagen des Kopfes der Leiche empfohlen. Es haben nun mehrere Personen die Leiche eines Verwandten auf dem Kirchhofe ausgegraben und ihr den Kopf abgeschlagen. Der Staatsanwalt erhebt Anklage aus § 168 des St. G. B. Könnte die Vertheidigung sich darauf berufen, daß die Angeklagten in einem unüberwindlichen Irrthume, in einem vermeintlichen Nothstande gehandelt haben? Oder könnte etwa die Behauptung aufgestellt werden, daß die betr. Personen wegen des festgewurzelten Aberglaubens in Bezug auf die That zurechnungsunfähig gewesen seien? Welche andere Vertheidigung ist etwa noch denkbar?

XLIV.

Der an einer Eisenbahn angestellte Bahnmeister M. hat immer nach Ablauf von vierzehn Tagen die Lohnlisten der ihm untergebenen Arbeiter der vorgesetzten Betriebsinspection zu überreichen. Die Auszahlung der Löhne erfolgt dann durch den Stationsvorstand an die einzelnen Arbeiter selbst. M. hat nun wissentlich falsch dem Arbeiter X. eine Reihe von Arbeitstagen zugeschrieben und ihm daher einen Mehrbetrag von 20 Mk. über den wirklichen Verdienst gutgeschrieben und diese falsch geführte Liste auch der Betriebsinspection eingereicht. Er beabsichtigte dabei den Arbeiter X. und den Stationsvorsteher mit ins Vertrauen zu ziehen und mit ihnen dann den gemachten Gewinn zu theilen. X. ging auf den Vorschlag ein; der Stationsvorsteher denuncirte aber, noch ehe X. zur Auszahlung sich gemeldet, die Sache der vorgesetzten

Behörde, und es ist nunmehr gegen M. Anklage wegen versuchten Betruges erhoben.

LXV.

Der Angeklagte hatte mit einem Commodenschlüssel die Ladenkasse seines Dienstherrn zu öffnen versucht, um daraus Geld zu stehlen. Er hatte den stark verbogenen Schlüssel nicht wieder herauszuziehen vermocht. Nach dem Gutachten der Sachverständigen war es absolut unmöglich, mit dem einfachen Schlüssel das künstliche Schloß der Kasse zu öffnen. Kann der Angeklagte, abgesehen von dem Erforderniß des Strafantrags, wegen Versuchs des Diebstahls verurtheilt werden? Wie wäre es, wenn zufällig zur Zeit der That die Ladenkasse absolut leer gewesen wäre?

Der Angeklagte hatte der aus dem Eisenbahnwagen aussteigenden Frau R. in die Kleidertasche gegriffen, um ein daselbst vermuthetes Portemonnaie, welches; wie er bemerkt hatte, Frau R. kurz zuvor in die Tasche gesteckt hatte, zu stehlen. Die Tasche war indeß vollkommen leer. Frau R. hatte inzwischen, ohne daß der Angeklagte dies gesehen, das Portemonnaie in ihre verschlossene an ihrem Arme hängende Reisetasche gesteckt. Wie wäre es, wenn sie das Portemonnaie inzwischen ihrer Begleiterin gegeben hätte, und diese damit schon in den Wartesaal gegangen wäre?

XLVI.

Die unverehelichte O. wurde wegen Betteln̄s und Vagabundirens im Arbeitshause zu X. detinirt. Sie hatte ihr uneheliches etwa einjähriges Kind bei sich. Eines Abends brachte sie diesem in der Mitte des Brustbeines bei der dritten und vierten Rippe mit einer großen Scheere eine indeß nur unbedeutende und gefahrlose Wunde bei. Darüber von der Aufseherin zur Rede gestellt, gab sie an, daß sie in der Verzweiflung über ihre trostlose Zukunft zuerst ihrem Kinde und dann sich das Leben habe nehmen wollen. Als sie indeß das Blut ihres Kindes gesehen, habe sie die Scheere weggeworfen und den Gedanken aufgegeben.

XLVII.

Auf den Förster A. war eines Tages im Walde ein Schuß, wie nicht zu bezweifeln, in tödtlicher Absicht abgefeuert worden. Die Kugel war hart an dem Kopfe des A. vorbeigehend in einen Baum eingeschlagen. Als Urheber des Schusses wurde ein Bauerbursche Christoph B. ermittelt, der von A. schon zweimal wegen Wilddiebstahls zur Anzeige gebracht worden war. Bei seiner Vernehmung gestand B. zu, den Schuß in tödtlicher Absicht abgefeuert zu haben. Er habe in einem benachbarten Dickicht auf dem Anstande gestanden mit einem Gewehr, dessen beide Läufe mit Kugeln geladen gewesen seien. Der Förster sei völlig in seiner Hand, wie er geglaubt, gewesen: denn letzterer könne ihn jedenfalls erst nach dem Schusse bemerkt haben. So sei ihm denn plötzlich der Gedanke gekommen, den verhaßten Förster niederzustrecken, und dazu sei er auch, nachdem der erste Schuß gefehlt, noch im Stande gewesen, da er sofort auch den zweiten Lauf auf den A. habe abfeuern können. Allein nun habe er sich über seine eigene rasch beschlossene und ausgeführte That selbst entsetzt, er habe Gott gedankt, gefehlt zu haben, und sei davon gelaufen. Er bitte reuig um gnädige Strafe.

XLVIII.

A. war mit B. in Wortwechsel gerathen und erzählte davon dem C. Dieser sagt ihm, dergleichen Vorwürfe, wie B. sie ihm gemacht, dürfe er sich nicht gefallen lassen; er müsse den B. durchprügeln, und er, C., wolle dem A. dabei helfen. Darauf gehen A. und C. zu der Verkaufsbude des B., erbrechen dieselbe gemeinschaftlich, und A. mißhandelt den B. dergestalt, daß er auf längere Zeit in Siechthum verfällt.

Kann A. wegen ausgezeichneter Körperverletzung (§ 224 des St. G. B.) verurtheilt werden? Bezw. unter welchen weitern Voraussetzungen?

XLIX.

In der Gemeindeversammlung des Dorfes T. war es sehr hitzig hergegangen. A., ein früherer Schreiber, der jetzt eine kleinere Anbauerstelle erheirathet hatte, hatte sich als eifriger Verfechter verschiedener Neuerungen aufgeworfen und insbesondere die reichen Vollmeier des Dorfes heftig angegriffen. Es machte sich denn auch im Kreise dieser eine lebhafte Mißstimmung gegen den schon längere Zeit gehaßten Schreiber geltend, und ein alter Bauer, M., den A. besonders stark mitgenommeu hatte, sagte beim Herausgehen aus der Versammlung mehreren jüngeren Bauern und Bauernsöhnen: „Früher hätte man solchen Lumpen, wie A. einer sei, die Sache wohl beim Nachhausegehen im Dunkeln klar gemacht." Dies griffen denn auch mehrere der Anwesenden auf, lauerten dem A. am folgenden Abend auf und drangen mit Schimpfreden auf ihn ein. A. mußte indeß eine Mißhandlung wohl schon befürchtet haben; er hatte ein geladenes Doppelterzerol mitgenommen und hielt dasselbe mit gespanntem Hahne den Angreifenden entgegen. Dies aber veranlaßte einen der Angreifer, Namens S., den A. mit einem schweren Knittel auf den Kopf zu schlagen, und der Schlag traf so unglücklich, daß A.'s Schädel zerschmettert wurde, und A. nach wenigen Stunden starb. S. hatte dabei gerufen: „Der Kerl will mit Pistolen schießen; dann schlagen wir ihn todt!" Daß die übrigen Betheiligten die Absicht getheilt hätten, den A. auch nur mit Knitteln zu schlagen, war nicht anzunehmen. Zwei der übrigen Betheiligten hatten einen Knittel überhaupt nicht bei sich, und ein anderer hatte seinen Knittel weggeworfen, um den A. mit der Faust zu bearbeiten.

Kann M. und inwieweit für die That des S. verantwortlich gemacht werden?

L.

Bei einem öffentlichen Tanze, der im Wirthshause des Dorfes X. stattfand, hatten zwei wegen ihrer Körperkräfte berühmte und gefürchtete Bauerbursche des Dorfes Y., Möllmann und Narten, mit mehreren Bauerburschen des Dorfes X., die wir A. B. C. D. E. nennen wollen, einen Streit gehabt. Letztere wagten nicht Möllmann und Narten, falls diese *zusammen* nach Hause gingen, anzugreifen. Sie entwarfen den Plan, Möllmann und Narten zu trennen und dann jeden einzeln durchzuprügeln. Zu diesem Zwecke sollte E. sich zum Scheine vollständig mit Narten aussöhnen und ihn, wenn Möllmann fortginge, etwas länger beim Trinken zurückhalten; unterdeß wollten dann A. B. C. D. dem Möllmann auflauern, und Narten sollte dann später seinen Theil allein erhalten. Dies wurde denn auch, indem noch ein sechster, den wir F. nennen wollen, hineingezogen wurde, um Narten in einem Gespräche festzuhalten, dem Plane gemäß ausgeführt. Möllmann wehrte sich heftig, wurde aber von der Uebermacht überwältigt und so übel zugerichtet, daß er vier Wochen hindurch das Bett hüten mußte und erst nach Verlauf von etwa vier bis fünf Monaten seine Gesundheit völlig wieder erlangte. Narten kam allerdings ohne Schläge davon; denn als Möllmann einige hundert Schritte entfernt vom Wirthshause angehalten war, und bei dem entstehenden Lärme ein Landgendarm mit dem Ortsschulzen im Wirthshause erschien, wagte man nichts mehr gegen Narten zu unternehmen.

Können auch E. und F., obwohl sie sich bei dem Angriffe auf Möllmann gar nicht betheiligt haben, vielmehr nur den Narten mitangreifen wollten, wegen der dem ersteren zugefügten Körperverletzung mit bestraft werden?

LI.

A. hat mehrere Knechte auf dem Gute des Herrn v. X. zu beaufsichtigen. Er bemerkt wiederholt, daß diese Knechte dem Gutsherrn gehöriges Stroh verkaufen, also eines Diebstahls, mindestens einer Unterschlagung sich schuldig machen; gleichwohl unterläßt er es, dem Herrn v. X. über diese Unredlichkeiten Anzeige zu machen.

Kann A. wegen Beihülfe zu den fraglichen Diebstählen oder Unterschlagungen verurtheilt werden, oder läßt sich zu seinen Gunsten behaupten, daß eine positive Handlung seinerseits gar nicht vorliege, eine sog. negative Beihülfe aber rechtlich unmöglich sei?

Wäre es ein Vertheidigungsgrund, wenn sich erweisen ließe, daß A. zwar den Knechten die begangenen Unredlichkeiten vorhielt, aber, sei es aus Mitleid, Weichherzigkeit oder Furcht vor den Knechten, schwieg? Wie, wenn A. von dem Branntwein, welchen die Knechte aus dem Erlöse des veruntreuten Strohs kauften, mitgetrunken hätte?

Ist der vorhin erzählte Fall wesentlich juristisch identisch mit dem Folgenden?

Für den Kaufmann D. kam auf der Elbe ein mit Guano beladener Kahn an. Der Angeklagte, ein Commis des D., war von diesem mit der Abnahme des Guano beauftragt. Er traf mit dem Steuermann die Verabredung, daß er gegen Empfang einer Entschädigung von 40 Thlrn. die ihm obliegende Ueberwachung und Aufmerksamkeit nicht beobachten wollte, um so den Steuermann in den Stand zu setzen, eine Quantität Guano zu veruntreuen. —

Kann der Dienstbote, der eine Thür, die er verschließen soll, absichtlich unverschlossen läßt, nicht wegen Beihülfe zu einem Diebstahle verurtheilt werden, wenn er im Einverständniß mit dem durch die Thür Nachts eintretenden Diebe seine Pflicht versäumt? Wie, wenn er die Thür gar nicht im Einverständnisse mit bestimmten Dieben, wohl aber deßhalb offen läßt, weil er sich denkt, der geizigen Herrschaft sei es schon recht, wenn sie einmal tüchtig bestohlen würde oder sonst einen gehörigen Schaden erlitte?

LII.

Der Bauergutsbesitzer M. hat, in der Absicht die Brandversicherungsgesellschaft zu betrügen, den Tagelöhner T. gedungen, eine ihm, dem M., gehörige auf freiem Felde stehende Scheune in Brand zu setzen. T. irrt sich aber bei Ausführung dieses Auftrages und zündet — er war zu der fraglichen Zeit stark betrunken gewesen — nicht die Scheune des M., sondern eine fremde, die des Gutsbesitzers A., an. Auch diese letztere Scheune stand auf freiem Felde. Sie war wie die des M. unbewohnt, und eine Gefahr, daß von dieser Scheune sich das Feuer noch an anderen Gebäuden mittheilen konnte, war nicht vorhanden.

LIII.

A. stiftet den B. und den C. an, in dem Dorfe X. ein Schwein von der Weide zu stehlen unter der Abrede, daß dasselbe dann von A. geschlachtet und gemeinschaftlich von allen drei Theilnehmern verzehrt werden soll. Nun stehlen in der That B. und C. ein Schwein, bringen es dem A. und die Theilung geht, wie verabredet, vor sich. Nachher aber stellt sich heraus, daß B. und C. das eigene Schwein des A. gestohlen haben. A. nämlich, der sich zur Zeit in Y. aufhielt, hatte nicht gewußt, daß seine Frau vor Kurzem in seiner Abwesenheit ein Schwein angeschafft und mit auf die Weide hatte treiben lassen.

Wie ist der Fall zu beurtheilen, wenn B. und C. von dem Umstande, daß das fragliche Schwein das des A. war, keine Kunde gehabt hätten? Wie steht es, wenn sie absichtlich, um den A. zu prellen, dessen eigenes Schwein stahlen?

LIII a.

Antonie T. fühlte sich außerehelich schwanger, aber erst unmittelbar vor der Entbindung entdeckte sie sich ihrer Mutter und während und beziehungsweise unmittelbar nach der Geburt des Kindes überredete sie ihre Mutter, das Kind zu tödten. Die Mutter führte die That aus.

Wie ist die Anklage gegen die Mutter und die Tochter zu formuliren? Wie wäre folgender Fall zu beurtheilen: Eine unehelich Gebärende hat schon mehrere Tage vor der Geburt die bestellte Hebamme durch Versprechen einer erheblichen Geldsumme angestiftet, das zu erwartende Kind gleich während der Geburt zu tödten. Die Hebamme führt diesen Auftrag aus.

LIV.

A. rühmt sich dem B. gegenüber seiner besondern Geschicklichkeit im Steinwerfen und behauptet, er werde eine auf einem benachbarten Dache sitzende Taube treffen. B. erwidert, „Das können Sie doch nicht; Sie werden aber wohl in das Fenster daneben werfen und dann auch die alte Frau treffen, welche dort hinter dem Fenster sitzt.“ A. läßt sich aber dadurch nicht abhalten, und die von B. prophezeite Folge tritt in der That ein; zum Glücke wird die durch den Stein (der nach Zertrümmerung des Fensters seine Kraft bereits größeren Theils eingebüßt hatte) getroffene alte Frau, welche dort zur Miethe wohnte abgesehen von einem blauen Flecke am linken Oberarme, nicht weiter beschädigt.

Sie erachtet sich indeß, wie sie sagt, durch das „brutale Benehmen des Herrn“ beleidigt und stellt durch einen Rechtsanwalt, dem sie die Verfolgung der Sache übergiebt, einen Strafantrag gegen A. und B. gegen letzteren deshalb, weil, wie sie gehört habe, B. schließlich mit A. über den Wurf gewettet und somit den A. zu dem letzteren angestiftet habe. Die Lage des Fensters war nun in der That so, daß abgesehen von ganz besonderer Geschicklichkeit des Werfenden das Fenster höchst wahrscheinlicher Weise getroffen werden mußte.

Kann hier eine Verurtheilung wegen Beleidigung (Mißhandlung) oder Sachbeschädigung stattfinden? Angenommen, die Behauptung über das schließliche Eingehen einer Wette wäre richtig, könnte B. sich damit vertheidigen, daß er ja gar kein Interesse an dem Werfen, daß er vielmehr ein Interesse an dem Nichtwerfen des Steins gehabt habe, da A., wenn er nicht geworfen hätte, jedenfalls die Wette habe bezahlen müssen? Wie wäre es, wenn die Handlung, auf welche die Wette sich bezog, zweifellos eine strafbare war, z. B. A. rühmte sich gegen B. mit einem Schusse den auf einem entfernten Dache sitzenden Pfau des Nachbars zu treffen, wenn letzterer nun Bestrafung beantragt? — Dergleichen Dinge kommen besonders leicht vor, wenn die Betheiligten angetrunken sind. Ist dies ein Grund die Strafe besonders niedrig zu bemessen?

LV.

Herr M. in X wohnhaft wurde schon seit längerer Zeit von der Volksmeinung mit Recht oder mit Unrecht als ein Haupt-Häuserwucherer und Gründer bezeichnet. Da nun auch plötzlich die Bierpreise aufschlugen, und er bei der neuen Actienbrauerei wesentlich mitbetheiligt war, steigerte sich selbstverständlich der allgemeine Unwille, und es verbreitete sich eines Nachmittags das Gerücht, Herrn M. sollten unter Darbringung einer Katzenmusik die Fenster eingeworfen werden. In der That zog Abends ein starker Haufe von Tumultuanten die Straße hinunter, an welcher Herrn M's. Haus liegt. Die Menge irrte sich aber und machte lärmend und tobend Front gegen das Haus eines Herrn T., welches an das M.'sche Haus anstößt. T. bemerkte zu seinem Schrecken den ihm gefahrvollen Irrthum und rief schleunigst aus dem Fenster: „Meine Herren, Sie irren Sich. Herr M. wohnt rechts neben an.“ Die Menge antwortete mit einem „Bravo“ und dem sofortigen Beginn eines Stein-Bombardements gegen das M.'sche Haus, in welchem viele Fensterscheiben und Spiegel zertrümmert und bei der nun auch folgenden Demolirung eines Theiles des Erdgeschosses eine Menge anderer Sachen beschädigt wurden.

Herr M. verlangt jetzt auch Bestrafung des Herrn T.; denn dieser habe die Menge angestiftet oder doch in ihren Vorhaben bestärkt, mindestens sie zum Fenstereinwerfen noch mehr angereizt, wenn auch vielleicht an die Demolirung des Erdgeschosses anfangs nicht gedacht sein möge.

LVI.

A. hat dem B. eine nur auf Antrag strafbare Körperverletzung zugefügt. A. erbietet sich, wenn B. auf die Bestrafung verzichten,

(„aus der Sache weiter nichts machen") wolle, dem B. 100 Thlr. zu zahlen. B. erwiedert: „Gut, aber binnen acht Tagen muß ich das Geld haben." Kann B. nunmehr seinen Antrag stellen?

Gesetzt, das Civilrecht des betreffenden Landes, nach welchem dann auch ein derartiger Vertrag an sich zu beurtheilen wäre, schreibe vor, daß Verträge, deren Gegenstand über fünfzig Thaler Werth betrage, der schriftlichen Form zu ihrer Gültigkeit bedürfen. Wie steht es dann, wenn diese schriftliche Form nicht beobachtet ist? (Vgl. z. B. Preuß. Allgem. Landrecht und dazu Förster, Preuß. Privatr. I. § 79). —

Wie wäre der Fall zu beurtheilen, wenn der Verletzte ein Minderjähriger wäre? Wäre hier A., selbst wenn er richtig innerhalb der bestimmten Zeit gezahlt hätte, gegen einen etwaigen vertragswidrigen Strafantrag gesichert? Könnte hier etwa, wenn nachweislich z. B. der Schaden, die Kurkosten des Verletzten mehr als die gezahlte Summe betragen, eine In integrum restitutios gegen den Vertrag in der Art stattfinden, daß auch das Recht auf den Antrag wieder auflebte, falls durch vorläufiges Anbringen desselben bei der Staatsanwaltschaft oder dem Gerichte, die dreimonatliche Frist jedenfalls gewahrt wurde? Wie wäre es, wenn die Betheiligten nach Stellung des Strafantrags vor Gericht sich in der Weise einigten, „B. wolle den Strafantrag hiermit zurückgenommen haben, falls A. binnen acht Tagen hundert Thaler zahle?" Was hätte das Gericht in solchem Falle zu thun?

Wie wäre es, wenn in dem fraglichen Falle der über achtzehn Jahr alte, aber noch minderjährige Verletzte bei Verhandlung der Sache den Antrag stellte, ihm die anfangs ausgemachte vertragsmäßige Entschädigung, welche nicht rechtzeitig bezahlt wurde, oder welche die Bedingung der Nichtstellung des Strafantrags sein sollte, nunmehr als Buße zuzuerkennen?

LVII.

Der Fabrikant Julius L. in T. fallirte im Jahre 1867. Das Accordverfahren führte zu der zwischen ihm und seinen Gläubigern geschlossenen rechtsgültigen Uebereinkunft, daß L. auf den Wiedereintritt in den Genuß seiner industriellen Etablissements bis zu gänzlicher Befriedigung der chirographarischen Gläubiger verzichtete und ihnen pachtweise die Ausnutzung seiner Fabriken bis dahin überließ. Der im Accord hierzu bevollmächtigte Liquidator der L.'schen Concursmasse schloß nun im J. 1868 mit der Firma E. B. in T. einen Vertrag ab, wodurch dieser Firma die L.'schen Fabriken auf 10 Jahre in Pacht gegeben wurden, unter der Verbindlichkeit 1) einen fixen jährlichen Pachtzins zu zahlen, 2) daneben 50 Procent des am Ende eines jeden Betriebsjahres nach Abzug aller Unkosten verbleibenden Reingewinnes alljährlich zu entrichten.

Der von der Firma E. B. für die L.'schen Etablissements in Dienst genommene und salarirte Fabrik-Unterdirector G. hat nun eine Reihe vom Gegenständen, die für seinen Privatgebrauch bestimmt waren, als Schuldposten der Fabrik gebucht und bezahlen lassen. Der ursprüngliche Besitzer des Etablissements L. macht davon der Staatsanwaltschaft Anzeige und verlangt Bestrafung des G., da, wie ihm aus zuverlässiger Quelle mitgetheilt sei, mannigfache Unrechtfertigkeiten bei den Angestellten der Firma E. B. in seinen früheren Etablissements vorkommen sollten, und es auch in seinem des L. Interesse liege, daß diesen Unrechtfertigkeiten durch Bestrafung eines der Hauptschuldigen ein Ende gemacht werde: denn die größere oder geringere Rentabilität der betreffenden Etablissements bedinge, für ihn den L. den früheren oder späteren Wiedereintritt in den Besitz und Genuß des wesentlichsten Bestandtheils seines Vermögens. Was hat die Staatsanwaltschaft auf diesen Antrag zu thun?

LVIII.

Der Angeklagte hatte einen Anderen in einer Schlägerei mit einer Stichwaffe vorsätzlich verletzt. Die Zurücknahme des Strafantrags des Verletzten hinderte die Fortsetzung der auf Grund des § 233 des St. G. B. geführten Untersuchung.

Kann die Staatsanwaltschaft etwa auf Grund des § 367 10) des St. G. B. (Ziehen eines Messers in einer Schlägerei) die Anklage aufrechterhalten oder doch eine neue Anklage deßhalb erheben?

In einem anderen Falle hatte Jemand die Jagd unbefugt ausgeübt, der Jagdberechtigte aber den nach § 292 des St. G. B. erforderlichen Antrag zurückgenommen. Wäre hier die Anklage nach § 368. 10) des St. G. B. etwa aufrecht zu erhalten?

Sind beide Fällen gleich zu behandeln, und eventuell, worin könnte der Unterschied gefunden werden?

LIX.

Der Bureaubeamte eines Rechtsanwalts hat Gelder, welche Clienten des letzteren auf dessen Bureau für den Rechtsanwalt eingezahlt haben, sich rechtswidrig angeeignet. Es wird Anklage wegen Unterschlagung erhoben. Die Vertheidigung wendet ein, der Angeklagte habe zur Zeit der fraglichen Handlungen in Kost und Lohn des Rechtsanwalts gestanden, von diesem sei aber ein Strafantrag nicht gestellt.

LX.

Bei einem auf dem Rittergute X. vorgenommenen Bau stürzte ein Gerüst ein, und der bei dem Bau beschäftigte Arbeiter A. erlitt dabei eine nicht unbedeutende Körperverletzung. Er war der Ansicht, daß der bei den Einsturz des Gerüstes gegenwärtige Gutsadministrator B. diese Verletzung durch Fahrlässigkeit verschuldet habe, indem von ihm eine nach Lage der Sache unangemessene Weisung den übrigen bei dem Baue thätigen Arbeitern ertheilt sei.

Dieser Antrag ist am 25. April 1874 gestellt, der Gutsadministrator B. aber später außer Verfolgung gesetzt worden, weil sich evident herausstellte, daß er bei der fraglichen Gelegenheit den Arbeitern überhaupt keine Anweisung ertheilt hatte. A. richtet nunmehr, nachdem inzwischen mehr als drei Monate seit dem Einsturze des Gerüstes verflossen sind, einen Strafantrag gegen die beiden Arbeiter Z. und L., welche ohne weitere Anweisung das Gerüst übermäßig belastet und dadurch den Einsturz desselben herbeigeführt haben sollen. Ist der Antrag noch zulässig?

LXI.

A. hatte mehreren Personen mitgetheilt, C. habe ihm gesagt, daß B. in einem gegen ihn, den B., von dem C. angestrengten Civilprocesse einen Meineid, oder doch mindestens einen falschen Eid fahrlässig geleistet habe. A. hatte dies auch dem B. selbst gesagt. Es entstand hierdurch in der That das Gerücht, daß B. einen Meineid oder fahrlässig falschen Eid geleistet habe, und B. stellte daher einen Strafantrag gegen C. Die Untersuchung ergab aber nicht, daß C. die fragliche Aeußerung gethan hatte. Jetzt erschien also A. als der eigentliche Urheber des Gerüchts und B. stellte daher nunmehr einen Strafantrag gegen A. Nunmehr war aber die dreimonatliche Antragsfrist seit dem Zeitpunkte der Aeußerungen des A. abgelaufen. Ist gegen den hierauf gegründeten Einwand des A. keine Erwiederung möglich?

Wie wäre der Fall zu beurtheilen, wenn A. dem B. allein die fragliche falsche Mittheilung über die Aeußerung des C. gemacht hätte, angenommen daß hierbei ein Mißverständniß seitens des A. nicht die Veranlassung, sondern die Mittheilung eine wissentliche Lüge war?

LXII.

Der Gutsbesitzer A. hatte erfahren, daß M. auf seinem, des A., Grundstücke die Jagd an einem Tage unbefugter Weise ausgeübt habe. Er ließ daher den M. warnen mit dem Bemerken, für dieses Mal wolle er noch keinen Strafantrag stellen. Später erfuhr er, daß M. an mehreren Tagen auf den Grundstücken des Gutes die Jagd ausgeübt habe und zwar auf Veranlassung und in Begleitung eines schon einmal wegen Wilddieberei bestraften S. Er stellt nunmehr einen Strafantrag gegen S. Allein dieser nimmt einen Vertheidiger an, und letzterer beruft sich auf den Umstand, daß die Antragsfrist gegen M. abgelaufen sei. Wenn nämlich auch A. nicht gewußt habe, daß die Jagd an mehreren Tagen von M. unbefugt ausgeübt worden sei, so bildeten die betreffenden Handlungen doch ein fortgesetztes Verbrechen, die Antragsfrist sei also für alle abgelaufen. Da nun nach § 63 eine Theilung des Antrags in Bezug auf mehrere Theilnehmer an einem Delicte unzuläßig sei, so müsse der Ablauf der Antragsfrist hier nothwendig auch dem S. zu statten kommen.

LXIII.

Der Urheber eines im März 1864 in X. mittelst Einbruchs verübten schweren Diebstahls hatte aller Nachforschungen ungeachtet nicht ermittelt werden können. Im September 1874 versuchte aber in B., einer von X. mehrere Meilen entfernten größeren Stadt, Jemand unter verdächtigenden Umständen eine Anzahl Pretiosen bei einem Goldschmiede zu veräußern. Er wurde angehalten, und in den Petriosen erkannte man mehrere der bei jenem Diebstahl entwendeten Gegenstände wieder. Eine Haussuchung ergab, daß der Verkäufer jener Pretiosen noch mehrere werthvolle Silbersachen — sämmtlich von jenem Diebstahl herrührend — in Besitz hatte, und so sah sich denn jener, ein bisher noch nicht bestrafter Arbeitsmann und Besitzer eines kleinen Gartenwesens, Namens U., zu folgendem an sich nicht unglaubhaften Geständnisse veranlaßt. Nicht er, sagte er, sondern H., ein seit mehreren Jahren verschollener Dienstknecht, habe den Diebstahl begangen, da H. in augenblicklicher Geldverlegenheit sich befunden habe. Noch in der Nacht des Diebstahls sei H. zu ihm, dem U., gekommen und habe ihn unter dem Versprechen, daß sie Halbpart machen wollten, gebeten, die mitgenommenen Silbersachen und Pretiosen bei sich zu verstecken. Er, U., sei nach einigem Zögern darauf eingegangen. Dann aber hätten sie Beide sich gescheut, von den Sachen Etwas zu veräußern, und habe H. dann nur das bei dem Diebstahle mitgenommene baare Geld, von welchem er Einiges aber vermuthlich gleich vorweg behalten habe, nach und nach zur Hälfte von U. sich herausgeben lassen. Endlich habe er, U., geglaubt, ohne Gefahr verkaufen zu können. H., meinte er, würde wohl gestorben oder nach Amerika ausgewandert sein. Er habe seit länger als fünf Jahren nichts von ihm gehört. Das baare Geld, welches auf seinen, des U., Antheil gekommen sei, habe er schon in den ersten sechs Monaten nach dem Diebstahle verausgabt. Der noch lebende Vater des H. wisse übrigens von der Sache. Wirklich ergab eine Vernehmung des letzteren, daß sein Sohn ihm bald nach dem Diebstahle gestanden habe, er habe ihn ausgeführt, und zwar stimmte diese Erzählung sehr genau mit den Umständen überein, welche in den bereits seit langer Zeit reponirten Untersuchungsacten ermittelt waren.

Die Staatsanwaltschaft ist der Ansicht, daß nun wenigstens U. jetzt noch bestraft werden könne. Welche Gründe können dafür, welche etwa dagegen geltend gemacht werden, und wie ist endlich zu entscheiden?

LXIV.

Im Art. 436 des Handelsgesetzbuches ist vorgeschrieben, daß der Untergang eines in das Schiffsregister eingetragenen Schiffes behufs der Löschung in dem Register der zuständigen Behörde anzuzeigen sei. Die Rheder P. u. Co., welche diese Anzeige innerhalb der im § 9 Art. 5 des preußischen Einführungsgesetzes vorgeschriebenen sechswöchentlichen Frist zu machen unterlassen haben, sind deshalb nach dem citirten § 9 (vgl. Handelsgesetzbuch Art. 436) zu einer Geldstrafe verurtheilt worden.

Auch nach der Verurtheilung haben sie die Anzeige nicht gemacht. Kann ihnen das Handelsgericht nun eine neue sechswöchentliche Frist setzen, und können sie im Falle des Ungehorsams von Neuem in die Strafe des citirten § 9 verurtheilt werden? Müssen die einzelnen Compagnons jeder besonders in die im Handelsgesetzbuche vorgesehenen Strafen verurtheilt werden, oder ist die Firma als solche zu verurtheilen? Wie ist es, wenn in dem Gewerbsbetriebe einer Actiengesellschaft allgemeine polizeiliche Strafbestimmungen, z. B. Bestimmungen über die Behandlung feuergefährlicher Gegenstände, oder über die Arbeitszeit jugendlicher Personen, verletzt werden? Wenn die einzelnen Directionsmitglieder angeklagt werden, können diese dann nicht verlangen, daß gegen sie der Beweis einer wirklichen individuellen Schuld ebenso wie in anderen Fällen erbracht werde?

LXV.

Mehrere Personen haben zusammen einen Diebstahl begangen. Einer von ihnen kauft den Uebrigen, als zur Theilung der gemeinschaftlichen Beute geschritten wird, ihren Antheil ab, um auf diese Weise noch mehr zu gewinnen. Kann er wegen Diebstahls und Hehlerei bestraft werden?

Zuweilen kommt es vor, daß gewerbsmäßige Diebeshehler zu einzelnen besonders wichtigen Diebstählen die Diebe noch besonders anstiften? Können sie wegen Hehlerei und Anstiftung in Bezug auf dieselben Diebstähle verurtheilt werden?

Wie ist der Fall zu beurtheilen, wenn ein Theilnehmer am Diebstahle dem Genossen die diesem bei der Theilung zugefallene Beute stiehlt?

LXVI.

Frau A. bemerkt, daß in ihrer Küche ein unbekannter Mensch offenbar in diebischer Absicht ein halbes Dutzend silberner Löffel und Gabeln in die Tasche steckt. Es gelingt ihr, den Dieb in der Küche einzuschließen, und mit lauter Stimme befiehlt sie der Magd, nach dem Polizeibüreau zu laufen, um die Festnahme des Gauners zu erwirken. Letzterer legt sich indeß auf's Bitten, und indem er der Frau A., die ihr vom Nebenzimmer und Vorplatze aus sehr gut verstehen kann, jammernd erzählt, welche traurige Veranlassung ihn zum Verbrechen getrieben habe, versteht er es, das weiche Herz der Frau A. zu rühren. Sie öffnet die Thüre und läßt ihn entwischen. Der herbeigeholte Schutzmann findet den Dieb nicht mehr vor und macht der Frau A., zu deren Schrecken, bemerklich, daß sie nunmehr wohl wegen Begünstigung des Diebes zur Verantwortung gezogen werden könne. Hat Frau A. in der That eine solche Anklage zu befürchten?

Nehmen wir an, wir hätten gegen eine in unseren Diensten, aber nicht in Kost oder Lohn, stehende Person eine Denunciation wegen eines gegen uns zugefügten Diebstahls an die Staatsanwaltschaft zu X. eben zur Post gegeben. Machen wir uns der Begünstigung schuldig, wenn wir den Brief vom Postbüreau unter Beobachtung der für die Rückgabe von Briefen bestehenden reglementarischen Vorschriften uns zurückgeben lassen?

LXVII.

Der Bauergutsbesitzer Z. hatte beim Einsteigen in ein Eisenbahn-Coupé das so eben in B. für den Verkauf mehrerer Stücke Schlachtvieh vereinnahmte Papiergeld in ziemlich unvorsichtiger Weise nachgezählt und die Brieftasche ebenso unvorsichtig in die Tasche seines Ueberziehers gesteckt. Die neben ihm sitzende Schenkmamsell Auguste T. hatte das bemerkt und nahm die Brieftasche, als Z. bald darauf während des Fahrens einschlief, in diebischer Absicht fort. Sie steckte dieselbe aber in die Tasche des neben ihr sitzenden mit ihr verlobten Kellners Anton F.

Beide, Auguste T. wie Anton F. wurden nun wegen eines gemeinschaftlich verübten Diebstahls angeklagt. Der Vertheidiger des Anton F. macht für diesen geltend, der Diebstahl sei bereits in dem Augenblicke vollendet gewesen, in welchem Auguste T. die Brieftasche nahm, Anton F. könne also höchstens wegen Hehlerei oder Begünstigung gestraft werden. Es sei aber deshalb eine strafbare derartige Handlung nicht anzunehmen, weil Anton F., ein bis dahin noch durchaus unbescholtener Mensch, gegen das Hineinstecken der Brieftasche in seine, des F., Tasche in dem fraglichen Augenblicke gar nicht habe reagiren können, ohne die Auguste T. zu verrathen, da er habe befürchten müssen, daß die gegenübersitzenden Personen auf sie aufmerksam gemacht werden würden. Er habe auch, als nachher auf der nächsten Station Z. seinen Verlust bemerkte und durch einen auf dem Bahnhofe stationirten Polizisten die sämmtlichen Insassen des Coupé's visitiren ließ, nur im Interesse seiner Braut, daher straflos gehandelt, wenn er die Brieftasche noch besser zu verstecken suchte und deren Besitz ableugnete.

Ist die Vertheidigung, angenommen, daß die vom Vertheidiger angeführten Thatsachen richtig oder doch nicht unwahrscheinlich sind, rechtlich zu beachten?

Wie wäre es, wenn das Verlöbniß des Anton F. mit der Auguste T. — etwa wegen mangelnden elterlichen Consenses — für ungültig erachtet werden müßte? Könnte Anton F. nichts destoweniger, wenn er die Auguste T. für seine Verlobte hielt, sich auf die Bestimmung des Abs. 2 des § 257 des St. G. B. berufen?

LXVIII.

Der Bauergutsbesitzer R. kaufte auf dem Pferdemarkte zu T. ein Pferd von einem ihm unbekannten Menschen. Nachher schöpfte er Verdacht, daß das Pferd ein gestohlenes sein könne, und verkaufte daher das Pferd zu einem erheblich billigeren Preise an den Pferdehändler L. In der That war das Pferd ein gestohlenes. Kann R. wegen Hehlerei verurtheilt werden? —

Eine Hausfrau kauft von einem Hausirer zu einem auffallend billigen Preise eine Partie Leinen und Drell. Nachher liest sie in der Zeitung, daß dieser Hausirer an verschiedene andere Personen Leinen und Drell verkauft habe, von dem sich herausgestellt habe, daß es durch einen großartigen Diebstahl in die Hände des Hausirers gelangt sei. Als nun ein Polizeibeamter bei ihr deßhalb Nachfrage hält, leugnet sie Ankauf und Besitz des Leinens ab. Kann sie wegen Hehlerei bestraft werden? Könnte sie sich damit entschuldigen, daß sie gefürchtet habe, schon durch den Ankauf der Waare straffällig zu werden, sie also nur im Interesse ihrer vermeintlichen Sicherheit gehandelt habe?

Thatsächlich kommt es oft vor, daß an den Vortheilen eines Diebstahls Familiengenossen des Diebes participiren. Können sie wegen Hehlerei bestraft werden, z. B. die Ehefrau, der Ehemann, der die, wie er weiß, von dem anderen Ehegatten gestohlenen oder unterschlagenen Victualien mit verzehrt?

Macht der Kaufmann der Partirerei (§ 259 des St. G. B.) sich schuldig, wenn er von einer Person eine Banknote von sehr hohem Betrage in Zahlung nimmt, und den Umständen nach die Vermuthung nahe liegt, auch später als wirklich zutreffend bestätigt wird, daß diese Banknote von jener im Uebrigen mittellos erscheinenden oder dem Kaufmann als mittellos bekannten Person gestohlen sei? Ist zwischen Geldstücken und denselben im Verkehre thatsächlich gleich behandelten Banknoten und anderen „Sachen" (vgl. § 259 des St. G. B.) hier ein Unterschied zu machen? — Kommt es etwa noch auf nähere Ermittelung thatsächlicher Umstände an?

Wie ist es, wenn Jemand mit ihm offenbar nicht gehörendem Gelde Hazard spielt? Können die Mitspielenden, insofern sie Jenem das Geld abgewinnen, als Theilnehmer an der Unterschlagung bestraft werden, oder etwa wegen Hehlerei?

Eine Hausfrau bestellt bei einem Menschen, der ihr Kartoffelproben ins Haus bringt, eine Quantität Kartoffeln zu einem bestimmten Preise. Bevor ihr dieselben geliefert werden, wird ihr erzählt, daß diese Kartoffeln vermuthlich gestohlen seien. Gleichwohl nimmt und bezahlt sie die Kartoffeln, als der Mann, bei dem sie dieselben bestellt hat, sie bringt. Dem Polizeibeamten, der deßhalb Nachfrage hält, erzählt sie, sie habe allerdings die Kartoffeln nicht gern nehmen wollen, da sie von dem Diebstahle gehört habe. Da sie dieselben aber einmal bestellt gehabt habe, so habe sie sich nicht wohl weigern können, dieselben zu nehmen und zu bezahlen, als der Verkäufer mit drohender Miene sofortige Bezahlung verlangt habe.

Hat der Staatsanwalt nach § 259 des St. G. B. Anklage gegen die Hausfrau zn erheben?

Bei dem A. wird eine goldene Uhr gefunden, die einem Anderen, dem B., gestohlen worden ist. Es steht in keiner Weise fest, wie A. in den Besitz der Uhr gelangt ist. Möglicher Weise hat A. dieselbe dem Diebe gestohlen, oder gefunden und so sich angeeignet, oder vom Diebe gekauft. Jedenfalls aber zeigt das ganze Benehmen des A., daß er die Uhr sich aneignen wollte und dieselbe als einen unrechtmäßigen Besitz betrachtete.

Kann A. nicht jedenfalls nach § 259 des St. G. B. bestraft werden?

LXIX.

Ein schon mehrfach bestrafter berüchtigter Dieb hatte einen Diebstahl mit Einbruch begangen und dabei eine größere Anzahl höchst werthvoller Silbergeräthe und Pretiosen erbeutet. Der Diebstahl war allgemein bekannt geworden, ohne daß man jedoch des Diebes habhaft werden konnte. Der Dieb bot nun einem Trödler die sämmtlichen gestohlenen Sachen zu einem äußerst geringfügigen Preise an und ließ sich, da der Trödler endlich der Versuchung nicht widerstehen konnte, ein Handgeld von 50 Thlr. darauf ausbezahlen, indem er versprach, die verkauften Sachen am folgenden Abend herbeibringen zu wollen. Dies geschah aber nicht: vielmehr war es offenbar die Absicht des Diebes gewesen, den Trödler um jene 50 Thlr. zu betrügen. Kann der betrogene Trödler wegen Hehlerei oder Versuchs derselben nach § 258 2) des St. G. B. bestraft werden?

LXX.

Bekanntermaßen wird bei der Prüfung von Begnadigungsgesuchen nicht selten auch die Schuldfrage in gewissem Umfange oder in gewisser Richtung einer Nachprüfung unterworfen. Den Begnadigungsgesuchen werden daher oft schriftliche Zeugnisse von Privatpersonen über Thatsachen beigelegt, welche sich auf die Schuld des Verurtheilten beziehen. Ist es nun eine strafbare Handlung, wenn Jemand, in der Absicht einen wirklich Schuldigen so von der Strafe zu befreien, ein derartiges Attest wider besseres Wissen ausstellt?

Wie ist der Fall zu beurtheilen, wenn ein Anwalt, der für einen Verurtheilten ein Begnadigungsgesuch anfertigt, ein Paar ungebildete Personen durch schnelles Vorlesen über den Inhalt eines von ihm aufgesetzten Schriftstückes täuscht, in welchem sie nun, ohne es zu wissen, durch ihre Unterschrift ein dem Verurtheilten günstiges Factum bezeugen?

Würde, wenn § 154 2) des St. G. B. auf diesen Fall als besondere positive Vorschrift nicht ausschließlich anzuwenden wäre, der Begriff des Mordes bezw. des Mordversuches für den umgekehrten Fall zutreffen, daß Jemand geradezu die Absicht hatte, ein Todesurtheil gegen einen Anderen durch ein von ihm abgelegtes falsches Zeugniß herbeiführen?

LXXI.

Der Tischler Friedrich M. zu B., verheirathet und Vater mehrerer Kinder, einer Tochter im Alter von sechzehn und zweier Söhne im

Alter von dreizehn und eilf Jahren, war durch verschiedene Unglücksfälle, insbesondere Krankheiten, die ihn selbst wie seine Frau lange Zeit hindurch arbeitsunfähig machten, in die äußerste Armuth und Bedrängniß gerathen, ungeachtet er sowohl wie seine gesammte Familie durch Ordnungsliebe, Sparsamkeit und Thätigkeit sich auszeichnete. Mit einem gewissen Stolze hatte er noch immer darauf gehalten, eine reinliche Wohnung zu behalten. Die plötzlich in B. hereinbrechende colossale Steigerung der Miethen und damit verbundene Wohnungsnoth machte ihn obdachlos und ließ ihn erst, nachdem er zwei Nächte mit seiner Familie auf der Straße zugebracht hatte, eine Zuflucht in einem Kellerraume der traurigsten Art finden. In der Verzweiflung kam ihm der Gedanke, sich selbst und seiner ganzen Familie das Leben zu nehmen, und seine Frau sowohl als seine Kinder stimmten ihm hierin durchaus bei. Mit den wenigen ihm verbliebenen Groschen kaufte M. daher unter Zustimmung aller Familiengenossen Steinkohlen und zündete dieselben in einem eisernen Gefäße in dem geschlossenen Kellerraume — der Schlüssel steckte inwendig im Schlosse, weßhalb später die Thür von außen gewaltsam geöffnet werden mußte — an, um auf diese Weise, während Alle sich schlafen legten, durch die Gasentwicklung einen schmerzlosen Tod herbeizuführen. In der That haben alle Familiengenossen, mit Ausnahme des M. selbst, der durch angestellte Wiederbelebungsversuche gerettet wurde, durch das Gas ihren Tod gefunden.

M. wird auf Grund des § 216 des St. G. B. (Tödtung auf Verlangen des Getödteten) angeklagt. Ist diese Anklage begründet? und eventuell auf welche Umstände wird es noch ankommen?

LXXII.

Sophie O. ist Dienstmagd der Frau D. Letztere hat die Gewohnheit, sich jeden Morgen von ihrer Dienstmagd ein Glas mit frischem Wasser bringen zu lassen. Am 1. Mai 1872 brachte Sophie O. der Frau D. wie immer ein Glas Wasser. Frau D. setzte indeß das Glas, da ihr das Wasser einen eigenthümlichen schwefligen Geschmack zu haben schien, bei Seite, und da sie am Tage zuvor einen heftigen Streit mit der Sophie O. gehabt hatte und dieselbe als rachsüchtig und boshaft zu kennen glaubte, schöpfte sie Verdacht, daß Sophie O. ihr Gift habe beibringen wollen, stellte das Glas Wasser sorgfältig in einen verschlossenen Schrank und veranlaßte, nachdem der herbeigerufene Hausarzt ihr erklärt hatte, daß wahrscheinlich etwas Schwefel von abgeschabten Zündhölzern in dem Wasser enthalten sei, eine gerichtliche Untersuchung.

Die chemische Untersuchung des Wassers ergiebt, daß in dem Glase eine Quantität von 0,02847 Gran Phosphor enthalten sei, und das Gutachten des medicinischen Sachverständigen geht dahin:

> daß Phosphor allerdings ein Gift und geeignet sei, die Gesundheit zu zerstören, daß indeß ein erwachsener Mensch nicht wohl unter einer Dosis von einem ganzen oder doch halben Gran vergiftet werden könne; daß endlich die in mehreren Unzen Wasser enthaltene, äußerst geringe Menge von ungefähr $^1/_{35}$ Gran, auch wenn sie von Frau D. hinuntergeschluckt wäre, irgend erhebliche Nachtheile nicht habe zur Folge haben können. Eine so geringe Dosis sei nicht geeignet gewesen, die Gesundheit zu zerstören. Hätte die D. das Glas Wasser geleert, so wäre ihr vielleicht übel geworden, oder sie hätte Erbrechen bekommen. Höchstens könne zugegeben werden, daß jene Dosis geeignet gewesen, die Gesundheit zu stören.

Es ist nicht zu bezweifeln, daß die O. die Eigenschaft des Phosphors als einer giftigen Substanz kannte, sowie daß sie wußte, daß die abgeschabten Theile der Zündhölzer Phosphor mit enthielten. Dagegen will sie bestimmt nur die Absicht gehabt haben, der Frau D. einige Leibschmerzen oder Uebelkeit zu verursachen. Diese Aussage erscheint den Umständen nach nicht unwahrscheinlich; denn sie hat sich kurz zuvor gesprächsweise unter dem Vorgeben, ihr sei am Morgen ein Zündholz in die Suppe gefallen, und sie sei deßhalb besorgt gewesen, ob dasselbe nicht schaden könne, da es einige Zeit unbemerkt in der heißen Suppe sich befunden, bei dem Apotheker R. nach der Wirkung des an solchem Zündholze befindlichen Phosphors erkundigt, und letzterer hat ihr gesagt, daß Jemand von den abgeschabten Phosphortheilen ein Paar solcher Zündhölzer, wie sie die Sophie O. hier gebraucht habe, nicht wohl sterben könne.

Wie wäre der Fall zu entscheiden, wenn die O. nicht Phosphor, sondern einige medicinische, Uebelkeit oder Durchfall erregende Pillen in einem Glase Bier aufgelöst hätte? Wie wäre es, wenn nicht die Person, für welche ein solchergestalt hingestellter Trank bestimmt ist, sondern eine andere Person, der der Thäter gar nicht übel wollte, gegen die Absicht des letzteren das Glas leert, und wenn diese Person wirklich davon Erbrechen bekommt?

LXXIII.

Der Arbeiter Z. hatte sich Abends in der Wirthsstube zu G. sinnlos betrunken. Da er den übrigen anwesenden Gästen lästig fiel, befahl der Wirth seinem Knechte, den Menschen vor die Thüre des Hauses zu setzen.

Es war im Januar, und nachdem der einige Tage zuvor gefallene Schnee am Tage aufgethaut war, fing es wieder an kalt zu werden. Z. wurde am andern Morgen erfroren gefunden, während das Thermometer 6 Gr. R. unter Null zeigte. Wie nachher ermittelt wurde, hatte das Thermometer zu der Zeit, wo Z. vor die Thüre gesetzt wurde, etwa 1 Gr. R. unter Null gezeigt. Nach welchen Bestimmungen ist der Wirth, nach welchen der Knecht strafbar? Sind beide strafbar oder nur einer von ihnen? Von welchen weiteren Ermittelungen und Annahmen wird die Entscheidung darüber abhängen?

Ein oberstes Deutsches Landesgericht hat in einem derartigen Falle wegen Aussetzung hülfloser Personen verurtheilt. Was kann etwa gegen diese Entscheidung geltend gemacht werden?

Wir bewohnen eine halbe Stunde vor der Stadt ein einsam gelegenes Landhaus. Abends beim Nachhausekommen von einem Spaziergange finden wir auf der Hausflur einen dort liegenden völlig trunkenen Menschen, der die Hausflur in der ekelhaftesten Weise beschmutzt. Wir lassen ihn hinaus auf die Landstraße befördern und seitwärts hinter einem Busche niederlegen. Haben wir ein Verbrechen begangen, und im Falle der Verneinung warum keines? — wenn der Mensch, nachdem er in der lauen Sommernacht ausgeschlafen, am andern Morgen gesund wieder aufsteht? Wären wir nicht nach der Consequenz jener Entscheidung zu bestrafen?

LXXIV.

Der Dienstknecht B. ist der uneheliche Vater eines von der Dienstmagd H. geborenen zur Zeit des unten erzählten Vorfalles etwa im Alter von 16 Monaten stehenden Tochter. Er hat, während die Mutter alsbald nach der Geburt der Tochter sich als Amme vermiethete, das Kind in seine Pflege genommen und bis jetzt auch bei sich behalten, nun aber, nachdem die Mutter außer Dienst getreten und zur Frau M. in Danzig gezogen ist, verlangt, daß die Mutter, die Dienstmagd H., die

Pflege des Kindes übernehme, da er sich von seinem bisherigen Aufenthaltsorte fortbegeben will. Als die Mutter sich dessen weigert, kommt er am 2. Jan. 1872 Mittags zwischen 1 und 2 Uhr mit dem Kinde zur M.'schen Wohnung, und als er hier die Thüre verschlossen findet, und ihm der Eingang verweigert wird, setzt er das Kind vor der M.'schen Wohnung auf einen Haufen Eis und Schnee, indem er ihm noch ein seidenes Tuch, in welches er es vorher gewickelt hatte, wieder abnimmt. Die gleichfalls in dem Hause wohnende Frau Z. sieht dies vom Fenster aus und warnt den T. Dieser aber entfernt sich mit den Worten, „Laß kommen, was da will; ich muß verreisen." Das Kind hat etwa 10 Minuten auf dem Eishaufen gesessen, und jämmerlich geschrieen. Es ist dann von einer Frau R. aufgenommen und hat, obwohl nur ziemlich dünn bekleidet, doch keinen Schaden genommen.

T. wird wegen Aussetzung des Kindes angeklagt, und seine Ausrede, daß er an der Ecke der Straße gewartet habe, bis das Kind aufgenommen wurde, hat sich als unrichtig herausgestellt. — Wie wäre der Fall zu beurtheiten, wenn das Kind zu Schaden gekommen wäre, wenn es z. B. an einer durch das Sitzen im Freien veranlaßten Erkältung gestorben; wie wenn es durch einen Wagen mit durchgehenden Pferden überfahren und getödtet worden wäre?

LXXV.

Herr A., ein alter Junggeselle, der ziemlich weit vor der Stadt ein Gartenhaus bewohnt, findet an einem kühlen Herbstabend unmittelbar vor der Mauer seines Gartens ein nur sehr mangelhaft bekleidetes etwa 2 bis 3 Wocheu altes Kind in einem Korbe. Nachdem er einige Zeit gewartet, ob nicht Jemand, da die Nacht schon hereinbricht, das Kind wieder abholen werde, nimmt er mitleidig dasselbe mit in's Haus. Allein nun kommen ihm Bedenken, und als seine Haushälterin sagt: „Um Gotteswillen, Herr A., kümmern Sie Sich doch darum nicht. Die, welche das Kind hingelegt hat, wird es schon wieder abholen. Es ist nur wieder auf Ihre Gutmüthigkeit abgesehen" bringt er das Kind genau wieder an den Platz wo er es gefunden hat, indem er ihm noch eine wärmende Decke umlegt. Kann A. wegen Aussetzung des Kindes verurtheilt werden?

Könnte die Mutter des Kindes wegen Aussetzung verurtheilt werden, wenn sie aus einem Versteck Herrn A. beobachtet hätte, und erst davon gegangen wäre, nachdem sie sich überzeugt hatte, daß A. das Kind aufgenommen hatte?

Wie wäre es, wenn das Kind in dem fraglichen Falle zu Schaden gekommen wäre, z. B. dadurch daß ein großer Hund den Korb umstieß, das Kind daher ohne gehörige Bedeckung der Nachtkälte ausgesetzt wurde, und wenn es an den Folgen erkrankte und starb?

LXXVI.

Die unverehelichte Amalie R., die in B. in Dienst stand, fühlte sich schwanger. Sie verließ daher, indem sie ihren Zustand sorgfältig verheimlichte, ihren Dienst und begab sich zu ihren sehr achtbaren bejahrten Eltern, denen sie ihren Fehltritt und dessen Folgen entdeckte.

Die Mutter entwarf nun folgenden Plan. Da die Eheleute R. ein einsam gelegenes kleines Haus bewohnten, so konnte die Schwangerschaft und die Entbindung leicht verheimlicht werden, und nun hatte Frau R. kurz zuvor davon gehört, daß zwei ältere in X., einer benachbarten kleinen Stadt, wohnende wohlhabende Leute ein Kind anzunehmen wünschten. Diesen sollte das Kind wohl verwahrt in einem Korbe und mit einem Erkennungszeichen versehen vor die Thüre gesetzt werden. Die Mutter, die über das Unglück ihrer Tochter außer sich war, wollte dann, indem sie eine in der Nähe wohnende Bekannte besuchte, darauf Acht geben, ob das Kind wirklich aufgenommen würde. Späterhin hofften die Mutter sowohl als die Tochter das jetzt noch obwaltende Hinderniß einer Heirath der Tochter mit deren Verführer beseitigt zu sehen und dann nach geschlossener Ehe das Kind reclamiren zu können.

In der That glückte der Plan vollständig. Als aber nach zwei Jahr Amalie R. wirlich die erwünschte Ehe geschlossen hatte, und nun das von ihr geborene Mädchen reclamirte — die Mutter der Amalie R. hatte ihm ein Medaillon mit einem beschriebenen Zettel darin mitgegeben — wurde die Sache ruchbar. Kann gegen die Mutter und und die Amalie R. Anklage wegen Kindesaussetzung und Unterdrückung des Personenstandes erhoben werden, gegen die Amalie R. deßhalb, weil sie den Plan der Mutter im Voraus gebilligt und, während es ihre Pflicht gewesen wäre sich zu opponiren, die Mutter habe gewähren lassen, umsomehr da das Kind nicht sogleich nach der Geburt, sondern erst drei Wochen später, als die Amalie R. bereits wieder vollkommen hergestellt war, ausgesetzt war?

Nehmen wir an, daß die Eltern der Amalie R. nahe der Deutschen Grenze wohnten, und daß die Mutter das Kind über die Grenze in ein ausländisches Findelhaus brachte. Würde dann, um die Bestrafung zu begründen, auch nothwendig sein, daß die Handlung nach dem betreffenden ausländischen Strafrechte eine strafbare sei, und inwieweit?

Kommen hierbei etwa die gesetzlichen Bestimmungen über die Beurkundung des Personenstandes in Betracht, insofern diese die Mutter der Amalie R. als eine bei der Geburt des Kindes zugegen gewesene Person oder bez. die Amalie R. zur gehörigen Angabe bei dem zuständigen Standesbeamten verpflichten?

LXXVII.

Unter den Eheleuten A. in B. waren länger dauernde eheliche Zwistigkeiten ausgesprochen, die zu einem gerichtlichen Scheidungsverfahren führten, in welchem durch den zuständigen Geistlichen Pastor M. eine Sühneversuch unter den Eheleuten gemacht wurde. Dieser Sühneversuch hatte zwar an sich keinen Erfolg; indeß einigten sich die Eheleute bald darauf freiwillig, und wurde damit das Scheidungsverfahren beendigt. Der Pastor M. hielt es nun aber für angemessen, sich genauer davon zu überzeugen, ob unter den Eheleuten der rechte häusliche Friede eingezogen sei, und sah sich um so mehr, wie er nachher erklärte, hierzu veranlaßt, weil er die Eheleute A. getraut, ihnen öfter das Abendmahl gereicht und die Frau A. auch confirmirt hatte, er somit sich wohl als Beichtvater der beiden Ehegatten betrachten durfte. Er begab sich daher zu der Frau A., um den wieder hergestellten Frieden durch seinen Zuspruch noch mehr zu befestigen. Hiermit war aber Herr A. keineswegs einverstanden. Mit Recht oder mit Unrecht war er vielmehr der Meinung, daß es gerade das Hervorrufen und Befördern gewisser seiner Ansicht nach überspannter religiöser Grundsätze sei, welches den ehelichen Frieden unter ihnen beeinträchtigt habe. Als er daher wiederum die ihm wohlbekannte Stimme des Pastors M. im Zimmer seiner Frau hörte, eilte er gleichfalls dorthin und erklärte dem Pastor M., daß es seine und seiner Frau Absicht sei, künftig sich an einen anderen Seelsorger zu halten; eine Lösung des früheren Verhältnisses zwischen ihnen, den Eheleuten A. und dem Pastor M., sei fest beschlossene Sache. „Unter diesen Umständen", so schloß Herr A. „werden Sie, Herr Pastor, einsehen, daß ein längeres Fortsetzen auch dieses Besuches für beide

Theile nur peinlich sein kann." Den ziemlich deutlich hierin enthaltenen Wink, sich zu entfernen, verstand aber Pastor M. nicht, oder wollte ihn nicht verstehen. Er antwortete mit einigen biblischen Ermahnungen, die Herrn A. noch mehr in Zorn brachten, und als Pastor M. auf die formelle Aufforderung: „Machen Sie, Herr Pastor, daß Sie fortkommen", gleichwohl blieb und seine Ermahnungen fortsetzte, ergriff Herr A. den Pastor M. am Arm und schob ihn mit Gewalt aus der Thüre.

Auf Anzeige des Pastor M. beantragt nunmehr das Consistorium zu L. als vorgesetzte Dienstbehörde des M., den A. wegen Beleidigung eines Religionsdieners im Amte (§ 196 des St. G. B.) unter Anklage zu stellen.

Ist diesem Antrage statt zu geben? Wie wäre es, wenn der Pastor M. auf Aufforderung der Frau A. erschienen und beziehungsweise geblieben wäre? Kann der Ehemann für berechtigt gehalten werden, der religiösen Ueberzeugung seiner Ehefrau dadurch Zwang anzuthun, daß er ihr einen anderen Seelsorger gibt, und läge ein solcher Zwang nicht etwa in der Wegweisung des Geistlichen, den die Frau verlangt?

Wie wäre zu verfahren, wenn A. auf die Nachricht, daß gegen ihn Anklage erhoben werden solle, seinerseits beantragte, den Pastor F. wegen Hausfriedensbruchs in Untersuchung zu ziehen? Könnte hier Pastor F. trotz seiner auf Herstellung des häuslichen Friedens gerichteten Absichten eine Verurtheilung wegen Hausfriedensbruchs zu befürchten haben?

LXXVIII.

An dem Geburtstage des Justizraths Y. in X. erschien Morgens die Stadtmusik und spielte unter großem Zulaufe von Zuhörern abwechselnd die Melodien der Lieder: „Ueb' immer Treu und Redlichkeit" und „Ein' feste Burg ist unser Gott."

Der Justizrath Y. erblickt hierin eine boshafte Anfechtung seines ehrlichen Namens und will daher wegen Verleumdung oder doch wenigstens wegen Beleidigung bestraft wissen

1) den Besteller der Morgenmusik,

2) die sämmtlichen Musikanten,

3) mehrere Zuhörer, von denen einige, während die genannten

Melodien gespielt wurden, „Bravo“ „da capo“ gerufen, andere sogar, wie er behauptete, die Melodie mit intonirt haben sollten.

Der Besteller der Morgenmusik, Kaufmann M. wendet ein: zunächst sei die Deutung der ersten der gespielten Melodien, welche der Justizrath Y. vornehme, eine ganz willkürliche; nach dieser Melodie würden z. B. auch „Ein frommer Knecht war Fridolin“ und „Schier dreißig Jahre bist Du alt“ gesungen und ursprünglich sei die Melodie der bekannten Arie aus der Zauberflöte entnommen „Ein Mädchen oder Weibchen wünscht Papageno sich.“ Sodann aber könne, vorausgesetzt, daß die ganz willkürliche Deutung des Justizraths Y. richtig wäre, Niemand, der ein gutes Gewissen habe, sich dadurch beleidigt fühlen, daß man ihm das Lob der Redlichkeit und dessen Belohnung vorsinge: im Gegentheile könne und müsse darin eher ein Hervorheben der redlichen Gesinnungen des Gefeierten gefunden werden. Nur bei Personen, die an sich schon im schlechten Rufe ständen, könne hier eine Anspielung, wie sie der Justizrath Y. vermuthe, gefunden werden, und das werde der Justizrath Y. doch nicht selbst von sich behaupten wollen. Wollte man aber annehmen, der Justizrath Y. stehe in solchem Rufe, so sei die Morgenmusik ja nichts anderes als der musikalische Ausdruck der Thatsache dieses Rufes, und stehe ihm, dem M., die Einrede der Wahrheit eo ipso zur Seite.

Seitens der Musikanten wird speciell noch eingewendet, sie gehe die Wahl der bei ihnen bestellten Stücke überhaupt nichts an. Die angenehmen oder unangenehmen Gefühle, welche durch das Spielen der bei ihnen bestellten Stücke oder Melodien bei Einzelnen erregt würden, habe der Besteller zu verantworten; sie seien über jene Gefühle sich ein Urtheil zu bilden, gar nicht in der Lage. Es sei ihnen denn auch noch nie vorgekommen, daß man sie deßhalb in Anspruch nehmen wollte. Außerdem habe Herr M. die eine der beiden Melodien gar nicht unter dem Titel „Ueb' immer Treu und Redlichkeit“ sondern unter dem Titel „Schier dreißig Jahre bist Du alt“ bestellt.

Die Zuhörer endlich bemerken, sie hätten nur allgemein als solche anerkannte Zeichen des musikalischen Beifalls laut werden lassen, und als solches Zeichen müsse auch das Mitintoniren der Melodie betrachtet werden.

Wenn Herr Y. hierin eine Beleidigung wittere, so könne doch sein nur subjectives Gefühl nichts zu einer Beleidigung stempeln, was objectiv eine solche nicht enthalte.

Justizrath Y. erwiedert hierauf, M. habe ihm schon früher einmal eine bei der Gründung der neuen Actienbrauerei begangene „Schwindelei" vorgeworfen. Daher sei an dem Animus injuriandi nicht zu zweifeln. Er habe sich bereits öffentlich in der X.'schen Morgenzeitung über diese niederträchtige Verleumdung ausgelassen und sie als solche gekennzeichnet.

LXXIX.

In einer Zeitung war eine für den A. beleidigende anonyme Anzeige erschienen. A. bezeichnete in einer späteren Nummer die Thatsache als unwahr und als die Erfindung eines gemeinen Buben und stellte einige Wochen später den Strafantrag gegen B. als den Verfasser und Einsender des Inserats. — Die Untersuchung mußte jedoch wegen mangelnden Beweises eingestellt werden.

Nunmehr erachtet aber B. durch das Inserat des A. sich beleidigt und stellt seinerseits einen Strafantrag gegen B. Ist diesem Antrage stattzugeben?

Kann Jemand aus dem Grunde einen Injurienproceß anstrengen (einen Antrag auf Bestrafung stellen), daß ein Anderer eine bestimmte Handlungsweise als gemein oder niederträchtig bezeichnet hat, welche von jener erstgenannten Person beobachtet ist? Wie wäre es, wenn den Umständen nach nur jene eine Person als Subject der fraglichen Handlung gedacht werden könnte? —

LXXX.

In einen Zeitungsartikel war gesagt worden, daß auf die nach dem gegenwärtigen Gesetze erforderliche Genehmigung (Concession) der Regierungsbehörden nicht viel zu geben sei, denn die Entscheidung dieser Behörden beruhe wesentlich auf den eingeforderten Gutachten „von zum Theil unzuverlässigen und parteiischen Ortsbeamten" und werde nicht selten bei einer durchaus schwankenden Praxis „von Gunst oder Ungunst abhängig gemacht."

Kann wegen Beleidigung der Ortsbeamten, Regierungsbehörden des betreffenden Landes oder der betr. Provinz Anklage erhoben werden?

LXXXI.

Eine auswärtige Behörde schreibt an eine Deutsche Staatsanwaltschaft. Herr X., ein im Bezirke der letzteren wohnender Deutscher, habe während seiner letzten Reise nach der im Auslande belegenen Stadt C. einen dortigen öffentlichen Beamten (Polizeibeamten) im Dienste beleidigt, indem er ihn laut vor mehreren Personen einen „Lümmel und Flegel" genannt habe. Herr X. habe nun allerdings mit den betreffenden Beamten sich ausgeglichen, so daß dieser selbst also wohl nicht mehr mit einem Strafantrage auftreten könne. Sie aber, die vorgesetzte Behörde des Beamten, könne die Sache nicht so hingehen lassen und stelle nunmehr nach § 196 des St. G. B. den erforderlichen Strafantrag.

Ist auf diesen an sich rechtzeitig gestellten Antrag einer ausländischen Behörde ohne Weiteres einzugehen? Oder können auf eine ausländische Behörde überhaupt die im Strafgesetz befindlichen Bestimmungen über Behörden und Beamte, abgesehen von specieller Vorschrift, nicht angewandt werden? Oder hängt die Zulässigkeit des Antrags noch von weiteren Voraussetzungen ab?

LXXXII.

Ist es eine Beleidigung, wenn Jemand von einem öffentlichen Beamten, einem öffentlichen Lehrer behauptet, er sei in Wahrheit zu dem Amte unfähig, habe seine „Unfähigkeit bekanntlich glänzend manifestirt"?

Ist es eine Beleidigung gegen einen Beamten, wenn behauptet wird, derselbe habe mit dieser oder jener Maßregel „einen dummen Streich begangen"?

Ist es eine Beleidigung gegen den Inhaber eines bestimmten Staatsamtes, wenn gesagt wird, dieses Amt sei ein „entwürdigendes Institut"?

LXXXIII.

In den Kreisen ungebildeter Personen haben oft Fremdwörter, z. B. das Wort „Nation" und andere, die Wirkung eines besonders starken Schimpfwortes. Ist es richtig, hier eine strafbare Injurie anzunehmen und umgekehrt die Existenz einer Beleidigung dann zu verneinen, wenn zwar im Allgemeinen der betreffende Ausdruck, z. B. der Ausdruck „Bengel" eine beleidigende Bedeutung hat, in den betreffenden Kreisen derselbe aber ohne diese Bedeutung gebraucht wird?

LXXXIV.

Es steigt Jemand in Begleitung einer Dame in ein Eisenbahn-Coupé ein. Mehrere dort sitzende Herren führen ein Gespräch, welches der Anstand in Gegenwart einer Dame fortzuführen verbietet. Können sie wegen Beleidigung bestraft werden, wenn sie trotz einer Erinnerung des Begleiters der Dame in ihrem Gespräche fortfahren?

LXXXV.

Jemand bemalt offenbar in beleidigender Absicht eine in einer öffentlichen Anlage ausgestellte Bildsäule oder Büste eines Verstorbenen mit Schmutz Kann er wegen Beleidigung bestraft werden? Wie wäre es, wenn die Statue oder Bildsäule in dem Privatgarten des Sohnes des Verstorbenen stände?

LXXXVI.

Die X.'sche Morgenzeitung brachte in der Nummer vom 5. October 187. eine äußerst heftige Kritik eines der Zeit dem Landtage vorliegenden wichtigen Gesetzentwurfes. Am Schlusse des Artikels hieß es: „Und eine derartige, wie wir oben glauben nachgewiesen zu haben, flagrante Ungerechtigkeit sollte unser Landesherr durch seine Unterschrift zum Gesetze erheben? Wir hoffen zu Gott, daß das nicht geschehen wird. Noch sind in Deutschland die Theorien eines falschen, fremdländischen Liberalismus nicht zu solcher Verwirklichung gelangt, daß der Monarch die irrigen Beschlüsse einer souverainen Volksvertretung und die widersinnigen Theorien sog. constitutioneller Minister zu sanctioniren genöthigt werden könnte." Da notorischermaßen und nach dem eigenen Berichte der betreffenden Zeitung der Gesetzentwurf aber, bevor er an den Landtag gelangte, die Genehmigung des Landesherrn erhalten hatte, und in dem Landtage auch bis jetzt nicht wesentlich amendirt worden war, so erachtet der Staatsanwalt hier eine Majestätsbeleidigung für vorliegend. Denn wenn auch die Kritik von Gesetzen und Gesetzentwürfen an sich als Majestätsbeleidigung nicht aufgefaßt werden könne, so habe doch der Verfasser des Artikels in diesem gerade an die Person des Landesherrn appellirt und diesen, der notorischermaßen den Gesetzentwurf vorher gebilligt habe, des Sanctionirens oder doch Sanctionirenwollens einer flagranten Ungerechtigkeit geziehen. Jedenfalls aber sei das Staatsministerium beleidigt worden durch den Vorwurf einer flagranten Ungerechtigkeit und den Passus „widersinniger Theorien constitutioneller Minister“. Der erforderliche Strafantrag des Staatsministeriums sei von ihm erwirkt und werde angelegt.

Würde es einen Unterschied in der Beurtheilung begründen, wenn bald nach dem Erscheinen des fraglichen Artikels der betreffende Gesetzentwurf wirklich die landesherrliche Sanction erhalten und als Gesetz publicirt worden wäre?

LXXXVII.

In B. fand sich eines Morgens ein Plakat angeschlagen, in welchem der Kaufmann X... als ein „Gauner, Wucherer und Schwindler der ärgsten Art“ bezeichnet und vor seiner Wahl zum Stadtverordneten dringend gewarnt wurde. Daneben wurden dem X... verschiedene specielle ehrenrührige Thatsachen vorgeworfen. Eines dieser Plakate, deren Urheber und Verbreiter zunächst nicht ermittelt werden konnten, wurde auch an dem Eingange der S.'schen Gastwirthschaft vorgefunden, und S. las dasselbe später einigen Gästen vor.

Kann S. wegen Beleidigung oder Verleumdung verurtheilt werden? Würde er sich mit Erfolg darauf berufen können, daß, bevor er das Plakat seinen Gästen vorgelesen, dasselbe schon von vielen anderen Personen gelesen worden war? Würde es einen Unterschied begründen, ob S. vor dem Vorlesen bereits Kenntniß von dem Inhalte erlangt hatte, und bezw. ob er das Plakat mehrmals vorlas?

LXXXVIII.

Wenn Jemand von einer Gemeinde sagt, „dieselbe sei eine schlechte Gemeinde, er sei schon von mehreren Mitgliedern betrogen worden“, kann dann der Gemeindevorstand den Strafantrag wegen Beleidigung stellen? Können es etwa sämmtliche Mitglieder, oder können es nur einzelne, und unter welchen Voraussetzungen.“

LXXXIX.

Der Bürgermeister eines kleinen Ortes (Z.) hatte die Aeußerung gethan: die Bauern des Ortes seien nichts als schlechte Kerle. Der

Bauer X. in Z. erfuhr die Aeußerung erst später und entgegnete dem Erzählenden, „wenn der lumpige Bürgermeister nicht wäre, ginge es in der Gemeinde ganz anders zu.“ Der Bürgermeister stellt nunmehr einen Strafantrag gegen X. Dieser beruft sich auf Compensation. Der Staatsanwalt entgegnet, diese sei ausgeschlossen, weil die Beleidigung nicht auf der Stelle erwidert sei.

XC.

Ein beleidigender Brief kommt durch Zufall an eine andere Person gleichen Namens. Wer ist der Beleidigte? Liegt in solchem Falle etwa nur Versuch einer Beleidigung vor? Wie ist es, wenn der Empfänger, den Irrthum einsehend, den Brief an den wirklichen Adressaten weiter sendet, nachdem er von dem Inhalte des Briefes Kenntniß genommen?

XCI.

In einem Gespräche mit mehreren Personen erzählte A. eine ehrenrührige Handlung, die, wie ihm mitgetheilt worden, dem B. zur Last fallen sollte. Hierbei war aber eine Personenverwechslung vorgekommen. Nicht dem B., sondern einer anderen Person gleichen Namens fiel die fragliche Handlung zur Last. Gleichwohl verbreitete sich in Folge der Aeußerung des B. das Gerücht, B. sei der fraglichen Handlungsweise schuldig, und B. stellt nunmehr einen Strafantrag gegen A. wegen Verleumdung. A. war allerdings bald nachher darüber aufgeklärt worden, daß die ihm gewordene Mittheilung sich nicht auf B., sondern auf einen Anderen beziehe. Er hatte aber nichts gethan, um den von ihm erregten Irrthum aufzuklären. Ja, wie B. behauptete und den Umständen nach auch nicht unglaubhaft war, da A. und B. mit einander verfeindet waren, hatte er sogar absichtlich, nachdem er seinen Irrthum eingesehen, geschwiegen.

Wie wäre es, wenn A., seinen Irrthum einsehend, die fragliche Aeußerung alsbald zurückgenommen hätte? Nehmen wir an, daß die Aeußerung nicht mündlich gethan, sondern in einem Zeitungsinserat enthalten gewesen war. Könnte A. sich dadurch Straflosigkeit sichern, daß er in der betreffenden Zeitung einen motivirten Widerruf bekannt machen ließe?

XCII.

Jemand hat von einer Actiengesellschaft gesagt, dieselbe sei ein reines Schwindelgeschäft. Kann der Vorstand der Gesellschaft wegen Beleidigung der Gesellschaft einen Strafantrag stellen? Können etwa die einzelnen Mitglieder des Vorstandes oder des Verwaltungsrathes wegen persönlicher Beleidigung einen solchen Antrag stellen?

Eine Behörde als solche ist beleidigt worden. Der Strafantrag wird aber gestellt zu einer Zeit, wo die sämmtlichen das Collegium bildenden Personen bereits durch Neuwahl oder auf andere Weise ausgeschieden sind. Ist der Strafantrag noch zulässig?

Ein öffentlicher Beamter ist in Beziehung auf seinen Beruf beleidigt worden. Kann die vorgesetzte Behörde auch dann noch den Strafantrag stellen, wenn der Beamte aus seiner Stellung, aus dem Staatsdienste völlig ausgeschieden ist?

XCIII.

Der Bankier B. äußerte in Gegenwart einer größeren Anzahl von Personen: „die Wechsel sämmtlicher Kaufleute in S. seien nicht zu discontiren, seien Lumpenpapiere.“ Kann jeder in S. wohnende Kaufmann einen Strafantrag stellen? Wie wenn B. bereits auf den Strafantrag einiger dieser Kaufleute verurtheilt worden wäre, und nun noch von einem anderen in S. wohnenden Kaufmanne ein Strafantrag gestellt würde? —

XCIV.

In einer glänzenden Gesellschaft vermißte plötzlich einer der Anwesenden eine werthvolle mit Edelsteinen besetzte Tabatière. Dieselbe wurde alles Nachsuchens ungeachtet nicht wiedergefunden. Nachher äußerte Jemand, unter der Gesellschaft oder unter den aufwartenden Dienern müße doch ein Dieb gewesen sein. Könnte etwa einer der Gäste oder der Diener einen Strafantrag wegen Beleidigung stellen? —

In einer Proceßsache waren sechzehn Personen als Zeugen eidlich vernommen worden. Nachher äußerte die Partei, welche den Proceß verloren hatte: „Wenn nicht drei falsche Eide geschworen wären, so hätte ich meine Sache gewonnen.“ Wenn angenommen wird, daß

10 Zeugen gegen die verlierende Partei ausgesagt hatten, könnten diese sämmtlich einen Antrag wegen Beleidigung oder Verleumdung stellen?

XCV.

In einer politischen Versammlung beantragt ein Redner ein Mißtrauensvotum gegen A., den bisherigen Abgeordneten des Kreises, welches er folgendermaßen motivirt:

„A. habe vor seiner Wahl Aeußerungen gethan, als würde er ganz den Wünschen der vom Redner wie von der großen Mehrzahl der Anwesenden vertretenen Partei entsprechend stimmen. Im ersten Jahre der Landtagsperiode habe A. das Versprechen auch theilweise gehalten. Im folgenden Jahre aber habe er sich offen auf die Seite der Gegner gestellt, so daß man nicht umhin könne, ihm öffentlich zu bekennen, daß man einem Abgeordneten, der die heiligste Sache des Volkes so schändlich verrathe, kein Vertrauen mehr schenken könne, eine Erklärung, welche den A. hoffentlich bewegen werde, sein Mandat niederzulegen."

Kann der Redner wegen Verleumdung oder Beleidigung auf Antrag des A. verurtheilt werden?

XCVI.

Der Studiosus A. erhielt beim Verlassen des Stadttheaters von einer hinter ihm gehenden Person einen heftigen, offenbar absichtlich zugefügten Fußtritt. Indem er sich umsah, gab er in Erwiderung der ihm zugefügten Beleidigung dem Kaufmann D., in der Meinung, daß dieser der Thäter sei, eine Ohrfeige. A. befand sich aber im Irrthum. Der Fußtritt rührte nicht von D., sondern von einem Kellner S. her, der mit dem A. Abends zuvor einen Streit gehabt hatte und nun, nachdem er den fraglichen Racheact verübt, geschickt hinter eine andere Menschengruppe getreten war.

D. stellt den erforderlichen Strafantrag gegen A. Bei der Verhandlung der Sache macht dieser indeß geltend, jedenfalls sei eine Ohrfeige nicht mehr als eine gebührende Züchtigung für den hinterlistigen und dazu sehr schmerzhaften Fußtritt, und wäre der Geohrfeigte wirklich der Urheber des Fußtrittes gewesen, so würde der Richter ihn, den

A., jedenfalls nach § 199 des St. G. B. für straffrei erklären müssen. Allerdings sei nun durch einen Zufall ein Anderer als der wirklich Schuldige von ihm, dem A., geschlagen worden, dies aber beruhe auf einem sehr entschuldbaren Irrthum, und daher müsse nach § 59 des St. G. B. gleichfalls Straflosigkeit eintreten.

Wie wäre der Fall zu entscheiden, wenn A. zwar dem S. einen Stockschlag zugedacht hätte, dieser aber in dem betreffenden Augenblicke ausgewichen und nun statt des S. der D. getroffen wäre?

XCVII.

Welches Delict liegt vor, wenn Jemand sich den Scherz erlaubt, Nachts einen Anderen ohne Veranlassung durch Klingeln an der Hausglocke zum Aufstehen zu bringen? Die Bekannten eines jungen Doctors der Medicin, der zur Zeit noch nur geringer Praxis sich erfreute, machten sich häufig den Scherz, ihren Freund Nachts durch Schellen an der ärztlichen „Nachtglocke" zu beunruhigen. Dieser beschloß durch Anwendung eines in solchen Fällen nicht unpraktischen Hausmittels sich Ruhe zu verschaffen. Er stellte eine große Schaale mit Wasser bereit, um diese bei nächster Gelegenheit dem Ruhestörer auf den Kopf zu gießen. Unglücklicher Weise aber vergaß er in der Eile und Aufregung genau zuzusehen, als in der nächsten Nacht wieder heftig geschellt wurde, und übergoß mit dem bereit gestellten Wasser den Diener seines einzigen Patienten, der ihn wirklich in der Nacht rufen lassen wollte. Wie wäre der Fall zu beurtheilen, wenn er vor den Strafrichter gebracht würde?

In manchen derartigen Fällen ist es bekanntlich praktisch, durch ein Trinkgeld die Sache auszugleichen. Kann man, wenn der Betroffene das Trinkgeld eingesteckt hat, auch wirklich juristisch beruhigt sein, daß man nun in Ruhe gelassen werde?

XCVIII.

In der X.'schen Zeitung fand sich eines Morgens an der für solche Annoncen herkömmlichen Stelle die Anzeige:

Als Verlobte empfehlen sich:
Lina M.
Gerichts-Assessor Adolph E.
X. und Y. den 13. März 187..

und darunter:

Die Verlobung unserer ältesten Tochter Lina mit dem Herrn Gerichts-Assessor Adolph E. zu Y. beehren wir uns ergebenst anzuzeigen.

X. den 13. März 187 . .

Otto M. und Frau, Marie geb. T.

Alle Welt fand diese Anzeige sehr begreiflich, und die näheren Bekannten der Familie M. faßten in Erwartung der Verlobungskarten den Entschluß, jedenfalls bei zufälligem Begegnen der Familie M. ihren herzlichsten Glückwunsch auszurichten. Um so mehr mußten sie erstaunt sein, als sie am folgenden Morgen an derselben Stelle der Zeitung die Anzeige fanden:

Den nichtswürdigen Urheber der gestrigen unberechtigten und falschen Anzeige der Verlobung meiner Tochter Lina werde ich gerichtlich zu belangen und seiner Zeit öffentlich bekannt zu machen wissen.

X. den 15. März 187 . .

Otto M.

Kann Herr Otto M. in der That den Urheber der Anzeige wegen Beleidigung seiner, wie wir annehmen wollen, noch minderjährigen Tochter belangen (einen Strafantrag gegen ihn stellen)? Könnte dieser etwa die Einrede mit Erfolg opponiren, daß Herr M. ihn in seiner Annonce jedenfalls wieder injuriirt habe? Könnte Herr M. etwa auch wegen seiner Annonce bestraft werden? Wie wäre es, wenn Herr M. geschrieben hätte „den Urheber der gestrigen nichtswürdigen, unberechtigten und falschen Annonce", in Folge aber eines Druckfehlers die Annonce den oben erwähnten Wortlaut erhalten und Herr M., obwohl er den Druckfehler bemerkt, denselben nicht berichtigt hätte? Wie, wenn die betreffenden Personen wirklich verlobt waren, die Verlobung aber aus irgend welchen Gründen nur noch nicht declarirt werden sollte? Könnte etwa auch von Urkundenfälschung hier die Rede sein?

XCIX.

In einem Hôtel macht sich Jemand den schlechten Scherz, die Abends zum Putzen vor die Thüren der einzelnen Zimmer gestellten Stiefel zu vertauschen, um sich am anderen Morgen an der nun entstehenden allgemeinen Verwirrung zu ergötzen. Ein Herr, der früh abreisen will, kommt in Folge davon nicht rechtzeitig zum Bahnhofe und beabsichtigt nun den Uebelthäter, der durch einen zufälligen Umstand verrathen wurde, wenn es angeht, in Strafe nehmen zu lassen, jedenfalls aber im Civilwege Schadensersatz für den unnöthiger Weise verlängerten Reiseaufenthalt und die vermehrten Reisekosten zu verlangen. Der Urheber des schlechten Scherzes macht aber geltend, der betreffende Herr habe in seinem Aerger mehrmals laut im Hause ausgerufen: „Das sei eine Gemeinheit, ein nichtswürdiger Streich eines dummen Jungen.“ Wenn also der Herr ihn irgend wie, sei es im Civil- sei es im Strafverfahren, belangen wolle, so werde er einen Strafantrag wegen Beleidigung stellen. Was ist dem Herrn zu rathen?

Wie wäre es, wenn als Uebelthäter in dem fraglichen Falle nicht ein Erwachsener, sondern der dreizehnjährige Sohn einer im Hôtel logirenden Dame herausgefunden wäre, und der genannte Herr hierauf gesagt hätte: „Das sei eine Gemeinheit, einen solchen Bengel nicht besser zu erziehen“?, wie, wenn er dem jugendlichen Maleficianten sofort eine Ohrfeige verabreicht hätte, und nun allerdings nicht selbst klagen wollte, aber von der zärtlichen Mutter und Vormünderin des Maleficianten beabsichtigt würde, wegen der Ohrfeige, zu der der Herr nicht berechtigt gewesen, einen Strafantrag zu stellen?

C.

A. erachtet sich durch einen Artikel des in X. erscheinenden . . . Blattes beleidigt. Er schreibt deshalb an den Redacteur der Zeitung:

> „Wenn mein Name noch einmal in Ihrem Blatte genannt wird, so können Sie einer gebührenden Züchtigung mit der Reitpeitsche meinerseits Sich versichert halten.“

Es wird wegen Versuchs der Nöthigung auf Antrag des Redacteurs Anklage erhoben.

Die Vertheidigung erwidert, dieser Brief sei nur als Nothwehr des A. zu betrachten. A. sei in dem genannten Blatte in der That verleumderisch beleidigt worden und habe allen Umständen nach auf eine Erneuerung der Beleidigung sich gefaßt machen müssen. Da eine vorläufige Beschlagnahme der Zeitung nach dem Preßgesetze vom 7. Mai 1874 wegen beleidigender Artikel nicht mehr zulässig sei, könne gegen einen Zeitungs-Redacteur eine Ehren-Nothwehr nur in dieser vom Angeklagten gebrauchten Form geübt werden. Allerdings könne man hinterher klagen oder einen Strafantrag stellen; die Beleidigung aber habe man dann einmal erlitten. Eigentlich habe der Angeklagte nichts weiter gethan, als dem Redacteur die Erwiderung einer Beleidigung mit einer Mißhandlung oder Realinjurie in Aussicht gestellt, und nach dem Ausspruch der §§ 199, 233 des St. G. B. würde der Richter diese in Anbetracht der Schwere der dem Angeklagten zugefügten oder bezw. in Aussicht stehenden öffentlichen Beleidigung durch die Presse eventuell straffrei gelassen haben. Außerdem habe ein Zwang jedenfalls nur ausgeübt werden sollen, um einen Anderen von einer rechtswidrigen Handlung abzuhalten, und dieser Zwang könne nicht wohl strafbar sein.

Würde die Entscheidung, abgesehen von dem Strafmaße, verschieden ausfallen müssen, je nachdem der Angeklagte sich nur für beleidigt hielt, oder wirklich in der Zeitung beleidigt worden war?

Wie wäre es, wenn A. nicht mit einer thätlichen Mißhandlung, sondern mit einer Herausforderung zum Zweikampfe gedroht hätte?

CI.

Bekanntlich ist es in neuerer Zeit öfter vorgekommen, daß Damen und Kindern im Menschengedränge oder in der Dunkelheit heimlicher Weise die Haarzöpfe abgeschnitten, die Kleider zerschnitten, mit ätzenden oder schmutzigen Flüssigkeiten begossen wurden. Unter welchen Delictsbegriff fallen diese Handlungen? Wie wäre es, wenn Jemand die Zöpfe von Damen oder Kindern aus Gewinnsucht abschnitte, um das Haar zu verkaufen? Wie wäre es, wenn Jemand einer Dame ohne ihre Genehmigung eine Locke abschnitt, lediglich um sie als Andenken zu behalten? Wie ist der Fall zu beurtheilen, wenn Jemandem der Rock mit einer schmutzigen Flüssigkeit absichtlich übergossen wird, deren Spuren sich aber leicht ohne Schaden wieder beseitigen lassen?

CII.

Welches Delict liegt vor, wenn Jemand sich den schlechten Scherz macht, den Haupthahn der im Hause befindlichen Gasleitung zu schließen, um durch die plötzlich eintretende völlige Dunkelheit eine im Hause gerade versammelte Tanzgesellschaft in Verwirrung zu bringen? Wie, wenn Jemand dabei über einen Tisch mit Gläsern fiele und sich nicht unerheblich verletzte?

CIII.

Ein vertrauliches Gespräch zwischen Frau A. und ihrer Tochter, worin die letztere der ersteren mittheilt, die Dienstmagd Rosalie Z. habe vermuthlich ihr, der Frau A., die vor Kurzem vermißten fünf Thaler gestohlen, wird von der Rosalie Z. oder einer anderen Dienstmagd, welcher nun der Z. die Mittheilung macht, belauscht. Ist Rosalie Z. berechtigt, einen Strafantrag zu stellen? Wie ist es, wenn Jemand in gutem Glauben eine derartige Mittheilung einem Beamten der Criminalpolizei macht?

Ein Geschäftsfreund warnt den A., einem gewissen S. zu creditiren, da derselbe ein Schwindler sei. Der Brief kommt durch Zufall zur Kenntniß des S. Kann S. einen Strafantrag stellen?

In einer behufs der politischen Wahlen zusammenberufenen Versammlung bemerkt Jemand, der von Einigen vorgeschlagene Candidat X. sei deshalb nicht empfehlenswerth, weil er unzuverlässig, insbesondere bei den Einschätzungen zur Einkommensteuer nicht unparteiisch verfahren sei. In der That konnten einige auffallende Fälle nachgewiesen werden in denen auf Beschwerde der Betheiligten eine von X. wesentlich vorgenommene Einschätzung herabgemindert war, und andere Fälle, in denen er nach dem allgemeinen Urtheile zu gering geschätzt hatte. Könnte in solchem Falle eine Berufung auf § 193 (Wahrung berechtigter Interessen) stattfinden? Ist dieser Fall ganz gleich dem Falle zu beurtheilen, daß z. B. die Eingesessenen eines Bezirkes sich an die Obrigkeit wenden, um zu verhüten, daß eine bestimmte Person in dem Bezirke als Beamter angestellt, oder ihm eine Concession zur Betreibung eines concessionspflichtigen Gewerbes ertheilt werde?

Könnte etwa der Redacteur einer Zeitung, der einen Vorwurf, den er gegen eine bestimmte Person erhoben hat, nicht vollkommen beweisen kann, allerdings aber in bona fide sich befand und einigen Grund hatte, den Vorwurf für begründet zu halten, sich auf § 193 berufen, da die Presse im öffentlichen Interesse handle, wenn sie dergleichen Vorwürfe gegen öffentliche Beamte, Abgeordnete oder Wahlcandidaten zur Sprache bringe?

CIII a.

Ist es strafbar, wenn eine Zeitung über die Ueberreichung einer Adresse berichtet, welche letztere einen beleidigenden oder sonst strafbaren Inhalt hat, und wenn diese Adresse dabei vollständig mitgetheilt wird? Kann der Redacteur hier sich darauf berufen, daß er lediglich über eine durchaus wahre Thatsache berichtet habe?

Ist es strafbar, wenn eine Zeitung über eine öffentliche Gerichtsverhandlung wegen einer Beleidigungs- oder Verleumdungsanklage berichtet und dabei auch die beleidigende oder verläumderische Aeußerung, auf welche die Verurtheilung erfolgte, vollständig mittheilt?

Kann der Reichstags- oder Landtagsabgeordnete, der in einer Wählerversammlung eine von ihm im Reichstage oder im Landtage gehaltene Rede vollständig wiederholt, sich auf Art. 22 der Reichsverfassung bezw. § 12 des St. G. B. berufen, wonach wahrheitsgetreue Berichte über Verhandlungen des Reichstags, bezw. eines Landtags eines zum Deutschen Reiche gehörigen Staates von jeder strafrechtlichen Verantwortlichkeit frei sind?

CIV.

Ist es eine Beleidigung, wenn der Vorstand einer Gesellschaft zu Vergnügungs- und Unterhaltungszwecken in der Zeitung bekannt macht, daß Herr X. laut Ballottements von der Gesellschaft ausgeschlossen sei? Ist es nicht wenigstens dann eine Beleidigung, wenn gesagt wird, Herr X. sei seines Betragens wegen ausgeschlossen worden?

CV.

In einer Gesellschaft wird ein Toast auf den Landesherrn ausgebracht. Mehrere Personen bleiben in auffälliger Weise sitzen und erklären, nicht mittrinken zu wollen. Können sie wegen Majestätsbeleidigung verurtheilt werden?

Wie wäre es, wenn hergebrachtermaßen ein solcher Toast auf den Landesherrn in dergleichen Gesellschaften, z. B. bei größeren Subscriptions-Festen, Jubiläums-Essen ausgebracht würde? Wie wenn das Fest gerade zu Ehren des Landesherrn arrangirt wäre, und nachweislich oder Zweifelsohne die betreffenden Personen sich zu dem Feste gedrängt, hätten, um dasselbe in auffälliger Weise zu stören? Hätten in diesem Falle die übrigen Theilnehmer des Festes nicht das Recht, die Störenfriede nöthigenfalls mit Gewalt aus dem Saale zu transportiren? Wie wäre es, wenn der Wirth den betreffenden Personen die Weisung zugehen ließe, sich sofort zu entfernen, diese aber erwiderten, sie hätten ihren Beitrag bezahlt und folglich das Recht im Saale zu bleiben? Wie wäre es, wenn es sich in den fraglichen Fällen nicht um einen Toast auf den Landesherrn, sondern um einen Toast auf eine gefeierte Privatperson, auf einen in eine andere Provinz versetzten Beamten handelte?

CVI.

Die Magd der Frau A. erschien eines nicht unbedeutenden Diebstahls dringend verdächtig. Frau A. machte deßhalb Anzeige und stellte den erforderlichen Strafantrag. Die Magd wurde denn auch verurtheilt und in die Strafanstalt abgeführt. Nach längerer Zeit stellte es sich heraus, daß nicht die Magd, sondern die eigene Tochter der Frau A. den Diebstahl begangen habe. Frau A. unterließ es nun, um ihre Tochter nicht öffentlich zu compromittiren, absichtlich, die erforderlichen Schritte zu thun, um die Freilassung der unschuldig Verurtheilten im Wege der Wiederaufnahme des Strafverfahrens oder der Begnadigung zu bewirken. Ist Frau A. strafbar, und welches Delict kann ihr zur Last gelegt werden?

CVII.

A. hatte gegen einen seiner Arbeiter eine Denunciation wegen Diebstahls bei dem zuständigen Staatsanwalt eingereicht, A. war dabei sehr unbedachtsam verfahren und hatte seine Eingabe auf sehr schwache und trügerische Verdachtsgründe hin gemacht, und es stellte sich alsbald die Unschuld des Beschuldigten in evidenter Weise heraus, so daß es zu einer förmlichen Voruntersuchung gar nicht kam. Der Arbeiter stellt nunmehr, obgleich freilich eine mala fides des A. nicht anzunehmen ist, einen Strafantrag gegen A. wegen Beleidigung. Ist dem Antrage statt zu geben?

CVIII.

Der siebenjährige Knabe des Maurermeisters Fritz M. hatte aus dem benachbarten Garten des Arbeiters T. einige Stachelbeeren entwendet. Die Ehefrau T. lauerte daher dem Fritz M. eines Nachmittags auf, stürzte über ihn her, und schlug mit einem Rohrstocke wüthend auf ihn los. Auf das Geschrei des Knaben eilte dessen Vater hinzu. Allein nun wandte sich Frau T. in ihrer Wuth auch gegen diesen, und als M. sie von dem Knaben wegziehen wollte, kratzte sie ihn unter wüthenden Schimpfreden ins Gesicht. M. schleuderte sie hierauf mit einer heftigen Armbewegung dergestalt von sich fort, daß sie über einen Prellstein fallend sich nicht unerheblich am Knie verletzte. Sie hat nunmehr den M. wegen vorsätzlicher Körperverletzung denuncirt, indem sie einfach in einem von ihr an den Staatsanwalt geschriebenen Briefe behauptete, M. habe sie dergestalt vorsätzlich zur Erde und auf einen Prellstein geworfen, daß sie noch jetzt (acht Tage nach dem fraglichen Vorfall) zu Bett liegen und den Arzt brauchen müsse?

Könnte die T. etwa selbst wegen falscher Denunciation bestraft werden?

CIX.

Manche von der Jugend, sowie von ungebildeten Personen getriebene Spiele kommen darauf hinaus, daß der Verlierende von den Uebrigen sich durchprügeln lassen muß. Bei einem solchen Spiele, die Orgelpfeife genannt, bei welcher der Verlierende von einem Anderen auf den Rücken genommen und von den Anderen geprügelt wird, wurden die Schläge trotz des Widerspruchs des Geprügelten derartig und so lange fortgesetzt, daß der Geprügelte in längere Zeit dauerndes Siechthum verfiel. Sind die Betheiligten nach § 227 des St. G. B. zu verurtheilen? Wie wäre es wenn der Geprügelte seinen Widerspruch nicht erklärt, oder, was ja auch glaubhaft sein kann, einzelne der Mitschlagenden behaupteten, sie hätten den Widerspruch des Geprügelten nicht bemerkt?

CX.

Der Polizeidiener X. in T. hatte von dem vorgesetzten Beamten den Auftrag erhalten, das in T. in der Neujahrsnacht übliche Schießen möglichst zu verhindern. Er gerieth aber in einem Wirthshause in eine lustige, ihm bekannte Gesellschaft, trank mit dieser eine erhebliche Quantität Grog und betheiligte sich nun, statt das Schießen zu verhindern, selbst daran. Unglücklicher Weise verletzte er dabei mittelst eines Papierpropfens beim Abschießen einer Pistole einen Anderen. Die vorgesetzte Dienstbehörde bringt den Fall zur Anzeige und der Staatsanwalt erhebt Anklage wegen fahrlässiger Körperverletzung.

Die Vertheidigung wendet ein, die Körperverletzung sei im vorliegenden Falle nur eine fahrlässige, ein Strafantrag aber von dem Verletzten nicht gestellt.

CXI.

Ein Dieb ist im Nebenzimmer im Begriff, mehrere werthvolle Gegenstände auszusuchen, um sie dann fortzutragen. Wir wollen hinzueilen und den Dieb festhalten, jedenfalls ihn hindern die Sachen mitzunehmen. Er kommt uns aber zuvor, indem er die Thüre, welche von dem einen Zimmer ins andere führt, zuschlägt und rasch den Schlüssel umdrehend uns einschließt. Er nimmt nunmehr ungestört eine Uhr und eine Anzahl silberner Löffel und Gabeln mit sich.

Kann eine Verurtheilung wegen Raubes oder nach § 252 des St. G. B. stattfinden?

Ein Executor begiebt sich, um Sachen der Zwangsvollstreckung zu pfänden, in die Wohnung des A. Dieser geht unter irgend einem Vorwande aus dem Zimmer und schließt dasselbe ab.

Kann A. wegen gewaltsamer Widersetzlichkeit nach § 113 des St. G. B. verurtheilt werden?

Wie wäre es, wenn das Zimmer, in welchem der Executor sich befand, noch einen anderen offen gelassenen Ausgang hatte, den der Executor aber erst nach längeren Suchen oder erst bemerkte, nachdem ihm auf sein Rufen andere Leute zu Hülfe gekommen waren?

CXII.

Der Gutsbesitzer M. hat seinem Knechte T. eine Ohrfeige gegegen. Letzterer verlangt zwanzig Thaler, widrigenfalls er einen Antrag auf Bestrafung stellen werde.

Liegt hier eine Erpressung oder doch der Versuch einer solchen vor? Wie wäre es, wenn der Knecht noch hinzugefügt hätte, außerdem werde er dann noch zur Anzeige bringen, daß M. die Steuerbeamten, welche behufs Entrichtung der Maischsteuer die Revision auf dem Gute vorzunehmen pflegten, durch gutes Essen und Trinken, das er ihnen vorsetze, sich zu Freunden zu machen verstehe. „Vielleicht würde da noch Mehreres herauskommen!"

Ist es eine Erpressung, wenn ein Hausherr mit sofortiger Exmissions-klage, auf die er wegen einer geringfügigen Verletzung des Miethcontractes durch den Miether ein Recht zu haben behauptet, droht, falls der Miether nicht zu einer Erhöhung der Miethe noch vor dem Ablaufe des Contractes sich verstehe?

Ist es Erpressung, wenn der Vater einer minderjährigen Stuprata, die ein Kind geboren hat, 1000 Thlr. Entschädigung fordert, widrigenfalls er die betreffende Klage, die für den Betreffenden noch andere unangenehme Folgen haben werde, anzustellen gesonnen sei?

Ist es Erpressung, wenn der Redacteur einer schlechten Zeitung Jemandem fünfhundert Thaler abfordert, widrigenfalls ein eingesandter dem Betreffenden „sehr unangenehmer Artikel" in der Zeitung veröffentlicht werde?

Ist es Erpressung, wenn Jemand von einen Andern eine Geldsumme verlangt, widrigenfalls er ihn, um dessen Wahl zum Abgeordneten es sich handelt, bei den Wählern „schlecht machen werde"! Uebrigens sei er gegen Remuneration seiner Dienste auch bereit für den Bedrohten zu wirken"? — Wenn der Bedrohte hierauf eingeht, macht er, oder machen beide betheiligte Personen sich straffällig?

CXIII.

Zwei Bauerburschen, K. und P., hatten im Wirthshause zu X. mit dem Schneider E. aus dem benachbarten Dorfe Y. Hazard gespielt und mehrere Thaler dabei an E. verloren. Als E. nachher den Heimweg antrat, lauerten sie ihm auf und zwangen ihn unter der Drohung, ihn sonst mit ihren Knitteln todtzuschlagen, ihnen den ungefähren Betrag ihres Verlustes wieder herauszugeben.

Ist hier einfach § 255 des St. G. B. zur Anwendung zu bringen? Oder lassen sich noch besondere Vertheidigungsgründe hier geltend machen? Könnte hier vielleicht die Lehre vom Irrthum wichtig werden und inwiefern?

CXIV.

Der Oekonom F. hatte mit seinem Dienstknechte N. einen heftigen Streit; er befahl ihm schließlich, das seiner Ansicht nach unordentlich aufgeladene Heu vom Wagen herunterzunehmen und nochmals besser aufzuladen, und als der N. sich dessen weigerte, drohte er ihn mit Schlägen. N. erwiderte aber: „Das versuchen Sie nur und Sie haben die längste Zeit geschlagen." Bei diesen Worten griff N. in die Tasche, als wenn er sein Messer herausnehmen wollte.

Der Oekonom F. richtet an die Staatsanwaltschaft einen Antrag auf Bestrafung des N. Ist die Untersuchung einzuleiten?

CXV.

A. und B. sind Eigenthümer eines an der Königstraße zu B. belegenen Hauses. B. hat während einer länger dauernden Abwesenheit des A. mehrere Räumlichkeiten des Hauses an einen auch bereits dort eingezogenen Geschäftsmann vermiethet, zu dem täglich viele Personen kommen, die dann bei Regen- oder Schneewetter Hausflur und Treppe ziemlich arg zu beschmutzen pflegen. A., der sehr viel auf sauberes Aussehen des Hauses hält, ist, als er bei seiner Rückkehr davon erfährt, über diesen auf mehrere Jahre abgeschlossenen Miethcontract auf das Aeußerste erzürnt. Er wendet sich an einen befreundeten Juristen und dieser macht ihm die erfreuliche Mittheilung, „da B. keine Vollmacht zum Abschluß von Miethverträgen über das im ungetheilten Eigenthum befindliche Haus gehabt habe, brauche A. den unangenehmen Miethvertrag nicht zu respectiren.“ A. geht nun sogleich zu dem verhaßten Miether und sucht ihn mit Berufung auf jene Erklärung des juristischen Freundes zum Rücktritt vom Miethvertrage und zum Ausziehen zu bewegen. Allein dieser erklärt, er ziehe nicht freiwillig aus; A. möge ihn verklagen. Ja er wird endlich grob und sagt dem A.: „Nun verlassen Sie augenblicklich mein Zimmer.“ A. erwidert: „Im Gegentheil: ich als Hausherr werde Sie, da Sie gar kein Recht haben, hier zu wohnen, hinauswerfen lassen.“ Der thatkräftige Miether versucht nun A. aus der Thüre zu drängen, dieser aber widersetzt sich, indem er jenen vor die Brust faßt. Weitere Thätlichkeiten sind allerdings durch die Dazwischenkunft des B. verhindert worden. Aber der Miether beantragt nun Bestrafung des A. wegen Hausfriedensbruchs und thätlicher Beleidigung, während A. umgekehrt den gleichen Antrag stellt. Wie ist zu entscheiden, wenn angenommen wird, daß B. allerdings nicht die Befugniß hatte, ohne Genehmigung des A. zu vermiethen?

CXVI.

Jemand hat in einer kalten und stürmischen Nacht von einer Gesellschaft zurückkehrend den Hausschlüssel mitzunehmen versäumt. In seiner Verlegenheit beschließt er, durch ein Parterrefenster einzusteigen, sieht sich aber dabei genöthigt, letzteres zu zertrümmern. Der Hauswirth, mit dem er bereits seit einiger Zeit in Streit lebt, und der schon auf den 1. des künftigen Monats gekündigt hat, stellt gegen ihn einen Strafantrag wegen Hausfriedensbruchs und Sachbeschädigung. Bemerkt wird, daß das Fenster, durch welches eingestiegen wurde, das Fenster eines nach der inneren Haustreppe führenden Vorplatzes war. Wie wäre es, wenn das Fenster dasjenige eines Zimmers wäre, welches der Wirth selbst oder dessen Hausknecht bewohnte? Wie wäre es, wenn der Fall schon einmal passirt wäre, und der Hauswirth sich dergleichen ernstlich verbeten hätte?

Nehmen wir an, daß der Hauswirth nicht selbst den Antrag stellen wollte, wohl aber seine sehr energische Ehefrau. Wäre diese etwa aus dem Grunde für berechtigt zu halten, daß ihr und dem Manne das Haus, weil sie z. B. in Gütergemeinschaft leben, gemeinschaftlich gehört?

CXVII.

Der Präsident eines Gerichts befiehlt während der öffentlichen Gerichtsverhandlung einem Zeugen, einstweilen den Sitzungssaal zu verlassen. Der Zeuge gehorcht dieser Anordnung nicht, indem er in einer vom Präsidenten unterbrochenen Rede fortfährt. Kann der Zeuge wegen Hausfriedensbruchs verurtheilt werden? Kommt hierbei etwa die Oeffentlichkeit der Gerichtsverhandlung in Betracht? Wer würde, wenn ein Hausfriedensbruch angenommen wird, zum Strafantrage berechtigt sein, der Präsident oder der versammelte Gerichtshof in seiner Majorität? Wenn der fragliche Vorfall in der Sitzung eines Einzelrichters vorgekommen wäre, würde dann dieser oder die Gerichtsbehörde, der er als Mitglied angehört, zum Antrage berechtigt sein?

CXVIII.

Frau P. hatte den Bürgermeister D. zu X. mit endlosen Anliegen, die diesem zum größten Theile gewiß mit Recht unbegründet erschienen, fast eine volle Stunde gepeinigt. Endlich sagt ihr D., sie sei nun wohl fertig, und er habe keine Zeit mehr, sie möge also gehen. Die P. entfernte sich erst, nachdem D. diese Aufforderung mit lauterer Stimme nochmals wiederholt hatte. Dann aber kehrte sie auf der Straße wieder um, betrat, ohne anzuklopfen, D.'s Zimmer und fing von Neuen an zu reden. D. hat jetzt einen Strafantrag gegen die P. wegen Hausfriedensbruchs gestellt. Bei der Verhandlung der Sache wird von der Anklage auch geltend gemacht, eigentlich habe die P. sich zweimal einer Störung des Hausfriedens schuldig gemacht, da sie auf die erste Aufforderung D.'s sich nicht entfernt habe. Seitens der Vertheidigung wird dagegen eingewendet, diese Handlung oder Unterlassung der Angeklagten komme deßhalb nicht weiter in Betracht, weil D. nachher, als die Angeklagte ging, begütigend gesagt habe: „Nun ich werde sehen was sich thun läßt." Wenn also ein Hausfriedensbruch anzunehmen wäre, so sei er von D. verziehen worden und könne deßhalb mittelst Strafantrags nicht mehr geltend gemacht werden. Ueberhaupt aber habe die Angeklagte das Bewußtsein der Rechtswidrigkeit ihres Thuns nicht gehabt und jedenfalls nicht die Absicht, den Hausfrieden zu brechen oder zu stören. Auch aus dem Unterlassen des sonst üblichen Anklopfens sei dies nicht zu schließen; denn die Angeklagte habe ihren zweiten Besuch als eine Fortsetzung des ersten betrachtet und betrachten können.

CXIX.

Der Angeklagte T. beabsichtigte falsche Zins-Coupons einer kaiserlich Russischen Anleihe anfertigen zu lassen und in den Verkehr zu bringen. Er beauftragte daher den Steindrucker R., nach einem echten Coupon andere durch Steindruck anzufertigen, indem er dem R., der keine Kenntniß der Russischen Sprache hatte, erzählte, er sei Vorsitzender des Verwaltungsraths einer in Rußland belegenen Zuckerfabrik, und es sollten jetzt Coupons für die Actien der letzteren neu gedruckt werden. R. fing auch wirklich an die Coupons auf Stein zu zeichnen, schöpfte aber nachher Verdacht und zeigte nun die Sache an.

T. ist in erster Instanz nur auf Grund des § 151 des St. G. B. (Anschaffung von Platten zur Anfertigung falschen Papiergeldes rc.) verurtheilt, aber die Einziehung der Platte (nach § 152 des St. G. B.) abgelehnt worden. Welche Gründe lassen sich für diese Entscheidung anführen? Ist die Entscheidung richtig?

Wie wäre der Fall zu beurtheilen, wenn der Angeklagte sein verbrecherisches Vorhaben dem R. sogleich mitgetheilt hätte, und dieser zum Schein darauf eingegangen wäre und nach Anweisung der Polizei, die den Angeklagten desto sicherer überführen und unschädlich machen wollte, in der That falsche Coupons gedruckt hätte?

CXX.

A. steht in dem Rufe, Handel mit falschem Gelde zu treiben; doch läßt sich über sein verbrecherisches Gewerbe Näheres nicht ermitteln. Ein Polizeibeamter sendet daher ein übelberüchtigtes Subject B., das früher selbst mit Falschmünzern in Verkehr gestanden hat, zu dem Verdächtigen, um falsches Geld von dem letzteren einzuhandlen. Die List gelingt, indem der Vertrauensmann der Polizei dem A. mittheilt, er wolle ihm behülflich sein, wenn A. den Gewinn mit ihm, dem B., theilen wolle.

Die Polizei theilt den Fall dem Staatsanwalt mit, damit dieser nach § 147 des St. G. B. Anklage erhebe.

CXXI.

Ein Lehrling Z. des Bankier G. S. in B. hatte bei dem Telegraphenbureau in B. mehrere Depeschen, die mit dem Namen des G. S. fälschlich unterzeichnet waren, aufgegeben, in welchen er verschiedene Geschäftsfreunde des Bankiers G. S. aufforderte, an das Bankhaus sofort bestimmte Summen zu schicken. Die Adressanten hatten dies gethan, Z. aber erhob in Folge allgemeiner Ermächtigung seines Principals die auf der Post angelangten Geldbriefe und eignet" sich dieselben an.

Wie ist der auch vorgekommene Fall zu beurtheilen, daß Jemand, lediglich um durch Käufe auf der Börse den Cours bestimmter Werthpapiere zu beeinflussen, unter falschen Namen telegraphische Kaufordres an verschiedene Bankhäuser sendet, und diese den Auftrag auch unbedenklich ausführen? Wie wäre es, wenn zufällig in Folge des wirklichen Steigens der betreffenden Papiere diese Bankhäuser durch Ausführung der falschen Aufträge gar keinen Nachtheil erlitten hätten?

CXXII.

Bekanntlich besteht in vielen Ländern die Einrichtung, daß Candidaten den von ihnen beim Staatsexamen einzuliefernden Arbeiten die Versicherung an Eidesstatt beizufügen haben, daß diese Arbeiten von ihnen ohne fremde Hülfe ausgearbeitet seien. Wenn nun Jemand, wissend, daß der Candidat eine solche Versicherung abzugeben hat, diesem eine Arbeit wesentlich corrigirt oder etwa vollständig ausarbeitet, kann er dann wegen Beihülfe oder Anstiftung zu der von dem Candidaten abgegebenen falschen Versicherung bestraft werden? Wie wenn Jemand gewerbmäßig gegen Bezahlung solche Probearbeiten für Andere lieferte? Wie umgekehrt, wenn Jemand von einem Candidaten in ungehöriger Weise über ein bestimmtes Thema ausgefragt würde, aber aus Höflichkeit oder socialer Rücksicht die Antwort nicht glaubte verweigern zu können, obwohl er den verbotenen Gebrauch der ertheilten Auskunft vorhersah?

In einem in der That merkwürdigen Falle hatte Jemand — nennen wir ihn X. — nicht nur für einen Anderen, den Y., das mündliche Examen mit Erfolg bestanden, so daß Y. sein Patent als Advocat und Notar noch mit einer besonderen Belobigung erhielt. Selbst bei der Eidesleistung war der Irrthum nicht entdeckt worden; denn der Eid wurde in C., wo die Mitglieder der Examinationscommission wohnten, an dem Sitze des höchsten Landgerichts abgenommen, und X. wohnte in der entfernten Stadt A. So leistete X. den Diensteid als Advocat und Notar einfach auf den Namen des Y. Erst nach mehreren Jahren kam die Sache zu Tage, als ein Mitglied der früheren Examinations-Commission nach A. eine Dienstreise machte, und ihm dort zu seinen Erstaunen von der unglaublichen Rechtsunkenntniß des Y. erzählt wurde. Y. hatte inzwischen auch als Advocat und Notar fungirt.

CXXIII.

A. klagte gegen B. auf Rückzahlung eines für gekauftes Obst gegebenen s. g. Angeldes. B. wendete ein, der Abrede des Kaufvertrags gemäß habe A. am 16. oder 17. October des vergangenen Jahres das Obst abnehmen müssen: A. sei aber, wie er zugestehen müsse, erst am 23. October zur Abnahme erschienen, und nun sei das Obst bereits anderweit verkauft, das Angeld aber verfallen gewesen. Das Gericht erkannte auf den vom Kläger zu leistenden Eid: „es sei bei dem fraglichen Obstkaufe nicht festgesetzt worden, daß das Obst am 16. oder 17. October abgenommen werden solle“, und Kläger leistete diesen Eid auch ab.

Nun denuncirte aber B. den A. wegen Meineids. Kann, wenn das Strafgericht der Ueberzeugung ist, daß zwischen den Parteien verabredet war, „es solle am 16. October das Obst abgenommen werden“, A. wegen Meineids verurtheilt werden?

CXXIV.

B. klagt gegen A. auf Ausstellung einer ordnungsmäßigen Löschungsbewilligung um eine im Grundbuche auf A.'s Haus eingetragene Hypothek löschen lassen zu können. Er behauptet zur Begründung dieser Klage, die betreffende Schuld sei von seinem, des A. Vorbesitzer M. im November des Jahres 187 . . zurück bezahlt, und das Gericht erkennt demgemäß auf den entsprechend deferirten Eid. A. leistet diesen Eid in negativer Fassung ab und B. wird mit seiner Klage abgewiesen, tritt aber sodann mit einer Denunciation wegen Meineids gegen A. auf, indem er behauptet und auch höchst wahrscheinlich macht, die fragliche Schuld sei allerdings bezahlt worden, freilich nicht, wie er irrthümlich angegeben habe, im November 187 . ., sondern im Januar des folgenden Jahres .

Soll die Staatsanwaltschaft auf diese Denunciation eingehen?

CXXV.

A. hatte von B. ein Haus gekauft und wurde, da er den Kaufpreis in Gemäßheit der Contractsbestimmungen nicht zahlte, von B. auf Zahlung dieses Preises verklagt. Er opponirte der Klage unter Anderem die Einrede, daß Kläger ihn arglistig zum Ankaufe des Hauses bewogen habe, indem er ihm versichert, das Haus bringe seit Jahren, jedenfalls seit drei Jahren 1200 Thaler Miethe auf, und da der Beklagte, der allerdings die Verpflichtung übernommen hatte, die laufenden Miethcontracte auszuhalten, doch durch keinen dieser Contracte länger als die Zeit bis zum nächsten Quartalschlusse und dann noch ein halbes Jahr gebunden sei, so werde er bei dem gegenwärtigen hohen Stande der Miethpreise dann durch Steigerung der letzteren eine bedeutend höhere Rente aus dem Hause ziehen können. Ueber diese Einrede kam es zum Beweisverfahren und endlich zum Reinigungseide für den Beklagten. Das Gericht war, wie die Motive des Beweisbescheides und der Wortlaut des letzteren selbst ergeben, hierbei von der Ansicht ausgegangen, daß es genüge, wenn Beklagter beweisen könne, entweder daß Kläger ihm versichert habe, das Haus bringe seit mindestens drei Jahren 1500 Thlr., oder daß Kläger ihm versichert habe, er, Beklagter, könne binnen der bezeichneten Frist den Miethern kündigen; denn thatsächlich stimmten beide Versicherungen nicht mit der Wahrheit überein. Durch ein Versehen wurde aber die Eidsformel für den Kläger dahin gefaßt, daß letzterer zu schwören hatte:

> Ich schwöre u. s. w., daß ich dem Beklagten vor Abschluß des streitigen Kaufgeschäfts nicht versichert habe, daß das von mir dem Beklagten verkaufte Haus seit mindestens drei Jahren fünfzehnhundert Thaler Miethe einbringe, und daß nach den mit den Miethern abgeschlossenen laufenden Miethcontracten Beklagter die sämmtlichen Miether von Ostern 187. durch Vornahme der Kündigung an zu erhöhen in der Lage sein werde.

Kläger hat diesen Eid geleistet, und Beklagter ist demgemäß verurtheilt worden. Hinterher macht er aber der Staatsanwaltschaft eine Anzeige, daß Kläger wahrscheinlich einen Meineid geleistet habe. Denn wenn er auch dem unmittelbaren Wortsinn der Eidesformel nach den Eid habe leisten können, so habe er es doch nicht gekonnt, wenn man den Eid in seiner eigentlichen, dem Kläger, der den Sinn des ganzen Rechtsstreites sehr wohl verstanden habe und bei der öffentlichen Verhandlung der Sache selbst zugegen gewesen sei, wohlbekannten Bedeutung nehme. Denn hiernach sei es zur Begründung der Einrede offenbar für genügend zu erachten, wenn Kläger auch nur eine der beiden hier zusammengefaßten Versicherungen zugestehen mußte. Die erste der beiden Versicherungen habe Beklagter aber mit guten Gewissen nicht abgeben können. Zum Beweise überreicht Beklagter der Staatsanwaltschaft hiermit einen von der Hand des Klägers herrührenden flüchtig mit Bleistift geschriebenen Zettel, in welchem die Namen der einzelnen Miether des Hauses mit Angabe der von ihnen bezahlten jährlichen Miethen aufgeführt sind. Die Einzelbeträge sind, wie A. zugibt, richtig gewesen, aber das Facit ist dort falsch gezogen: es kommen nach richtiger Rechnung der zahlreichen, zum Theil kleinen Miethposten 1340, nicht aber 1500 Thlr. heraus. Diesen Zettel soll, wie A. behauptet, B. ihm unmittelbar bei der gerichtlichen Verlautbarung des ohne solche auch obligatorisch nicht verbindlichen Kaufvertrags gegeben haben. Er, A., habe, da es bei Aufnahme des Contracts ziemlich eilig hergegangen sei, die Einzelbeträge nicht gut nachrechnen können und sich an das Gesammtresultat gehalten und halten können.

Der Staatsanwalt erachtet es, bevor weitere Schritte gethan werden, für angemessen, den Anwalt, der den B. in dem Civilprocesse vertreten hat, zu befragen. Dieser bemerkt: seiner Ansicht nach habe

6*

das Gericht nicht einmal, sondern mehrmals in der Sache ein Versehen oder einen Fehler in der Beurtheilung gemacht. Das Gericht habe die Einrede des Beklagten gar nicht als aus dem Contracte selbst entspringend betrachtet; denn hinsichtlich des Contractes selbst komme nach Ansicht des Gerichts nur die Urkunde des Contractes in Betracht, und in dieser finde sich von der fraglichen Versicherung des Klägers kein Wort. Das Gericht habe die Sache so construirt, als sei nach den Behauptungen des Beklagten dieser berechtigt, die Actio de dolo auf Schadensersatz wegen betrüglicher Verleitung zum Abschluß eines nachtheiligen Vertrags anzustellen, und natürlich auch dieses Klagrecht im Wege der Einrede und mit der Wirkung einer entsprechenden Preisminderung geltend zu machen. Der Beweisbescheid rede aber dem zuwider nur von der objectiven Abgabe der betreffenden Versicherung durch den Kläger, während nach jener Auffassung der Sache es erforderlich gewesen wäre, daß Kläger wissentlich (dolo) die betreffende Versicherung falsch gegeben habe. Wenn man also nicht bei der Eidsformel schon bleiben wolle, so dürfe dann auch nicht den Beweisbescheid, sondern die wirkliche Sachlage entscheiden, und nach dieser habe sein früherer Client nach seiner, des Anwalts Meinung, den Eid mit gutem Gewissen leisten können. Denn vermuthlich habe er selbst eben sich bei Berechnung des Gesammtbetrags der Miethen geirrt, und nach der Ansicht des Gerichts, daß hier nur mit einer Actio doli oder einer darauf gegründeten Exceptio für Beklagten durchzukommen sei, habe ein darauf bezüglicher Irrthum des Klägers bei Abschluß des Vertrags genügt, um die Einrede des Beklagten zu beseitigen oder als haltlos darzustellen. Denn Thatsache sei es, daß Beklagter den B. zum eiligen Abschluß des Kaufvertrags gedrängt habe — es sei ja gerade die Zeit des großen Häuserschwindels gewesen, und B., der gar kein großer Rechnenmeister sondern ein einfacher Handwerker sei, werde sich wohl in der Eile verrechnet haben. Juristisch aber komme es seiner Ansicht nach gar nicht darauf an; denn die Eidesformel laute einmal wörtlich so, wie Kläger sie beschworen habe, und Beklagter habe sich ja auch dieser Ableistung gar nicht widersetzt.

Was soll die Staatsanwaltschaft thun, angenommen, daß die Thatsachen so wie angegeben, sich verhalten, und daß der Zettel wirklich von der Hand des früheren Klägers, jetzigen Denunciaten herrührt? Sind die Gründe des früheren Anwalts des B., oder die Gründe des Denuncianten zutreffend?

Wie wäre der Fall zu beurtheilen, wenn die Norm des wirklich beschworenen Eides nicht gegen einen abänderlichen Beweisbescheid, sondern gegen ein nach der betreffenden Civilproceßordnung der Rechtskraft fähiges und rechtskräftig gewordenes Beweisurtheil verstoßen hätte? Wie wäre es, wenn der Eid richtig normirt, aber von dem Richter durch ein Versehen in der bezeichneten Weise abgenommen wäre? Angenommen übrigens, daß B., wie allerdings durch die obigen Thatsachen nicht klar gestellt, absichtlich bei Herausrechnung des Gesammtbetrags der Miethe sich verrechnet hätte, um dadurch eine Täuschung des A. zu bewirken, würde er sich dann auch eines Betruges schuldig gemacht haben?

CXXVI.

H. hat als Bürgermeister der Stadt X. für dieselbe in Gemäßheit eines Gemeindebeschlusses eine Auction abzuhalten. Er hat nun selbst bei dieser Auction mitgeboten und, um dies nicht aus den Acten ersichtlich zu machen, das Protokoll nicht selbst geführt, sondern durch einen Polizeidiener führen lassen und diesen veranlaßt, seinen, des Bürgermeisters Namen, an den betreffenden Stellen des Protokolles auszustreichen und dafür den Namen einer anderen Person einzuschreiben.

Nach welcher strafrechtlichen Bestimmung kann eine Verurtheilung des Bürgermeisters stattfinden?

CXXVII.

Der Kreiswundarzt Z. hatte ein Attest über den Gesundheitszustand des Matrosen F. dahin ausgestellt, daß letzterer an einem Leistenbruche leide. Ein Jahr später erscheint die Ehefrau des F. bei Z. und fordert mit dem Bemerken, der Gesundheitszustand ihres Mannes sei noch derselbe, die Erneuerung des Attestes. Z. schreibt nun, ohne den F. nochmals untersucht zu haben, unter das Attest, der Zustand des F. sei nach der heutigen ärztlichen Untersuchung noch derselbe geblieben.

CXXVIII.

Die Wittwe M. hatte den W. beauftragt, für sie nach mündlichen Dispositionen ein schriftliches Testament aufzusetzen. W. hatte dies Testament unterschrieben und versiegelt der betreffenden Gerichts-Commission zu Protokoll und mit der Erklärung überreicht, daß hierin ihr letzter Wille enthalten sei, den sie mit ihrer Unterschrift versehen habe. Da die Wittwe M. nachher aber dies Testament in Folge eines in ihrer Verwandtschaft vorgekommenen Todesfalles zu ändern beschloß und deshalb das Testament aus dem gerichtlichen Depositum sich herausgeben ließ, wurde ihr zu ihrem Erstaunen bemerklich gemacht, daß W. gegen ihren Willen in das schriftliche von ihr unterzeichnete Testament eine Bestimmung aufgenommen hatte, worin W. zum Testamentsexecutor ernannt, und ihm auch ein Legat von 3000 Thlr. ausgeworfen war. — Kann W. wegen Urkundenfälschung oder wegen Betrugs verurtheilt werden?

CXXVIIIa.

Alfons R. hat mit der in X. engagirten Schauspielerin Amalie T. ein Liebesverhältniß unterhalten. In dem Badeorte Z., wohin beide zusammengereist sind, wird Amalie T. allgemein für R.'s Ehegattin gehalten. Sie kommt hier mit einem Sohne nieder, und auf ihr Bitten giebt R. bei dem Civilstandsbeamten fälschlich an, daß Amalie T. seine Ehefrau sei.

Kann Alfons R. wegen Fälschung nach § 271 des St. G. B. verurtheilt werden?

Wie wäre es, wenn Z. dem Gebiete des französischen Rechts angehörte? (Art. 194—196. 319. 323 des Code civil.)

Würde es einen Unterschied in der Beurtheilung der Sache begründen, wenn in der Heimath des Alfons R. oder der Amalie T. oder beider nicht französisches, sondern gemeines römisches Recht gölte?

CXXIX.

Ist es eine Urkundenfälschung, wenn der Schuldner, der zufällig wieder in den Besitz der von ihm dem Gläubiger ausgestellten und übergebenen Schuldurkunde gelangt, den Betrag der darin angegebenen Schuldsummen rechtswidrig ändert, z. B. eine Null wegradirt, die Zahl „5" in „3" verwandelt?

CXXX.

Auf einer an den Landtag gerichteten Petition sind die Namen einer größeren Anzahl von Personen ohne Zustimmung der letzteren, also fälschlich unterschrieben worden. Die Betheiligten wenden sich mit einem Antrage auf strafgerichtliche Untersuchung an den Staatsanwalt. Würde das Gericht auf die Untersuchung einzugehen haben?

CXXXI.

Es kommt in kleineren Orten nicht selten vor, daß bei Mangel an sog. kleinem Gelde oder überhaupt aus Bequemlichkeitsgründen von Gastwirthen und Kaufleuten Blechmarken mit bestimmten Zeichen ausgegeben und dann zu dem darauf bezeichneten Betrage wieder in Zahlung genommen werden. Solche Marken coursiren dann oft in kleineren Kreisen wie baares Geld.

Bei dem Baue der Eisenbahn von X. nach Y. waren nun bei der Herstellnng eines Tunnels eine größere Menge von Arbeitern in Z. beschäftigt. Der Gastwirth Heinrich Ludwig daselbst traf daher mit dem Schachtmeister der Bahn die Verabredung, daß er ihm mit den Anfangsbuchstaben seines Namens H. L. bezeichnete Blechmarken, auf welche zugleich der Geldbetrag angegeben war, lieferte, welche den Arbeitern in Zahlung gegeben und von dem Gastwirthe Ludwig in Zahlung angenommen wurden. Zwei Eisenbahnarbeiter ließen nun durch einen Blechschmied sich 60 Stück solcher Marken à 5 Groschen gemeinschaftlich machen, theilten sie unter sich gleichmäßig und gaben sie dann dem Gastwirthe Ludwig in Zahlung. —

CXXXII.

Ist das Nachmachen von Theaterbillets, Concertbillets u. s. w. Urkundenfälschung? Ist es, abgesehen von dem letzteren Delicte, oder wenn man etwa die Urkundenqualität eines solchen Billets leugnen wollte, nicht wenigstens Betrug, wenn Jemand solche Billets nachmacht und entweder selbst benutzt, oder an Andere verkauft? Gegen Wen wird hier, wenn nur Betrug angenommen wird, der Betrug begangen?

Welches Delict liegt vor, wenn Jemand aus der Theaterkasse Billets stiehlt und nun an Andere verkauft? Wie ist es, wenn die Theaterverwaltung vor der betreffenden Vorstellung noch den Defect bemerkt und die Besitzer solcher gestohlener Billets nicht einläßt?

Kann Jemand strafrechtlich verfolgt werden und auf den Titel welches Delictes, wenn er beim Benutzen des Eisenbahnzuges den

Schaffner in Ansehung des erforderlichen Besitzes eines Billets täuscht, z. B. sich fälschlich von Anderen bezeugen läßt, daß der Schaffner sein Billet schon coupirt habe, oder wenn er widerrechtlich eine ihm nicht zukommende Freikarte benutzt?

Welches Delict liegt vor, wenn Jemand in der Dunkelheit in ein Eisenbahncoupé sich einschleicht, um, ohne ein Billet gelöst zu haben, mitzufahren, oder wenn Jemand in gleicher Weise einem Concerte, einer Theatervorstellung beiwohnt? Wie, wenn er den Eisenbahnschaffner, den Logenschließer besticht, um frei mitzufahren, ohne Billet zuzusehen?

CXXXIII.

Ist es eine Urkundenfälschung, wenn Jemand das Datum eines von ihm mit einem Anderen geschlossenen schriftlichen Vertrags lediglich zu dem Zwecke einseitig abändert, um nachträglich innerhalb der vom Stempelgesetze gelassenen Frist den erforderlichen Stempel kassiren zu können, ohne der Stempelstrafe zu verfallen?

Ist es eine Urkundenfälschung, wenn ein Notar, um sich oder die Parteien vor einer Stempelstrafe zu schützen, auf den von ihm aufgenommenen Urkunden das Datum der Verhandlung falsch angiebt oder nachträglich fälschlich verändert?

Ist es eine Urkundenfälschung, wenn Jemand, um sich Credit zu verschaffen, falsche Schuldverschreibungen, in welchen er als Gläubiger und eine dritte zahlungsfähige Person als Schuldner verzeichnet ist, einem Anderen vorlegt, obwohl er keineswegs die Absicht hat, diese gefälschten Schulddocumente gegen die darin bezeichneten Schuldner selbst zu benutzen oder durch einen Anderen benutzen zu lassen?

Sind die vorhin genannten Fälle wesentlich gleiche oder ungleiche?

CXXXIV.

Ein Beamter liquidirt bei der vorgesetzten Dienstbehörde Reisekosten und Diäten für Reisen, die er nicht gemacht hat. Begeht er durch schriftliche Bescheinigung, diese Reisen gemacht zu haben, eine Urkundenfälschung?

In einem anderen Falle hatte ein Beamter auch einem Untergebenen, um diesem eine Zuwendung zu machen, bescheinigt, daß er, der Untergebene, die betreffenden Reisen gemacht habe. Sind beide Fälle gleich zu beurtheilen? Wie wäre es, wenn ein Beamter in die von ihm geführten Debet-Register absichtlich, um die betreffenden Personen vor der fiscalischen Einforderung zu schützen, bestimmte Eintragungen zu machen unterlassen hätte?

CXXXV.

Jemand will eine gegen ihn anhängige Execution verzögern. Er veranlaßt zu dem Zwecke, wie es häufig geschieht, einen Anderen, mit ihm einen simulirten Kaufvertrag zu schließen, der antedatirt wird, und auf Grund dessen eine Interventionsklage erhoben wird, welche auch eine einstweilige Sistirung der Execution zur Folge hat.

Es wird gegen beide genannte Personen Anklage wegen Betrugs erhoben.

Macht es einen Unterschied, ob der simulirte Kaufvertrag dem andringenden Gläubiger vorgezeigt, und dieser selbst dadurch abgehalten wird, weitere Anträge beim Richter zu stellen, oder ob bei Anstellung der Interventionsklage von dem simulirten Kaufvertrage Gebrauch gemacht wird?

Nehmen wir an, daß es sich bei dem simulirten Kaufvertrage um ein Grundstück handle und daß zur formellen Gültigkeit des simulirten Geschäfts gerichtlicher oder notarieller Abschluß des Vertrags erforderlich sei. Kann in diesem Falle der Notar, der den Umständen nach die Vermuthung hegt oder hegen muß, daß die Parteien eine derartige Täuschung beabsichtigen, wegen Theilnahme an der strafbaren Handlung verurtheilt werden, wenn er ungeachtet jener Vermuthung den Contract notariell aufnimmt? Wie wäre es, wenn er nicht nur jene Vermuthung gehabt, sondern bestimmt um die rechtswidrige Absicht der Contrahenten gewußt hätte?

Wie ist der Fall zu beurtheilen, wenn der Schuldner, gegen welchen die Zwangsvollstreckung anhängig ist, ohne Weiteres eine falsche Intervertionsklage auf den Namen eines Dritten und mit dessen gefälschter Unterschrift versehen, dem Gerichte einreicht und darauf factisch einen Aufschub der Execution herbeiführt? Wie, wenn der Schuldner eine falsche Quittung des die Execution betreibenden Gläubigers producirt, diese Quittung aber nicht mit dem wirklichen Namen des Gläubigers, sondern mit einem nur ähnlich lautenden z. B. statt mit „Melchior" mit „Melche", „Melchus" oder „Melitor" unterzeichnet ist?

CXXXVI.

Gegen den früheren Agenten X. der Versicherungsgesellschaft G. in S. wurden von letzterer verschiedene Ansprüche geltend gemacht und zu deren Sicherstellung die Werthpapiere und das Mobiliar des X. auf Antrag der Gesellschaft mit Arrest belegt. Der Vater des X. klagte gegen die Gesellschaft auf Freigebung der genannten Sachen, weil sie sein Eigenthum seien und producirte zu diesem Zwecke eine Anzahl von Beweisurkunden, mittelst deren er bei dem Civilgerichte erster Instanz auch Aufhebung des Arrestes erlangte. Die Gesellschaft appellirte jedoch und führte in zweiter Instanz den Nachweis, daß die von dem Vater des X. producirten zwischen X und dessen Vater angeblich abgeschlossenen schriftlichen Verträge antedatirt seien. Gleichwohl ließ die Gesellschaft später den Proceß fallen. X. und dessen Vater werden aber nunmehr wegen Fälschung und Betrugs angeklagt.

CXXXVII.

R. reis't auf fremden Namen und hält sich eine Zeit lang als Gast in der Krone zu G. auf. Da ihm das Geld ausgeht, bittet er den Wirth um ein Darlehen, und dieser bewilligt ihm auch das Darlehen gegen Ausstellung eines Wechsels. Da R. befürchtet, wenn er bekennt, auf fremden Namen zu reisen, für einen Schwindler gehalten zu werden und dann das Darlehen nicht zu bekommen, unterschreibt er den Wechsel mit diesem fremden, ihm nicht zukommenden Namen. Die Absicht, den Wirth dabei zu betrügen, waltete dabei nicht ob, und letzterer erklärt, daß ihm der Name des R. dabei gleichgültig gewesen sei. Er habe nach dem Benehmen des R. die Ansicht gehabt, R. sei ein solider Mann und ihm deßhalb das Darlehen gegeben.

Kann R. wegen Urkundenfälschung angeklagt werden? Macht es einen Unterschied, ob eine Person des von R. angenommenen Namens existirt oder nicht?

Nehmen wir an, daß eine Person, welche sich eines ihr nicht zukommenden Namens bedient, in einer Untersuchung sei es als Zeuge, sei es als Beschuldigter vor den Untersuchungsrichter citirt wird, und dort, um sich nicht zu verrathen, mit dem fälschlich angenommenen Namen ein Protokoll unterzeichnet. Kann gegen sie Anklage wegen Urkundenfälschung oder Anklage auf Grund des § 271 des St. G. B. erhoben werden?

CXXXVIII.

O. war im Civilproceß zur Zahlung von 150 Thlr. an den R. rechtskräftig verurtheilt. In der Executionsinstanz producirte er eine angeblich von der Ehefrau des R. ausgestellte, in der That aber von ihm, dem O., gefälschte Quittung über jene Schuld. Der Gläubiger bestritt aber sofort die Echtheit, und die Execution wurde nur kurze Zeit aufgehalten, da O. die Fälschung alsbald zugestand. Es wird nunmehr Anklage wegen Urkundenfälschung erhoben.

Welcher Vertheidigungsgrund ließe sich für O. allenfalls aufstellen, wenn angenommen wird, daß sämmtliche Betheiligte an einem Orte wohnen, wo über die vermögensrechtlichen Verhältnisse der Ehegatten das gemeine römische Recht entscheidet, und daß zwischen R. und dessen verstorbener Ehefrau besondere güterrechtliche Verträge nicht abgeschlossen waren, R. seine Ehefrau auch nicht beerbt hatte?

CXXXIX.

In einer Proceßsache des Försters S. gegen dessen Schuldner hat der Executor die erstrittene Summe eingezogen, aber unterschlagen und eine Quittung über deren Abführung unter dem Namen „verehelichte Förster Schneider“ fälschlich angefertigt und zu den Acten gebracht. — Eine verehelichte Förster S. existirt nicht. Kann der Executor wegen Urkundenfälschung verurtheilt werden?

CXL.

In der Handlung des Kaufmanns L. zu B. besteht die Einrichtung, daß der Käufer größerer Quantitäten Waaren den Kauf im Laden abschließt, den Kaufpreis bezahlt und einen Zettel empfängt, auf welchem der Betrag der Waare ausgedrückt ist und sodann im Magazin gegen Abgabe dieses Zettels die Waaren empfängt.

Jemand hat nun auf diese Weise im Laden 5 Pfd Pfeffer gekauft, auf dem Zettel aber, welcher lautete

„Bon. 5 Pfd. Pfeffer. B. 9/8 72. Wilhelm Schmidt.“

vor die Zahl „5" eine „2" fälschlich gesetzt und auf den so gefälschten Zettel 25 Pfd. Pfeffer im Magazin gefordert.

CXLI.

A. schickt durch einen Boten, Namens Z. dem Kaufmann R. einen Zettel, worin er den R. ersucht, ihm eine Partie Seidenzeug „zur Auswahl durch seine, des R. Leute, oder per Post" zuzuschicken. Die letztere Bemerkung war am Rande des eilig geschriebenen Zettels hinzugefügt. Z. schneidet nun diesen Rand ab und erregt so bei dem Commis des Kaufmanns R. den Glauben, daß er, Z. die Waaren sogleich mitnehme solle. Das solchergestalt erlangte Seidenzeug verkauft er nun und entfernt sich heimlich mit dem Erlöse.

Kann Z. wegen Urkundenfälschung oder nur wegen Beschädigung einer Urkunde oder etwa nur wegen Betrugs bestraft werden?

CXLII.

Der Angeklagte stand als Gesell bei dem Meister D. in Arbeit. Er schrieb unter dem Namen des D. an einen Schuldner des letzteren einen Brief folgenden Inhalts:

Lieber Herr M.!

Hiermit wollte ich Sie ersuchen, mir 10 Thlr. zu übersenden, indem ich heute eine sehr nöthige Zahlung habe. Ich komme in einigen Tagen selbst zu Ihnen.

Ergebenst

D.

Dies Schreiben hat er selbst dem Adressaten überbracht und darauf die 10 Thlr. erhalten, welche er verbraucht hat.

CXLIII.

Der Kaufmann A. sandte in einem Briefe einen Wechsel über 900 Mk. an seinen Geschäftsfreund Max C. in B., welcher letztere in dem Wechsel auch als Remittent bezeichnet war. Der Brief kam aber durch ein Versehen der Briefträger oder der Postbureaubeamten in die Hände eines anderen ebenfalls in B. wohnenden Max C. Dieser indossirte den Wechsel durch seine Namensunterschrift und ließ sich von dem Indoß etwa die Valuta zahlen.

Welches Delict liegt hier vor?

CXLIV.

Herr R. sucht, nachdem er seiner bisherigen Haushälterin gekündigt, eine andere und hat zu diesem Zwecke ein Inserat in die X.'sche Zeitung gelangen lassen. Die bisherige Haushälterin hat nun mehrere an Herrn R. gerichtete verschloßne Briefe, in denen sie Offerten anderer Haushälterinnen vermuthete, und in denen solche auch wirklich enthalten waren, als sie in Herrn R.'s Abwesenheit an sie abgegeben wurden, geöffnet und sodann vernichtet.

Sie wird wegen Unterschlagung angeklagt, nachdem Herr R., der den Sachverhalt erfahren, und auch mehrere der Absenderinnen der betreffenden Briefe, einen Strafantrag gestellt haben. Ist die Anklage in dieser Fassung richtig gestellt?

Wie wäre es, wenn die Angeklagte bezüglich eines der Couverts sich geirrt hätte, wenn in diesem nicht eine Offerte jener Art, sondern ein Dankbrief einer Person enthalten war, welche Herrn R. zugleich ein Darlehen von 100 Mk. in Gestalt einer auf diesen Betrag lautenden Banknote zurücksandte? Wie wäre es, wenn die Angeklagte, wie sie behauptet, nur in der Angst, daß ihr Vergehen an den Tag kommen möchte, diese Banknote nicht zurückgegeben? wie, wenn sie dieselbe vernichtet hätte?

Könnte nicht möglicher Weise Wer einen nicht für ihn bestimmten Brief vernichtet, wegen Sachbeschädigung bestraft werden?

CXLV.

In B. existiren zwei Fabrikgeschäfte derselben Gattung, das eine unter der Firma A. W. Müller, das unter der Firma C. W. Müller. Der Kaufmann D. in F. schreibt an die Firma C. W. Müller einen Brief, in welchem er eine Quantität Waare der Fabrik bestellt. In Folge einer Verwechslung übergiebt der Briefträger den an C. W. Müller adressirten Brief dem Inhaber der Firma A. W. Müller, Ferdinand Z., und dieser führt, wissend, daß der Brief in der That nicht für ihn bestimmt war, die Bestellung unter eigenem Namen aus. Daß er bereits vor Eröffnung des Briefs die geschehene Verwechslung bemerkte, läßt sich nicht nachweisen. Den Bestellbrief bewahrt er bei seiner sonstigen Handels-Correspondenz auf. Kann Z. wegen Unterdrückung einer Urkunde oder auch wegen Betrugs oder wegen Unterschlagung verurtheilt werden? Wäre die letztere Anklage nicht jedenfalls dann begründet, wenn Z. auf Anfrage des wirklichen Adressaten den Empfang oder Besitz des Briefs ableugnete?

Wie wäre der Fall zu beurtheilen, wenn Z. den Bestellbrief vernichtet hätte? Wie wenn er ihn erst zu der Zeit vernichtet hätte, wo er von einer wegen Betrugs oder Urkunden-Unterdrückung beabsichtigten Anklage Kenntniß erhalten hatte, also seine Absicht entschieden dahin ging, ein gegen ihn im Strafverfahren etwa zu verwendendes Beweismittel zu vernichten?

Sind wir unbedingt verpflichtet, Briefe, die irrthümlich uns vom Briefträger übergeben sind und die wir bona fide geöffnet haben (z. B. weil die Adresse undeutlich oder unvollständig war) dem wirklichen Adressaten zukommen zu lassen, wenn wir uns nicht, falls der Brief irgend als Beweismittel benutzt werden könnte, einer Anklage aus § 274 aussetzen wollen?

CXLVI.

Die Landesbank zu M. hatte dem S. zu X. als dem Vormunde der Magdalena S. eine Schuldurkunde über 80 Thlr. ausgestellt. S. wollte die Forderung kündigen und nahm die Urkunde darüber in einer Umhängetasche, welche er von seinem Schwager B. geliehen hatte, nach M. mit. Bei der Rückkehr ließ er die Urkunde aus Versehen in der Tasche stecken. Bald nachher lieh B. die Tasche dem Arbeiter C. Dieser fand die Schuldverschreibung darin und beschloß, sie zu seinem Vortheile zu verwerthen. Er ging mit der Urkunde zu dem Stellenbesitzer H. in L., gab sich für den Vormund der Magdalena S. aus und bot ihm gegen einen bestimmten Preis die Urkunde zum Erwerb durch Cession an. H. wurde mit C. dann auch Handels einig, und C. schrieb nun auf die Schuldverschreibung eine vollständige mit dem Namen des S. unterzeichnete Cessionsurkunde. H. wollte indeß den vereinbarten Preis doch erst dann zahlen, wenn die Cession beglaubigt sein werde. C. erklärte sich auch zur Beschaffung dieser Beglaubigung bereit, nahm die Urkunde wieder mit und bemühte sich bei den Bürgermeister seines Wohnortes diese Beglaubigung zu erlangen; allein vergeblich; denn der Bürgermeister schöpfte Verdacht und machte dem Staatsanwalt Anzeige.

Welches Delicts oder welcher Delicte hat C. sich schuldig gemacht? Ist es richtig, hier versuchte Urkundenfälschung anzunehmen? — Wie wäre es, wenn C. die Schuldverschreibung Jemandem zum Kauf angeboten hätte, der die Nichtberechtigung des C. zur Cession kennend, die Obligation für einen billigen Preis erwerben wollte und wirklich als Cessionar ausgehändigt erhielt? Könnte dieser etwa wegen Hehlerei verurtheilt werden?

CXLVII.

Jemand hat irrthümlich einem Anderen eine Empfangsbescheinigung oder Quittung über einen zu hohen Geldbetrag ausgestellt und übergeben. Ist er berechtigt, wenn ihm jene Bescheinigung zufällig wieder zu Händen kommt, dieselbe eigenmächtig zu vernichten und den Gläubiger bez. Schuldner eine andere Quittung oder Empfangsbescheinigung auszustellen?

Ein Miether hatte für den Vermiether Maurerarbeit geleistet. Bei der nächsten Miethszahlung berechnete er den Werth dieser Arbeit mit 6 Thlr., zahlte daher statt 20 Thlr. nur 14 Thlr., und der Vermiether quittirte in dem Quittungsbuche des Miethers über die Zahlung voller 20 Thlr. Später ließ sich der Vermiether das Quittungsbuch unter einem Vorwande zurückgeben, riß das betreffende Blatt mit jener Quittung heraus, schrieb auf ein anderes Blatt eine neue Quittung über nur 14 Thlr. und klagte nun gegen den Miether den Rest der Miethe ein. Ist die Anklage aus § 274. 19 des St. G. B. begründet?

CXLVIII.

B. war von A. bewogen worden, mehrere von A. gezogene Wechsel mit seinem, des B., Accepte zu versehen. Gleich darauf reute ihn aber die Sache. Unter dem Vorwande, daß er die Summen und Verfalltage sich nicht gehörig notirt habe, ließ er sich von A. die Wechsel vorzeigen, nahm sie an sich und verweigerte sodann unter der Erklärung, er sei übervortheilt worden, die Herausgabe. Seine Absicht war, die Wechsel zu vernichten, und diese Absicht hat er auch ausgeführt.

B. wird wegen Diebstahls der Wechsel angeklagt. Die Vertheidigung bemerkt, höchstens könne von widerrechtlicher Vernichtung von Urkunden nach § 274. 1) des St. G. B. die Rede sein; allein auch diese letztere Bestimmuug treffe deßhalb nicht zu, weil B. dem A. gar keinen Nachtheil zufügen wollte, vielmehr nur vor einem solchen sich selbst habe schützen wollen. Denn die Accepte auf den fraglichen Wechseln seien nur eine Gefälligkeit des B. gegen A. gewesen, und B. habe in der That einen Mißbrauch der Accepte befürchten müssen, da A. notorischermaßen sehr gewagte Geschäfte betreibe und schon mehrere andere Personen durch solche Wechselaccepte in Schaden gebracht habe.

CXLIX.

In einem von mehreren Familien bewohnten Hause hat der Eigenthümer für seine im ersten Stock belegne Wohnung Luftheizung einrichten lassen, für welche die Heizkammer sich im Souterain befindet. Ein Bewohner des Erdgeschosses hat nun ohne Wissen und Willen des Hauseigenthümers eine Oeffnung in dem Leitungsrohre angebracht, so daß die warme Luft theilweise ausströmt und die von ihm bewohnten Zimmer mit erwärmt. Kann er wegen Diebstahls, eventuell wegen schweren Diebstahls nach § 243. 2) des St. G. B. bestraft werden?

Wie ist es, wenn Jemand, der einen der üblichen Contracte mit der Gasanstalt abgeschlossen hat, den in seiner Wohnung befindlichen Gasmesser zeitweilig fortnimmt und so das Gas ohne Controle verbraucht? Wie wäre es, wenn er mit dem Gasmesser eine Veränderung vorgenommen hätte, in Folge deren dieser ein zu geringes Verbrauchsquantum angiebt? Wie, wenn er nur eine derartige von ihm seit längerer Zeit bemerkte, aber nicht von ihm bewirkte Schadhaftigkeit des Gasmessers der Gasanstalt nicht anzeigt und wissentlich der letzteren nicht den vollen Betrag bezahlt?

CL.

Der Angeklagte hat durch Vertrag mit der Direction des Wasserhebwerks das Recht erworben, gegen Zahlung von 200 Mk. jährlich den Bedarf an Wasser zur Speisung des Dampfkessels einer von ihm betriebenen Färberei zu entnehmen. Die betreffende Gesellschaft hat zu diesem Zwecke eine Röhre durch das Haus des Angeklagten gelegt. Dieser hat nun aber ohne Wissen und Genehmigung der Gesellschaft eine besondere Röhre angelegt, welche das Wasser zugleich in die übrigen Räume der Färberei führt, und aus welcher also nicht, wie in der contractlichen Abrede bestimmt worden, das Wasser zum Dampfkessel der Färberei, sondern zum sonstigen Gebrauche entnommen wird. Kann der Angeklagte wegen Diebstahls oder Betrugs verurtheilt werden?

Eine Genossenschaft von Grundbesitzern hat auf ihre Kosten einen Kanal auf dem von ihnen dazu hergegebenen oder bezw. erworbenen Terrain gebaut, welcher (mit Genehmigung der Landesobrigkeit) Wasser aus einem öffentlichen Flusse nach den Wiesen der Theilnehmer der Societät leitet. Das Wasser wird durch Schleusen zeitweilig in dem Kanale aufgestaut, überrieselt dann die Wiesen und fließt auf verschiedenen Abzugswegen wieder in den öffentlichen Fluß zurück. Mittelst eines Aquäducts passirt jene Wasserleitung auch einen oft wasserarmen Bach. An der Stelle, wo dies geschieht, befindet sich eine Schleuse, damit durch diesen Bach das Wasser, wenn es nicht gebraucht, oder zu hoch wird, wieder in den öffentlichen Fluß zurückgelangen könne. Ein Müller nun, dessen Mühle unterhalb dieser Stelle an dem genannten Bache liegt und von diesem getrieben wird, hat unberechtigter Weise die Schleuse jenes Aquäducts geöffnet und durch das nun in dem Bache mitabströmende Wasser seine Mühle mittreiben lassen. Kann er wegen Diebstahls verurtheilt werden?

CLI.

In dem Kreise B. wird eine öffentliche Straße (Kreis-Chaussee) gebaut und zwar unter Leitung einer besonderen Baubehörde des Kreises. Zum Zwecke dieses Baues ist es gestattet worden, daß die erforderlichen Steine in der Königlichen Forst zu X. unentgeldlich gesammelt werden, indem der von der Forstbehörde hierzu ermächtigte Chaussee-Aufseher O. Erlaubnißscheine zum Sammeln von Steinen für den Chausseebau in dem Forst ertheilt. Die sammelnden Personen erhalten dann bei der Ablieferung an die Chausseeverwaltung eine Vergütung für das Graben und Sammeln und für die Anfuhr, und diese Vergütung wird bemessen nach der Quantität der abgelieferten Steine. Einer jener Erlaubnißscheine ist dem K., ein anderer den Gebrüdern R. ausgestellt worden. Die Gebrüder R. haben nun eine Quantität Steine zur Abfuhr in der Forst gesammelt und aufgeschichtet. K. hat sich diese Quantität angeeignet, indem er sie auf seinen Wagen lud, an die Chausseeverwaltung ablieferte und die festgesetzte Vergütung für Sammeln und Abfuhr sich auszahlen ließ. Wie wäre der Fall zu beurtheilen, wenn die Gebrüder R. bei der Abfuhr der Steine herzugekommen wären, und K. sich nun gewaltsam in deren Besitze behauptet hätte? Wie wäre es, wenn in dem letzteren Falle die Gebrüder R., um die Auszahlung der Vergütung an K. seitens der Chausseeverwaltung zu hindern, dem Chaussee-Beamten Anzeige gemacht hätten, dieser aber gleichwohl an K. gezahlt hätte, unter Berufung darauf, daß die Chausseeverwaltung die Vergütungen für die abgelieferten Steine zahle und zu zahlen habe, eine Untersuchung darüber aber, Wer ursprünglich im Besitze der Steine gewesen sei, sie nichts angehe?

Nehmen wir, daß der Eigenthümer eines zum Getreidebau bestimmten Grundstückes einen Haufen Steine bei Gelegenheit der Ackerbestellung aus seinem Grundstücke herausgesucht und dort zusammengeworfen habe. Würde K., wenn er auch diese mitgenommen und der Chausseeverwaltung verkauft hätte, nicht einen Diebstahl begangen haben?

CXII.

Herr N. vermißt seinen werthvollen Jagdhund und lobt dem Ueberbringer desselben 40 Mk. Belohuung aus. Es erscheint nun ein gewisser Z. mit dem Hunde und empfängt die 40 Mk. Nachher stellt sich heraus, daß Z., welcher die besondere Vorliebe des Herrn N. für den Hund kannte, den Hund in der, in der That richtigen Speculation auf die Belohnung an sich gelockt hat.

Wie wäre es, wenn Z. den Hund einfach gestohlen, hinterher aber aus Furcht, durch den Besitz des Hundes leicht verrathen zu werden, und in der Verlegenheit, ihn zu veräußern, auf die erhaltene Kunde von der Auslobung der Belohnung den Hund dem Eigenthümer wieder zugeführt hätte? Würde Z. hier ein oder zwei Delicte begangen haben? Würde es einen Unterschied machen, ob die Belohnung „dem Ueberbringer" oder dem „ehrlichen Finder" ausgelobt wäre? Wie wäre es, wenn der Hund dem Eigenthümer wirklich entlaufen, dem R. zugelaufen, diesem aber von dem Z. abgelockt wäre, welcher letztere die Absicht hatte den Hund dem Eigenthümer gegen die ausgelobte Belohnung wieder auszuliefern?

CLIII.

Den Beamten, welche als Theil ihrer Dienstemolumente Naturallieferungen von Holz entweder unentgeldlich oder gegen eine bestimmte niedrige Taxe empfangen, ist es nicht selten durch die Dienst-Reglements der vorgesetzten Behörden (des Finanzministers) untersagt, das nicht verbrauchte Holz zu verkaufen. Begeht der Beamte, der diesem Verbote zuwiderhandelt, eine Unterschlagung? Wie ist es, wenn das in Betracht kommende Reglement den Beamten für verpflichtet erklärt, das nicht verbrauchte Holz dem Fiscus oder dem Amtsnachfolger unter gewissen Umständen zu überlassen? Wie wäre es, wenn der Beamte das nicht verbrauchte Deputat des Vorjahres vollständig verbraucht zu haben vorgiebt, während er noch eine Quantität in Besitz hat oder aber dieselbe verkauft hat?

CLIV.

A. hatte mit B. ein Uebereinkommen getroffen, nach welchem sie zwei Grundstücke znr einstweiligen Benutzung vertauschen wollten. A. hatte das ihm übergebene Grundstück mit Weizen bestellt.

Nachher traten Zwistigkeiten unter A. und B. ein. B. behauptete, übervortheilt zu sein, und verbot A. das Betreten des dem letzteren übergebenen Grundstückes, weil, wie er sagte, er, der A., noch Eigenthümer und Besitzer sei. A. ließ sich dadurch indeß nicht irre machen und erntete den von ihm gesäeten Weizen ab. B. sagte nun von A., er habe ihm, dem B., diesen Weizen gestohlen.

A. stellt einen Antrag auf Bestrafung. Ist der Antrag begründet und würde er auch dann begründet sein, wenn der Vertrag aus irgend einem Grunde, z. B. wegen mangelnder schriftlicher Form, ungültig wäre? Wie würde der Fall im Gebiete des Preußischen allgem. Landrechts zu entscheiden sein?

CLV.

Begeht der Todtengräber einen Diebstahl, wenn er die den Leichen in das Grab mitgegebenen Sachen sich aneignet? Wie wäre es, wenn er Schmuckgegenstände sich aneignet, die aus vollkommen zerfallenen Särgen und Grabmälern herrühren? —

Welches Delict begeht Derjenige, der einen von ihm gefundenen Schatz sich aneignet? Wie steht es insbesondere, wenn etwa das Civilrecht dem Finder des Schatzes eine Angabe des Fundes bei der Obrigkeit, beziehungsweise öffentliche Bekanntmachung behufs Ermittelung des etwaigen unbekannten Eigenthümers vorschreibt, diese aber unterblieben ist? Kann dann, wenn nachträglich eine solche Bekanntmachung auf Veranlassung des Strafgerichts oder von diesem selbst erlassen wird, und nun Jemand wirklich sein Eigenthum nachweist, der Finder unbedingt wegen Unterschlagung verurtheilt werden?

Wie ist es, wenn Jemand in einer von ihm gekauften Quantität Makulaturpapier eine noch Cours habende Actie auf den Inhaber findet und sich aneignet? Könnte er sich darauf berufen, daß er das Papier mitgekauft habe, daß er als bona fide Besitzer, berechtigter Inhaber des Papiers geworden, eventuell, daß er in einem strafrechtlich entschuldbaren Irrthume über civilrechtliche Fragen sich befunden habe?

CLVI.

Begeht Derjenige einen Diebstahl, der dem Diebe die gestohlene Sache, wissend, daß dieselbe gestohlen ist, wiederum stiehlt? Nehmen wir an, daß der Vater des A. diesem die Sache stiehlt, welche A. dem B. gestohlen hat, würde dieser zweite Diebstahl nach § 247 Abs. 2 des St. G. B. straflos sein?

In einem Falle umgekehrter Art, wo der Sohn dem Vater die von diesem unterschlagenen Sachen gestohlen hatte, hat der Staatsanwalt, ohne nach einem Strafantrage des Vaters zu fragen, Anklage erhoben; das Gericht weist wegen mangelnden Strafantrags des Vaters die Anklage zurück. Soll der Staatsanwalt gegen diese Zurückweisung Beschwerde erheben?

CLVII.

In der Königlichen Forst zu F. wird geschlagenes Holz an verschiedene Personen auf einer Auction verkauft. Der Bäcker D. bemerkt, als er die von ihm erstandene Partie Holz abfahren lassen will, hieran einen Defect und ersetzt diesen aus einer von einem Anderen gekauften Partie Holz, welches dort noch lagert.

Es wird Beschuldigung wegen Diestahls gegen ihn erhoben. Ist diese begründet? Kann der Angeschuldigte sich etwa damit vertheidigen, daß seiner Ansicht nach der Defect nur durch eine Verwechslung beim Abfahren eines einem Andern gehörigen Holzquantums entstanden sei, und deßhalb, da die Qualität des Holzes dieselbe sei, es auf die Identität der einzelnen Stücke nicht ankomme? Oder hätte der Angeschuldigte warten müssen, bis sämmtliche Käufer ihr Holz abgefahren hatten, und hätte er dann nur von dem Uebrigbleibenden nehmen dürfen? Wie wäre es, wenn D. nicht von dem Holze eines anderen Käufers, sondern von einem der Forstverwaltung gehörigen Holzhaufen Holz genommen hätte? Und wie, wenn er in letzterem Falle der Ansicht gewesen wäre, die Forstverwaltung hafte ihm für den Schaden? —

Auf einer Eisenbahnstation vermissen wir plötzlich den Regenschirm, den wir in ein Schirmgestell gestellt haben und den vermuthlich ein anderer Reisender mitgenommen hat. Können wir, ohne uns straffällig zu machen, einen beliebigen anderen Regenschirm dort nehmen und mit diesem weiterreisen, oder müssen wir warten, bis alle anderen Reisenden eingestiegen sind oder den Bahnhof verlassen haben, und können wir dann nur den übrig gebliebenen Schirm nehmen? Wie, wenn wir in letzterem Falle den für uns bestimmten Zug versäumen müßten? Könnten wir nicht wenigstens den offenbar schlechtesten Regenschirm nehmen, da ja der Eigenthümer hierbei jedenfalls keinen Schaden leiden würde? Und wie wäre es, wenn es sich nicht um einen Regenschirm, sondern um ein anderes Kleidungsstück (z. B. um einen Hut) handelte, ohne welches wir uns einer schlimmen Erkältung aussetzen würden?

CLVIII.

M. verkaufte durch einen rechtsgültigen Vertrag, dem die erforderliche Unterschreibung im Grundbuche und sodann die Uebergabe folgte, sein Gut dem P. Mittelst einer besonderen Clausel des Kaufvertrags hatte er sich das Eigenthum des auf einem Holzplane des Guts befindlichen noch nicht geschlagenen Holzes vorbehalten, auch einen besonderen Wächter für dieses Holz bestellt. Der Käufer P. hat nun gleichwohl nach der Uebergabe des Gutes mehrere Bäume auf diesem Plane fällen lassen und sich angeeignet. —

Wie wäre der Fall zu beurtheilen, wenn der von M. bestellte Wächter in Vertheidigung der Rechte des M. die von P. gesandten Holzfäller mit einem Gewehre bedroht hätte, wie, wenn es wirklich zum Handgemenge darüber gekommen und der Wächter einen der Angreifer erschossen hätte?

CLIX.

K. hat sein Haus nebst Zubehör dem R. verkauft, die Umschreibung auf den R. im Grundbuche bewirkt und in der Kaufurkunde auch erklärt, die Tradition sei bereits erfolgt. In Gemäßheit einer besonderen Bestimmung des Kaufvertrags ist K. indeß im einstweiligen Besitze und im Gebrauche des Hauses verblieben. Vor seinem Wegzuge hat er einen im Hause eingemauerten Kessel herausgebrochen und mitgenommen. Wegen Unterschlagung angeklagt, macht er geltend, er habe geglaubt, daß dieser Kessel nicht Pertinenz des Hauses und nicht mitverkauft sei. Er befindet sich aber hierbei nach den maßgebenden civilrechtlichen Vorschriften entschieden im rechtlichen Irrthume.

CLX.

Um Diebereien und Unrechtfertigkeiten zu entdecken, pflegt man wohl den verdächtigen Personen eine besonders gute Gelegenheit der Ausführung zu veranstalten, bei welcher man sie dann auf der That zu ertappen denkt. Es wird aber in solchen Fällen, wenn der Anschlag gelingt, zuweilen zweifelhaft sein, ob wegen der Veranstaltung und der darin etwa anzunehmenden Einwilligung des Eigenthümers wirklich noch ein Delict des ertappten Thäters vorliegt.

Wie ist es, wenn der Eigenthümer einer Sache, um den Dieb zu ertappen, dieselbe für die Wegnahme nun recht bequem hinlegt? Wie ist folgender Fall zu entscheiden? Der Tagelöhner D. ersucht die Magd des A., ihm von den Mehlvorräthen ihrer Herrschaft eine Quantität zu geben und den mit Mehl angefüllten Topf an einer bestimmten Stelle des A.'schen Gartens hinzusetzen. Die Magd geht scheinbar auf diesen Vorgang ein, theilt denselben aber ihrem Dienstherrn mit, und dieser befiehlt ihr, den mit Mehl angefüllten Topf an der bezeichneten Stelle niederzusetzen. A. versteckt sich nunmehr im Garten und ergreift den D., als er im Begriff ist, sich mit dem Topfe zu entfernen.

In einem anderen Falle sollte ein Lehrling dem Angeklagten Hanf, welcher dem Dienstherrn des Lehrlings gehörte, Abends aus dem Fenster der Werkstatt auf die Straße hinwerfen. Auch hier theilte der Lehrling die Sache seinem Meister mit, und dieser befahl ihm zu thun, wie der Angeklagte gewünscht hatte. Jedoch beschränkte sich der Eigenthümer in diesem Falle darauf, zuzusehen und darauf sofort eine Haussuchung bei dem Angeklagten zu veranlassen, bei welcher denn auch der Hanf gefunden wurde.

Ein Polizeibeamter verspricht, um die Mitglieder einer gefährlichen Bande von Einbrechern und Räubern sicher zu fangen, einem der Diebesgenossen Geld, damit dieser die übrigen zur Ausführung eines bestimmten Diebstahles (Einbruches) anstifte, bei welchem dann die sämmtlichen Diebsgenossen gefangen werden sollen. Der Anschlag gelingt. Die Diebe werden gefangen, als sie z. B. gerade die Leitern zum Einsteigen anlegen. Kann hier auch der Anstifter, oder kann Niemand bestraft werden?

CLXI.

Der Angeklagte hat aus einer Scheune, in welcher er als Drescher gewöhnlich beschäftigt wurde, Korn entwendet. Er hat zum Zwecke dieser Entwendung vorher die Haspe an dem Thürpfosten der Scheune herausgezogen resp. zerbrochen und dadurch also das Verschließen der Scheune unmöglich gemacht. Einige Zeit darauf hat er sodann den Diebstahl verübt, indem er nunmehr ohne Hinderniß in die Scheune gelangen konnte. Kann der Angeklagte wegen ausgezeichneten Diebstahls verurtheilt werden?

Wer im Inneren eines Gebäudes einen verschlossenen Schrank erbricht, um daraus zu stehlen, begeht einen nach § 243 Nr. 3 des St. G. B. ausgezeichneten Diebstahl. Findet dieselbe Strafbestimmung Anwendung, wenn Jemand eine ganze Kassette diebisch mitnimmt und erst in seiner, der Diebes, Wohnung gewaltsam öffnet? Wie, wenn Jemand eine ihm vom Eigenthümer anvertraute Geldkassette mit einem Nachschüssel öffnete und einen neben anderen Sachen darin befindlichen Brillantring entwendet? Wäre hier vielleicht nur von Unterschlagung zu reden?

Ist es ausgezeichneter Diebstahl, wenn ein an einem Hause angebrachter Schaukasten diebisch erbrochen wird?

Ist es ein ansgezeichneter Diebstahl, wenn ein Drescher Getreide der Gutsherrschaft, um es zu entwenden, in einen ihm gehörigen Sack schüttet, den Sack in einem benachbarten Gebäude des Gutshofes einstweilen versteckt und in der folgenden Nacht den Sack mittelst Einsteigens in dieses Gebäude fortnimmt?

CLXII.

Begeht der Ladendiener einen Diebstahl oder eine Unterschlagung, der sich das im offenen Ladengeschäft von den Kunden bezahlte Geld aneignet? Kommt es darauf an, ob er das Geld in die Ladenkasse gelegt hat? Ist die Befugniß, daß er den Kunden wechseln und Geld herausgeben darf, von Bedeutung?

CLXIII.

Arnold S . . ., der Sohn eines reichen Gutsbesitzers, hat während seines Aufenthalts als Student der Universität zu X. sehr erhebliche Schulden gemacht, und während er, noch Student, auf dem väterlichen Gute in Abwesenheit seines Vaters sich aufhält, werden ihm verschiedene Ehrenscheine zur Zahlung präsentirt. Dem Vater die Sachlage brieflich mitzutheilen, trägt er Bedenken, während er nach früheren Erfahrungen die Hoffnung hegen kann, im persönlichen Verkehre den strengen Vater bald milder zu stimmen. Auch fürchtet er, da der augenblickliche Aufenthaltsort seines in Italien reisenden Vaters ihm nicht einmal bekannt ist, daß die ungeduldigen Gläubiger eine befriedigende Antwort nicht mehr abwarten und zu äußersten Schritten sich veranlaßt finden möchten. In dieser Verlegenheit beschließt er, auf schließliche Verzeihung hoffend, seinem Vater die benöthigte Summe zu entwenden. Er eröffnet mit einem zufällig passenden ihm selbst gehörenden Schlüssel den Schreibtisch seines Vaters und findet hier zwar kein Geld, wohl aber in einem geheimen Fache die Doublettenschlüssel zu einem eisernen feuerfesten Geldschranke des Vaters. Es gelingt ihm nun, diesen Schrank zu öffnen, und hier findet er denn auch außer einem Kasten mit Staatspapieren und Actien, den er unberührt läßt, ein versiegeltes Packet in dünnem durchsichtigen Briefpapier, in welchem, wie er nicht zweifeln kann, Banknoten enthalten sind. Dies Packet nimmt er, Entdeckung durch einen in das Nebenzimmer eintretenden Dienstboten befürchtend, eiligst zu sich und von den vorgefundenen 5000 Thlr. verwendet er 3000 Thlr. zur Bezahlung von Ehrenschulden. Den Rest behält er, um den Vater demnächst durch freiwillige Rückgabe des Nichtgebrauchten milder zu stimmen. Hierauf reist er beim Beginn des neuen Semesters wieder zur Universitätsstadt zurück, nachdem er vorher von seinem Vater einen Brief erhalten, worin dieser seine feste Absicht ausspricht, noch etwa zwei Monate in Rom zu verbleiben. Arnold will den Vater sogleich bei dessen Rückkehr wieder auf dem Gute erwarten, um seine Verzeihung zu erbitten.

Eine unerwartete Nachricht ruft den Gutsbesitzer S . . . vor jenem Zeitpunkte nach Deutschland zurück, und so geschieht es, daß er den Geldschrank öffnet und den Verlust bemerkt, bevor Arnold von seiner Rückkehr Kunde erhalten hat. Sein Verdacht richtet sich gegen einen in seinen Diensten stehenden Oekonomieverwalter M., der, wie er annimmt, eines Tags das geheime Schubfach des Schreibtisches bemerkt haben mag. Er macht dem Gerichte Anzeige, und M., der durch einige zufällige Umstände, zugleich aber durch sein bestürztes Benehmen noch mehr verdächtigt erscheint, wird vom Untersuchungsrichter in Haft genommen. In einem Briefe theilt S . . . das Vorgefallene seinem Sohne arglos mit, worauf dieser in bitterer Reue und in der Absicht, einen Unschuldigen nicht länger leiden zu lassen, zum Vater eilt und das Verbrechen dem Ueberraschten gesteht. Jetzt schreibt der Vater dem Gerichte, daß jedenfalls der Oekonomieverwalter M. der Schuldige nicht sei, indem er nunmehr allerdings voraussehend, daß dem Gerichte der Schuldige nicht zweifelhaft bleiben könne, sich mit der bekannten Bestimmung des § 247 des Strafgesetzbuchs tröstet.

Zu seinem Schrecken erfolgt aber neben der Freilassung des M. sofort die Verhaftung des Arnold S.; denn wie dem Gerichte durch die früheren Angaben des Bestohlenen bekannt war, war das entwendete Packet mit Banknoten gar nicht Eigenthum des Gutsbesitzers S . . ., sondern gehörte einem Freunde, der mit ihm gereist war und unmittelbar vor der Abreise dasselbe dem S . . . zur Aufbewahrung übergeben hatte.

Kann Arnold S . . . sich mit Erfolg darauf berufen, daß er die Banknoten irrthümlich für seines Vaters Eigenthum gehalten habe? Wie, wenn er allerdings ein fremdes Siegel auf dem Packet bemerkt hätte und ihm deßhalb der Gedanke gekommen wäre, das Geld könnte nicht seinem Vater gehören? Wie, wenn er zwar nicht beim Nehmen des Packetes, wohl aber beim späteren Oeffnen desselben bemerken mußte, z. B. weil eine schriftliche Notiz über den Eigenthümer darin enthalten war, daß es sich hier um das Eigenthum eines Fremden handelte?

Ferner, wenn angenommen wird, daß es im vorliegenden Falle eines Strafantrages des Bestohlenen nicht bedurfte, ist dann nur ein einfacher Diebstahl anzunehmen oder die in Nr. 3 des § 243 des St. G. B. angedrohte Strafe des ausgezeichneten Diebstahls zu verhängen? Kann der Angeklagte nicht wenigstens behaupten, daß er nur 3000 Thlr., nicht aber 5000 Thlr. entwendet habe?

Nehmen wir an, das erkennende Gericht hätte, abweichend von der Ansicht des Staatsanwalts und des Untersuchungsrichters, angenommen, daß im vorliegenden Falle eine Bestrafung ohne Strafantrag des Vaters nicht erfolgen könne, und daher den Angeklagten rechtskräftig freigesprochen, nach Jahren aber würfe Jemand dem Arnold S... vor, er habe einmal seinen Vater bestohlen. Würde Arnold S..., wenn er nunmehr einen Strafantrag wegen Beleidigung oder Verleumdung stellen wollte, den Beweis der Wahrheit der behaupteten Thatsache nach § 190 des St. G. B. nicht zu fürchten haben? — Würde es einen Unterschied machen, wenn das Geld einem Banquier von dessen Sohne gestohlen worden wäre, und ersterer dem Eigenthümer für Verlust durch gewöhnlichen Diebstahl civilrechtlich haftete? Wie wäre es endlich, wenn das gestohlene Packet Staatspapiere enthielt, die ein Dritter dem Vater des Angeklagten als Pfand gegeben hatte? Könnte die Vertheidigung sich hier darauf berufen, daß nach dem am Orte der That geltenden Rechte für dieses pfandrechtliche Verhältniß etwa die Regel Platz greift „Hand wahre Hand"?

LLXIV.

Adolph T. war als junger kränklicher Mensch bei Frau W. in Verpflegung seitens seines Vormundes untergebracht und vermachte mündlich kurz vor seinem Tode seine sämmtlichen Sachen — unbewegliches Vermögen und Capitalien waren nicht vorhanden — aus Dankbarkeit der Frau W. Der Vater der Frau W., ein dem Trunke und der Unordnung ergebener Mensch, hat nun mehrere zu jenem Nachlasse gehörige Sachen, unter Anderem eine Uhr entwendet, eine Entwendung, die später gerichtskundig wird, als der Bruder und Intestaterbe des Adolph T. den Nachlaß deßhalb von der Frau W. herausfordert, weil das angebliche Testament oder Vermächtniß als nur mündlich oder formlos errichtet, vollkommen ungültig sei.

Kann der Vater der Frau W. sich auf Abs. 2 des § 247 des St. G. B. und § 59 das. sich berufen? Haben wir es in dem fraglichen Falle, wenn der Angeklagte seine Tochter für die Eigenthümerin der entwendeten Sachen hielt, mit einem Rechtsirrthume zu thun, der als solcher keine Berücksichtigung verdient?

CLXV.

Der Arbeiter Franz F. ging mit der siebenjährigen Anna M. von W. nach Z. Die letztere trug einen Korb mit Wäsche, der ihr anscheinend recht schwer zu tragen wurde. F. erbot sich, den Korb zu tragen, und Anna W. händigte ihm den Korb denn auch ein. Etwa 5 Minuten vor der Stadt Z. forderte Anna

M. den Korb zurück, F. aber lief mit demselben davon. Anna M. folgte ihm mit Geschrei, und der des Weges kommende Eisenbahnschaffner T. hielt auf das Geschrei den F. fest. Dieser aber zog einen Hammer aus der Tasche und erhob denselben mit der Drohung, er werde dem T. den Kopf spalten, wenn er ihn nicht loslasse. Dies geschah nun auch. Nach welcher Bestimmung ist F. zu bestrafen? — Wie wäre es, wenn T. den F. nicht losgelassen, sondern sogleich vermöge durchaus überlegener Körperkraft überwältigt und ihm Hammer und Korb abgenommen hätte?

CLXVI.

Wir geben unserer Köchin den Auftrag, auf dem Markte für neun Thaler Fasanen einzukaufen. Unter der Versicherung daß die Preise jetzt bedeutend aufgeschlagen seien, bringt sie uns für das Geld nur zwei Stück, während sie in Wahrheit drei erhalten, den einen Fasanen aber ihrer in der Nachbarschaft verheiratheten Schwester übergeben hat, um ihn am nächsten Sonntag mit ihr und deren Familie gemeinschaftlich zu verzehren.

Welches Delict begeht die Köchin und nach welcher Bestimmung ist ihre Schwester etwa straffällig? Sind etwa noch besondere Umstände zu ermitteln, von denen die Beantwortung dieser Fragen abhängt?

CLXVII.

Aus Versehen geben wir bei Bezahlung einer Waare ein Zwanzigmarkstück statt eines Zehnmarkstückes. Nachher bemerken wir den Irrthum und verlangen 10 Mark von dem Empfänger zurück. Letzterer behauptet, wie ihm aus anderen Umständen nachgewiesen werden kann, wider besseres Wissen, nur 10 Mark erhalten zu haben. Unter welches Delict ist seine Handlung zu subsumiren, wenn angenommen wird, daß er sofort den Irrthum bemerkte, (z. B. weil er das Geldstück sofort in ein besonderes nur für Zwanzigmarkstücke bestimmtes Fach seines Geldkastens legte).

Aus Versehen geben wir Abends in der Dunkelheit einem Droschkenkutscher statt eines Markstückes ein Zwanzigmarkstück. Der Droschkenkutscher behält dasselbe, ohne uns auf den Irrthum bemerklich zu machen, und wie er nachher behauptet, und vielleicht auch nicht ganz unglaubwürdig ist, ohne sogleich beim Empfange des Geldes, und bevor wir uns entfernt haben, den Irrthum selbst zu bemerken. Begeht der

Kutscher ein Delict und welches? Wie wenn er nachher, wie ihm nachzuweisen ist, z. B. weil er Anderen von dem unverhofften Gewinn erzählte, den Empfang fälschlich ableugnet? Könnte der Kutscher nicht geltend machen, daß es nicht seine Pflicht sei, den Fahrgästen und etwa ganz unbekannten nachzulaufen, und daß in solchen Verhältnissen „noble Fahrgäste" den begangenen Irrthum gelten zu lassen pflegten, oder könnte nicht gesagt werden, der Kutscher habe abgesehen auch von besonderen polizeilichen Vorschriften dergleichen Vorfälle auf dem Polizeibureau anzuzeigen und so zur öffentlichen Kunde zu bringen?

Ist Jemand, der ein Zwanzigmarkstück statt eines Markstückes bezahlt erhalten hat, berechtigt, das Zwanzigmarkstück auszugeben, wenn er im Moment des Ausgebers den wahren Sachverhalt entdeckt?

Wir geben einem Verkäufer, dem wir ein Mark zu zahlen haben, ein Zwanzigmarkstück und befinden uns hierbei nicht im Irrthum. Der Verkäufer giebt uns wieder besseres Wissen nur neun Mark heraus, indem er behauptet nur ein Zehnmarkstück erhalten zu haben. Ist dieser Fall anders, als die vorhin erwähnten, zu beurtheilen? —

Bei Zahlungen und Geldwechslungen in Verkaufsläden kommen oft eigenthümliche Verwechslungen und Irrthümer vor. Wie ist folgender Fall zu beurtheilen? Jemand hat auf eine von ihm gemachte Zahlung 60 Mark herauszukommen. Der Verkäufer will ihm 3 Zwanzigmarkstücke geben. Da der Käufer aber den Wunsch ausspricht, 20 Mark in Silber zurückzuerhalten, giebt er einem Commis den Auftrag, aus einer anderen Kasse diese 20 Mark in Silber zu zahlen. Er selbst vergißt nun im Drange des Geschäfts diesen Auftrag und giebt in der Zerstreutheit dem Käufer gleichwohl 3 Zwanzigmarkstücke. Später wird er den Irrthum gewahr und stellt den Käufer darüber zur Rede. Dieser leugnet, wie wir annehmen wollen, wider besseres Wissen den Empfang des dritten Zwanzigmarkstückes ab. Würde der Empfänger erst durch das Ableugnen straffällig werden, oder wäre er es schon, wenn er das überschüssige Zwanzigmarkstück trotz zuvoriger Entdeckung des Irrthums verausgabt? Ist diese letztere Frage überhaupt allgemein zu beantworten, und auf welche Umstände würde es eventuell ankommen?

CLXVIII.

Kann Jemand wegen Diebstahls verurtheilt werden, der aus einem auf fremdem Territorium befindlichen nach und nach entstandenem Wasserpfuhle Fische entnimmt?

Könnte Jemand, der in einen fremden Teiche unberechtigt fischt, darauf sich berufen, daß die Fische aus diesem Teiche ungehindert in einem anderen Eigenthümer gehörigen Teich oder gar in einen öffentlichen Fluß gelangen können?

Welches Delict begeht Derjenige, der gefangene Aale fortnimmt und sich aneignet aus Fischreusen, die von einem Anderen in einem öffentlichen Flusse aufgestellt sind?

Ein Grundeigenthümer hat die Fischerei in einem ihm gehörigen Landsee an mehrere Personen verpachtet. In dem Pachtvertrage ist zur Schonung der Fischerei ausbedungen, daß das Fischen nicht mit bestimmten den jungen Fischen besonders verderblichen Mitteln, z. B. mit Strohklippen und unter Anwendung von Segeln im Kahne, geschehen dürfe. Wenn die Pächter nun gleichwohl jene ihnen untersagten Mittel anwenden, können sie dann nach § 370, 4) des St. G. B. bestraft werden, oder kann der Verpächter nur civilrechtlich klagen?

CLXIX.

Welches Delict begeht Derjenige, der einen jungen bei dem Nachbar ausgeschwärmten Bienenschwarm diesem wegfängt und sich aneignet, falls der Schwarm auf dem Grundstücke des Nehmenden sich niedergelassen hatte?

Wie ist der Fall zu beurtheilen, wenn ein Kanarienvogel oder ein Papagei dem Eigenthümer fortfliegt, ein Anderer ihn fängt und einem Dritten zum Verkaufe anbietet? Wie wäre es, wenn der entflogene Papagei ein Halsband mit dem Namen des Eigenthümers trüge?

CLXX.

1) Welches Delict begeht Derjenige, der aus einem auf fremdem Territorium befindlichen Dohnenstrich Krammetsvögel entnimmt und sich aneignet?
2) Nach welcher gesetzlicher Bestimmung ist zu bestrafen Derjenige, der einen auf fremdem Territorium verendeten angeschossenen Hirsch findet und sich aneignet?

Wie wäre der Fall zu beurtheilen daß ein Grundeigenthümer einen solchen Hirsch auf dem eigenen Territorium findet, vorausgesetzt, daß der Grundeigenthümer zur eigenen Ausübung der Jagd nicht befugt ist, da die Jagd auf sämmtlichen zum Bezirke der betreffenden Gemeinde gehörigen Grundstücken an einen Anderen verpachtet ist? Wie wäre es, wenn in solchem Falle der Dienstherr seinem Knechte den Befehl ertheilte, den Hirsch fortzuschaffen? Wäre hier der Dienstherr als Anstifter und der Knecht etwa als Thäter zu bestrafen?

3) Wenn in einem Gemeindebezirke die Jagd im Allgemeinen verpachtet ist, kann dann ein Grundeigenthümer ein jagdbares Thier, welches sich in seinen Garten verlaufen hat, gleichwohl erlegen und sich aneignen, ohne nach § 292 des St. G. B. straffällig zu werden?

4) Sind wir befugt, auf fremdem Territorium ein dort verendetes Raubthier uns anzueignen? Macht es einen Unterschied, ob das Thier auf der Jagd angeschossen war oder auf andere Weise, z. B. durch Hunger, seinen Tod gefunden hätte?

5) Macht Derjenige sich straffällig, der ein von ihm auf eigenem Jagdgrunde berechtigter Weise angeschossenes jagdbares Thier auf fremdes Territorium verfolgt oder durch seinen Hund verfolgen läßt und so sich aneignet?

Wie ist folgender Fall zu beurtheilen? Jemand hat auf eigenem Jagdgrunde eine wilde Ente geschossen. Dieselbe fällt noch fortflatternd in einen öffentlichen Strom und wird von diesem todt auf das jenseitige Ufer getrieben. Der Schütze läßt sie von dort durch seinen Hund herüberholen.

Wie ist der umgekehrte Fall zu beurtheilen, wenn Jemand auf fremdem Jagdgrunde stehend nach dem eigenen Jagdgrunde hinüberschießt und ein dort stehendes Reh erlegt?

CLXXI.

1) Zwei Wilddiebe erlegen in einem nicht umzäumten Walde einen Hirsch und verstecken denselben, nachdem sie ihn bereits ausgeweidet haben, unter einen Reisighaufen, um ihn in der folgenden Nacht abzuholen. Inzwischen findet der Förster den erlegten Hirsch, versteckt sich mit mehreren anderen Personen in der Nähe, und als die beiden Wilddiebe sich Abends wieder einfinden, und eben im Begriffe sind, den auf eine Karre gelegten Hirsch fortzufahren, hält er sie an. Nach welcher Be-

stimmung des Gesetzbuchs sind die Wilddiebe zu bestrafen? Wie wäre der Fall zu beurtheilen, wenn der Förster etwa nur allein sich versteckt und die Jagdfrevler überrascht hätte, und letztere nun mit Gewalt oder mittelst lebensgefährlicher Drohungen sich im Besitze des Hirsches behauptet hätten?

Nehmen wir an, daß die beiden Contravenienten den Hirsch nicht selbst erlegt, sondern nur den bereits verendeten Hirsch dort am Tage bemerkt hatten, und daß letzterer von einem Nichtberechtigten erlegt und unter einen Reisighaufen versteckt war. Welche Strafe würde hier die Contravenienten treffen?

2) Könnte Jemand, der ein jagdbares Thier in einem sog. Gehege erlegt hat, sich auf die doch möglicher Weise zu erweisende Absicht — z. B. weil er mit einem Begleiter gewettet — berufen, daß er das erlegte Wild sich gar nicht aneignen, sondern nur seine Geschicklichkeit im Treffen zeigen wollte? Wenn man hier nicht wegen Diebstahls strafen will, welche Strafbestimmung könnte man sonst anwenden? Wie wäre es, wenn der Fall nicht in einem Gehege, sondern auf freiem Felde vorgekommmen wäre?

3) Kann Jemand, der in einem Gehege unberechtigter Weise ein Reh erlegt, um der Diebstahlsstrafe zu entgehen, sich darauf berufen, daß dem Wilde durch öffentliche Straßen, welche das Gehege durchschneiden, der ungehinderte Austritt aus dem Gehege möglich sei? Könnte er sich mit Erfolg darauf berufen, daß die Umzäunung an verschiedenen Stellen schadhaft, durchbrochen sei, so daß hier das Wild durchkommen konnte? Wie wäre es, wenn das Gehege an einer Seite nicht durch einen Zaun, sondern durch einen Fluß oder Landsee abgeschlossen wäre?

CLXXII.

Nach den neueren Jagdpolizeigesetzen, muß Jeder bei Ausübung der Jagd mit einem s. g. Jagdscheine versehen sein, der alljährlich durch Zahlung einer Gebühr bei der Verwaltungsbehörde gelös't wird. Die Ausübung der Jagd ohne solchen Jagdschein wird bestraft. Machen wir uns nun straffällig, wenn wir während eines Aufenthalts in einem Seebade die Jagd auf wilde Vögel ꝛc. dicht an der Küste, aber auf dem Meere ausüben?

Könnte ein Contravenient, der dem nachfragenden Jagdpolizeibeamten oder Landgendarmen fälschlich versichert, er führe den erforderlichen Jagdschein bei sich, nicht wegen Betrugs bestraft werden, da die Vermeidung der Geldstrafe, in welche der Betreffende sonst verfällt werden würde, doch einen Vermögensvortheil enthält?

Wie ist es, wenn Jemand einen Jagdschein verfälscht, z. B. die Jahreszahl in einem jetzt nicht mehr gültigen Jagdschein ändert, um den Beweis in der gegen ihn wegen Nichtlösung eines Jagdscheins eingeleiteten Strafsache zu führen, daß er den Schein gelös't habe oder um der Zahlung der Gebühr für die Lösung des Jagdscheines sich zu entziehen?

CLXXIII.

In dem Dorfe X. betreibt A. unberechtigtes Jagen gewerbmäßig. Da sich gerade in der Feldmark des benachbarten Dorfes Y. ein wildes Schwein gezeigt hat, beredet A. den B., um desto sicherer dieser werthvollen Beute habhaft zu werden, mit ihm gemeinschaftlich auf die Jagd zu gehen. Kann nun auch B., ungeachtet er mit A. nur einmal zur Jagd ging, wegen Beihülfe zum gewerbmäßigen unberechtigten Jagen nach § 294 des St. G. B. bestraft werden, vorausgesetzt, daß ihm dieser Umstand in der Person des A. nicht unbekannt war?

CLXXIV.

Christian S. hatte von dem Förster der Königlichen Forst zu P. den Auftrag erhalten, mehrere genau bezeichnete Bäume in dieser Forst zu fällen. Heinrich K. beredete aber den Christian S., welcher mit seinem Bruder Ernst S. das Fällen ausführte, einen jener Bäume für ihn, den K., zu fällen. Dies ist denn auch geschehen, indem Christian S. dem K. durch den Ernst S. melden ließ, der Baum sei gefällt, und K. könne ihn abholen.

Nach welcher Strafbestimmung sind Christian und Ernst S., sowie K. zu bestrafen, wenn der Diebstahl an noch nicht gefälltem Holze nicht als wirklicher Diebstahl, sondern als sg. Holzdiebstahl oder Forstfrevel nach Specialgesetzen geahndet wird?

Vgl. Einführungsgesetz zum Deutschen St. G. B. § 2 Abs. 2 und z. B. Preußisches Gesetz den Diebstahl an Holz und anderen Waldproducten betr. vom 2. Juni 1852. § 1. —

Begeht der Förster, der in der ihm anvertrauten Forst widerrechtlich Holz für sich fällen läßt, auch nur einen sg. Holzdiebstahl?

CLXXV.

Jemand hat unbefugter Weise in einer Forst einen Baum gefällt, um ihn sich anzueignen und nachher zu bestimmten Zwecken zu gebrauchen. Da er aber bemerkt, daß der Baum angefault ist, läßt er ihn liegen. Später — nach mehreren Monaten — besinnt er sich anders und holt den Baum doch fort.

Ist hier Anklage wegen Diebstahls oder nur wegen sg. Holzdiebstahls (Forstfrevels) begründet?

Wie ist folgender Fall zu beurtheilen? A. hat in der Königlichen Forst wiederrechtlich einen Baum gefällt und ihn einstweilen auf einer Wiese des B. in Sicherheit gebracht. Hier wird der Baum aber von B. gefunden und als vermeintliches Eigenthum des B. von diesem in dessen Scheune gebracht. Aus dieser offen stehenden Scheune wird der Baum sodann von A. wieder entwendet.

CLXXVI.

Der Bauer X. hatte sich verpflichtet, dem Krankenhause zu B. achtzig Klafter Holz zu liefern, und zwar vierzig Wagen mit je 350 Scheit Holz, welche letztere Quantität 2 Klafter zu betragen hatte. Er lieferte nun nur 56 Klaftern, verlud und stellte sie aber so künstlich auf, daß die abnehmenden Beamten der Anstalt sie für 80 Klaftern ansahen und ihm den vollen Kaufpreis auszahlten.

X. wird wegen Betrugs angeklagt. Sein Vertheidiger macht geltend, es liege hier nur ein civilrechtlich zum Schadenersatze verpflichtender Dolus, nicht aber Betrug im Sinn des Strafgesetzes vor. X. habe es einfach darauf ankommen lassen, ob man streng die contractmäßige Quantität fordern werde. Er sei durchaus solvent, und die etwas sorglosen Beamten hätten nur besser nachsehen sollen.

CLXXVII.

A. hatte mit K. einen Vertrag abgeschlossen, dem zufolge er diesem eine größere Quantität Militairschuhe für einen bestimmten Preis zu liefern hatte. Es war besonders ausbedungen, daß die Schuhe keine Pappeinlage enthalten dürften. Gleichwohl waren, wie sich bei der von K. angestellten Untersuchung herausstellte, sogleich die ersten 50 Paar, welche A. ablieferte, mit Pappeinlage versehen, und war daran nicht zu zweifeln, daß A. die contractswidrige Beschaffenheit der Waare erkannt hatte, während sie doch bei der Ablieferung von ihm nicht gewähnt worden war. Kann A., angenommen, daß der Werth jedes Schuhes um mindestens 10 Pfennige geringer war, wegen versuchten Betruges bestraft werden?

Wie wäre es, wenn A., um seinen Abnehmer erst sicher zu machen, eine kleine Quantität vorschriftsmäßig angefertigt, darauf aber eine größere mit Pappeinlage geliefert hätte? Wie, wenn er die mit Pappeinlage angefertigten so unter die übrigen verpackt hätte, daß die Täuschung nicht leicht zu entdecken war?

CLXXVIII.

Betteln unter falschen Angaben über die besondere Hülfsbedürftigkeit des Bittstellers oder seiner Familie wird bekanntlich nicht als Betrug bestraft. Läßt sich diese Ansicht wirklich principiell rechtfertigen, und muß, wenn sie richtig ist, Straflosigkeit nicht auch in folgenden Fällen anerkannt werden?

1.

Frau R. ist von ihrem Ehemanne verlassen. Sie hat die Armenunterstützung der Gemeinde in Anspruch genommen für sich und ihre Kinder, unter der Versicherung, daß ihr der Aufenthaltsort ihres Mannes unbekannt sei, und sie von denselben keine Mittel zum Lebensunterhalt erhalte. Sie hat darauf hin Unterstützung erhalten. Ihre Versicherung war aber falsch: der Aufenthaltsort ihres Mannes war ihr bekannt, und letzterer hatte ihr auch Unterstützung zugesandt.

2.

Bei dem Hoftheater zu X. besteht ein durch Beiträge der dortigen Hofschauspieler unterhaltene Kasse zur Unterstützung hülfsbedürftiger, ein Engagement suchender Schauspieler. Bei dem Verwalter dieser Kasse, welcher die Unterstützungen bis zu einem gewissen Betrage bewilligen und auszahlen kann, meldet sich unter dem Vorgeben, daß er ein hülfsbedürftiger Schauspieler sei, der Kellner H. aus Z. und bekommt so 30 Mark ausgezahlt. Würde es einen Unterschied machen, ob H. sich auch einen falschen Namen beigelegt oder sich falscher Legitimationspapiere bedient hätte?

Wie ist es, wenn Jemand sich für den Verwandten eines Anderen ausgiebt, und darauf hin von diesem Unterstützungen erhält?

3.

Besonders häufig kommt der Fall vor, daß ein Schwindler, z. B. ein durchgegangener Commis, sich für einen durch besondere Umstände, z. B. durch längere Krankheit, in Bedrängniß gerathenen Gelehrten ausgiebt, der eine Stelle sucht, um auf diese Weise bei den angeblichen Berufsgenossen ansehnlichere Unterstützungen zu erhalten. Nehmen wir an, daß ein solcher Schwindler lediglich auf eine, freilich recht geschickte Erzählung hin von verschiedenen Personen Unterstützungen von je einem bis fünf Thaler erhalten habe.

4.

Jemand sammelt unter Präsentation einer verschlossenen und versiegelten Büchse fälschlich für die zahlreichen Familien mehrerer verunglückter Arbeiter, oder aber für eine angeblich in einem andern Ort bestehende Wohlthätigkeitsanstalt, welche aber thatsächlich gar nicht existirt.

5.

Wie ist der Fall zu beurtheilen, wenn Jemand in Folge einer zufälligen Aehnlichkeit für eine andere Person gehalten wird, z. B. für einen Verwandten, und als solcher mannigfache Wohlthaten empfängt? Kann er hier schon dann wegen Betrugs bestraft werden, wenn er einfach das Angebotene annimmt, oder ist es erforderlich, daß er noch auf andere Weise die Täuschung activ unterhalte?

Ist es Betrug, wenn Jemand, um einstweilen in einem Gefängnisse Unterkommen und Kost zu erhalten, es geschehen läßt, daß man ihn in Folge eines leicht aufzuklärenden Versehens verhaftet?

CLXXIX.

Die Handwerksmeister eines Gewerkes in einer kleinen Stadt vereinigen sich, um den übermäßigen Anforderungen reisender Handwerksgesellen um Unterstützung entgegenzutreten, die Unterstützungen durch zwei Meister in der Art gemeinschaftlich zu gewähren, daß einer dieser Meister Marken ausgiebt, der andere auf diese Marken bestimmte Zahlungen leistet, und nach der alphabetischen Reihenfolge jedes Mal den Betrag von 6 Mk. von den einzelnen Theilnehmern des Vereins einzieht, sobald dieser Betrag von ihm verausgabt ist. Die mit der Zahlung der Unterstützungsgelder und der Einziehung der Beiträge Beauftragten haben nun in einer ganzen Reihe von Fällen sich selbst bei der Einziehung der Beiträge übergangen und würden nach der angestellten Berechnung 60 Mk. nachzuzahlen haben. Sie werden wegen Betrugs angeklagt.

Die Vertheidigung macht geltend, es handle sich hier um die Erweisung von Wohlthätigkeiten, bei welchen Täuschungen herkömmlich und aus triftigen Gründen nicht als Betrug gelten; ein rechtsgültiger Vertrag sei unter den Mitgliedern des Vereins gar nicht geschlossen: jeder der Theilnehmer hätte in jedem Augenblicke zurücktreten können, und durch die Nichtzahlung der eigenen Beiträge des Angeklagten seien höchstens die übrigen Theilnehmer faktisch veranlaßt worden, öfter als sie ursprünglich beabsichtigt hätten, wohlthätig zu sein, was sie aber, sobald der Turnus des Beitrags sie ihrer Ansicht nach zu oft getroffen hätte, auch hätten durch Erklärung des Rücktrittes nach ihrem Ermessen vermeiden können. Einen Gewinn hätten die Angeklagten auch nicht gemacht: sie selbst hätten nicht das Mindeste von den eingezogenen Beiträgen sich angeeignet.

CLXXX.

Der alte Antiquitätenhändler Moses D. in X. pflegt in patriarchalischer Einfalt — er hat auch in der That keine erheblichen Fachkenntnisse — wenn er besondere Raritäten eingekauft hat, deren Preise in gewissem Umfange durch seine Kunden bestimmen zu lassen. Er geht zu den Kunden ins Haus, fragt sie, wie viel sie geben wollen, und richtet dann seine Forderungen theils nach dem Einkaufspreise, theils nach dem Angebote seiner Kunden. Zufällig hat er nun ein wirklich werthvolles älteres Gemälde der Italienischen Schule in seinen Besitz bekommen und geht mit diesem auf Empfehlung eines älteren Kunden zu einem jungen Gelehrten, der mit Kunstgeschichte ex professo sich beschäftigt und erst seit Kurzem von weiten Reisen zurückgekehrt in X. seinen Wohnsitz genommen hat. Er fordert dafür einen zwar nicht ganz geringen, aber doch im Vergleich zu den Preisen der großen Händler und Sammler ausnehmend niedrigen Preis. Der Gelehrte erwidert ihm darauf, diese Forderung sei unsinnig; das Bild sei aus diesen und jenen, von ihm weiter ausgeführten Gründen an sich höchst mittelmäßig und unecht. Als der biedere Moses D. betroffen über diese Antwort bemerkt, ob Herr Dr. Z. es ihm denn nicht für einen weit billigeren Preis doch abnehmen könne, erwidert dieser: „Nun, wenn Sie es durchaus wollen, so werde ich das Bild für meinen Onkel kaufen, der solche ältere Bilder gern hat, ohne so genau auf ihren Werth zu sehen." Moses D. giebt nun das Bild für funfzehn Thaler, fünf Thaler über den Einkaufspreis hin, und erfährt nachher zu seinem Schrecken, daß er ein Bild, für welches ein Händler dem Dr. Z. bereits vergebens zwölfhundert Thaler geboten, für funfzehn Thaler weggegeben hat. Entrüstet läuft er zum Staatsanwalt und verlangt, Dr. Z. solle wegen Betrugs bestraft werden. Er, Moses D., sei ein ehrlicher Händler, und Dr. Z., auf dessen Gentilität er sich verlassen, habe ihn mittelst einer schändlichen Versicherung und Berufung auf sein, des Z., sachverständiges Urtheil um fast zweihundert Thaler betrogen, welche letztere Summe er anfangs gefordert hatte. Was soll der Staatsanwalt thun? Ist es richtig, wie Dr. Z. behauptet, daß solche Listen beim Antiquitätenhandel erlaubt seien, und Jeder hier für sein mangelndes Verständniß zu büßen habe?

Ist es Betrug, wenn ein Gemälde-Kenner und Sammler, der ein Gemälde als ein echtes gekauft und in seiner Galerie als solches bezeichnet hat, dasselbe in dieser Eigenschaft für einen hohen Preis verkauft, nachdem ihm bereits die Gewißheit geworden ist, daß dasselbe nicht echt sei? Wie wäre es, wenn ihm nur erhebliche Zweifelsgründe darüber gekommen wären?

LCXXXI.

In der Zeit, als in X. das Börsenspiel blühte und Hunderttausende oft in wenigen Tagen verdient wurden, waren eine Menge reichgewordener Leute plötzlich auch zu Kunstkennern und Kunstliebhabern geworden. In den betreffenden Kreisen wurden dann nach einem Diner häufig Oelgemälde verhandelt. Der reiche Banquier S. zeigte nun nach einem solchen Diner, als die Gäste in ziemlich heiterer Stimmung waren, ein wirklich werthvolles älteres Oelgemälde, das er eben neu acquirirt hatte, dem Dr. T., einem anerkannten Kunstkenner. Boshafter Weise sagte dieser aber leise: „Das geben Sie lieber doch bei Gelegenheit wieder weg; es scheint mir nicht echt, obwohl es die Meisten dafür halten werden." Auf diese Aeußerung hin, bot es Herr S. sogleich einem mitanwesenden anderen Herrn zu einem auffallend niedrigen Preise an, und dieser kaufte es sofort. Nachher erfuhr Herr S., daß er angeführt sei, und äußerte nun sehr laut in einer anderen Gesellschaft, Dr. T. und sein Freund D., an welchen letzteren er das werthvolle Bild, das beste, das er je besessen, verkauft habe, seien infame Betrüger. Diese Beiden hätten im Einverständnisse gehandelt; denn Dr. T. habe dem D., wie er sich jetzt erinnere, als er, S., dem D. das Bild angeboten, mit den Augen zugezwinkert.

Können wir Dr. T. und Herrn D. rathen, wegen Verleumdung einen Strafantrag zu stellen, wenn sie das beabsichtigen? Wie wäre es, wenn Dr. T. nicht nur mit den Augen gezwinkert, sondern dem D., seinem Freunde, sogar zugeflüstert hätte: „der dumme Mensch (nämlich S.) hält das Bild wirklich sofort für unecht; kaufen Sie es nur so billig"? Könnten, wenn der Handel etwa vor den Strafrichter käme, T. und D. etwa sagen, Herr S. habe selbst Andere betrügen wollen, und Wer so verfahre, könne auf Treu und Glauben bei Anderen keinen Anspruch machen? Oder könnte man auch behaupten, der ganze in dem betreffenden Kreise oft beim Wein betriebene Handel sei nur eine Art Hazardspiel gewesen?

CLXXXII.

A. befindet sich in dringender Geldverlegenheit. Er hat indeß vor Kurzem einen alten Schrank mit eingelegter Metallarbeit geerbt, und da dergleichen Antiquitäten augenblicklich sehr gesucht sind, beschließt er, diesen zu einem möglichst hohen Preise zu veräußern. Allein der Trödler und Antiquitätenhändler J., zu dem er, in der sicheren Hoffnung sofort Geld zu bekommen, den Schrank transportiren läßt, bietet ihm nur den schlechten Preis von 20 Thlrn. Endlich wird verabredet, J. solle den Schrank einige Zeit in seinem Laden behalten und gegen eine demnächst von A. zu erlegende Provision Kaufofferten entgegennehmen und A. übermitteln.

D., ein Freund des A., dem dieser die Sache erzählt, begiebt sich nun zwei Tage später in den Laden des J., fragt zuerst nach einigen Artikeln von geringem Werthe und fängt dann wie zufällig an, den Schrank zu bewundern. Als J. ihm zuredet, den Schrank zu kaufen, bemerkt er, er sei augenblicklich nicht in der Lage, den Preis, der vermuthlich für ein solches Stück gefordert werden würde, zu erlegen, und dergleichen Luxusgegenstände auf Credit zu kaufen, sei seinen Grundsätzen zuwider. Der Händler fordert 120 Thlr. (während A. von ihm selbst nur 60 Thlr. gefordert hatte), worauf D. bemerkt: „Nun 100 würde ich wohl geben — allein ich habe nun einmal meine Grundsätze" und als J. noch weiter in ihn dringt und seine Forderung auf 115, ja auf 110 äußersten Falles ermäßigt, sagt er endlich: „Nun Herr J., wir wollen sehen: aber vorläufig Adieu."

J. sendet nun sofort zu A. und läßt sagen, er habe sich jetzt besonnen und wolle funfzig Thaler geben, welche sogleich anbei erfolgten. A. willigt jetzt ein, und der Handel ist also geschlossen. J. indeß, der das Wiederkommen des D. täglich erwartete, sah sich, wie natürlich, hierin getäuscht, und der Schrank, der in Wahrheit nicht besonders werthvoll war und verschiedene Schäden aufzuweisen hatte, wurde ihm zu einem wenig angenehmen Ladenhüter, den er schließlich den Kunden für 40, ja 30 Thlr. anbot.

Als später A. und D. Anderen von dieser gelungenen List erzählt hatten, und ein Dritter die Geschichte dem M mitgetheilt hatte, äußerte dieser: Das sei denn doch eine Prellerei, zu der anständige Leute sich nicht herbeilassen sollten.

War es wirklich Betrug, oder machte M. einer Injurie sich schuldig? Wie wäre es, wenn er die fraglichen Worte dem A. oder dem D. ins Gesicht gesagt; wie, wenn er gesagt hätte: Das sei eine Prellerei, die anständigen Leuten doch unmöglich sei?"

CLXXXIII.

Ist es Betrug, wenn der Vermiether einer Wohnung, um einen Miethlustigen zur Bewilligung eines hohen Miethpreises zu veranlassen, fälschlich behauptet, es sei schon von einem Dritten der gleiche Preis geboten worden, und er, der Vermiether, habe nur gezögert, abzuschließen, weil ihm dieser Dritte persönlich nicht so angenehm sei u. s. w.? Ist es Betrug, wenn er eine simulirte Offerte eines Dritten in schriftlicher Form vorlegt?

Ist es Betrug, wenn der Verkäufer eines Hauses, um einen höheren Preis zu erzielen, behauptet, er müsse einen Miether entschädigen, und zum Beweise dieser Behauptung einen simulirten Miethvertrag vorlegt? Wie, wenn er einen einfach von ihm fälschlich angefertigten Miethvertrag vorlegt?

Wie ist es, wenn ein Häuserspeculant, um ein Haus theuer zu verkaufen, seine Miether zu längeren Contracten mit hohen Miethen veranlaßt, während er ihnen Reverse über die Nichteinforderung eines Theiles dieser Miethe giebt, beziehungsweise ihnen baare Zahlung der Differenz zusagt, falls das Haus verkauft werden, und der neue Erwerber dann in die Miethcontracte eintreten sollte? Können etwa auch die Miether in solchem Falle als Theilnehmer an dem Betruge bestraft werden?

CLXXXIV.

A. hat, um von dem Holzhändler S. in B. eine Partie Bauholz billiger, als es sonst wohl der Fall sein möchte, zu erwerben, einen schriftlichen Preiscourant eines anderen Holzhändlers D. fälschlich anfertigen lassen, und unter Vorzeigung dieses Preiscourants den S. bewogen, ihm, dem A., die fragliche Partie Bauholz zu dem in dem Preiscourante bezeichneten Preise zu überlassen.

A. wird wegen Urkundenfälschung nach § 268 des St. G. B. angeklagt. Auf die Einwendung des Angeklagten, daß der Verkäufer jedenfalls einen Schaden nicht erlitten, er, der Angeklagte, aber keinen ungebührlichen Vermögensvortheil gehabt habe, da der Verkäufer in Anbetracht des Einkaufspreises trotz des billigeren Verkaufspreises noch einen Gewinn von mindestens 15 Procent gemacht habe, erwidert die Staatsanwaltschaft, daß der Schaden, der aus dem billigeren Verkaufe für den Kaufmann entspringe, sich nicht auf das einzelne Geschäft beschränke; denn wenn er einem Kunden so billig verkaufe, könne er factisch auch von anderen Kunden nicht mehr nehmen.

CLXXXV.

Begeht der Verkäufer einen Betrug, wenn er dem Käufer fälschlich versichert, daß er selbst das Kaufobject für einen bestimmten höheren, nun auch dem Käufer abverlangten Preis eingekauft habe?

Nach dem Preußischen allgemeinen Landrechte I, 15 §§ 25. 26 (vgl. allgemeines Deutsches Handelsgesetzbuch Art. 306—308) kann Derjenige, der eine dem Eigenthümer abhanden gekommene Sache von einer unverdächtigen Person gekauft hat, von dem vindicirenden Eigenthümer Erstattung des Kaufpreises fordern. Jemand findet nun einen ihm gestohlenen Ueberrock bei einem Trödler wieder und nimmt ihn als sein Eigenthum in Anspruch. Der Trödler verlangt von ihm zehn Thaler, indem er behauptet, selbst diesen Preis gegeben zu haben, während er in Wirklichkeit nur 5 Thlr. dafür bezahlt hat. Der Eigenthümer zahlt nun ohne Weiteres 10 Thlr., da er froh ist, den Ueberzieher, den er vor Kurzem mit 25 Thlrn. bezahlt hat, für jenen Preis wieder zu erhalten. Kann hier etwa der Trödler wegen Betrugs bestraft werden? Würde es einen Unterschied machen, ob unter den Betheiligten die erwähnte gesetzliche Bestimmung zur Sprache gekommen wäre?

CLXXXVI.

Actiengesellschaften werden bekanntlich nicht selten bei dem Ankaufe von Grundstücken übervortheilt. Ein Fall dieser Art ist folgender:

Jemand, der gern zu einem hohen Preise verkaufen will, erklärt einem Beamten der Gesellschaft, er wolle ihm, wenn er den Abschluß des Kaufgeschäfts bewirke, eine Provision zahlen. Kann hier Betrug angenommen werden? Auf welchen Umstand wird es hierbei zunächst ankommen? Wie ist es insbesondere, wenn der Beamte der Gesellschaft etwa Mitglied des über den Ankauf beschließenden Verwaltungsrathes ist? Wie ist es, wenn die Provision etwa in der Art ausgemacht wäre, daß Dasjenige, was die Gesellschaft über einen bestimmten Preis zahlen werde, dem vermittelnden Beamten zukommen solle?

Ist es insbesondere Betrug, wenn einer der Verwaltungsräthe selbst der Verkäufer ist und mit einem der übrigen Verwaltungsräthe ein derartiges Pactum abschließt, die Generalversammlung der Actionäre dann aber auf Empfehlung insbesondere des letztgenannten Verwaltungsrathsmitgliedes den Abschluß des Kaufgeschäfts genehmigt?

In einem Falle hatten X. und Y. mit mehreren anderen Personen ein sog. Consortium zur Gründung einer Actienbrauerei gebildet. In der durch die Zeitungen veröffentlichen Aufforderung zur Zeichnung von Actien war gesagt worden, der Brauereibesitzer Z. zu B. habe sich verpflichtet, seine in schwunghaftem Betriebe befindliche Brauerei der Gesellschaft für 120000 Thlr. zu verkaufen. Daneben wurde das Actiencapital im Ganzen auf 200000 Thlr. zur Erweiterung der Anlage und zum Betriebscapital festgesetzt. 100000 Thlr. Actien, wurde gesagt, seien bereits fest vergeben. Die Actiengesellschaft kam in der That auf Grund dieses Prospects zu Stande. Nachher aber stellte sich auf Nachforschung mehrerer besonders betheiligter Actionäre heraus, daß dem früheren Besitzer von X. und Y. nicht 120000, sondern nur 90000 Thlr. gezahlt waren. X. und Y. hatten nämlich, während Z. officiell der Gesellschaft für 120000 Thlr. verkaufte, von Z. einen Revers sich geben lassen, wonach er sich verpflichtete, ihnen die Brauerei für 90000 Thlr. zu verkaufen. Er hatte dann der Gesellschaft über 120000 Thlr. quittirt, aber nur 90000 Thlr empfangen. Mit dem Ueberschusse hatten X. und Y. ohne Wissen der übrigen Mitglieder des Consortiums, und selbst ohne Wissen der Actienzeichner die von ihnen zu gleichen Theilen gezeichneten 60000 Thlr. Actien je zur Hälfte gedeckt.

Es wurde nunmehr gegen X. und Y. Anklage wegen Betrugs erhoben. Zu ihrer Vertheidigung machten sie geltend: Die profitirten 30000 Thlr. sei nur ein Entgeld für Mühe und unvermeidliches Risico bei Begründung einer solchen Gesellschaft (sog. Gründerlohn). Die Actionäre seien dabei auch gar nicht geschädigt worden. Die Brauerei sei nämlich reichlich 120000 Thlr. werth gewesen, und die Actionäre hätten kein Recht gehabt, sie unter dem wahren Werthe zu erwerben.

CLXXXVII.

A. stellt gegen B. einen Strafantrag wegen Verleumdung, eventuell Beleidigung, weil B. in Gegenwart einer größeren Anzahl von Personen geäußert haben sollte, A. sei ein Betrüger. B. stellt bei seiner gerichtlichen Vernehmung diese Aeußerung in Abrede. Er will, als C. und D. von dem geschäftlichen Treiben des A. erzählten, nur gesagt haben „wenn A. in solcher Weise (wie C. und D. eben mitgetheilt) Gewinne einstreiche, so sei das in seinen, des B., Augen eine gemeine Prellerei.“ Ein solches hypothetisches Urtheil sei aber keine Beleidigung, geschweige eine Verleumdung. A. sollte sich daher an C. und D. auf deren Mittheilungen dies Urtheil sich gründe, nicht aber an ihn, den B., halten. Eventuell aber, für den Fall, daß, wie er nicht glaube und wie ihm erst nachgewiesen werden müsse, er einfach gesagt haben sollte, A. sei ein Betrüger, so wolle er den Beweis für diese Behauptung allerdings liefern. Denn A. habe als Mitglied des Verwaltungsraths der Actiengesellschaft L. es bewirkt, daß diese Gesellschaft ihm ein Grundstück, welches höchstens 50000 Thlr. werth sei, für 75000 Thlr. abgekauft habe, indem er fälschlich versicherte, er habe selbst 70000 Thlr.

dafür gegeben, während er in Wahrheit nur 47000 Thlr. dafür bezahlt habe.

A. erwidert in einem anderen Termine, da B. jetzt direct behaupte, und von dieser seiner Vertheidigungsweise auch sogar später Dritten Mittheilung gemacht habe, er, A., sei ein Betrüger, so brauche er, A., diese Aeußerung gar nicht mehr zu erweisen. Dagegen sei der Beweis der fraglichen ihm von B. zur Last gelegten Handlung, die er, A., übrigens leugne, unerheblich, da diese Handlung im Sinne des Gesetzes gar kein Betrug sei.

Wie stellt sich hiernach die Beweislast (Reihenfolge der Beweise)? Wie ist je nach dem Ausfall dieser Beweise zu entscheiden? Oder bedarf es überhaupt keines Beweises mehr?

CLXXXVIII.

Ein Spediteur erhält von einem Möbelhändler den Auftrag, eine größere Partie Möbel an einen auswärtigen Empfänger zu befördern. Auf dem Frachtbriefe werden 5 Thlr. 10 Ngr. Versicherungsprämie als Auslagen berechnet, während die Sendung gar nicht versichert ist. Es wird Anklage wegen Betrugs gegen den Spediteur erhoben. Letzterer wendet ein, er habe sich die übliche Prämie selbst berechnen können, weil er für die Versicherung habe aufkommen müssen, mithin die Sachen in Wahrheit ohne Weiteres bei ihm selbst versichert gewesen seien. Macht es einen Unterschied, ob der Spediteur einen Auftrag zur Versicherung empfangen hatte oder nicht? Auf welchen Umstand könnte es etwa noch ankommen?

CLXXXIX.

Ein Materialwaarenhändler hat seinen Ladendienern und Lehrlingen befohlen, den Kunden nicht das volle Gewicht der geforderten Waaren, sondern etwas weniger, statt 125 Gr. (1/4 Pfund) nur 120 Gr. zu verabfolgen.

Kann er sich, wegen Betrugs angeklagt, darauf berufen, daß seine Kunden materiell gar nicht geschädigt seien, da der von ihm berechnete Preis jedenfalls so viel geringer sei als der Preis, dem man bei anderen Kaufleuten bezahlen müsse, daß dadurch die Gewichtsdifferenz vollkommen ausgeglichen werde? Könnte er sich, wenn herkömmlich die fraglichen Waaren in fertigen Packeten mit Bezeichung des darin enthaltenen

Gewichtes verkauft werden, umgekehrt etwa darauf berufen, daß allgemein jenes Untergewicht üblich, und daß dies im Handel auch kein Geheimniß sei? Wie wäre es, wenn nicht der Kaufmann selbst, sondern der Fabrikant der Waaren die Packete mit unrichtiger Gewichtsbezeichnung hätte fertigen lassen, und wenn allerdings dem Kaufmann das wahre Gewicht bekannt wäre? Könnte hier der Fabrikant wegen Betrugs angeklagt werden und könnte dann nicht der Kaufmann sich darauf berufen, daß es ihm nicht wohl möglich sei, die Waaren neu zu verpacken oder das Publicum bei jedem kleinen Ankaufe besonders darauf aufmerksam zu machen, daß nicht ganz volles Gewicht gegeben werde?

Könnten in dem zuerst erzählten Falle die Ladendiener und Lehrlinge sich auf den erhaltenen Befehl nicht nur als auf einen strafherabsetzenden Umstand, sondern als auf einen wirklichen Strafausschließungsgrund berufen?

Nicht selten suchen Gewerbtreibende, z. B. Fleischer, Kunden dadurch heranzuziehen, daß sie bei Entnahme bestimmter Quantitäten der Waare ein s. g. Uebergewicht, d. h. einige Loth ohne Preisberechnung gewähren zu wollen erklären. Wie ist es, wenn in solchem Falle der Gewerbtreibende einer falschen Waage wissentlich sich bedient oder wissentlich falsch abwägt, die Differenz des Gewichts aber das sg. Uebergewicht nicht übersteigt? Kann er hier gegenüber der auf Betrug gerichteten Anklage sich darauf berufen, daß die Kunden thatsächlich keinen Schaden erleiden, da sie anderwärts kein Uebergewicht bekommen?

Ist es Betrug, wenn uns im Kleinverkehre eine Waare unter der Marke einer berühmten Firma fälschlich verkauft wird? Ist der Verkäufer hier mit dem Einwande zuzulassen, daß die hingegebene Waare mit der wirklich verlangten von gleicher Güte sei, und der Vorzug, den viele Käufer der letzteren geben, nur auf Vorurtheil und Einbildung beruhe? Müssen dieselben Grundsätze auch auf den Verkauf im Großen unter Kaufleuten Anwendung finden?

Ist es überhaupt immer Betrug, wenn das Kaufobject die von dem Verkäufer zugesicherten Eigenschaften nicht hat, und der Verkäufer dies weiß?

Ist es richtig, die Marktverkäufer wegen Betrugs zu verurtheilen, wenn sie Butterstücke verkaufen, die aus einer äußeren Schicht guter Butter, innen aber aus einer verdorbenen Masse bestehen, oder die große Klumpen Salz inwendig enthalten? Kann eine Marktverkäuferin wegen Betrugs verurtheilt werden, wenn sie wissentlich faul gewordene Eier verkauft?

Ein Bauer, bei dem wir Kartoffeln bestellt haben, bringt uns Säcke, von denen mehre fast nur verdorbene Kartoffeln enthalten, indem die guten Kartoffeln oben aufgelegt sind. Ein Weinhändler, der uns eine Quantität reinen Weins einer bestimmten Sorte zu liefern versprochen hat, sendet uns ein genießbares Gemisch? Ein von uns ausdrücklich mit dem Beding daß es „wanzenfrei" sein müsse gemiethetes Zimmer zeigt sich nachher von zahlreichen Wanzen bevölkert? — Wir kaufen ein Pferd auf die ausdrückliche Versicherung des Verkäufer, daß es gesund sei. Der Verkäufer weiß aber, daß es lungenkrank ist. Kann er sich mit Erfolg darauf berufen, daß er zwar die Krankheit des Pferdes gekannt, diese aber für bedeutungslos oder vorübergehend gehalten habe, vorausgesetzt, daß diese Behauptung an sich nicht unwahrscheinlich ist?

Sind sämmtliche vorhin aufgestellte Fälle so wie sie gegeben sind, allgemein zu entscheiden, oder bedarf es dabei noch der Ermittelung besonderer Umstände? Und eventuell, welche sind dies?

CXC.

Eine sehr häufig vorkommende Schwindelei ist es, daß Personen, die sich für Dienstboten oder beauftragte Dienstmänner u. s. w. bestimmter Herrschaften ausgeben, in Verkaufsläden z. B. Kleidungsstoffe, Schuhe u. s. w. durch das Vorgeben zu erlangen wissen, daß die Herrschaft von den fraglichen Stoffen und Gegenständen Etwas zur Ansicht und Auswahl zu haben wünsche. Sie veräußern oder versetzen dann die solchergestalt erlangten Sachen sofort. Die Zeitungen pflegen in solchen Fällen von Betrug zu sprechen. Liegt hier wirklich ein Betrug vor?

Herr A., der auf einem etwas entfernten Comtoir zu arbeiten pflegt, hatte häufig durch Dienstmänner sich Sachen aus seiner Privatwohnung bringen lassen. Ein Gauner hatte dies bemerkt. Er forderte daher eines Tags von der Dienstmagd des Herrn A. dessen Pelz, angeblich um ihn Herrn A. zu bringen, erhielt denselben auch und suchte nun mit der werthvollen Beute das Weite. Würde es einen Unterschied machen, ob die Dienstmagd dem Gauner den Pelz selbst überliefert hätte, oder ob sie die Thüre des abgeschlossenen Vorplatzes auf das

Klingeln des Gauners öffnend, es nur geschehen ließ, daß derselbe den Pelz des Herrn A. mit den Worten vom Kleiderriegel nahm: „Herr A. verlangt, weil es zu kalt geworden, seinen Pelz, und ich soll ihn hinbringen!" Wie wäre es, wenn nicht die Dienstmagd sondern ein neunjähriges Kind die verlangte Sache dem falschen Boten ausgehändigt hätte?

Wie wäre der Fall zu beurtheilen, daß ein Gauner ein siebenjähriges Kind veranlaßt, ihm eine werthvolle Korallenkette für einige blanke Groschen oder Nickelmünzen zu verkaufen?

Complicirter ist folgende Schwindelei. Ein Gauner Z. geht in ein Verkaufsmagazin und ersucht einen Commis, zwei Hüte Zucker und 20 Pfund Kaffee an Frau X., die in dem Geschäfte ihre Einkäufe zu machen pflegt, zu senden. Dies geschieht, und die Waaren werden in Abwesenheit der Frau X. von deren Köchin in Empfang genommen. Nachher erscheint Z. im angeblichen Auftrag des Kaufmanns und läßt sich unter dem Vorgeben, es sei ein Irrthum vorgekommen, die Waaren einhändigen.

CXCI.

A. giebt dem B. eine ihm, dem A., gehörige Uhr mit dem Auftrage, dieselbe auf dem Leihhause zu X. für 5 Thlr. zu versetzen; B. versetzt die Uhr aber für 10 Thlr, und händigt dem B. nur 5 Thlr. ein. Als A. den Pfandschein von ihm verlangt, behauptet er, denselben augenblicklich nicht finden zu können. Eine Erkundigung des A. im Leihhause ergiebt den wahren Sachverhalt. Das Leihhaus braucht Pfänder, die es von unverdächtigen Personen empfangen hat, nur gegen Ersatz des Pfandschillings und Zahlung der im Reglement des Leihhauses bestimmten Zinsen zurückzugeben.

Macht es einen Unterschied, ob B. bei Einhändigung der fünf Thaler an A. oder später ausdrücklich erklärt, er habe die Uhr auftragsmäßig oder für fünf Thaler versetzt? Wie wäre es, wenn B. die Uhr nicht versetzen, sondern mit dem Limitum von fünf Thalern verkaufen sollte, B. aber zehn Thaler für die Uhr erhalten und nur fünf an A. abgegeben hätte?

Wie wenn er umgekehrt nur für zehn Thaler äußersten Falls verkaufen sollte, er aber für fünf Thaler verkauft hat? Wie wenn er dabei treuloser Weise den Käufer begünstigen wollte?

CXCII.

A. hat an B. ein Grundstück für 5400 Thlr. verkauft unter der Versicherung, daß dasselbe 11 Morgen Grundfläche habe, auch ein Torfstich auf demselben sich befinde. Beide Versicherungen haben sich nachher als wissentlich falsche herausgestellt; ein Torfstich ist überhaupt nicht vorhanden, und die Größe des Grundstücks beträgt nur wenig mehr als $7\frac{1}{2}$ Morgen.

A. wird wegen Betrugs angeklagt. Zu seiner Vertheidigung macht er geltend, daß ungeachtet der thatsächlich nicht zutreffenden dem Käufer gegebenen Zusicherungen der letztere durch den Kauf in keiner Weise beeinträchtigt sei. Das Grundstück sei bedeutend mehr werth als 5400 Thlr., dem Käufer seien schon 7000 Thlr. dafür geboten, und er, der Angeklagte selbst, habe dem Käufer schon 200 Thlr. für den Abstand vom Vertrage geboten, der Käufer aber noch mehr dafür gefordert.

Ist diese Vertheidigung des Angeklagten erheblich, oder bedarf es derselben gar nicht, oder kommt es noch auf besondere noch festzustellende Umstände an, um die Frage beantworten zu können, ob hier überhaupt ein Betrug vorliegt. Welche Umstände würden dies eventuell sein?

CXCIII.

Der Commissionär W. hatte sein Leben zum Betrage von 1000 Thlr. versichert und später die Police dem R. cedirt. Dieser cedirte sie weiter an den Bäcker L. unter der falschen Versicherung „der Commissionär W. sei sehr krank, liege im Bett und werde binnen Kurzem sterben; der Käufer werde also höchstens noch zweimal die Prämie zu zahlen haben". Der Bäcker L. hat auf diese Versicherung hin die Police für 132 Thlr. gekauft.

Für den nunmehr wegen Betrugs angeklagten R. macht der Vertheidiger geltend, es liege hier ein gewagtes Geschäft vor, bei welchem Vortheil oder Nachtheil ungewiß sei. Von einer gegenwärtigen Vermögensbeschädigung könne dabei keine Rede sein. Erst nach dem Eintreten der spes oder der res sperata und der dann erst möglichen Abwägung der Leistungen (durch die Prämienzahlungen) und des Erwerbes durch die Versicherungssumme können Gewinn oder Verlust bestimmt werden. Die Intention der Parteien sei aber eben gewesen, dies lediglich dem Zufall zu überlassen.

CXCIV.

Aron S. hatte zuerst im Jahre 186 . . ein Geschäft gegründet, vier Jahre später fallirt, sodann ein neues Geschäft eröffnet und nachdem er nochmals fallirt, den L. zum Eintritt als Compagnon in ein drittes von ihm gegründetes Geschäft bewogen. L. hat 2000 Thlr eingeschossen. Auch dieses Geschäft fallirt mit 12000 Thlr. Activis und 46000 Thlr. Passivis im Jahre 1872. L. hat dabei selbstverständlich seine Einlage verloren, und ist auch sonst auf Andrängen der Gläubiger Concurs über sein Vermögen eröffnet.

Es wird Anklage gegen Aron S. wegen Betrugs erhoben, weil S., als er dem L. den Eintritt in das Geschäft proponirte, die Lage des Geschäfts als eine sehr günstige geschildert und ins besondere ein Passivum, die Privatforderung eines gewissen M., verschwiegen habe, wodurch nach Ausweis der sonstigen Bilanz sein Vermögen um mindestens 2500 Thlr. sich höher stellte, als es wirklich war.

Die Vertheidigung macht geltend, es fehle an der gewinnsüchtigen Absicht und an dem Causalzusammenhange. Die Absicht des Angeklagten sei nur gewesen, einen Compagnon für das Geschäft zu erhalten und mit dessen Arbeit und Einlage zugleich Gewinn für sich und für diesen, nicht aber auf dessen Kosten für sich allein zn erzielen, und sodann sei die Beschädigung des L. erst durch die Concurseröffnung über das Vermögen des Angeklagten herbeigeführt, und diese Concurseröffnuug sei durch den Mangel eines genügenden Betriebscapitals und durch den unglücklichen Gang der Geschäfte veranlaßt.

CXCV.

Ein Chausseegeld-Erheber hat in einer Reihe von Fällen die Fuhrwerke bestimmter Personen mit Rücksicht darauf, daß diese Personen ihm in seinem Privatinteresse Dienste geleistet haben, ohne Bezahlung durch die Barrière passiren lassen, also den Staat um das Chausseegeld verkürzt. Welches Delict liegt hier vor?

Wie wäre der Fall zu beurtheilen, wenn der Erheber, um den Betrag des Chausseegeldes zu profitiren, den Passanten keine Scheine ertheilte, da die Einrichtung besteht, daß dem Erheber eine bestimmte Quantität Scheine geliefert wird, und er dann den Betrag der fehlenden Scheine in Geld ersetzen muß? Wie wäre es, wenn der Erheber dabei im Einverständnisse mit den Passanten handelte, diese also den Betrag des Chausseegeldes gar nicht dem Staate oder dem sonst Berechtigten, sondern dem Erheber zukommen lassen wollen, weil eben der Erheber sie in anderen Fällen frei passiren läßt? Wie ist der Fall zu beurtheilen, daß ein Postillon, ein Eisenbahnschaffner gegen ein Trinkgeld von 1 Mk. sog. blinde Passagiere mitnimmt?

CXCVI.

Die Eheleute J. ersuchen den Handelsmann A. um ein Darlehen. Dieser schlägt ihnen vor, ihr Haus an einen gewissen Z. zu verkaufen und ihm, dem A., die Kaufforderung zu cediren. Den Betrag der letzteren werde er ihnen auszahlen. Wegen des Verkaufs möchten sie sich keine Sorge machen; derselbe sei nur ein Scheingeschäft. Er, A., wolle dadurch nur erfahren, wie hoch der Werth des Hauses sei. Sie, die Eheleute J., könnten dasselbe nach Belieben zurückkaufen und auch im Hause bleiben.

Die Eheleute J. gehen zu ihrem Unglücke auf diese Proposition ein. Z. verkauft das Haus weiter, A. cedirt die Kaufforderung an einen Anderen und bezahlt, indem er für Provision und Kosten eine bedeutende Rechnung ansetzt, auch die Kaufforderung nur zum Theil.

Kann A. wegen Betrugs verurtheilt werden? Wie wäre es, wenn er nach einem mit dem Z. verabredeten Plane gehandelt und mit Z. auch den Gewinn getheilt hätte?

CXCVII.

A. hat als Cedent mit dem B. einen Cessionsvertrag über eine Forderung abgeschlossen und den bedungenen Preis der Forderung bezahlt erhalten; er hat aber dem B. die erforderlichen Papiere, insbesondere die Schuldurkunde selbst, nicht eingehändigt. So ist er im Stande einem Dritten, dem C., die betreffende Forderung nochmals zu cediren, und C. kassirt auf Grund dieser Cession die Forderung ein?

Kann A. wegen Betrugs verurtheilt werden?

CXCVIII.

A. hatte eine reiche Frau, mit der er in Gütergemeinschaft lebte. Die Ehescheidung stand in Aussicht, und um nun seine Frau zu übervortheilen, stellte A. Wechsel auf seine Person für zwei mit ihm im Einverständnisse stehende Agenten B. und C. aus, ließ diese Wechsel einklagen, sich darauf hin verurtheilen und sogar die betreffenden Forderungen im Subhastationsverfahren auf ein zur gemeinsamen Gütermasse gehöriges Grundstück im Hypothekenbuche anmerken. Wären die Forderungen wirklich begründet gewesen, so würde Frau A. bei der Auseinandersetzung um die Hälfte derselben weniger erhalten haben. Frau A. ist allerdings durch diese Schritte ihres Mannes nicht getäuscht worden, hat vielmehr sofort dem Hypothekenrichter, als sie von der Sache erfuhr, Mittheilung gemacht, und dieser hat das von ihm aufgenommene Protokoll dem Staatsanwalt zur Erhebung einer Anklage wegen versuchten Betrugs gegen A., B. und C. übersandt.

CIC.

Der Pferdehändler A. hat von dem Bauergutsbesitzer M. ein Pferd zum Preise von 2000 Mk. gekauft. Er läßt mit Bewilligung des Verkäufers das Pferd in den Stall des Wirthshauses bringen, wo sich bereits andere von ihm gekaufte Pferde unter Obhut seines Knechts befinden, wogegen der Kaufpreis gegen Quittung sofort berichtigt werden soll. Er erhält denn auch die Quittung und zahlt 1000 Mk. Die anderen 1000 Mk. fehlen ihm aber, wie er sagt, unerwarteter Weise, da er noch ein Pferd mehr, als worauf er anfangs gerechnet, von einem Anderen gekauft und diesem bereits den Preis bezahlt habe, ein Umstand, an den er vorhin nicht gedacht. Am anderen Tage verspricht er, die fehlenden 1000 Mk. nachzubringen. Dies geschieht aber nicht. Im Besitze der Quittung über 2000 Mk. behauptete er nachher fälschlich, diese ganze Summe bezahlt zu haben. Liegt hier Betrug vor?

Wie ist es, wenn ein Gauner in einem stark besuchten Juwelierladen ein Paar Ohrringe kauft und indem er, dieselben einsteckend, an die Zahlung erinnert wird, fälschlich behauptet, er habe die 30 Mk., welche die Ohrringe kosten sollen, bereits auf den Tisch gelegt, der Verkäufer möge sich also wohl irren oder ein Anderer das Geld eingesteckt haben? Wie, wenn eine bis dahin durchaus unbescholtene Person plötzlich auf den Gedanken käme, während sie bereits die gewünschte Waare gekauft hat, die im Laden herrschende augenblickliche Verwirrung in dieser Weise auszunutzen und in der That schnell diesen Gedanken ausführte?

CC.

Der Gerbermeister T. hatte ein Pferd zu den Herbstübungen der Landwehr-Cavallerie gestellt und ließ dem Quartiermeister der Schwadron 15 Sgr. zur Abgabe an denjenigen Reiter, welcher das Pferd reite, zustellen. Der Quartiermeister forderte zu diesem Zwecke denjenigen Wehrmann auf, sich zu melden, welcher das Pferd reite. Es meldete sich der A. und empfing das Geld. Später stellte sich heraus, daß nicht A., sondern ein Anderer das Pferd geritten habe.

A., wegen Betrugs angeklagt, macht dagegen geltend, es fehle im vorliegenden Falle an einer Vermögensbeschädigung. Der Reiter des Pferdes sei nicht beschädigt, weil er kein Recht auf die Zuwendung gehabt habe; der Quartiermeister nicht, weil das Geld nicht aus dessen Vermögen herrühre, und er auch nicht dem T. regreßpflichtig sei; endlich auch nicht der Geschenkgeber, weil er jedenfalls eine Freigebigkeit habe vornehmen wollen und zu dieser durch den Angeklagten nicht veranlaßt sei.

CCI.

Vincenz F. war zu einer Gefängnißstrafe rechtskräftig verurtheilt. Sein Bruder Johann F. stellte sich der Gefängnißbehörde unter dem Vorgehen, er sei Vincenz F. und büßte statt des letzteren die Strafe ab. Es erwuchsen dadurch der Gefängnißverwaltung 36 Mk. Verpflegungskosten. Nachher mußte die Strafe gegen Vincenz F. nochmals vollstreckt werden. Beide, sowohl Vincenz als Johann F. sind zur Zeit zahlungsunfähig. Johann F. wird wegen Betrugs gegen die Gefängnißbehörde angeklagt.

Macht es einen Unterschied, ob dem Johann F. von seinem Bruder eine Belohnung versprochen war?

In den Gefängnissen werden amtliche Listen über die Einlieferung bezw. Sistirung der Strafgefangenen geführt. Würde Johann F. wegen intellectueller Urkundenfälschung (§ 271 des St. G. B.) verurtheilt werden können, wenn er durch seine Handlungsweise eine falsche Eintragung in die Register bewirkt hat?

Kann Jemand wegen Betrugs verurtheilt werden, der sich für einen anderen bestellten Arbeiter fälschlich ausgiebt, allerdings aber die

Arbeit vorschriftsmäßig leistet? Wer würde in solchem Falle, wenn der Arbeiter bei dem Dienstherrn in Kost und Lohn tritt, das Antragsrecht (§ 263a, E. des St. G. B.) haben? Ist der Dienstherr (Arbeitgeber) in solchem Falle immer der Beschädigte?

CCIa.

B., der einen von ihm ausgestellten Wechsel bezahlt, vergißt denselben quittiren und sich aushändigen zu lassen. A., der Inhaber des Wechsels, girirt denselben rechtswidrig an C. C. klagt jetzt als Indossatar gegen B., welcher den fraglichen Sachverhalt im Wege der Einrede vorbringt.

Dem Staatsanwalt werden die Acten zur Beschlußnahme vom Gerichte mitgetheilt.

Wie ist es, wenn C. zu der Zeit, wo der Wechsel auf ihn girirt wurde, keine Kenntniß von der bereits erfolgten Bezahlung des Wechsels hatte? Wie umgekehrt, wenn er im Einverständniß mit A. handelte, und Beide den etwaigen Gewinn zu theilen verabredet hatten?

CCII.

M. war Agent der Feuerversicherungsgesellschaft C . . . gewesen und nun als Agent in den Dienst der Feuerversicherungsgesellschaft Th . . . getreten. Mehrere bei der Gesellschaft C . . . versicherte Personen richteten nun, offenbar in der Meinung, M. sei noch Agent der Gesellschaft C . . ., den Antrag auf Erneuerung der Police an M. Dieser ließ sie aber, ohne sie über den Irrthum aufzuklären, ein Formular unterschreiben, in welchem sie erklärten, bei der nunmehr von M. vertretenen Gesellschaft Th . . . versichern zu wollen.

Bei Aushändigung der betreffenden Policen beruhigten sich mehrere der solchergestalt getäuschten Personen, weil es ihnen gleichgültig erschien, ob sie bei der Gesellschaft C . . . oder bei der Th . . . versichert waren; einige Andere merkten die Täuschung erst, als die Gebühr für Police und Prämie von ihnen selbst oder von ihren Frauen bezw. von anderen Personen für sie in ihrer Abwesenheit bezahlt war, und beruhigten sich nun dabei; Andere endlich verweigerten die Annahme und machten der Gesellschaft C . . . Anzeige, welche letztere Gesellschaft dieselbe dem Staatsanwalt übermittelte.

Die Staatsanwaltschaft erhebt Anklage wegen Betrugs. Die Vertheidigung macht geltend, es fehle hier an jeder Vermögensbeschädigung; denn eine Versicherung bei der durchaus soliden Gesellschaft Th... sei ebenso viel werth, als eine Versicherung bei der Gesellschaft C...

Wenn angenommen wird, daß Betrug vorliege, sind dann die erstgenannten Fälle, in denen die Policen bezahlt wurden, als vollendete Betrügereien zu betrachten?

CCIII.

Ein mittelloser Militairpflichtiger wird in die Heimath entlassen, indem ihm zur Bestreitung der Reisekosten 10 Mk. aus der Regimentskasse gezahlt werden, jedoch mit der ausdrücklichen Verpflichtung, daß, wenn er nicht nach seinem Heimathsorte gehen, sondern an einem näheren Orte verbleiben sollte, er die empfangene Summe nach Verhältniß theilweise zurückzahlen müsse. Er bleibt nun in einem näheren Orte, wo er dauernd Arbeit findet und würde daher nach Maßgabe jener Verpflichtung 6 Mk. zurückzahlen müssen. Um dieser Verpflichtung zu entgehen, läßt er durch einen Verwandten sich fälschlich als zurückgekehrt bei dem Ortsvorstande melden und sendet dem Regiment diese Meldungsbescheinigung ein.

CCIV.

Bei einer viel beschäftigten Güterexpedition X. der Eisenbahn von B. nach Y. ist es üblich geworden, die von bekannten Spediteuren zur Bahn gelieferten Güter nicht mehr nachzuwiegen, sondern — vermuthlich der Zeitersparniß wegen, vielleicht auch aus anderen Gründen — die Declarationen der Absender über das Gewicht bei Berechnung der Fracht ohne Weiteres als maßgebend zu behandeln. Nach längerer Zeit kommt es nun zur Kenntniß einer anderen Eisenbahndirection, welche von der Endstation jener erstgenannten häufig Güter zur Weiterbeförderung übernimmt, daß die zur Bahn von X. beförderten Güter mehrerer besonders viel verladender Spediteure regelmäßig ein nicht unbedeutend größeres Gewicht haben als auf den Frachtbriefen angegeben ist.

In dem Betriebsreglement für die norddeutschen Eisenbahnen*) v. 10 Juni 1870 ist unter B. § 5. 4) bestimmt:

*) Gilt nach der Bekanntmachung des Reichskanzlers v. 22. Decbr. 1871 auch für die Eisenbahnen in Würtemberg, Baden, Südhessen und Elsaß-Lothringen.

„Der Versender bürgt für die Richtigkeit der Angaben des Frachtbriefes und trägt alle Folgen, welche aus unrichtigen, undeutlichen oder ungenauen Angaben im Frachtbriefe entspringen.

Die Eisenbahnexpedition ist befugt, die Uebereinstimmung des Frachtbriefes mit den betreffenden Gütern auch nach dem Inhalte in Gegenwart des Absenders oder Empfängers oder deren Bevollmächtigten oder nöthigenfalls in Gegenwart von mindestens zwei Zeugen, zu prüfen und verificiren zu lassen.

Bei unrichtiger Angabe des Gewichts oder des Inhalts kann eine jede Eisenbahn, außer der Nachzahlung der etwa verkürzten Fracht vom Anfangs- bis zum Bestimmungsorte, eine Conventionalstrafe nach Maßgabe ihrer besonderen Vorschriften von dem Versender oder Empfänger erheben."

Demgemäß heißt es denn auch in den Tarifbestimmungen der Eisenbahn von B. nach Y.:

„Bei unrichtiger Angabe des Gewichts oder des Inhalts wird außer der Nachzahlung der etwa verkürzten Fracht vom Abgangs- bis zum Bestimmungsorte der doppelte Betrag des Frachtgeldes, welches auf den unrichtig angegebenen Gegenstand fällt, als Conventionalstrafe erhoben."

Ist eine Anklage wegen Betrugs gegen die Spediteure begründet? Oder muß es vielmehr jedenfalls bei der Conventionalstrafe nach den Bestimmungen des Frachttarifs, welcher etwa als Lex specialis zu betrachten wäre, sein Bewenden haben? Kommt darauf etwas an, daß die Beamten der Eisenbahn, welche die Güter in Empfang nehmen, leicht ersehen konnten, daß die Güter ein größeres Gewicht hatten, als angegeben war? Würde die etwaige Connivenz dieser Beamten von Bedeutung sein? Wie wäre es, wenn nachgewiesen werden könnte, daß die Direction der Eisenbahn von B. nach Y. den Spediteuren gegenüber eine laxe Praxis wissentlich geduldet hätte, um nicht unter der Concurrenz anderer Bahnen zu leiden, vorausgesetzt, daß die Direction jener anderen Eisenbahn, an welche die Güter später gelangten, davon nichts wußte? Wie, wenn umgekehrt nicht die Direction der Bahn, welche die Güter annahm, sondern der Bahn, welche sie von letzterer empfing und dann an die Adressaten ablieferte, Kenntniß von den ungenauen Gewichtsangaben hatte? Wie wäre es, wenn die absendenden Spediteure die die Verwiegung besorgenden Beamten bestochen hätten?

CCV.

In B. wurden von einem angeblichen Doctor der Philosophie Edelsberg öffentliche Vorlesungen über verschiedene Materien der Philosophie und der Kunstgeschichte angekündigt, und E. machte einer größeren Anzahl angesehener Personen Besuche, indem er sie zur Subscription auf jene Vorlesungen einlud und den Preis des Billets sich sofort bezahlen ließ. Um in dieser Beziehung sich Credit zu verschaffen, hatte er die List beobachtet, die Namen einiger besonders angesehener Personen fälschlich in seine Subscriptionsliste einzutragen. Die Vorlesungen wurden aber nie gehalten, und es stellte sich nachher heraus, daß E. überhaupt nicht Doctor der Philosophie, sondern ein schon mehrfach bestrafter Gauner, ursprünglich ein Kellner, also zur Haltung derartiger Vorlesungen unfähig sei?

Wie wäre der Fall zu entscheiden, wenn E. in der That ein Doctor der Philosophie war, der früher sich wirklich mit den genannten Materien beschäftigt hatte, aber jetzt völlig durch Trunksucht heruntergekommen, gar nicht die Absicht hatte, die Vorlesungen wirklich zu halten?

Könnte in diesen und ähnlichen Fällen auch etwa der Umstand als Vertheidigungsmoment geltend gemacht werden, daß es an einer Vermögensbeschädigung fehle, weil das Anhören schlechter Vorlesungen nur ein Zeitverlust sei, zu wirklich guten Vorlesungen aber der Subscribentensammler nicht verpflichtet gewesen sei?

CCVI.

Eine nicht ganz selten vorkommende Schwindelei ist es, daß eine Person, um das sog. Miethgeld, welches üblichermaßen von der Dienstherrschaft beim Abschluß des Miethcontracts gegeben wird, zu lucriren, sich nacheinander bei einer ganzen Reihe von Dienstherrschaften für denselben Zeitraum vermiethet. Liegt hier nur ein Bruch einer übernommenen Verpflichtung oder ein wirklicher Betrug vor?

CCVII.

Der Handelsmann M. hatte mit dem des Schreibens und Lesens wenig kundigen Bauer L. mehrfach Handelsgeschäfte gemacht und überüberredete ihn schließlich unter dem Vorgeben, daß es sich nur um Anerkennung eines bereits abgemachten Geschäfts handle, einen Wechsel zum Betrage von 1000 Thlr. zu unterschreiben. Er klagte dann auch diesen Wechsel ein, fand es aber, da ihm die Sache doch schließlich bedenklich erschien, schon vor dem Eingang der Antwort des Beklagten auf die Klage, gerathen, seine Klage zurückzunehmen. M. wird jetzt wegen Betrugs angeklagt. Sein Vertheidiger wendet ein, M. habe noch nichts von B. erhalten; daher könne nur von versuchtem Betruge die Rede sein, und dieser sei wegen des freiwilligen Rücktrittes straflos.

CCVIII.

A. hat den Eheleuten S., welche auf seinem Grundstücke eine hypothekarische Forderung von 400 Thlr. eingetragen hatten, vorgespiegelt, ihm sei von einem gewissen Z. ein Kapital von 500 Thlr. versprochen, wenn die Eheleute S. über ihre Forderung quittirten. Aus diesem Gelde sollten dann auch die S.'schen Eheleute sofort befriedigt werden. Die Eheleute S. haben die Quittung 23. Januar 1869 ausgestellt. Auf Grund dieser Quittung hat A. die S.'schen Eheleute auf Ausstellung einer regelrechten Löschungsbewilligung verklagt, und am 3. October 1870 sind die S. auch dazu verurtheilt. Das Erkenntniß ist rechtskräftig geworden, und die Hypothek am 21. Decbr. 1870 gelöscht.

Da A. aber auf vielfache Mahnungen nicht zahlte, haben endlich die S.'schen Eheleute am 2. Mai 1874 der Staatsanwaltschaft Anzeige gemacht, und diese hat sofort öffentliche Klage durch den Antrag auf Voruntersuchung wegen Betrugs gegen A. erhoben. Ist diesem Antrage statt zu geben?

CCIX.

August Z. hatte, indem er sich fälschlich für volljährig ausgab, von dem Kaufmann T. in X. Waaren auf Credit bekommen. Z. stand damals in X. als Commis in einem anderen Kaufgeschäft in Dienst. Nachher in Y., wohin, als nach dem Orte seines Domicils, er nachher zurückgekehrt war, auf Zahlung des Preises der entnommenen Waaren belangt, opponirt er, nunmehr volljährig geworden, die Einrede der Minderjährigkeit und bewirkt mittelst dieser Einrede die (rechtskräftige) Abweisung der von T. erhobenen Klage. In X. gilt gemeines Römisches Recht, in Y. dagegen das allgemeine Preußische Landrecht, und dies bestimmt Th. I Tit. 5 §§ 34, 35, daß Derjenige, der einen zur Schließung eines Vertrags Unfähigen bloß auf dessen (wenn auch eidlich bestärkte) Versicherung für fähig angenommen hat, sich mit der Unwissenheit des minderjährigen Alters nicht entschuldigen (also gegenüber die Einrede der Minderjährigkeit nicht der Replica doli sich bedienen) könne.

Wie wäre es, wenn umgekehrt Z. sein Domicil im Gebiete des gemeinen Rechts hätte, der Civilproceß auch dort geführt worden wäre, der Kaufvertrag aber an einem Orte geschlossen wäre, wo das allgemeine Preußische Landrecht gilt?

Kommen derartige Verschiedenheiten des Privatrechts gegenüber den allgemein lautenden Bestimmungen des Deutschen Strafgesetzbuchs überhaupt noch in Betracht?

CCX.

Herr A. hat den in einem benachbarten Dorfe wohnenden Musicus S. und dessen Capelle zu einem von ihm arrangirten Balle bestellt. Er hatte den in der Stadt selbst wohnenden Musicus T. nicht engagirt, weil dieser in dem Rufe stand, grob und theuer zu sein, insbesondere unbegründete Nachforderungen zu machen. T., der dies erfuhr, ließ nun einen Tag vor dem Balle Namens des Herrn A. dem S. die Bestellung machen, der Ball finde wegen eines Trauerfalles nicht statt, S. möge also nicht kommen.

Die Ballgäste warten nun am Ballabend vergebens auf die Musik, und in Verlegenheit und Aerger über die vermeintliche Wortbrüchigkeit des S. sendet Herr A. zu dem in der Nähe wohnenden T. mit der Aufforderung, nunmehr doch mit seiner Capelle zu kommen. T. weigert sich anfangs, läßt sich aber nachher doch gegen das Versprechen doppelten Honorars erweichen, „aus Gefälligkeit" wie er sagt, zu spielen. Kann T. wegen Betrugs verurtheilt werden? Eventuell Wen und um welchen Betrag hat er betrogen?

Wie wäre es, wenn er wirklich auf seiner anfänglichen Weigerung bestanden und gar nicht gespielt, Herrn A. und den Gästen aber den Ball vollständig gestört hätte?

Wie, wenn er dem S. ein auf den Namen des A. gefälschtes Absagebillet geschrieben und zugesandt hätte?

CCXI.

Frau T. hat von den Hausbesitzer M. mehrere Zimmer gemiethet, von denen sie zwei an die beiden Studiosen F. und H. abvermiethet hat. Da Frau T. mit der eigenen Miethzahlung im Rückstande war, wurden im Wege der Execution ihre Forderungen an die beiden Aftermiether mit Beschlag belegt. Als diese der Frau T. von den erhaltenen gerichtlichen Verfügungen erzählten, bat Frau T. sich diese letzteren aus und schrieb, ohne dazu von den Aftermiethern Auftrag erhalten zu haben, mit deren nachgemachter Unterschrift die Bemerkung auf die beiden Inhibitorien, daß die Miethe von den Unterzeichneten (F. und H.) bereits bezahlt sei. Der Zweck konnte dabei nur sein, einen Aufschub der Zwangsvollstreckung zu bewirken. Kann die T. wegen Urkundenfälschung? wegen Betrugs verurtheilt werden?

CCXII.

Der Gastwirth K. hatte in Uebereinstimmung mit dem S. eine Hypothek auf das Grundstück des letzteren zum Betrage von 4000 Thlr. eintragen lassen, ohue dafür Valuta entrichtet zu haben. Später hatte K. behuf Löschung dieser Hypothek eine notarielle Quittung ausgestellt. Gleichwohl wurde die Hypothek nicht gelöscht, vielmehr in Uebereinstimmung Beider, um dem S. Valuta zu verschaffen, von K. an einen Dritten cedirt.

K., der sich möglicher Weise dem Cessionar gegenüber haftbar erachten mußte, wenn etwa die Hypothek gelöscht werden würde, forderte nun von S. die Herausgabe der erwähnten Quittung, allein vergeblich.

Durch Zufall gelangte aber K. in den Besitz verschiedener anderer dem S. gehöriger und für diesen wichtiger Documente, da S. dieselben bei einem Besuche des K.'schen Gasthauses in dem Gastzimmer hatte liegen lassen.

K. erbot sich, diese Documente gegen Rückgabe der erwähnten Quittung herauszugeben, und S. ging hierauf ein. S. erhielt jene Documente auch richtig zurück: es ergab sich aber nachher, daß S. dem K. statt der Quittung eine Fälschung derselben übergeben hatte.

Ist gegenüber der nunmehr wegen Urkunden-Fälschung erhobenen Anklage eine wirksame Vertheidigung, und welche denkbar? Hätte S.

überhaupt noch Aussicht, straffrei davon zu kommen, vorausgesetzt selbstverständlich, daß die Beweisfrage als erledigt anzusehen ist, oder würde eventuell jedenfalls eine Verurtheilung wegen Betrugs gerechtfertigt sein?

Vorausgesetzt wird hierbei, daß nach der in Betracht kommenden Gesetzgebung die Gültigkeit der Cession nicht von der Eintragung derselben in das Hypothekenbuch abhängig ist, auch im vorliegenden Falle nicht erfolgt war, daß im Uebrigen dem Inhalte des Hypothekenbuchs zu Gunsten eines gutgläubigen Erwerbers der Hypothek absoluter Glaube zukommt, die Löschung der Hypothek aber nicht von der Beibringung des Original-Schulddocuments abhängig ist.

CCXIII.

Unbemittelten Leuten, die ihr funfzigjähriges Hochzeitsfest feiern, werden oft Geschenke gegeben. Kann Jemand wegen Betrugs verurtheilt werden, der unter dem falschen Vorgeben, er feiere in nächster Zeit seine goldene Hochzeit, Gaben für sich einsammelt? Wie wäre es, wenn er dabei noch folgender gefälschter Bescheinigung sich bediente:

„Hans N. und seine Ehefrau Katharina sind im Jahre 1825 d. 20. Juli kopulirt worden. Solches bescheinige ich.

O. d. . . . .

Gerdt, Pastor.

CCXIV.

Dem Gutsbesitzer H. war von der Steuerbehörde ein jährlicher Steuercredit unter der Bedingung bewilligt, daß er einen von dem Angeklagten L. acceptirten Wechsel über 6000 Thlr. bei derselben deponire. Dies ist geschehen. Der Angeklagte empfing seinerseits für die von ihm vorgenommene Acceptation und die Deposition desselben bei der Steuerbehörde einen von ihm an eigene Ordre auf H. gezogenen und von H. acceptirten Wechsel über 6000 Thlr., jedoch mit dem Versprechen, seinerseits den Wechsel nicht weiter begeben, sondern bei sich im Depot behalten zu wollen. Diesem Versprechen zuwider hat der Angeklagte den Wechsel girirt. Er ist deßhalb wegen Unterschlagung angeklagt und in erster Instanz verurtheilt worden. Würde er, die formelle Möglichkeit einer Nichtigkeitsbeschwerde vorausgesetzt, dieselbe mit Erfolg erheben können?

CCXV.

A. sucht mittelst eines Wechsels Geld zu erlangen. Er läßt daher den B. auf ihn, den A., ziehen, acceptirt den Wechsel und übergiebt ihn dem als Remittenten im Wechsel bezeichneten C. zum Verkauf unter der Abrede, daß C. die erhaltene Verkaufssumme ihm, dem A., aushändigen solle. C. verkauft den Wechsel, verwendet aber die von dem Indossator gezahlte Summe in seinem Nutzen, ohne, wenigstens zur Zeit, Ersatz leisten zu können.

Kann C. wegen Unterschlagung verurtheilt werden?

CCXVI.

Der Trödler und Hausirer M. veranlaßt drei Bauern mit ihm zusammen ein Loos in der 4. Klasse der B.'schen Lotterie zu spielen. Der Vereinfachung wegen, wie er sagt, behält er das Loos und giebt den Bauern nur eine Bescheinigung über die Nummer. Auf das Loos fällt ein Gewinn von 1500 Mk. M. erhält (unter den üblichen Abzügen) diesen Betrag von der Lotteriedirection ausbezahlt. Nachher spiegelt er den Bauern vor, das Loos sei mit einer Niete herausgekommen, indem er ihnen die Ziehungsliste der vorhergehenden Lotterie zeigt, in welcher die fragliche Nummer als eine Niete herausgekommen war.

Wie wäre der Fall zu beurtheilen, wenn M. gar nicht eine solche Täuschung vorgenommen, indeß den Gewinn zur Zahlung einer Schuld verwendet hätte und insolvent wäre? Wie endlich, wenn M. einer größeren Anzahl Personen, (nehmen wir an 12 Personen) jeder ein Viertel des fraglichen Looses in der obigen Weise verkauft und das Loos selbst behalten hätte? Nehmen wir an, daß M., weil sein betrügliches Verhalten kundbar wird, zur Untersuchung gezogen wird, und daß man bei ihm zwar genügende Mittel findet, den Gewinn einfach, nicht aber ihn dreifach zu bezahlen. Liegen hier verschiedene Delicte gegen die verschiedenen Theilnehmer vor oder gegen alle das gleiche? Hängt die Beantwortung der letzteren Frage noch von besonderen thatsächlichen Verhältnissen ab, und eventuell von welchen?

CCXVII.

Ein Umträger von Büchern und Journalen übernimmt den Auftrag für eine Wohlthätigkeits-Lotterie Loose gegen eine Vergütung von 5 Pfennig per Stück unterzubringen. Die nicht untergebrachten Loose soll er wieder zurückliefern. Er verbraucht das für die Loose eingenommene Geld in seinem Nutzen und hat nicht die Mittel zum sofortigen Ersatze.

Kann der Umträger wegen Unterschlagung verurtheilt werden?

CCXVIII.

Frau A., die eine längere Reise unternimmt, übergiebt dem B. ihr Sparkassenbuch zur Verwahrung. Das Sparkassenbuch ist auf den Namen der Frau A. ausgestellt; es findet sich aber, wie üblich, in demselben vermerkt, daß die Verwaltung berechtigt sei, dem Ueberbringer des Buchs ohne weitere Legitimationsprüfung zu zahlen. B. erhebt auf das Buch 50 Thlr., indem er dem Sparkassenbeamten die falsche Angabe macht, er sei der Sohn der Frau A. und von dieser gesendet, um die 50 Thlr. zu erheben.

Wie wäre es, wenn dem B. das Sparkassenbuch nicht anvertraut wäre, sondern er dasselbe der Frau A. gestohlen hätte? Würde er bei rechtswidriger Erhebung der in dem Buche verzeichneten Beträge mehrere Verbrechen begangen haben, und welche?

CCXIX.

In einer dringenden Geldverlegenheit sucht A. bei dem bekannten Wucherer S. Hülfe. S. rieth ihm eine Schuldverschreibung, die ein Dritter dem A. als seinem Gläubiger ausgestellt hatte, an ihn, den S., zu cediren; S. will dieselbe dann einem Anderen cediren und den empfangenen Betrag nach Abzug einer Provision auszahlen. Auf einen nicht unbedeutenden Verlust, sagt S., müsse A. sich aber gefaßt machen. A. erklärt die auf 600 Thlr. lautende Schuldverschreibung äußersten Falles für 400 Thlr. weggeben zu wollen. S. erhält nun in Wahrheit 500 Thlr. für die Obligation, während er dem A. unter dem Bemerken mehr nicht als 430 Thlr. erhalten zu haben, diese letztere Summa nach Abzug einer Provision von 5 Thlr. auszahlt.

Der Staatsanwalt erhebt Anklage wegen Unterschlagung.

Wie wäre es, wenn S. die Obligation nur zum Scheine an den von ihm für solche Zwecke regelmäßig benutzten L. cedirt, und von demselben natürlich gar keine Valuta empfangen hätte, weil er beabsichtigte, die Obligation demnächst zu ihrem vollen Betrage gegen den Debitor cessus selbst geltend zu machen oder doch sie jedenfalls höher zu verwerthen?

CCXX.

Am 7. Septbr. 1871 bestellte der Auctions-Commissar J. zu F. gemäß Beschlusses der dortigen Stadt-Verordneten der Stadt eine Caution von 50 Thlr., und zahlte dieselbe an den Bürgermeister. Die Zinsen wurden von diesem jährlich mit 4½ Procent an den gedachten Auctions-Commissar abgeführt, das Capital selbst aber erst am 17. Jan. 1874 an die Kämmereikasse auf Mahnung der Stadtverordneten eingezahlt. Bei Gelegenheit dieser Mahnung hatte H. einen auf ihn als Gläubiger lautenden Schuldschein des Kaufmann L. vom November 1872 über 65 Thlr. producirt und behauptet, daß hierin die von ihm zinsbar belegte Caution von 50 Thlr. und außerdem 15 Thlr. aus seinem eignen Vermögen steckten, da nach einem früheren Beschluß der Stadtverordneten die Caution zinsbar habe belegt werden sollen.

Es wird Anklage gegen H. wegen Unterschlagung erhoben. Die Anklage legt dabei besonderes Gewicht auf die Nutzung (den Verbrauch) des Geldes durch den Angeklagten, während dieser umgekehrt sich damit vertheidigt, daß er dem Auctions-Commissar Zinsen bezahlt habe, welche die Kämmerei auch habe bezahlen müsse, daß also ein Nachtheil für diese gar nicht entstanden sei. Außerdem habe er inzwischen der Kämmereikasse selbst Vorschüsse bis zum Belauf von 90 Thlr. gemacht.

Nehmen wir an, die Unterschlagung würde einem Beamten Schuld gegeben, der eine den fraglichen Betrag weit übersteigende Caution geleistet hätte. Könnte dieser sich nicht darauf berufen, daß ein Nachtheil der öffentlichen Kasse hiernach gar nicht habe entstehen können, also auch gar nicht beabsichtigt sei? Wie ist es, wenn bei einem Beamten ein Kassendefect sich findet, falls die Dienstinstruction ihm vorschreibt, nicht die wirklich vereinnahmten Geldstücke, sondern möglichst grobe Münzen oder Goldstücke zur Kasse und zur Ablieferung zu bringen?

Kann der Rechtsanwalt an den sg. Kostenvorschüssen, welche ihm die Partei giebt, eine Unterschlagung begehen? Wie ist es, wenn die

Partei ihrem Rechtsanwalt erster Instanz Gebühren zur Abführung an den Mandatar der höheren Instanz einzahlt?

Könnte der Anwalt hier darauf sich mit Erfolg berufen, daß er selbst auch dem von ihm beauftragten Anwalte oder Advocaten der höheren Instanz verpflichtet sei? Wie ist es, wenn ein Client seinem Rechtsanwalt Gelder zur Bestreitung von Stempelgebühren übergiebt, zu deren Erlegung die Partei selbst verpflichtet ist?

CCXXI.

Wir empfangen von einem Freunde 2000 Mark, um dieselben in München, wohin wir reisen, für ihn auszuzahlen. Können wir diese 2000 Mark ausgeben, ohne uns einer Unterschlagung schuldig zu machen? Würden wir nicht dann eine Anklage wegen Unterschlagung befürchten müssen, wenn wir an dem Tage, wo die fragliche Summe spätestens bezahlt werden muß, dieselbe zufällig nicht zur Disposition haben? Macht es einen Unterschied, ob uns die Geldstücke nur zugezählt oder in einem besonderen, aber nicht versiegelten Beutel überliefert sind?

CCXXII.

Die Dienstherrschaft übergiebt der Magd zwei Thaler, damit diese auf dem Markte einige Einkäufe mache. Begeht die Magd eine Unterschlagung, wenn sie diese zwei Thaler für sich ausgiebt? Ist es einerlei, ob wir der Magd zwei Thaler oder etwa funfzig oder hundert Thaler übergeben, um damit eine Rechnung zu bezahlen?

Wie ist folgender Fall zu beurtheilen? Eine Dienstmagd empfängt zu verschiedenen Malen von der Herrschaft Geld, um dafür beim Kaufmann unter sofortiger Bezahlung Einkäufe zu machen. Sie liefert diese Waaren der Herrschaft auch richtig ab, hat sie aber auf Credit entnommen. Nachher sendet der Kaufmann der Dienstherrschaft die Rechnung.

Macht es einen Unterschied, ob die Herrschaft die Rechnung aus Anstandsrücksichten bezahlt hat, während sie dazu rechtlich nicht verpflichtet war?

CCXXIII.

A. schließt mit B. einen sg. Trödelvertrag. Macht B. sich einer Unterschlagung schuldig, wenn er dem A. den von einem Dritten bezahlten Preis nicht herausgeben will und sich damit fälschlich entschuldigt, daß von diesem letzteren weder die Zahlung des Preises, noch die Rückgabe der verkauften Sache zu erlangen sei? Wie wäre es, wenn diese Thatsache wahr wäre, B. aber von Anfang an dolos gehandelt hätte?

CCXXIV.

Ein Handlungsreisender hat den Auftrag, bezw. die Ermächtigung von den Kunden des Hauses Gelder einzuziehen. Seine Reiseausgaben ist er von den empfangenen Geldern abzuziehen berechtigt. Er thut dies auch, verschweigt aber bei der Rechnungsablage die Entnahme eines Theils dieser Summe, indem er einen eingegangenen Posten fälschlich als nicht eingegangen bezeichnet. Er empfängt daher den fraglichen Betrag noch einmal zurückerstattet. Unter welche Strafbestimmung fällt seine Handlung?

Wie ist der Fall zu beurtheilen, wenn ein Auctionator die von den Käufern auf den Auctionen eingezahlten Gelder verbraucht? Könnte die Vertheidigung nicht geltend machen, daß der Auctionator den Käufern gegenüber gar nicht als Mandatar, sondern als Selbstverkäufer auftrete, da ihnen häufig nicht einmal die Namen der Eigenthümer der zu versteigernden Sachen bekannt seien, wie denn der Erlös in der Regel auch mehreren Eigenthümern gehöre, und daher unmöglich ein Recht der Eigenthümer auf die in specie einkommenden Geldstücke bestehen könne?

CCXXV.

Ein Lotterie-Collecteur, der zugleich ein kaufmännisches Geschäft betreibt, hat von verschiedenen in der Lotterie spielenden Personen den Auftrag erhalten, die von ihnen nicht erhobenen Gelder zur Berichtigung der Einsätze für die nächste Lotterie, also für die auf Rechnung der Spieler zu entnehmenden Loose zu verwenden. Der Collecteur hat auch eine Zeit lang in solcher Weise Loose besorgt. Gegenwärtig aber ist Concurs über sein Vermögen ausgebrochen, und der baare Geldbestand der Masse beträgt noch nicht den dritten Theil der oben bezeichneten gegenwärtigen Restbeträge der Spielgewinne, welche sich auf fast 500 Thlr. belaufen. Bei der demnächstigen Vertheilung der Masse werden jene Spielgläubiger auch nur mit etwa 33 Proc. ihrer Forderungen befriedigt werden. Es ist gegenwärtig Anklage wegen Unterschlagung erhoben.

CCXXVI.

Der Gastwirth N. in P. hat die Naturaleinquartierung für eine Anzahl von Hausbesitzern in P. contractlich übernommen und die dafür ausgemachte Vergütung auch bezahlt erhalten. In den betreffenden Contracten war dagegen ausgemacht, daß die demnächstige Entschädigung nicht dem N., sondern den betreffenden Hausbesitzern selbst zufallen sollte. Gleichwohl hat N., da die Einquartierungs-Commission in Gemäßheit ihrer Instruction an die Natural-Quartier-Geber zahlt, ohne auf etwaige Abreden der Interessenten Rücksicht zu nehmen, die Vergütung für sich erhoben und behalten. Er befindet sich jetzt im Concurse und, chirographische Gläubiger werden höchstens mit 25 Proc. befriedigt werden. Ist die Anklage wegen Unterschlagung zu begründen? Ist die Thatsache der späteren Insolvenz dabei wesentlich entscheidend, oder würde die Absicht des N., das Geld nicht zurückzubezahlen, genügen?

CCXXVII.

Sind wir berechtigt, Denjenigen, der uns betrogen hat, wieder zu betrügen, um ohne Kosten und Weiterungen wieder zu dem Unsrigen zu gelangen? Sind wir nicht überhaupt befugt, eine Täuschung eines Anderen zu dem Zwecke vorzunehmen, ihn zur Bezahlung einer uns rechtlich zustehenden Forderung zu veranlassen? Oder ist das nur unter besonderen Voraussetzungen zulässig? — Können wir, ohne eine Anklage wegen Betrugs befürchten zu müssen, Demjenigen, der uns z. B. theilweise mit verrufener oder außer Cours gesetzter Münze bezahlt hat, dieselbe, ohne daß er es merkt, wieder gelegentlich in Zahlung geben, indem wir uns darauf berufen, daß wir selbst die fraglichen Münzen als vollgültige früher von ihm bekommen haben, also nur einen erlittenen Schaden wiedereinbringen?

Wie ist folgender Fall zu beurtheilen: A. ist der Meinung, von dem B. bei einem früheren Rechtsgeschäfte erheblich übervortheilt zu sein. Um nun sich selbst wegen seines vermeintlichen Anspruchs schadlos zu halten, begiebt er sich in den Verkaufsladen des B., kauft von diesem einen Ueberzieher, verweigert aber, als letzterer ihm ausgehändigt ist, die Zahlung, und da er nun von B. festgehalten wird, reißt er sich gewaltsam los und eilt, indem er den B. ins Gesicht schlägt, mit dem Ueberrocke davon.

Wenn man annimmt, daß durch wissentliche Hingabe verrufenen Geldes statt vollgültigen Geldes Betrug begangen werden könne, wäre dann etwa die Entschuldigung zu beachten, daß ja der Empfänger nicht verhindert gewesen sei, genauer nachzusehen?

CCXXVIII.

In mehreren der vorhin erwähnten Fälle wurde eine Täuschung vorgenommen, welche den Zweck hatte, eine Forderung des Täuschenden zu realisiren. Wie ist es, wenn Jemand eine Täuschung vornimmt zu dem umgekehrten Zwecke, nämlich eine Klage oder Executionsmaßregel oder einen Arrest von sich abzuwenden? Z. B. Jemand spiegelt seinem Gläubiger, der gerade die Execution gegen ihn erwirken will, vor, er habe einen Wechsel einkassirt, habe also parate Zahlungsmittel?

Jemand, der bei der Abreise befürchtet, der Hauswirth, dem er Miethe und Auslagen schuldet, würde seine Effecten als Pfand zurückbehalten oder ein Abgangszeugniß mit Beschlag legen lassen, füllt ähnlich wie der Cid (Herder, Gesang 45) einen großen Koffer mit werthlosen Sachen und Sand an und überliefert ihn verschlossen bei der Abreise dem Wirthe zum Pfande. Seine wirklich werthvollen Effecten waren aber zum Theil im vorher veräußert, zum Theil in einen kleineren Koffer verpackt, den der Wirth ihn nun ruhig mitnehmen läßt. Wie wäre es, wenn er den Wirth einfach in der Art in die Falle gehen ließe, daß er zum Schein der Zurückbehaltung des schweren und viel versprechenden Koffers sich widersetzte, nachher aber als der Wirth nun gerade diesen Koffer behalten zu wollen erklärt, sich mit Bedauern diesem Verlangen fügt?

Ist der soeben erzählte Fall strafrechtlich gleich zu beurtheilen mit dem folgenden:

H. hatte sich von dem Gutsbesitzer F. Gefälligkeitsaccepte zum Gesammtbetrage von 6000 Mk. geben lassen. Als F. aus einem denselben zum Betrage von 1200 Mk. in Anspruch genommen wurde und Deckung forderte, gab ihm der Angeklagte H. eine Locomobile mit Vorbehalt des Gebrauchs in Zahlung für 6000 Mk. Er verschwieg aber, daß er dieselbe bereits früher verkauft hatte.

CCXXIX.

In einer Conditorei hat ein Gast, der sich so eben entfernte, einen Schirm stehen lassen. Ein in dem Local anwesender Gauner hat dies bemerkt und geht mit dem Schirme fort. Begeht er einen Diebstahl oder etwa nur eine Unterschlagung an einer gefundenen Sache? Nehmen wir an, daß ein Kellner in der Absicht, den Schirm aufzuheben und später dem etwa sich meldenden Eigenthümer herauszugeben, den Schirm in der Hand hält und ihn betrachtet, als der genannte Gauner hinzutritt und mit den dreisten Worten „Erlauben Sie doch" dem verdutzten Kellner den Schirm aus der Hand nimmt und eilig davon geht. Wie wäre es wenn der Kellner den Gauner für den Eigenthümer gehalten hätte? —

CCXXX.

Ein Bote, der mehrere Packete zu tragen hat, legt weil ihm die gesammte Last zu schwer wird, eines der Packete an einer Stelle des Weges hinter einem Busche nieder, wo er dasselbe wieder zu finden hofft. Welches Delict begeht der Finder, der das Packet sich aneignet? Welches Delict begeht Wer den Finder anstiftet, ihm den Inhalt des Packets zu verkaufen?

CCXXXI.

Der acht Jahr alte Otto Hahn hatte eine goldene Broche gefunden. Die Dienstmagd Auguste K. überredete ihn, ihr die Broche für eine halbe Mark zu verkaufen. Die Broche, welche, wie sich später herausstellte, der Karoline S. gehörte, hatte einen Werth von mindestens fünfzehn Mark.

CCXXXII.

Frau H. sieht auf dem Markte eine Anzahl Fische, die ihr ausnehmend gut gefallen. Sie erhandelt dieselben denn auch, bemerkt aber zu ihrem Schrecken, daß sie ihr Portemonnaie vergessen hat. Gleichwohl will sie dieselben jedenfalls mitnehmen, da sie befürchtet, der Händler könne dieselben sonst anderweit verkaufen, und als der Händler ihr die Fische nicht ohne Bezahlung verabfolgen will, wirft sie das Netz, in welches sie die Fische bereits gelegt hatte, schnell in ihren Korb und entfernt sich mit den Worten: „Das Geld bringe ich in einer Stunde nach." Der Verkäufer ruft schleunigst einen Schutzmann, und Frau H. wird festgenommen.

Kann sie etwa wegen Diebstahls verurtheilt werden?

CCXXXIII.

T. wird in Untersuchung gezogen, weil er eine Anzahl von Zaunbrettern gestohlen haben soll. Als dem angeblich Bestohlenen ein bei dem T. vorgefundenes Brett gezeigt wird, verneint dieser die Identität. Dagegen gesteht T. zu, er habe dieses Brett Nachts auf der Dorfstraße gefunden und sich angeeignet.

Auf Grund dieser Feststellung verurtheilt das Gericht wegen sog. Funddiebstahls nach § 246 des St. G. B.

Ist das Urtheil gerechtfertigt?

CCXXXIV.

Der Gutsbesitzer v. E. pflegte denjenigen Privatleuten, welche direct von ihm Kartoffeln und Obst erhielten, ein sehr reichliches Maß zu geben; er sagte dies auch öfter mit dem Bemerken, er mache es nicht so wie die modernen Speculanten. Einer seiner mit der Abfuhr und Ablieferung beauftragten Knechte merkte sich das, maß wiederholt die ihm zur Ablieferung übergebenen Feldfrüchte nach und eignete sich das in der That nicht unerhebliche Uebermaß an. Die Empfänger hatten bei dem Empfange nichts auszusetzen gehabt.

Kann der Knecht wegen Unterschlagung verurtheilt werden, oder bedarf es dazu noch einer besonderen Voraussetzung?

CCXXXV.

Der Kaufmann M., der seine Zahlungen eingestellt hatte, wurde wegen einfachen Bankerutts angeklagt unter der Beschuldigung, daß er

a. durch Aufwand und Spiel übermäßige Summen verbraucht und

b. Handelsbücher, die er nach Beschaffenheit seines Geschäfts hätte führen müssen, theils gar nicht, theils so unordentlich geführt habe, daß sie keine Uebersicht seines Vermögens gewährten.

Der Angeklagte ist auf diese Anklage zu drei Monaten Gefängniß verurtheilt worden.

Nach eingetretener Rechtskraft des Urtheils wird eine neue Anklage nach § 281 Nr. 1 des St. G. B. wegen betrüglichen Bankerutts erhoben, unter der Anschuldigung, daß Angeklagter seine Zahlungen eingestellt und Vermögensstücke bei Seite geschafft habe, weil sich letzteres erst nachträglich herausgestellt haben soll. Es handelt sich dabei um dieselbe Zahlungseinstellung.

Die Vertheidigung beruft sich gegen die Zulässigkeit der neuen Anklage auf den Grundsatz: „Ne bis in idem." Befindet sie, oder befindet sich die Anklage im Rechte?

Könnte ein Kaufmann, der wegen einfachen Bankerutts zur Verantwortung gezogen würde, weil die Handelsbücher des Geschäftes unordentlich geführt wurden, sich mit Erfolg darauf berufen, daß nach den getroffenen Verabredungen nicht er, sondern seiu Compagnon die Bücher entweder selbst zu führen gehabt oder doch die Ueberwachung der gehörigen Führung der Bücher übernommen habe?

CCXXXVI.

Gegen A. steht eine Schuldklage des B. zur Execution. Es wird daher eine Forderung, welche A. gegen C. hat, mit Beschlag belegt, und zunächst dem A. das betreffende Veräußerungverbot behändigt. Noch ehe dem C. das Inhibitorium insinuirt ist, veranlaßt A. den C., ihm, dem A., zu zahlen.

Kann gegen A. mit Erfolg Anklage auf Grund des § 137 des St. G. B. erhoben werden?

CCXXXVII.

In einer Klagsache des Holzhändlers S. wider M. in W. wegen Forderung von 200 Thlr. wurde auf Antrag des Klägers das Executionsverfahren eingeleitet. Da die Mobilienexecution nur geringfügige Resultate lieferte, bezeichnete Kläger mittelst Eingabe an das Gericht die Miethszahlungeu der in dem Hause der Ehefrau des Beklagten wohnenden Miether als Executionsobject, weil nach dem in W. geltenden ehelichen Güterrechte der Beklagte an diesem seiner Ehefrau gehörigen Hause das sog. ehemännliche Nießbrauchsrecht habe, und bat um

Arrestanlage (Verbot der Zahlung an die Miether) in Bezug auf diese Miethgelder. Das Gericht verfügte unter dem 31. Juli 1872 diese Arrestanlage, welche den betheiligten Miethern am 7, 8. und 10. August insinuirt wurde. Inzwischen aber erschienen die M.'schen Eheleute vor dem Stadtgerichte zu W., und M. erklärte hier wörtlich Folgendes zu Protokoll:

> „Da ich eigenes Vermögen weiter nicht habe, als das Nießbrauchsrecht am Vermögen meiner Ehefrau, ich aber befürchten muß, daß wegen meiner Schulden dieses Recht als Hülfsgegenstand in Anspruch genommen werde, so verzichte ich zu Gunsten meiner Ehefrau auf mein ehemännliches Nießbrauchsrecht."

Dieser, von der Ehefrau M. sogleich zu Protokoll acceptirte Verzicht wurde seitens des Stadtgerichts in der W.-Zeitung von demselben Tage öffentlich bekannt gemacht. Es erfolgte nun noch eine Interventionsklage der Ehefrau des Beklagten, welche durch Freigabe eines Theiles der gepfändeten Gegenstände seitens des Klägers ihre Erledigung fand, und endlich wurde, nachdem Ende December des genannten Jahres die Versteigerung des zur Execution verbleibenden Restes der Mobilien des Beklagten stattgefunden hatte, am 1. Februar 1873 der Erlös dieser Versteigerung dem Mandatar des Klägers eingehändigt. Nunmehr — am 25. April 1873 — stellte Kläger den ferneren Antrag, seinem Schuldner den Manifestationseid abzunehmen, mit der gleichzeitigen Bitte, dem M. hierbei vor der Eidesleistung den Wortlaut des Protokolls vom 9. August 1872, den Verzicht auf das ehemännliche Nießbrauchsrecht betreffend, vorhalten zu wollen. In derselben Eingabe machte Kläger zugleich geltend, jener Verzicht, bei welchem die Absicht, den Gläubiger zu benachtheiligen, sogar zu Protokoll erklärt sei, sei ohne Weiteres ungültig; er beantragte daher auch Einziehung der erwähnten Miethgelder. Das Stadtgericht indeß verfügte nur Ableistung des Manifestationseides, und Beklagter leistete diesen am 10. Mai 1873 auch wirklich ab, indem er unter Anderem auch beschwor, daß er von seinem Vermögen nichts verheimlicht oder bei Seite geschafft, auch durch Andere nichts davon habe verheimlichen oder verbergen lassen. Dem Kläger wurde dies durch Beschluß vom 7. Juni 1873 zugleich mit der Eröffnung notificirt, daß dem gestellten Antrage auf Einziehung der Miethgelder mit Rücksicht auf den Verzicht des Beklagten nicht stattzugeben sei. Am 29. Juli 1873 denuncirte hierauf Kläger den Beklagten wegen des seiner, des Klägers, Ansicht nach wissentlich falsch beschworenen Manifestationseides, der mit dem erwähnten Verzichte nicht vereinbar sei. Die Staatsanwaltschaft lehnte jedoch die Verfolgung wegen Meineides ab, und nunmehr stellte Kläger am 23. August 1873 gegen den Beklagten einen Strafantrag, auf Grund des § 288 des St. G. B., dessen Thatbestand, Veräußerung oder Beiseiteschaffen von Vermögensbestandtheilen, um die Befriedigung des Gläubigers bei der Zwangsvollstreckung zu vereiteln, in dem mehrfach erwähnten Verzichte nach Ansicht des Klägers enthalten sein sollte.

1) War der Beschluß der Staatsanwaltschaft, die beantragte Verfolgung wegen Meineids abzulehnen, materiell richtig? 2) Lag wirklich der Thatbestand des § 288 des St. G. B. vor? 3) Konnte der nach § 288 des St. G. B. erforderliche Strafantrag noch am 23. August 1873 gestellt werden, und zwar deshalb, weil erst durch die Notification über die Leistung des Manifestationseides dem Kläger die Vereitelung der Execution durch die Handlung des Schuldners bekannt geworden sein soll?

CCXXXVIII.

Ein lange dauernder Proceß hat für den B. schließlich mit einer Verurtheilung auf die vom Gegner geltend gemachte Forderung geendigt, und es muß nunmehr zur Subhastation der dem B. gehörigen Grundstücke geschritten werden. B. läßt nun, aus Haß gegen seinen Proceßgegner, auf einem dieser bereits mit Beschlag belegten Grundstücke die dort befindlichen Wirthschaftsgebäude abbrechen und die Grenzhügel zwischen zwei anderen dieser Grundstücke wegnehmen. Seine Absicht bei der letzteren Handlung ging dahin, die Subhastation zu erschweren; denn die letztgenannten Grundstücke waren auf besondere Folien des Grundbuchs eingetragen und verschiedenen Gläubigern verpfändet. Bei Unkenntlichkeit der Grenzen hätten letztere erst besonders wieder festgestellt werden, oder es hätte doch mindestens eine Vereinbarung aller Betheiligten eintreten müssen.

Kann eine Verurtheilung wegen Sachbeschädigung, bezw. nach § 274, 2) des St. G. B. stattfinden?

CCXXXIX.

Herr A. hatte einen Hund, der Nachts und insbesondere in mondhellen Nächten, durch ein widerwärtiges intermittirendes Gebell allen irgend nervösen Personen in der Nachbarschaft den Schlaf zu rauben pflegte. Man hatte sich deshalb schon an Herrn A. gewendet, der, selbst mit einem gesunden Schlafe gesegnet, auf solche Vorstellungen erwiderte: „Dummes Zeug" oder, je nachdem der Remonstrant eine andere, höher gestellte Person war, „Thut mir sehr leid; aber ich kann auf meinem Hofe machen was ich will, und der Hund wird schon erzogen werden." Und man hatte sich ebenso vergeblich an den Polizei-Commissar des Districts gewendet, der höchstens in dem Falle einschreiten zu können meinte, wenn der Hund Nachts auf der öffentlichen Straße sich sehen ließe. Schließlich kam ein an Schlaflosigkeit leidender Nachbar, der Dr. phil. X., der einen juristischen Freund dabei zu Rathe zog, auf den Einfall, dem A. vorzuspiegeln, der Hund sei toll, und so den A. selbst zu bewegen, diese Plage der Umgegend aus der Welt zu schaffen. X. theilte zunächst der Localzeitung mit, man habe in der ... Straße einen Hund gesehen, der allem Anscheine nach toll gewesen sei, und der insbesondere auch auf dem Hofe des Herrn A. einige Zeit sich aufgehalten habe. Sodann ließ X. durch Bestechung einer Dienstmagd einer das Haus des Herrn A. mitbewohnenden Herrschaft dem Hunde Fleisch vorsetzen, welches zwar nicht eigentlich vergiftet, aber mit einigen schwach giftigen Substanzen versetzt war, so daß der Hund davon krank werden mußte. Nun machte die Magd Herrn A. auf den Zustand des Hundes aufmerksam und sagte, derselbe werde wohl toll sein. Vielleicht habe er auch schon Jemanden gebissen; denn der Hund laufe ja zuweilen polizeiwidrig ohne Maulkorb auf der Straße umher. Herr A. wurde nun in der That ängstlich und fand es gerathen, den Hund schleunigst und heimlich, da er verantwortlich gemacht zu werden fürchtete, aus der Welt zu schaffen. Er führte diesen Entschluß auch mittelst Tesching-(Zündhütchen)-Büchse aus.

Einige Tage später ließ aber ein Spaßvogel, der von der Sache gehört hatte, in das Localblatt die Notiz einsetzen: „Lobenswerthes Beispiel. Herr A., dessen Hund der gesammten Nachbarschaft in der ... Straße den Schlaf zu rauben pflegte, hat durch eigenen freien Entschluß die Nachbarschaft von dieser Plage befreit."

Herr A. wurde nun stutzig, und es gelang ihm, da die Leute schon mehrfach sich von der gelungenen List erzählt hatten, den wahren Sachverhalt und den Uebelthäter in der Person des Dr. X. ausfindig zu machen. Er denuncirte diesen deshalb bei der Staatsanwaltschaft. Kann X., kann eventuell sein juristischer Rathgeber mit ihm zur Bestrafung gezogen werden? Könnte X. sich insbesondere auch auf einen entschuldbaren Rechtsirrthum berufen, wenn der juristische Freund ihm gesagt hätte, so sei die Sache zu machen, ohne daß man befürchten müßte, dem Strafgesetze zu verfallen? Wie wäre es, wenn Herr A. die Sache erst drei Monate nach dem Tode des Hundes erfahren hätte? Wie, wenn Herr A. den Hund nicht selbst getödtet hätte, derselbe vielmehr **gegen** die Absicht des Dr. X. an dem gegebenen Gift gestorben wäre? Sind die Grundsätze des Strafgesetzbuchs (§ 229) über die Vergiftung von Menschen, analog auch auf die Vergiftung von Thieren (Sachbeschädigung durch Vergiftung) anzuwenden?

CCXL.

In § 299 des Strafgesetzbuchs ist das unbefugte Eröffnen eines an einen Anderen gerichteten Briefes mit Strafe bedroht. Eine Ausnahme zu Gunsten irgend welcher Personen ist darin nicht gemacht.

Könnte gleichwohl der Ehemann die an seine Ehefrau, oder umgekehrt die letztere die an den Ehemann gerichteten Briefe wider dessen Willen, eröffnen, ohne eine Anklage aus § 298 befürchten zu müssen? Wäre dazu auch der Vorsteher einer Erziehungsanstalt befugt? Oder der Handelsherr oder Fabrikant bezüglich der an seine Lehrlinge gerichteten Briefe?

CCXLI.

Der Tagelöhner Z. war von den Gutsbesitzer D. wegen verschiedener Unrechtfertigkeiten, die man ihm zur Last legte, aus dem Dienste entlassen worden. Aus Rache zündete er ein zum Gute gehöriges Vorwerk an, das aus einer Scheune und einem kleinen Wohngebäude bestand. In diesem letzteren hatte schon seit Jahren Niemand gewohnt. Zufälliger Weise aber hatte S., ein herabgekommener und obdachloser, zugleich dem Trunke ergebener Mensch, ohne daß irgend Jemand Kunde davon hatte, seit einigen Tagen sein Nachtquartier in diesem Gebäude aufgeschlagen, indem er nach Uebersteigung der umschließenden Mauer ein Fenster von Außen öffnete und so in das Gebäude jeden Abend einstieg. In der Nacht nun, in welcher das Feuer ausbrach, hatte S. sogar noch einen Schlafkameraden in dieses von ihm ausgekundschaftete

Schlafquartier mitgenommen. Letzterer vermochte noch bei dem äußerst rasch um sich greifenden Feuer sich zu retten. S. dagegen, der stark betrunken war, erstickte in dem Gebäude.

Der Staatsanwalt ist der Ansicht, daß für diesen Fall § 307. 1) des St. G. B. zur Anwendung kommen müsse, wonach der Brandstifter mindestens eine zehnjährige Zuchthausstrafe verwirkt haben würde. Welche Gründe können etwa von der Vertheidigung hiergegen geltend gemacht werden? Hat die Staatsanwaltschaft dieser Gründe ungeachtet Recht?

CCXLII.

A. hatte den Tagelöhner M., einen Menschen von sehr geringer Intelligenz, angestiftet, eine auf seinem, des A., Hofe stehende Scheune in Brand zu stecken. Die Absicht des A. war dabei auf betrügliche Erlangung der Brandversicherungsgelder gerichtet. Das zur Nachtzeit ausbrechende Feuer theilte sich nachher den übrigen, von A., dessen Familie und andern Personen bewohnten Gebäuden des Hofes mit, welche letztere allerdings in einiger Entfernung von der Scheune lagen.

Es war nun freilich anzunehmen, daß M. bei seiner Handlung das Bewußtsein gehabt hatte, etwas Verbotenes zu thun. Allein der specielle Zweck des A. war dem M. nicht klar gewesen und die auf Antrag des Vertheidigers bei der schwurgerichtlichen Verhandlung der Sachen gestellte Frage, ob dem M. unbekannt gewesen sei, daß die in Brand gesetzte Scheune geeignet gewesen sei, das Feuer den übrigen, von Menschen bewohnten Gebäuden des Gehöftes mitzutheilen, beantworteten die Geschworenen mit Ja.

Ist es, wenn dieser Ausspruch der Geschworenen als formell gültig anzuerkennen ist, noch zulässig, den A. auf Grund des § 306, 2) oder des § 308 des St. G. B. zu verurtheilen, und welche Strafbestimmung wäre etwa noch gegen den M. anzuwenden? War es überhaupt richtig, jene specielle Frage den Geschworenen zu stellen?

CCXLIII.

In einem Dorfe haben mehrere Knaben welche bereits das zwölfte Lebensjahr überschritten haben, die aus Porzellan gefertigten Isolatoren der öffentlichen Telegraphenleitung zu Zielpunkten ihrer Wurfübungen genommen und eine Anzahl dieser Isolatoren durch Steinwürfe zertrümmert. Es ist deßhalb Anklage gegen sie erhoben worden, und auf Befragen geben sie dem Richter zu, daß ihnen die Unerlaubtheit der von ihnen vorgenommenen Wurfübungen freilich nicht unbekannt gewesen sei. Dagegen stellt sich heraus, daß sie von der Bedeutung des Telegraphen für den Verkehr, überhaupt von den Zwecke der Drathleitung keine Ahnung haben.

Können die Angeklagten auf Grund des § 317 des St. G. B. bestraft werden? Wenn dies verneint wird, sind sie dann überhaupt straffrei?

Nehmen wir an, daß ein solcher Knabe (oder auch ein Erwachsener etwa in Folge einer Wette) nach einem Telegraphendrathe geworfen und diesen durch den Steinwurf an einer Stelle zerrissen habe. Würde er wegen vorsätzlicher Störung der Telegraphen-Anstalt zu bestrafen sein, wenn er in dem fraglichen Falle nicht ganz unglaubhaft versicherte, er habe nicht gedacht, daß der von ihm geworfene kleine Stein den starken Draht zerreißen werde?

CCXLIV.

Der Kaufmann D. bemerkte während des Gottesdienstes in der Synagoge zu B., daß zwischen seinem hochbejahrten Onkel C. und einem Anderen ein Streit um einen von beiden beanspruchten Platz entstanden war, und daß sein Onkel C. schließlich von diesem Platze weggedrängt wurde. Er verließ seinen Stand, eilte in die Nähe seines Onkels und rief ihm mit lauter Stimme zu, er habe gesehen, daß er gestoßen worden, und er, D., werde für ihn als Zeuge auftreten.

Da in Folge des lauten Sprechens der Vorbeter mit dem Hersagen des Gebets inne hielt, wird D. wegen vorsätzlicher Störung des Gottesdienstes angeklagt. Die Vertheidigung wendet ein, der Angeklagte habe in keiner Weise den Vorsatz oder die Absicht einer Störung des Gottesdienstes gehabt. In der gerechten Erregung über die einem so alten und würdigen Mann, wie sein Onkel sei, zugefügte Grobheit, ja Gewaltthat habe er allerdings es sich nur nicht so genau überlegt, daß sein Benehmen eine Störung des Gottesdienstes zur Folge haben könne. —

Wie ist der Fall zu beurtheilen, wenn Jemand, der in einer dicht gefüllten Kirche sich befindet, plötzlich bemerkt, daß er etwas Wichtiges vergessen habe (z. B. den Schrank der ihm anvertrauten Kasse zu schließen unterlassen habe), nun durch die Menge der Kirchgänger während der Predigt sich hindurchdrängt, und hierdurch, wie endlich dadurch, daß er die Kirchenthüren verschlossen findet, und nach dem Küster sucht, der die Thür aufschließen soll, eine Störung des Gottesdienstes verursacht? Wie wäre es, wenn in den vorerwähnten Fällen der Geistliche, bezw. der Vorbeter nicht mit Sprechen aufgehört hätte, wohl aber eine größere Anzahl von Personen sich darüber beschwert hätte, daß sie in der Andacht gestört wurden?

Nehmen wir an, daß Jemand in angetrunkenem Zustande, gleichwohl aber nicht sinnlos betrunken, in die Kirche kommt. Kann er wegen vorsätzlicher Störung des Gottesdienstes verurtheilt werden, wenn er zwar selbst keinen Lärm macht, sein Aussehen aber und seine Bewegungen die Aufmerksamkeit einer größeren Anzahl von Personen auf sich zieht, und auch der Prediger deßhalb mit seinem Vortrage innezuhalten sich veranlaßt findet?

Wie ist es, wenn ein neben ihm Sitzender, indem er ihn anfaßt, versucht, ihn aus der Kirche herauszuführen, und er nun laut, so daß eine allgemeine Störung entsteht, erwiedert; „Was wollen Sie? Sie haben hier nichts zu sagen. Ich habe hier ruhig gesessen, und das kann Jeder thun."

CCXLV.

In Gemäßheit eines neuen Gesetzes werden von der zuständigen Behörde politische Wahlen ausgeschrieben. X. fordert in einer Zeitung die Angehörigen bestimmter Volksklassen (die gesammten Bewohner) auf, nicht zu wählen. Denn seiner Ansicht nach könne die Vertretung, welche ein Gesetz, wie das soeben in Kraft tretende, gewähre, nicht als eine wirkliche Vertretung des Volkes angesehen werden. Es sei deßhalb richtiger, gar keine Wahl zu Stande kommen zu lassen, oder doch nur Wahlen, die von verschwindenden Minoritäten ausgingen, damit nicht der Schein entstehe, als habe das Volk einem solchen Wahlsysteme zugestimmt. Hätte der Staatsanwalt hier nach § 110 des St. G. B. Anklage wegen öffentlicher Aufforderung zum Ungehorsam gegen Gesetze oder rechtsgültige Verordnungen zu erheben?

CCXLVI.

Ist es Bestechung, wenn Jemand dem Eisenbahn-Schaffner ein Trinkgeld giebt, um möglichst allein im Coupé zu bleiben? Ist es nicht dann wenigstens Bestechung, wenn dem Schaffner das Nehmen von Trinkgeldern durch die Dienstinstruction verboten ist, und wenn der Gebende dies weiß? Macht sich der Schaffner in dem letztgenannten Falle der s. g. passiven Bestechung schuldig?

Bei einem vielbeschäftigten Untergerichte hat sich der Mißbrauch eingeschlichen, daß Personen, welche den Richter zu sprechen wünschen, ohne etwa zu bestimmter Stunde durch richterlichen Befehl bestellt zu sein, dem aufwartenden Gerichtsdiener, der die Meldungen besorgt, ein Trinkgeld geben. Wer das nicht thut, kann Stunden lang warten und wird notorischermaßen stets zuletzt vorgelassen. Wäre es hier angezeigt, gegen den Gerichtsdiener wegen Bestechung einzuschreiten? Wie wäre es, wenn ein Mitglied der zuständigen Staatsanwaltschaft, welches dem betreffenden Gerichtsdiener noch persönlich unbekannt ist, um den letzteren auf der That zu ertappen, ihm einen Thaler in die Hand drückte mit dem Ersuchen um sofortige Meldung vor allen anderen Anwesenden, und wenn der Gerichtsdiener hierauf einginge?

CCXLVII.

Es ist bei der zuständigen Behörde ein Denunciationsprotokoll gegen mehrere Personen wegen einer strafbaren Handlung eingelaufen. Der Registraturbeamte erbietet sich diesen Personen gegenüber, das Protokoll wirkungslos verschwinden zu lassen, falls sie ihm eine bestimmte Geldsumme zahlen. Die Denunciaten gehen auf dies Anerbieten ein, und der Beamte vernichtet das Protokoll.

Kann der Beamte nach § 349 des St. G. B. bestraft werden, und können die Denunciaten nur wegen Bestechung nach § 331, oder auch wegen ideeller Concurrenz zweier strafbarer Handlungen als Theilnehmer an dem Amtsdelicte nach § 349, eventuell 348 des St. G. B. bestraft werden?

Nehmen wir an, daß aus der Registratur einer öffentlichen Behörde vor längeren Jahren eine Anzahl wichtiger Actenstücke abhanden kam, ohne daß man den Schuldigen ermitteln konnte, daß jedoch gegenwärtig, nachdem das Verbrechen oder bezw. Vergehen nach den Vorschriften des St. G. B. bereits verjährt ist, der schuldige Beamte entdeckt würde, könnte gegen ihn auf Grund des bereits verjährten Delictes noch eine Disciplinaruntersuchung eröffnet werden?

CCXLVIII.

In einem Deutschen Bundesstaate ist zur Zeit (Febr. 1875) die Verwaltung von der Justiz in der unteren Instanz noch nicht völlig getrennt. Die Polizeibehörden erkennen über Polizeistraffälle einschließlich der in das Deutsche Strafgesetzbuch aufgenommenen Uebertretungen. Es bestand nun bis zu dem Inkrafttreten des Deutschen Strafgesetzbuchs in X. eine alte Polizeiverordnung vom Jahre 1806, wonach Kinder unter zwölf Jahren, da bei ihnen meist noch eine eigentliche strafrechtliche Verantwortlichkeit nicht anzunehmen sei, wegen gewisser Delicte von Polizei wegen mit Stockschlägen gezüchtigt werden konnten. Eine Polizeiobrigkeit hat diese Vorschrift auch nach dem 1. Januar 1872 noch gegen einen noch nicht zwölfjährigen Knaben, der das Nest eines Singvogels zerstört hatte, zur Anwendung und sofort auch zum thatsächlichen Vollzuge gebracht. Sie hat sich zur Rechtfertigung darauf berufen, daß diese Hiebe gar keine Strafe im Sinne des Strafgesetzes, sondern eine Disciplinarmaßregel gewesen seien.

Kann der betreffende Polizeibeamte etwa nach § 345 des St. G. B. wegen fahrlässiger Vollstreckung einer ungesetzlichen Strafe verurtheilt werden?

CCXLIX.

Bei dem X. hatte der Königliche Förster A. Holz gefunden, welches er für entwendet hielt. X. behauptete, dasselbe gekauft zu haben, und bot dem Förster, wenn er nicht erst Anzeige nnd Weitläufigkeiten mache, 2 Thlr. X. wird wegen Bestechung angeklagt. Bei der Verhandlung der Sache macht der Vertheidiger geltend, es sei zuvor der Beweis zu erheben, daß das Holz in der That gestohlenes gewesen. Hat das Gericht auf diesen Antrag einzugehen?

CCL.

In den Gefängnissen werden Kalender geführt, in denen der Tag der Aufnahme und zugleich der nach dem Inhalte des Strafurtheils hiernach berechnete Tag der künftigen Entlassung bemerkt wird. In einem Falle war nun in dem Kalender der Gefängnißanstalt zu X. bei der Eintragung ein Schreibfehler vorgekommen, indem als Tag der Entlassung nicht der 11. Januar, sondern der 11. Februar gesetzt war. In Folge dieses Versehens war der Arbeiter Z. drei Tage zu lange in der Strafhaft behalten worden. Er wurde entlassen, als er selbst auf das vermuthlich vorgekommene Versehen aufmerksam machte.

Kann der Vorstand des Gefängnisses oder der Beamte, welcher den Kalender zu führen hat, wegen fahrlässiger Vollstreckung einer widerrechtlichen Strafe verurtheilt werden?

CCLI.

Der Tischlermeister Z. begab sich auf das Kreisgericht zu X., um dort für seinen Mündel Gelder zum Depositum einzuzahlen. Die Depositalbeamten waren aber bei schon vorgerückter Zeit bereits nach Hause gegangen. Dagegen erklärte sich ein zur Annahme von Depositengeldern nicht berechtigter Registraturbeamter X. bereit dieselben anzunehmen, indem er versprach, die erforderliche Annahmebescheinigung dem Z. alsbald nachzuliefern. X. hat das eingezahlte Geld unterschlagen. Kann er nach § 350 wegen Unterschlagung im Amte bestraft werden?

Ist der Fall ebenso zu beurtheilen, wie der Fall, daß ein zur Empfangnahme von Einzahlungen an die Post nicht berechtigter Landbriefträger von verschiedenen Personen Geldbriefe und Gelder zu Posteinzahlungen in Empfang nimmt und diese Briefe und Gelder unterschlägt?

CCLII.

Der Bauergutsbesitzer M. behauptet eine Holzungsgerechtigkeit in einem Theile der Gräflich B.'schen Forst bei X. zu haben. In der That lassen sich für die Existenz dieser Gerechtigkeit manche Gründe anführen, und wenngleich dieselbe nicht formell anerkannt oder durch Urtheil festgestellt, sondern von dem Grafen B. bestritten wird, wird doch an dem guten Glauben des M. nicht zu zweifeln sein. M. ist nun, während er sich zur Ausübung dieser Gerechtigkeit, mit einer Axt versehen, außerhalb des Weges in dem B.'schen Forst befand, von dem

Gräflich B.'schen Förster S. getroffen und hat, als dieser ihm die Axt pfänden wollte, sich unter der Drohung, eintretenden Falles sich mit der Axt wehren zu wollen, der Pfändung Widerstand geleistet. Der Förster S. erklärt auf Befragen, er sei erst kurze Zeit im Gräflich B.'schen Dienste; ihm sei daher die Person des M. sowie die von diesem behauptete Gerechtigkeit völlig unbekannt gewesen. Er habe den M. einfach für einen gewöhnlichen Holzfrevler gehalten und der Behauptung, daß M. ein Recht habe, keinen Glauben geschenkt. Wie wäre es, wenn der Förster von seiner Dienstherrschaft den Auftrag erhalten hätte, gerade eine Ausübung der angeblichen Holzungsgerechtigkeit in keiner Weise zu dulden?

Würde der Fall anders zu beurtheilen sein, wenn nicht ein Privatförster, sondern ein Königlicher Forstbeamter in der Königlichen Forst oder ein Landgendarm die Pfändung vornehmen wollte?

Wie wäre der Fall zu beurtheilen, wenn nicht nur der gute Glaube des Angeklagten auf sein Recht feststände, sondern dieses Recht selbst, die Handlung des Beamten also auf einem seinerseits vorhandenen Irrthum beruhte?

CCLIII.

Dem Executor K. ist von dem Angeklagten bei einer Pfändung wegen Wegebausteuern gewaltsam Widerstand geleistet worden. Gegen die nach § 113 des St. G. B. erhobene Anklage macht die Vertheidigung geltend, daß zwar der Executor K. den nach dem Gesetze erforderlichen Befehl zur Vornahme der Pfändung von der zuständigen Verwaltungsbehörde gehabt habe, daß aber diese Behörde den Befehl zur Vornahme der Pfändung noch nicht habe erlassen dürfen, da sie nicht, wie das Gesetz doch vorschreibe, dem Exequenden acht Tage vor der wirklichen Vornahme der Pfändung einen Mahnzettel zugestellt habe.

CCLIV.

Ein Jagdbeamter fordert einen Jäger auf, ihm den zur Ausübung der Jagd erforderlichen Jagdschein vorzuzeigen. Da der Jäger, der allerdings im Besitze eines Jagdscheins sich befindet, aber der Ansicht ist, daß der betreffende Jagdbeamte für den Bezirk, in welchem beide Personen sich aufhalten, nicht angestellt sei, verweigert er die Vorzeigung des Jagdscheins. Der Jagdbeamte erklärt jetzt, das Gewehr des Jägers pfänden zu müssen und greift daher nach dem Gewehr. Allein der Jäger hält es mit Gewalt fest, und der Jagdbeamte muß von der Pfändung absehen.

Kann der Jäger auf Grund des § 117, eventuell § 113 des St. G. B. wegen gewaltsamer Widersetzung verurtheilt werden, wenn angenommen wird, daß allerdings der Jagdbeamte nicht gerade in seinem speciellen Revier handelte, durch eine dem Gesetze entsprechende Instruction aber angewiesen war, auch außerhalb seines Bezirkes auf Contraventionen gegen die Jagdgesetze zu achten und dieselben zur Anzeige zu bringen?

Seitens der Vertheidigung wird geltend gemacht, das Gesetz gebe dem Jagdbeamten nicht die Befugniß der Pfändung, dieselbe sei vielmehr nur wegen Holzdiebstahls im Gesetze vorgesehen. Die Anklage erwidert darauf, dies sei zwar an sich richtig. Allein da der Jagdbeamte den Angeklagten nicht persönlich gekannt habe, so sei den Umständen nach, die Pfändung das alleinige Mittel gewesen, den Beweis der Contravention zu sichern.

CCLV.

A. hatte von B. dessen am Walde belegene Mühle mit Zubehör gepachtet. Als Zubehör war ihm auch ein Streifen Land bezeichnet und ihm das Recht beigelegt, während der Dauer des Pachtcontracts jährlich eine Anzahl Bäume zu fällen. Als A. aber von diesem Rechte Gebrauch machte, trat ihm der Förster des benachbarten Gutes mit der Behauptung entgegen, daß die Grenze des fraglichen Landstreifens anders laufe, als A. glaube, und daß A. den eben gefällten Baum schon in der Gutsforst gefällt habe. A. berief sich darauf, daß ihm der Verpächter die Grenze ausdrücklich so bezeichnet habe, daß er den Baum zu fällen berechtigt sei, und widersetzte sich der vom Förster versuchten an sich rechtmäßigen Pfändung mit Gewalt. Angeklagt auf Grund des § 117 des St. G. B. wegen Widersetzung gegen Forstbeamte, macht A. geltend, er habe sich in gutem Glauben befunden, und diese Angabe erscheint nach Lage der Sache durchaus glaubhaft, da, wenn auch der Förster sich im Rechte befand, der Verpächter in dem Pachtcontracte über die Grenzen des fraglichen Landstückes in der That eine falsche Angabe gemacht hatte.

CCLVI.

Wir gehen in der Nacht durch die Straßen der Stadt. In einiger Entfernung — in einer Seitenstraße — macht eine Anzahl Menschen großen Lärm. Plötzlich stellt sich uns ein Nachtwächter entgegen, behauptet, daß wir bei dem Lärm mitbetheiligt gewesen seien, und verlangt, daß wir mit ihm zu dem weit entfernten Polizeibureau gehen sollen. Wir suchen ihm deutlich zu machen, daß wir durchaus nicht aussehen wie öffentliche nächtliche Ruhestörer, und daß der Lärm auch an einer anderen Stelle stattgefunden habe. Der offenbar ziemlich stark angetrunkene Nachtwächter will aber diese Deduction nicht gelten lassen, und da er Gewalt brauchen will, widersetzen wir uns ihm, indem wir die Stöcke erheben. Da wir augenblicklich stark in der Mehrzahl uns befinden, erachtet der Vertreter der öffentlichen Sicherheit es gerathen, sich zurückzuziehen. Können wir wegen Widersetzlichkeit gegen einen Polizeibeamten bestraft werden, wenn hier als maßgebend betrachtet werden die §§ 2, 3. des Preußischen Gesetzes zum Schutze der persönlichen Freiheit vom 12. Febr. 1850, worin es heißt:

§ 2. „Die vorläufige Ergreifung und Festnahme einer Person kann ohne richterlichen Befehl erfolgen

1) wenn die Person bei Ausübung einer strafbaren Handlung oder gleich nach derselben betroffen wird . . .

§ 3. Zu der vorläufigen Ergreifung und Festnahme (§ 2) sind die Polizeibehörden und andere Beamte, welchen nach den bestehenden Gesetzen die Pflicht obliegt, Verbrechen und Vergehen nachzuforschen, sowie die Wachtmannschaften berechtigt, letztere jedoch nur in dem Falle des §. 2. Nr. 1."

CCLVII.

Den polizeilichen Vorschriften zuwider hat Jemand Schutt auf einen Weg gebracht oder einen Wagen ohne angezündete Laterne Nachts auf einem Wege stehen lassen, der thatsächlich als öffentlicher benutzt wird. Könnte er sich der Anklage aus der Uebertretung gegenüber darauf berufen, daß der Weg kein öffentlicher, vielmehr ein ihm gehöriger Privatweg sei?

Durch eine Polizeiverordnung ist vorgeschrieben, daß in den Gasthäusern eine bestimmte Feierabendstunde innegehalten werde. Könnte der

Wirth im Falle einer Contravention dagegen sich darauf berufen, daß seine Uhr unrichtig ging?

Durch eine Polizeiverordnung ist verboten, unreines Wasser bestimmter Art, Jauche und dergleichen in die Rinnsteine fließen zu lassen. Kann im Falle einer Contravention ohne Weiteres der Eigenthümer des Hauses verurtheilt werden, oder wäre dieser befugt einzuwenden, daß nicht er, sondern die Dienstboten eines Miethers die Verunreinigung bewirkt haben?

CCLVIII.

Wenn durch eine allgemeine Polizeiverordnung eine bestimmte Thätigkeit, ein bestimmter Zustand allgemein und ohne Gestattung von Ausnahmen verboten ist, kann dann im Falle einer Contravention der Angeklagte sich auf eine ausdrückliche oder stillschweigende Erlaubniß des betreffenden Polizei-Chefs berufen? Könnte er sich auf einen entschuldbaren Irrthum insofern berufen, als etwa der Magistrat der betreffenden Stadt die von ihm erlassene Vorschrift selbst nicht mehr befolgt, z. B. die fragliche Vorschrift offenbar bezüglich des Magistratsgebäudes selbst verletzt ist?

CCLIX.

Bei der Polizei wird eine offenbare Verletzung eines für das Publicum wichtigen Polizeiverbots bezüglich eines einer Eisenbahngesellschaft gehörigen Grundstücks zur Anzeige gebracht. Es ist aber eine individuell schuldige Person nicht zu ermitteln gewesen. Kann der Staatsanwalt in solchem Falle gegen die Direction als solche Anklage erheben oder den Erlaß eines Strafbefehls beantragen?

Wie wäre es, wenn nach Lage der Sache voraussichtlich von einer Schuld oder Mitschuld oder auch nur Fahrlässigkeit der Directionsmitglieder nicht die Rede sein könnte, und sich vorläufig gar nicht ermitteln ließe, Wer von dem sehr zahlreichen Unterpersonal die Schuld trägt?

Kann möglicher Weise eine Actiengesellschaft wegen einer Contravention gegen das Wechselstempelgesetz oder gegen ein Zollgesetz verurtheilt werden?

CCLX.

Durch eine Polizeiverordnung ist das Stehenlassen von nicht bespannten Wagen auf der öffentlichen Straße bei bestimmter Strafe verboten: Kann im Falle der Verletzung eines solchen Verbots lediglich der Eigenthümer (Besitzer) des Wagens, oder auch der betreffende Kutscher oder Knecht bestraft werden, oder können beide bestraft werden? Wie wäre es, wenn ein Dritter, um dem Eigenthümer einen Possen zu spielen, den Wagen auf die Straße geschoben hätte? (Vgl. St. G. B. § 366, 9.)

Ein Reisender versichert bei der zollamtlichen Revision seines Gepäckes, zollpflichtige Gegenstände nicht bei sich zu führen. Dennoch findet sich ein solcher Gegenstand. Wäre er mit dem Beweise zu hören, daß seine Ehefrau oder sein Diener den fraglichen Gegenstand ohne sein Wissen eingepackt habe, und daß letztere Personen bei der Revision des Gepäckes nicht zugegen waren?

In einer Fabrik ist an einem Feiertage gegen die Vorschrift der Polizeiverordnung gearbeitet, (§ 366. 1) des St. G. B.) und gegen den Fabrikherrn deßhalb ein Strafmandat erlassen worden. Könnte dieser sich damit entschuldigen, daß nicht er, sondern sein Fabrikdirector ohne sein, des Fabrikherrn, Vorwissen habe arbeiten lassen? Wäre es rechtlich zulässig, neben dem Fabrikherrn auch den Director zu bestrafen, und eventuell unter Voraussetzungen? Wie ist es in solchem Falle, wenn die Fabrik nicht von einer physischen Person, sondern von einer Actiengesellschaft betrieben wird?

Wenn Jemand durch Arbeiter eine Handlung vornehmen läßt, die behuf Entrichtung einer localen Steuer nur nach zuvoriger Anmeldung bei einer Behörde gestattet ist (z. B. Jemand läßt ein Thier in einem schlachtsteuerpflichtigen Bezirke schlachten ohne vorherige Anmeldung), können dann auch die Arbeiter, abgesehen von dem Falle der wissentlichen Umgehung oder Verletzung des Gesetzes bestraft werden? Wenn ein Particulargesetz bestände, welches eine derartige Anordnung enthielte, würde dasselbe insoweit neben den Bestimmungen des ersten Theils des Deutschen Strafgesetzbuchs noch anzuwenden sein?

Sachregister.

Die Zahlen bezeichnen die Seiten.

Aberglaube 34.
Abgeordneter, Reden desselben in Wählerversammlungen 72.
Abholen im angeblichen Auftrage 125, 126.
Ableugnen wider besseres Wissen 107, 108.
Absage, falsche 137.
Abschneiden von Haarzöpfen 70.
Abweiden 26.
Actiengesellschaft, Beleidigung derselben 65; Uebervortheilung ders. 121, 122; Verurtheilung 47, 163.
Adresse, beleidigende, Publication derselben 72.
Agent provocateur 102, 103, 80, 157.
Alkoholvergiftung 8.
Amputation 13.
Anstiftung 36 ff., 39—41, 102, 147, 157.
Antedatiren 89, 90.
Antiquitätenhandel 116—118.
Arbeiter, Verantwortlichkeit 10, 19, 164.
Arbeitsleistung, betrügliche, durch einen Anderen 131, 132.
Atteste, falsche 3, 51, 85.
Auctionsgelder 144.
Aufladen, betrügliches 113.
Aufsicht, unterlassene, Beihülfe dadurch 38.
Ausballotiren 72.
Ausländer 1, 3—5.
Aussetzung hülfloser Personen 54 ff.
Auswanderungsagentur 4.
Bankerutt 5, 148, 149.
Barrière, eigenmächtiges Wegnehmen derselben 25.
Bau, Mängel desselben 10, 44.
Beamter, einer Eisenbahngesellschaft, Täuschung, Connivenz desselben 134, trunkener 162. Siehe auch Beleidigung, Widersetzung, Nachtwächter.
Befehl 54, 110, 124, 160.
Begießen mit Wasser u. s. w. 67, 70.
Begnadigungsgesuche, falsche Atteste dab. 51.
Begünstigung 47, 48, 50.
Beimischung unbrauchbarer Stoffe 125.
Beleidigung 40, 58 ff. 119; von Beamten, Behörden 65, insbes. ausländischer 61; des Staatsministeriums 62, 63; einer Mehrzahl von Personen 65, 66; hypothetische 122, 123; durch Spielen eines Musikstückes 58 ff. thätliche 77.
Belohnung 131; betrügliche Erwirkung ders. 98.
Berichte, wahrheitsgetreue 72.
Bescheinigung, gefälschte 139,
Beschlagnahme 149.
Beschwerde 71. Beschwerdeweg 25.
Besitz, gewaltsame Behauptung darin 98.
Bestechung 88, 134, 157, 158.
Betrug 24, 39, 87, 90, 92, 113 ff. 138, 139; gegen den Betrüger 145, zur Abwendung der Execution, der Ausübung eines Pfandrechtes 148.
Betteln 114, 115.
Beweislast 123.
Bienenschwarm 109.
Bildsäule, Bemalen dersel. mit Schmutz 62.
Billets, Diebstahl 88; Fälschung 87.
Bona fides 161, bei der Beleidigung 71.
Brandstiftung, absichtliche 39, 153 ff.; fahrlässige 19, 31.
Brief, beleidigender 64.
Brieferöffnung 153.
Briefe, Unterschlagung derselben 93, 94.
Briefträger, Unterschlagung im Amte 159.
Buße 42.
Butter, Verfälschung derselben 134.
Candidat für Wahlen, öffentl. Anstellungen 71.
Causalzusammenhang 7 ff.
Cession 129, 141; falsche 95, 96.
Chausseegeld 128.
Compensation, der Beleidigung 64, 66—69.
Confiscation 79; im Auslande 6.
Consortium, zur Bildung einer Actiengesellschaft 121.
Conventionalstrafe 134.
Coupons, Fälschung derselben 79, 80.
Dach, überragendes 26.
Datum, falsches 88.
Declaration, falsche 132, 164.
Deputat, 98, 99.
Denunciation, falsche 73, 74. Zurücknahme 48.

Diebstahl 26, 39, 48, 96—100, 145—147; ausgezeichneter 96, 103 ff.; an Bäumen 101; Einwilligung des Eigenthümers 102; dem Diebe zugefügt 100; an Pertinenzstücken 101, 102; Sparkassenbuch 141.
Dienstboten, Einverständniß ders. mit Dieben 39; Bestrafung ders. wegen Polizeicontraventionen 163, 164; Ungerechtfertigkeiten bei Einkäufen 107.
Dienstcaution 142.
Dienstherr 163, 164.
Dienstmann 125.
Direction, einer Actiengesellschaft, Verantwortlichkeit ders. 163, 164.
Disciplinarmaßregel 158.
Disciplinaruntersuchung 158.
Dolus 155, 156; eventueller 19, 40, 155, 156.
Dolus subsequens 22 ff., 73.
Drohung 76, 107.
Duell, Herausforderung 3, 4.
Ehren-Nothwehr 69.
Eidesleistung, auf falschen Namen 81.
Eigenthum, Schutz desselben 27, 31.
Eigenthümer, Verantwortlichkeit desselben 17 ff. 27, 128, 164.
Einfuhrverbot 1.
Einschließen 75.
Einsammeln von Geschenken unter falschen Angaben 139.
Eisenbahn-Coupé, Einschleichen in dasselbe 88; Platz darin 29.
Eisenbahn-Gesellschaft, Strafbefehl gegen dieselbe 163.
Eisenbahn-Unfall 15, 21.
Erlaubniß des Polizei-Chefs 163.
Erpressung 75, 76.
Execution 89, 139, 149 ff.; betrügliche Abwendung ders. 146.
Fabrikdirector 164.
Fahren, Beschädigung durch Unvorsichtigkeit 17, 18, 20.
Fährboot, Ueberfüllung desselben 13.
Fahrlässigkeit 8—10. 158.
Familienstand, Unterdrückung dss. 56, 57.
Familiendiebstahl 100, 104 ff.
Festnahme 162.
Findelhaus 57.
Firmenbezeichnung falsche 1, 2.
Fische, Entwendung ders. 108, 109.
Fischen, contractwidriges 109.
Förster 160, 161.
Forderungen, erdichtete im Concurse 5.
Frachtbrief, falsche Declaration darin 132 ff.
Freizügigkeit 6.
Friedensschluß 1, 2.
Früchte, Abernten rechtswidriges 99.
Funddiebstahl, s. gefundene Sachen.
Fußangeln 28.
Gasleitung, Absperren derselben 70.
Gasmesser, Entfernung, Fälschung desselben 96.
Gefängniß, Unterkommen darin 115.
Gefängnißstrafe, Verbüßung durch einen Anderen 131.
Gefundene Sachen 147, 148.
Gehege 111.
Geld, falsches, Handel damit 80, verrufenes 145.
Geldstücke 107, 108.
Gemäldehandel 116—118.
Gemeinde, Beleidigung derselben 63, 64.
Gerichtsverhandlung, Hausfriedensbruch 78.
Gespräch, vertrauliches 71.
Gewerbmäßigkeit 112.
Gewicht, unrichtiges 123, 124.
Gift 9, s. auch Vergiftung, Thiere.
Glasscherben, eingemauerte 28.
Glaube guter, s. bona fides, Irrthum.
Gottesdienst, Störung desselben 155, 156.
Grabmäler, Pretiosen in denselben 99.
Grenzvernichtung 151.
Grundstück, fremdes, Betreten desselben 27.
Gründerlohn 122.
Gütergemeinschaft 78, 129.
Hand wahre Hand 106.
Handelsgesellschaft, betrügliche Verleitung zum Eintritt in dieselbe 128; Verurtheilung 47.
Hausfriedensbruch 25, 58, 77—79.
Hazardspiel 50, 76.
Hehlerei 45, 47, 49 ff. 95, 147.
Herausforderung 3.
Holz, rechtswidrige Abfuhr 100.
Holz, unbefugter Verkauf 98.
Holzdiebstahl 112, 113.
Holzungsgerechtigkeit 159, 160.
Hunde, gefährliche 27, 31.
Hypothek, Löschung derselben, Betrug dadurch 136.
Hypothekenbuch 129.
Jagd, unbefugte Ausübung ders. und Jagddelicte 43, 45, 109—112.
Jagdbeamter 160, 161.
Jagdschein 111, 112, 160.
Insolvenz 145.
Interessen, berechtigte, Wahrung ders. 71.
Interventionsklage, falsche 89, 90.
Irrthum, unüberwindlicher 34; in Bezug auf das Object des De-

lictes 39, 66; rechtlicher? 76, 102, 153, 160, 161; beim Strafantrage 44, 45.
Kälte, Einwirkung ders. 8, 54, 56.
Kassendefect 142.
Kaufobject. Mängel dess. 124; unrichtige Angaben darüber 126.
Kaufpreis, Betrug 120, 121.
Kellerluke, offene 28.
Kind, Beschädigung dess., Aufsicht 28; Mißhandlung dess. durch Mehrere 17; Tod bei der Geburt 11; Verantwortlichkeit bei Handlungen eines K. 18; Verkauf werthvoller Sachen durch ein K. 126, 147; Züchtigung 12, 30, 31; Zurechnungsfähigkeit 154, 155.
Kindesmord 40.
Klingeln, Nachts 67.
Knecht 54, 110.
Körperverletzung, ausgezeichnete 36; mit Verletzung der Berufspflicht 74; Causalzusammenhang 11—14.
Kostenvorschuß 142.
Kriegsgefangene, Entweichen ders. 1.
Kuppelei 6.
Ladendiener, Diebstahl, Unterschlagung dess. 103; Theilnehmer am Betruge d. Dienstherrn 124.
Landesverweisung 6.
Lebensversicherung 2, 127.
Leihhaus 126.
Liquidation, falsche 88, 89.
Locomotivführer 21.
Lotterie, ausländische 4, 5; Loose, Gewinne, Unterschlagung 140, 144.
Maculaturpapier, darin gefundene Actie 100.
Majestätsbeleidigung 32, 33, 62, 72.
Manifestationseid 150.
Marken, Fälschung 87; als Waarenbezeichnung 124.
Materialwaarenhändler 123, 124.
Meineid 81 ff. 149 ff.
Miether, Festhalten der Sachen dess. 24, 25; Hausfriedensbruch 77.
Miethgeld, Betrug 135.
Miethpreis, Betrug dabei 119.
Miethvertrag, simulirter 119, 120; Ungültigkeit 77.
Minderjähriger 42, 136, 137.
Mißhandlung 10, 40, 69, 70; im Spiel 74.
Mißtrauensvotum 66.
Mitwissenschaft 89.
Münze, verrufene 145, 146.
Nachlässigkeit, des Eigenthümers 27, 28, 18.
Nachtwächter 162.
Name, Gebrauch eines falschen 90.
Ne bis in idem 46, 47, 149.
Nießbrauchsrecht, des Ehemanns 149 ff.
Notar 89.
Nöthigung 69.
Nothstand 34, 101.
Nothwehr 24, 25, 29, 30, 69, 101.
Occupation, feindliche 2.
Ort des Delictes 2, 6, 57.
Partirerei 49.
Passagiere, sog. blinde 129.
Personenstand, Beurkundung dess. 57.
Petition, Fälschung 86, 87.
Pfändung 16, 30, 160, 161.
Pferde, Scheumachen ders. 15, 19.
Plakat beleidigendes, Vorlesen dess. 63.
Polizei 25, 26, 158.
Polizeicontraventionen 162 ff.
Preiscourant, gefälschter 120.
Presse, Beleidigung durch dieselbe 70, 71.
Privatrecht, particulares, Verhältniß zum St. G. B. 137.
Proceßwahnsinn 33, 34.
Provision 121.
Quittung, betrügliche Erlangung ders. 130.
Raub 76.
Raubthier 110.
Rath, juristischer, Verantwortlichkeit deshalb 152, 153.
Rechnungsablage, betrügliche 144.
Recht zur Vornahme einer Handlung 12, 159, 160.
Rechtsanwalt 142, 143.
Rechtsirrthum s. Irrthum.
Rechtswidrigkeit, Bewußtsein ders. 34, 79.
Register, pflichtwidriges Nichteintragen in dass. 89; der Gefängnißanstalten, falsche Eintragung 131.
Registratur 157.
Religionsdiener, Beleidigung dess. 57, 58.
Religiöser Zwang 58.
Res sperata 127.
Restitution 42.
Retorsion der Beleidigung 66—69.
Rücktritt 36, 136.
Rückzahlung, unterlassene 133.
Sachbeschädigung 25, 26, 77, 78, 151 ff.
Sachverständige, Urtheil ders. 9.
Sammeln, betrügliches 115.
Schatz 99.
Schimpfworte 61.
Schiffsregister, unterlassene Eintragung darin 46, 47.
Schlägerei, Gebrauch d. Messers dabei 43.
Schuhe, mit Pappeinlage, Betrug 113, 114.
Selbsthülfe 24 ff.
Selbstmord 51, 52.
Selbsthülfe 28.
Simulation 89, 119.

Sonntagsreiter 19.
Sparkassenbuch 141.
Spediteur 123, 133, 134.
Spionage 1.
Staatsexamen, Betrug dabei 80, 81.
Steine, Diebstahl daran? 97, 98.
Stempelstrafe 88.
Steuercontravention 164.
Stiefel, absichtliches Vertauschen ders. 69.
Strafantrag 30, 31, 40—45, 61, 65, 69, 75, 78, 100, 105, 106, 132, 151.
Strafgesetz, Anwendung, bezügl. der Zeit 1, 2; ausländisches 57.
Strafurtheil, ausländisches 6.
Strafvollstreckung 158, 159.
Subscriptionsliste, falsche 135.
Telegramme, Fälschung 80.
Telegraphenleitung, Beschädigung 154, 155.
Testament, Fälschung 85, 86.
Theilnahme 15, 16, 36 ff., 47, 48, 87, 112, 120, 157; bei Polizeidelicten 163, 164; an falscher Versicherung an Eidesstatt 80, 81.
Thiere, fremde, Anlocken ders. 98, Tödtung 31, 153.
Toast, Weigerung dabei 72.
Todtengräber 99.
Todtschlag, 32, 33.
Tödtung, absichtliche? 13; Causalzusammenhang 12, 14 ff., 18: fahrlässige 8, 9, 13, 27, 28; auf Verlangen des Einwilligenden 51, 52.
Trinkgeld 67, 129, 157.
Trödelvertrag 143.
Trunkenheit 20, 31, 32, 33, 41, 54, 156, 162.
Trunkenmachen 7, 8.
Uebelkeit, Erregen ders. 53.
Uebergewicht 124.
Ueberfahren 17, 18, 20.
Ungehorsam, Aufforderung dazu 156.
Unterlassung der Aufsicht 36, 37.
Unterschlagung 44. 93, 94, 98, 100; im Amte 142, 159; von baarem Gelde 142, 143; einer Urkunde 94, 95, 139, 141.
Unterstützungsgesuche 114, 115.
Urkundenfälschung 22 ff., 85, 86, 90—92, 94, 95, 131, 139, 145, 147, 148.
Urkundenvernichtung 95, 157.
Veräußerung, rechtswidrige 149 ff.
Verein zur Unterstützung, Betrug 115, 116.
Verfolgung eines Deliquenten 15, 16.
Vergiftung 9, 22, 52 ff.; von Thieren 31, 153 ff.
Verhaftung 162.
Verjährung 2, 3, 46, 136, 158.
Verkauf gegen Abrede 126; Häuserspeculant 120; verbotwidriger 98.
Verleumdung 44, 45, 118.
Verlobungsanzeige, falsche 67, 68.
Verlobte 48, 49.
Vermögensbeschädigung, Betrug 131, 133.
Vermögensvortheil 112.
Verschweigen, Betrug dadurch 128.
Versetzen, rechtswidriges 126.
Versicherung, falsche, an Eidesstatt 80, 81.
Versicherung, irrthümliche bei einer anderen Gesellschaft, Betrug 132.
Versicherungsgesellschaft, Betrug 2, 3.
Versicherungsprämie, fälschlich berechnet 123.
Versuch 34 ff. 95, 130, 133.
Verwaltungsrath 121.
Verwandter, angeblicher, Unterstützung desselben 115.
Verwechslung von Geldstücken 107, 108; von Kleidungsstücken 101; der Person bei Beleidigung 64, 66, 67; s. auch Urkundenfälschung.
Vogel, entflogener 109.
Vollendung 133.
Volljährigkeit, betrügl. Behaupten ders. 136.
Vorlesungen, betrügliche Ankündigung 135.
Vormünderin 31, 69.
Waaren, falsche Marke 124.
Wahlen, öffentliche 76, 156.
„Wanzenfrei" 125.
Wahrheit, Einrede der 59, 106, 122, 123.
Wasser, Wegleiten dess. aus e. Kanale 97.
Wasserleitung 26, 96.
Wechsel, betrügliches Ausstellen 129, 130; Betrug durch Giriren 132. S. auch Urkundenfälschung.
Wette 7, 40, 41.
Wegegerechtigkeit 26, 29.
Wein, ungenießbarer 125.
Werfen mit Steinen 40, 155.
Widersetzung 25, 75, 159 ff.
Zahlung, fälschliches Behaupten derselben 130.
Zeitung, Beleidigung darin 60, 69, 72, 76.
Zerschneiden von Kleidern 70.
Zeugniß, s. Attest.
Zollcontravention 163, 164.
Züchtigungsrecht 12.
Zurechnungsfähigkeit 31 ff. 154, 155.
Zuständigkeit des Beamten 161; der Deutschen Gerichte 3 ff.
Zwangsvollstreckung s. Execution.
Zweikampf s. Duell.

Druck von G. Reusche in Leipzig.

Zur Frage

der

Geschworenen- und Schöffengerichte

von

Dr. L. v. Bar,
o. ö. Professor an der Universität Breslau.

Berlin, 1873.
Verlag von J. Guttentag (D. Collin).

Die vorliegende kleine Schrift hat selbstverständlich nicht den Zweck, die Geschworenen- oder Schöffengerichts-Frage in irgend welcher Vollständigkeit zu erledigen. Sie soll nur zu einer Prüfung der wichtigsten der in in neuester Zeit gegen das Geschworenengericht und für das Schöffengericht vorgebrachten Gründe einen Beitrag liefern, indem sie von der Annahme ausgeht, daß Diejenigen, welche die Schöffengerichte vertheidigen, eine wirkliche, vernünftige, heilsame Theilnahme des Volkes an der Handhabung der Strafjustiz wollen. Sehr möglich freilich, daß unter den Anhängern des Schöffengerichts auch Solche sich befinden, die eine Theilnahme des Volkes an der Strafjustiz mit dieser Art der Theilnahme unschädlich, d. h. unwirksam zu machen, im Laufe der Zeit zu verdrängen beabsichtigen. Die Wahrscheinlichkeit dieser Verdrängung ist von Anderen, in neuester Zeit wieder von John, Wahlberg und Seuffert eingehend dargelegt worden, und wir selbst sind, wie wir früher bereits ebenfalls ausgesprochen, von der Richtigkeit dieser Deduction vollkommen überzeugt — wenn nicht, und auch dieses Resultat wäre freilich weniger wahrscheinlich, aber keineswegs undenkbar, die Folge der Einführung des Schöffengerichts etwa eine vollständige Erschütterung der Stellung des rechtsgelehrten Richterthums sein sollte.

Nichtsdestoweniger müssen wir anerkennen, daß manche auf den ersten Anblick sehr scheinbare, ja gewichtige Gründe zur Zeit noch zu einer andern Ueberzeugung führen können, für welche bei den einzelnen Anhängern der Schöffengerichte, deren Ueberzeugung wir als solche gelten lassen, besondere individuelle Prädispositionen vorhanden sein mögen.

Einige der Anhänger der Schöffengerichte haben nicht Theil genommen an den Berathungen und Entscheidungen vielbeschäftigter Richtercollegien. Ihnen erscheinen daher manche Mängel nur bei den Geschworenengerichten möglich zu sein, die, wie wir nachzuweisen gedenken, ebenso gut, vielleicht in noch höherem Maaße bei den rechtsgelehrten Richtercollegien vorkommen. Andere sind dagegen umgekehrt zu sehr befangen in der Praxis und Tradition der rechtsgelehrten Richtercollegien: so werden sie nachsichtig gegenüber den Fehlern der letzteren, scharfsichtig gegenüber den Mängeln der Geschworenengerichte. Wieder Andere tragen vielleicht ein Ideal des rechtsgelehrten Richters in sich, dem man unbedingt auch die Leitung der Laien in dem der Oeffentlichkeit entzogenen Berathungszimmer anvertrauen könnte, ein Ideal, das zwar zuweilen vorhanden sein mag, das aber unseres Erachtens deshalb für die Gesetzgebung und Rechtspflege nicht existirt, weil es an genügend objectiven Merkmalen für diese Existenz fehlt. Manche sind auch ergriffen von der Idee, das neue Deutsche Reich müsse seine ureigne nationale Kraft auch in einer absoluten Neuschöpfung bethätigen, dürfe auf dem Gebiete des Rechts nicht nachahmen. Andere endlich sind voreingenommen für das neue Institut, dessen Schöpfung ihren Bemühungen, ihrem Nachdenken entsprungen ist: kein Wunder, daß sie manchen Grund für dasselbe geltend machen, der weniger Befangenen leicht als Sophisma oder als Widerspruch erkennbar ist.

Wir beginnen mit den juristisch-technischen Gründen. Diese sind für uns in erster Linie entscheidend. Die allgemeinen mehr politischen Gründe stehen uns der Forderung gerechter Rechtsprechung im einzelnen Falle nach. Aber wenn letztere bei der Rechtsprechung durch Geschworenengerichte befriedigt werden kann, oder im Zweifelsfalle, wenn gleichsam das Zünglein der Waage zwischen den beiden Institutionen schwanken möchte, dann sind sie auch uns von höchster Bedeutung: denn die Rechtsprechung ist nicht allein Selbstzweck, sondern zugleich Mittel für andere umfassendere Zwecke im Leben des Volkes, und je mehr die Rechtsprechung auch diese allgemeineren Zwecke zu fördern im Stande ist, um so mehr wird sie selbst in dem Volksbewußtsein wurzeln und ihre eigensten Zwecke indirect wieder gefördert finden.

In letzter Linie sind für uns auch historische Gründe maßgebend. Ein Institut, dessen Geschichte in großen Ländern nach Jahrhunderten rechnet, ist im Zweifel einem Institute vorzuziehen, das, so wie es dasteht, ein völliges Novum ist, sollte es auch in einem kleineren Lande und für die wenigen Jahre seines Bestehens die günstigsten Führungsatteste aufzuweisen haben. Diese letzteren beweisen, wie wir unten darlegen werden, äußerst wenig. Auch verkehrte Gesetze sind nicht selten in der ersten Zeit ihres Wirkens mit Lobsprüchen überhäuft, und auf dem eigentlichen Rechtsgebiete sind Fehler der Gesetzgebung oft Schulden, die erst in der folgenden Generation fällig werden, dann aber mit Zinseszinsen.

Der hauptsächlichste immer wieder und wieder gegen die Geschworenengerichte vorgebrachte Grund ist die Unmöglichkeit der Trennung der That- und der Rechtsfrage. Den Geschworenen muß unbestrittenermaßen die volle Feststellung der Thatfrage zustehen, wenn sie nicht vollständig in ihrer Wirksamkeit vernichtet werden sollen: an diesen Gedanken hat man sich in Deutschland, seitdem die früher als Palladium der Unschuld oft gepriesene gesetzliche Beweistheorie gefallen ist, vollkommen gewöhnt. Schwerer hat man sich gewöhnt an den insbesondere von H. Meyer zur Evidenz gebrachten Satz, daß den Geschworenen auch die Subsumtion der That unter die gesetzlichen Begriffsmerkmale des Verbrechens zufallen müsse. Man opponirte anfangs auch aus dem Grunde, daß es dann den Geschworenen möglich wäre, aus Rechtsunkenntniß einen Angeklagten freizusprechen, der nach Vorschrift des Gesetzes zu bestrafen war. Daß dieser Uebelstand nicht sehr wesentlich ins Gewicht falle, hat man später eingesehen. Man erinnerte sich an Justus Möser, der die wesentliche Bedeutung des Geschworenengerichts schon darin gefunden hatte, daß Niemand verurtheilt werden solle, von dessen Schuld der rechtsgelehrte Richter nicht eine Anzahl verständiger Männer habe überzeugen können. Der hierin liegende sehr wesentliche Schutz gegen spitzfindige, einseitige Auslegung des Gesetzes lediglich durch Rechtsgelehrte ließ sich nicht verkennen: mißlang jene Ueberzeugung, so konnte nicht leicht auch ein Bewußtsein der Schuld auf Seiten des Angeklagten angenommen werden. Jener Schutz war aber nur um den Preis der Möglichkeit auch gelegentlicher mißverständlicher Freisprechung zu haben: so mochte man immerhin diese sich gefallen lassen, und so ist denn in letzter Zeit mehr der Grund geltend gemacht worden, daß die Geschworenen aus Rechtsirrthum auch einen Unschuldigen verurtheilen können, ein Umstand, der sie überhaupt in ihren Entscheidungen schwankend machen, die letzteren als ein Spiel des Zufalls erscheinen lassen müsse.

Dieser Einwand ist nicht so leicht zu beseitigen.

Die nächste Aushülfe bot das Resümé des Präsidenten des Gerichtshofes. Allein abgesehen davon, daß mit einer wirklichen Leitung der Geschworenen durch den Präsidenten des Gerichtshofes dessen von der Deutschen ebenso wie von der Französischen Gesetzgebung mit seltsamer Hartnäckigkeit festgehaltene inquisitorische Thätigkeit in der Hauptverhandlung nicht zu vereinigen war, mußte die wesentlich collegiale Deutsche Gerichtsverfassung, welche dem vorsitzenden Richter das hier nöthige Ansehen bei den Geschworenen nicht gewähren kann, als ein unüberwindliches Hinderniß betrachtet werden. Es sprach dagegen aber auch der Umstand, daß trotz der Lobsprüche, welche man dem Deutschen Richterstande mit Recht spendet, die Unabhängigkeit, welche dem Englischen Richter dessen wirklich erhabene äußere Stellung gewährt, nicht vorausgesetzt werden konnte, endlich die Erwägung, daß was hier an gegenseitigem Vertrauen, an althergebrachter Uebung nöthig war, nicht unmittelbar durch gesetzliche Bestimmungen schaffen werden konnte, letztere vielmehr ohne die erforderlichen Voraussetzungen leicht das Gegentheil des beabsichtigten Zweckes zur Folge haben könne.

So wurde noch in anderer Richtung Abhülfe gesucht.

Zunächst kommt hier in Betracht der Vorschlag Heinze's den Geschworenen einen juristischen Berather in das Berathungszimmer mitzugeben, der, um nicht eine zu große Macht zu erlangen, nicht der Präsident des Gerichtshofes, sondern einer der beisitzenden Richter sein sollte. Dieser Vorschlag[1]), im Wesentlichen der Embryo des heutigen Schöffengerichts, hat trotz der glänzenden Vertheidigung durch seinen Urheber sehr wenig Beifall gefunden. Ein solcher Acteur hinter den Coulissen, dem die Autorität des Präsidenten völlig anheimgegeben wäre, und der gegen letzteren ebenso wie gegen die Geschworenen das personificirte Mißtrauen darstellt, schien doch zu bedenklich. So konnte es, obgleich Mittermaier[2]) und Andere sofort energisch sich dagegen erklärten, ersterer sogar die Uebelstände des Heinze'schen geheimen Berathers hier in doppeltem und dreifachem Maaße wiedererkennen wollte, doch noch richtiger erscheinen, Richter und Geschworene zusammen berathen und entscheiden zu lassen. So entstand die Idee des Schwarze'schen Sächsischen Schöffengerichtes.[3])

---

[1]) Heinze, ein Deutsches Geschworenengericht 1865 S. 166 ff. Früher hatte bereits der Preußische Vicepräsident Goetze sich für die Leitung der Abstimmung der Geschworenen durch den Schwurgerichtspräsidenten selbst ausgesprochen.

[2]) Erfahrungen über die Wirksamkeit der Schwurgerichte S. 772.

[3]) Zachariä, Das moderne Schöffengericht (Deutsche Zeit- und Streitfragen von v. Holtzendorff u. Oncken, Heft. 12) S. 16, 17 hat dem vormaligen Königreich Hannover die Ehre der Erfindung des Schöffengerichts vindiciren wollen. Diese

Von anderer Seite wurde der Fehler in der Stellung der Fragen gesucht. Eine vielfach verbreitete Ansicht wollte und will noch die Französische Einrichtung der Fragenstellung, durch welche freilich unzweifelhaft in manchen Fällen Irrthümer, und verkehrte Verdicte der Geschworenen veranlaßt worden sind, beseitigen und nach Maßgabe des Englischen Rechtes die Geschworenen einfach befragen, ob der Angeklagte der erhobenen Anklage schuldig sei. Es lag aber auf der anderen Seite auch wieder nahe, daß, wenn die Geschworenen nicht wie in England durch das Resümé des Gerichtsvorsitzenden vollständig geleitet werden konnten, die Fragenstellung in mancher Beziehung doch wieder einen Schutz gewähren könne. [4])

Daher wurde der Vorschlag gemacht,[5]) den Geschworenen die Entscheidung über die Schuldfrage in vollem Umfange nach Maßgabe der gesetzlichen Definition (ja sogar direct über das Zutreffen des Verbrechensbegriffes für den fraglichen Fall) zu überlassen, dagegen diejenigen concreten Thatumstände, welche, wenn festgestellt, zu einer Verneinung der Schuld führen müßten oder doch könnten (wenn nämlich die möglicher Weise abweichende Ansicht des Cassationshofs berücksichtigt wird) zum Gegenstande von Zusatzfragen zu machen, die nur beantwortet zu werden brauchen, wenn die Geschworenen die Hauptfrage mit „Schuldig" bejahen. Dieser Vorschlag schloß sich einer

---

Ehre kann ich in dem hier entscheidenden Sinne als ehemaliger Hannoveraner und ziemlich vertraut mit den dortigen Einrichtungen und ihrer Wirksamkeit nicht acceptiren. Die Strafproceßordnung von 1850 (in Kraft getreten 1852) führte freilich die Theilnahme von zwei Schöffen bei den Amtsgerichten für die Polizeisachen ein. Die Motive des Gesetzes sagen allerdings auch, die Theilnahme der beiden Schöffen sei wünschenswerth für das Vertrauen zu den (von einem Einzelrichter abgegebenen) Polizeistrafurtheilen, sie befördere auch den allgemeinen Sinn für Gesetzlichkeit in der Bevölkerung. Aber einerseits ist in Hannover nicht die Idee aufgekommen, die Schöffen an den Entscheidungen der Collegialgerichte Theil nehmen zu lassen, und andererseits gestattete man die vollständigste Berufung von den Urtheilen der Schöffengerichte an die nur mit rechtsgelehrten Richtern besetzten Collegialgerichte, und zwar auch zum Nachtheil des Angeschuldigten. Daraus geht, während umgekehrt die Schwarze'schen Schöffengerichte sofort in Verbindung gesetzt wurden mit einer gleichzeitig beabsichtigten Beseitigung der Berufungsinstanz, unzweifelhaft hervor, daß die Betheiligung des Laienelements hier zwar als moralische Stärkung des einzelrichterlichen Urtheils, nicht aber als wesentliches Element betrachtet wurde.

[4]) Auf diese Vortheile der Fragenstellung hat insbesondere Glaser verschiedentlich aufmerksam gemacht. (Die Fragenstellung im Schwurgerichtsverfahren 1863. Zur Juryfrage 1864.)

[5]) Bar, Recht u. Beweis im Geschworenengerichte 1865 S. 82 ff.

Bestimmung an, welche bereits in mehreren deutschen Gesetzgebungen vorkam, so wie sie in diesen aufgestellt war, freilich als fehlerhaft angesehen werden mußte.

Hier war nämlich der Präsident oder beziehungsweise der Gerichtshof für befugt erklärt, Rechtsbegriffe auf Thatsachen (in Gemäßheit der Sachlage des concreten Falles) zurückzuführen oder durch gleichbedeutende (den Geschworenen verständliche) Ausdrücke zu ersetzen, eine Befugniß, die sich in manchen anderen Ländern die Praxis auch ohne solche ausdrückliche gesetzliche Ermächtigung beilegte. Diese Befugniß war ein Fehler, wie insbesondere H. Meyer sehr richtig nachgewiesen hat,[6]) weil damit einerseits der Gerichtshof auch auf das Gebiet der thatsächlichen Feststellung übergriff, andererseits aber die Geschworenen beliebig zu „Probirsteinen des Beweises über einzelne Thatsachen" herabgesetzt werden konnten, und so der Satz seine Gültigkeit verlor, daß Niemand verurtheilt werden solle, von dessen Schuld nicht eine Anzahl verständiger Männer aus dem Volke hatte überzeugt werden können. Gegen die Zusatzfrage, die nur in Betracht kommt, wenn die Geschworenen die Hauptfrage bejahen, ist dieser Einwand nicht zu erheben: vermöge der Zusatzfrage kann Niemand gegen den Willen der Geschworenen verurtheilt werden. Eine Freisprechung gegen den Willen oder, was faktisch in den meisten Fällen richtiger sein wird, gegen mißverständliche Auffassung des Gesetzes durch die Geschworenen — z. B. weil die Geschworenen zu sehr im einzelnen Falle den unmittelbaren Wortlaut des Gesetzes berücksichtigen — widerspricht aber dem Geiste des Geschworenengerichts nicht und ist keineswegs irrationell: wo das rechtsgelehrte Element eine Verurtheilung ungerechtfertigt findet, da soll auch das Laienelement dieselbe nicht durchsetzen können.

Gegen die logische und prinzipielle Richtigkeit dieser Zusatzfragen ist denn auch nichts eingewendet worden. Genau genommen sollten durch dieselben die Geschworenen nur veranlaßt werden, in gewissem Umfange Entscheidungsgründe des Verdicts zu geben; der Vertheidigung wurde eine dankbare Aufgabe juristischen Scharfsinnes mit der Aufstellung solcher Fragen zugewiesen, während andererseits den Geschworenen eine größere Sicherheit bei Abgabe des Wahrspruchs gewährt, die Rechtsbelehrung der Gerichtsvorsitzenden aber durch die Möglichkeit solcher Zusatzfrage unter die Controle des Gerichtscollegiums, in höherer Instanz des Cassationshofs gestellt wurde, ein Controle, die indirect der Autorität des Gerichtsvorsitzenden wieder zu Gute kommt, da

---

[6]) That- und Rechtsfrage im Geschworenengericht 1860 S. 83 ff., S. 246 ff.

insoweit sie nicht stattfindet, die Rechtsbelehrung des Resümé's für genügend und für richtig und sicher erklärt wird. Doch ist diese Zusatzfrage, obwohl von einem erfahrenen Praktiker[6 a]) und Kenner des schwurgerichtlichen Verfahrens gebilligt, von Anderen aus verschiedenen Gründen theils bekämpft, theils für ungenügend erklärt worden.

Brauer (Gerichtssaal 1865 S. 408 ff.) bekämpfte sie wesentlich aus dem Grunde, daß damit Widersprüche in die Antworten der Geschworenen gebracht werden würden. Dies ist allerdings die Absicht: nur muß man eben nicht reden von einem „Hineinbringen" sondern von einem „Erkennbarmachen des Widerspruchs," um die Hinfälligkeit dieses Einwandes einzusehen. Wenn die Geschworenen den Thatumstand A annehmen, der mit der Subsumtion der That unter den fraglichen Verbrechensbegriff unvereinbar ist, gleichwohl aber die Schuldfrage aus Mißverständniß bejahen, so ist der Widerspruch in der Antwort allerdings vorhanden, nur nicht erkennbar. In der That, in der Ansicht, welche dem Richtercollegium verbieten will, jemals nach den Motiven des Wahrspruchs zu fragen, liegt eine unbewußte Rückkehr zu der jetzt in Frankreich selbst verschwindenden oder doch von den vorzüglichsten Juristen aufgebenen Ansicht von der Omnipotenz der Jury.

Auf dieselbe Anschauung aber kommt es hinaus, wenn Zachariä (Handbuch des Deutschen Strafprocesses II. S. 492) in der Stellung derartiger Zusatzfragen eine übergroße „Bevormundung" der Geschworenen findet, obgleich Zachariä jetzt erklärt, die Geschworenen könnten überhaupt ihre Aufgabe ohne beständige Leitung der Rechtsgelehrten auch im Berathungszimmer nicht lösen und müßten folglich in Schöffen verwandelt werden. Da bekunde doch, sagt Zachariä, die vorausgehende Rechtsbelehrung des Richters weniger Mißtrauen in die Capacität der Geschworenen, und Zachariä hält jene für genügend, um, unter Vermeidung einer besonderen Frage über einen die Schuld in concreto ausschließenden Grund, den Geschworenen begreiflich zu machen, wann sie die Schuldfrage zu verneinen haben. Auch der simpelste Mensch werde nicht sagen, der A. sei des Mordes oder des Todtschlags schuldig, wenn sich der A. im Zustande der Nothwehr befunden habe.

Allein eine Herabwürdigung der Stellung der Geschworenen liegt darin gewiß nicht, daß man, um hier in der Sprache des Englischen Rechts zu reden, für den Fall der Schuldigsprechung — denn um diese

---

[6 a]) Dalcke, Der Entwurf einer Strafprozeßordnung für Preußen, begutachtet 1865 S. 48 ff. u. Archiv für Preuß. Strafrecht 1866 S. 162. Auch Herrmann hat den Vorschlag selbst für richtig erklärt und will ihn nur noch durch eine andere unten zu erwähnende Vorschrift ergänzt wissen.

handelt es sich allein — eine schwierige Rechtsfrage, über die nicht einmal der Gerichtshof völlig zweifellos zu sein braucht, **reservirt**, um ungeachtet des allgemeinen „Schuldig“ doch eine Freisprechung zu ermöglichen, nöthigenfalls die Entscheidung des Cassationshofs eintreten zu lassen.

Eine Pression zur Schuldigerklärung, wie sie toto die bei den Schöffengerichten vorkommen kann und wird, ist dabei ganz unmöglich. Das Beispiel aber, durch welches Zachariä die Unzulässigkeit der Frage darthun will, paßt gar nicht und widerspricht geradezu den Ausführungen und Beispielen, mit welchen der Vorschlag der Zusatzfrage erläutert wurde. Wie mehrfach von uns a. a. O. hervorgehoben ist, wünschen wir die Zusatzfragen gar nicht gerichtet auf die allgemeinen im Strafgesetzbuche zweifellos festgestellten Strafausschließungsgründe, wie z. B. Nothwehr, sondern vielmehr auf solche, die erst unter Vergleichung der concreten Sachlage aus dem Strafgesetzbuche deducirt werden können.[7])

Schwarze (Sächsische Gerichtszeitung 1867 S. 363ff.) hat eingewendet, es sei unzulässig, die Geschworenen durch eine zweite Frage zu der Antwort zu nöthigen, daß sie sich die Sache doch nicht gehörig überlegt hätten, und daß das „Schuldig“ einen Irrthum enthalte. Dies würde richtig sein, wenn nachdem der erste Strafspruch verkündet worden, die Geschworenen zu einer weiteren Antwort genöthigt werden sollten. Aber so liegt die Sache eben nicht. Die beiden Fragen werden zusammen gestellt, und die Antwort bildet ein untheilbares Ganze; nur daß der letzte Theil wegfällt, wenn der erste als die Voraussetzung des Ganzen verneint wird. Wenn das unrichtig sein soll, dann ist es auch unrichtig, die Geschworenen nach einem Milderungsgrunde besonders zu befragen. Denn in der einfachen Bejahung der Schuldfrage liegt auch die Verneinung der Existenz eines besonderen Milderungsgrundes. Schwarze fügt hinzu, die Zusatzfrage könne eine ziemlich weitläufige sein und sich auf juristische und thatsächliche Momente beziehen. Allein weitläufig braucht sie nicht gerade zu sein und daß sie juristische und thatsächliche Momente zugleich enthält, kann doch nicht als Fehler gelten, wenn nicht, wie Schwarze selbst es nicht für möglich erachtet, „die Geschworenen nur auf dem Gebiete der Thatsachen“ entscheiden sollen.

---

[7]) S. Mayer, Geschworenengerichte und Schöffengerichte. Frankfurt a. M. 1872 S. 269 wiederholt Zachariä's Deduction, indem er noch das Beispiel einer auf „sinnlose Trunkenheit“ gerichteten Zusatzfrage hinzufügt. Solche freilich absurde Fragen waren aber nicht gemeint.

Wenn endlich Schwarze noch einwendet, der Gerichtshof könne zwanzig solcher Zusatzfragen stellen, ohne doch über die Meinung der Geschworenen hinsichtlich des Motivs des „Schuldig“ ins Klare zu kommen, so ist dies doch höchstens als abstracte Möglichkeit zuzugeben, nicht aber praktisch richtig; denn in den allermeisten Fällen weiß man sehr wohl, in welchen Umständen die Schwierigkeiten der rechtlichen Beurtheilung liegen.

Auf dieser Voraunahme beruht jede Möglichkeit einer Belehrung. Wenn nicht eine gewisse Annahme über die Schwierigkeiten der Auffassung möglich ist — dann giebt es auch keine Rechtsbelehrung des Schwurgerichtspräsidenten gegenüber den Geschworenen, des Professors gegenüber seinen Zuhörern. Der menschliche Geist hat, so verschieden er auch ist in seiner Ausbildung, dennoch bei civilisirten erwachsenen Genossen eines und desselben Volkes eine gewisse Gleichheit.

Dadurch wird es auch klar, daß der Vorschlag der Zusatzfrage nicht so sehr eines Complementes bedarf, wie Herrmann[8]) glaubt, obwohl wir gegen letzteres an sich nichts einzuwenden haben. Das von Herrmann vorgeschlagene Complement soll nämlich darin bestehen, daß die Geschworenen ein Fragerecht an den Gerichtshof erhalten, mittelst dessen sie nach Maßgabe des aus ihrer Berathung sich ergebenden Bedürfnisses den Gerichtshof veranlassen zu einem Ausspruche über die zur Abgabe des Verdicts ihnen erforderlichen Rechtssätze. Man darf aber von diesem Complemente nicht zu viel erwarten. Die Formulirung solcher Exceptionen, wie wir sagen möchten, oder Motive bietet zu große technische Schwierigkeiten; es entsteht daraus leicht ein ungeordnetes Hin- und Herreden in der öffentlichen Sitzung, vor dem die nichtrechtsgelehrten Geschworenen große Scheu haben. Die Abordnung des Gerichtsschreibers aber in das Berathungszimmer erscheint aus naheliegenden Gründen bedenklich, und das Wichtigste ist, daß die ganze Sache von dem Willen und der Einsicht der Geschworenen abhängt, während es gerade darauf ankommt, eine vom Willen der Geschworenen unabhängige Garantie gegen verkehrte Schuldigerklärungen zu erlangen.

Daß diese Sache praktisch verwerthbar ist, glaubten wir schon früher in einem Nachtrage[9]) zu unserem ersten Vorschlage durch den

---

[8]) Gerichtssaal 1866 S. 197 ff.

[9]) Gerichtssaal 1867 S. 420 ff., besonders S. 431 ff. Diesem Nachtrage sind die vorstehenden Bemerkungen über die Zusatzfragen mit Ausnahme der Bemerkungen gegen Zachariä und über die Oesterreichische Proceßordnung entnommen. — Sehr

Hinweis auf eine Einrichtung dargelegt zu haben, welche sich in dem uns erst später bekannt gewordenen, als ein ausgezeichnetes Werk anerkannten Code of civil procedure of the State of New-York findet. Hier heißt es §. 261 (d. Ausgabe von 1871, §. 216 d. Ausgabe von 1848):

„.... The Court may direct the jury to find a special verdict in writing upon all or any of the issues; and in all cases may instruct them, if they render a general verdict, to find upon particular questions of fact, to be stated in writing and may direct a written finding thereon ...

262. Where a special finding of facts shall be inconsistent with the general verdict the former shall control the latter, and the court shall give judgment accordingly."

Man muß dabei nur berücksichtigen, daß im Civilverfahren nach Englischem und Nordamerikanischem Rechte der Richter schließlich das Uebergewicht über die Geschworenen behalten muß und daß es daher ganz correct ist, äußersten Falles dem Richter zu gestatten, aus verschiedenen von den Geschworenen festgestellten specielleren Thatsachen eine allgemeinere Antwort zusammen zu construiren, während in Strafsachen, wo Niemand gegen die freie Ueberzeugung verständiger Männer aus dem Volke verurtheilt werden soll, und wo außerdem der Zweifel stets dem Angeklagten zu Gute kommen muß, der Widerstreit zwischen der Gesammtauffassung der Geschworenen und der der Richter mit einer Negation der Anklage zu endigen hat.

Allerdings hatten wir bei unserem ersten Vorschlage eine zu umständliche Formulirung der Zusatzfrage für nöthig erachtet. Späterhin (Gerichtssaal 1867 S. 452, 453) haben wir uns überzeugt, daß mit einer ganz einfachen Formulirung auszukommen sei, welche lediglich die Existenz der strafausschließenden Thatsachen zur Frage stellt, und so heißt es denn auch in § 323 a. E. der neuen österreichischen Strafproceßordnung:

---

richtig macht die eben erschienene Schrift Gotthelf's: Schwurgericht und Schöffengericht, München 1873 S. 19 darauf aufmerksam, daß, wenn That- und Rechtsfrage wirklich in der Weise untrennbar wären, wie die Gegner des Geschworenengerichts behaupten, dann auch die Möglichkeit einer Cassationsinstanz geleugnet werden müßte, soweit diese sich nicht lediglich auf Verletzung der Formen des Verfahrens bezieht.

„Für den Fall der Bejahung einer Frage kann die Stellung einer Zusatzfrage zu dem Zwecke verlangt werden, um ein in der Frage aufgenommenes gesetzliches Merkmal auf das ihm entsprechende thatsächliche Verhältniß zurückzuführen.

Die Motive (S. 54) bemerken dazu: „Ist der Ausspruch (der Geschworenen) ein verneinender, so kann in der That eine Abhülfe nicht gewährt werden; ließe sich nämlich auch nachweisen, daß hinsichtlich eines einzelnen Thatmomentes ein Rechtsirrthum bei den Geschworenen bestanden hat, so ist damit noch keineswegs der Beweis geführt, daß die Geschworenen auch noch einen wesentlichen Thatumstand als nicht vorhanden ansehen. Anders verhält es sich dagegen, wenn die Antwort der Geschworenen eine bejahende ist; denn die Unrichtigkeit dieser Antwort ist dargethan, sobald auch nur hinsichtlich eines wesentlichen Thatumstandes ein Irrthum der Geschworenen nachgewiesen ist... Wenn eine absichtliche Tödtung im Zweikampfe stattgefunden hat, der Gerichtshof aber der Ansicht ist, daß eine solche Tödtung unter den Begriff des Mordes falle, so wird die Frage dem Wortlaut des § 134 des (österr.) Strafgesetzes angepaßt werden, den Umstand aber, daß ein Zweikampf stattgefunden habe, mit Stillschweigen übergehen. Vergebens würde einem solchen Wortlaute gegenüber der Vertheidiger später vor dem Cassationshofe geltend zu machen suchen, daß auch hier nur § 161 des (österr.) Strafgesetzes anzuwenden gewesen wäre. Würde auch der Cassationshof prinzipiell seine Auffassung als die richtige ansehen, so wäre ihm doch nicht eine unrichtige Anwendung des Gesetzes constatirt, weil eben die Thatsache der Tödtung im Zweikampfe ihm nicht vorliegt." Mit Uebergehung eines anderen für unser deutsches Strafgesetzbuch nicht gerade passenden Beispiels der Motive der österr. Strafproceßordnung[10]) nehmen wir folgenden in neuester Zeit gerade besonders praktischen Fall,[11]) wo möglicher Weise Diebstahl, Betrug, Unterschlagung, einfache nur civile Vertragsverletzung fraglich sein könnte. Jemand hat in seiner Wohnung eine Zuleitung aus einem öffentlichen Gas- oder Wasserwerke; er zahlt für den Verbrauch nach Angabe eines Gas- oder Wassermessers. Durch eine Störung in dem letzteren wird es ihm möglich, mehr Gas oder Wasser zu verbrauchen, als der Gas- oder Wassermesser anzeigt, und dabei kann entweder diese Störung von ihm selbst absichtlich hervorgebracht oder zufällig

---

[10]) Der Fall ist im § 289 d. deutschen Strafgesetzbuchs als besonderes Delict behandelt.

[11]) Vrgl. Goltdammer's Archiv f. Preuß. Strafrecht 1870 S. 466 ff.

bewirkt, von ihm aber wahrgenommen und durch Fortentnahme des Gases oder Wassers, als wäre der Messer in Ordnung, benutzt sein, um der Anstalt weniger zahlen zu müssen. Die einfache auf Diebstahl, Betrug, Unterschlagung gerichtete Frage muß die Geschworenen bei der Schwierigkeit des Falles unsicher machen und verhüllt den etwaigen Rechtsirrthum vollständig; eine auf obige Facta gerichtete Zusatzfrage dagegen macht die Rechtsfrage der Prüfung des Gerichtshofes in höherer Instanz des Cassationshofes zugänglich. Nur wenn die Geschworenen vollständig sich klar sind, daß Diebstahl, Betrug, Unterschlagung nicht vorliege, verneinen sie die Hauptfrage. Waltet dabei ein Rechtsirrthum ob, so ist der Anklage freilich nicht zu helfen. Aber gegen die klare Stimme des Rechtsbewußtseins im Volke soll ja eben eine Verurtheilung nicht stattfinden, und Wer damit einverstanden ist, darf auch nicht opponiren, wenn Diejenigen, welche man als Vertreter des Volksbewußtseins betrachtet, in seltenen, übrigens kaum anders als durch Unaufmerksamkeit des Staatsanwalts oder des Gerichtshofes möglichen Fällen, einmal verkehrt antworten.[12])

Vorkommen kann es freilich auch, daß die Zusatzfrage die Punkte nicht trifft, welche den Geschworenen Schwierigkeit machen. Wo aber bestehen processualische Einrichtungen, die derartige Mißverständnisse ganz unmöglich machen? Ganz richtig, sagt zwar Meyer a. a. O., erst im Berathungszimmer können sich wunderliche Theorien trotz der besten Auseinandersetzungen des Präsidenten geltend machen. Allein die Möglichkeit solcher Mißverständnisse ist auch bei den Schöffengerichten gewiß nicht ausgeschlossen. Man darf, um sich das klar zu machen, nur an den wahrlich nicht ganz seltenen Fall denken, daß Jemand glaubt, Etwas zu verstehen, das ein Anderer gesagt hat, oder, um sich keine Blöße zu geben, Jenes etwa nur vorgiebt, während es nicht der Fall ist. Wunderliche Theorien bilden sich aber nicht sowohl bei Personen, die frisch aus dem Volke genommen werden, als bei solchen, die, wie es bei den Schöffen — wenigstens ist es im Königreich Sachsen so — der Fall sein wird, häufiger an den Discussionen von Fachjuristen Theil nehmen, während Personen, die solchen fremd stehen, einfach dem natürlichen Gefühle folgen. Besonders lehrreich sind in dieser Beziehung, oft Gespräche mit angehenden, noch nicht vollständig ausgebildeten Juristen. So hat denn auch Glaser schon mit Recht aufmerksam gemacht auf die Gefahr der superklugen Halbwisser bei den Schöffen-

---

[12]) Sehr viele Fälle verkehrter Verdicte lassen sich auf Versehen und Unachtsamkeit des Richters zurückführen.

gerichten. Was wir aber hervorheben wollten ist neben der Gefahr der zu häufigen Verwendung derselben Personen als Schöffen, die Gefahr der juristischen Discussion [13]) selbst für wunderliche und doch verschwiegene, aber heimlich zur Geltung gebrachte Theorien. Dabei werden die Vorsitzenden, weil sie die Gefahren eingehender Discussionen sehr wohl bemerken, dieselben nach Kräften vielleicht zu vermeiden suchen. Dann genießt der Angeschuldigte bei Weitem nicht den Schutz, den ihm ein Collegium von rechtsgelehrten Richtern gewährte.

Allerdings bleibt die Stellung der Fragen eine schwierige juristische Aufgabe. Aber genau betrachtet müßte sie ebenso vorkommen bei der Abstimmung eines jeden Richtercollegiums, und wenn nicht zu verkennen ist, daß in einem einheitlichen, ungetheilten Collegium die Gefahr der Mißverständnisse als eine verhältnißmäßig geringere erscheint, so steht dem auf der anderen Seite entgegen der Mangel der Controlen der Oeffentlichkeit, der Mitwirkung der Parteien, des Cassationshofs und damit die Möglichkeit ganz ungeeigneter Abstimmungen und unzulässiger Compromisse, endlich von Entscheidungen auf ganz unrichtiger, weil von der Majorität nicht gebilligter Grundlage. Gerade hier herrscht, wie jeder Kundige einräumen wird, bei den Richtercollegien h. z. T. meistens noch die bedenklichste Verwirrung, und das ist sehr begreiflich, denn die ganze Lehre ist erst in neuester Zeit [14]) und zwar wohl in Veranlassung der Fragenstellung im schwurgerichtlichen Verfahren und parallel mit dieser untersucht worden! Es ist in der That wahr, daß, wie Glaser und Wahlberg hervorgehoben haben, die französische Jurisprudenz [15]) mit ihrem feinen Formensinn hier einen Punkt getroffen hat, an welchem weiter zu arbeiten ist, und an welchem bereits in der Wissenschaft sehr gute Resultate für das materielle Strafrecht erwachsen sind. Die scharf präcisirten Sätze, über welche

---

[13]) Auf die Gefahren der Discussion der Rechtsgelehrten für die Laien macht sehr richtig aufmerksam Wellmann (Kreisgerichtsrath), Geschworene oder Schöffen, 1873 S. 130. Die öffentliche Belehrung wirkt beruhigend und anziehend, die Debatte aufreizend und leicht abstoßend.

[14]) Zacke, Ueber Beschlußfassung in Versammlungen und Collegien, insbesondere in Richtercollegien 1867 und darüber Bar, in der Münchener krit. Vierteljahrsschr. 1868 S. 467 ff.

[15]) Uebrigens steht dieselbe in der Auffassung der Jury keineswegs mehr durchgängig auf dem früheren irrigen Standpunkte, der ihr von Unkundigen in Deutschland häufig untergeschoben wird. Man vgl. z. B. Faustin Hélie, Traité de l'instruction criminelle, VII (2 edit. 1867) S. 82 ff.

auf erhobene Nichtigkeitsbeschwerde in Anlaß der Fragenstellung die obersten Gerichtshöfe sich aussprechen, sind zwar im gewissen Sinne Schranken für die Verwirklichung materieller Gerechtigkeit im einzelnen Falle. Aber bei dem Aufhören der Fragenstellung im schwurgerichtlichen Verfahren würden wir einen guten Theil der auf scharfe Begriffsformulirung gerichteten Jurisprudenz wieder einbüßen, und der Verwirklichung des Rechtes im Großen und Ganzen kommt eine vermeintliche Billigkeit nicht zu Gute, welche die thatsächliche Feststellung mit der rechtlichen Subsumtion verwechselt.

Wenn daher H. Meyer (a. a. O. S. 41 ff.) darauf besonderes Gewicht legt, daß die Gerichte, nicht aber die Geschworenen Entscheidungsgründe geben, so liegt hier eine ideale, in Wirklichkeit nicht zutreffende Werthschätzung der letzteren zum Grunde, welche so oft erst hinterher zusammengestoppelt werden und um keinen Widerspruch zu erregen, aus trivialen Allgemeinheiten bestehen, häufig von den Gerichtsmitgliedern wenig beachtet werden und dann nicht selten lediglich das Werk eines für die Entscheidung nicht verantwortlichen Aspiranten des Richteramtes sind. Durch Cassationen auf Grund ungenauer Entscheidungsgründe aber wird die Rechtspflege leicht geradezu irregeleitet, und Vorschriften der Gesetzgebung über Abfassung der Entscheidungsgründe helfen im Ganzen wenig, wenn nicht irgend eine Controle der Parteien hinzutritt. Daß mit jenen Zusatzfragen ganz andere, sichere Entscheidungsgründe gegeben werden können, dürfte nicht zu bezweifeln sein.[16])

Ein fernerer Grund, der in neuerer Zeit gegen die Geschworenengerichte geltend gemacht ist, obwohl nicht von allen Anhängern des Schöffengerichts, ist der, daß nun dieselben Personen über die Schuld- und über die Straffrage entscheiden können, während die Vertheilung

---

[16]) Die vorstehenden Ausführungen beziehen sich nur auf Entscheidungsgründe über die Rechtsfrage, nicht auf Entscheidungsgründe, welche die Beweisfrage im engeren Sinne betreffen. Aber auch H. Meyer hat nur die ersteren bei seinem Angriffe auf die „orakelhaften“ Verdicte die Geschworenen im Auge. Bei ganz freier Beweiswürdigung können Entscheidungsgründe über die Beweisfrage doch keine Anhaltspunkte für eine Nachprüfung oder Aufhebung des Urtheils abgeben. Die Bildung eines neuen ausreichenden Beweisrechtes — das frühere Beweisrecht war allerdings unhaltbar geworden — dürfte aber nur mit Geschworenengerichten möglich sein, wie wir früher (Recht und Beweis im Geschworenengericht S. 311 ff.) bereits nachzuweisen versucht haben.

dieser Entscheidungen an verschiedene Factoren im Schwurgerichte unnatürlich sei.[17])

Nicht darauf nun wollen wir hier zurückkommen, daß bei vollkommen freier Beweiswürdigung der Gesichtspunkt einer Theilung der richterlichen Befugnisse, obwohl er h. z. T. vornehm als ein gänzlich fehlerhafter bezeichnet zu werden pflegt, doch auch eine gewisse Berechtigung hat, schon aus dem Grunde, daß nicht etwa Mängel im Beweise und Mängel im Thatbestande durch größere Milde der Strafen compensirt, und so einerseits sg. Verdachtsstrafen, andererseits außerordentliche Strafen vermöge einer unbewußten Willkür der Urtheiler erkannt werden.[18]) Wir wollen hier nur den neuerdings von H. Meyer geltend gemachten besonderen Grund widerlegen, der allerdings von großem Gewichte sein würde — wenn er nicht mindestens genau ebenso, vielleicht in noch höherem Grade gegen Entscheidungen einheitlicher Richter- oder Schöffencollegien geltend zu machen wäre. Meyer macht nämlich aufmerksam darauf, daß die an der Verhandlung wesentlich unbetheiligten Richter, obwohl sie genau den Verhandlungen gefolgt sein mögen, doch, was die Beurtheilung der Strafbarkeit des Angeklagten betrifft, einen ganz anderen Standpunkt als die Geschworenen einnehmen können. Dies aber ist genau ebenso möglich bei der in einem Richtercollegium in Ansehung der Schuldfrage überstimmten Minorität: auch diese kann bei Abmessung der Strafe, sofern die bezüglich der Schuldfrage vorhandene Majorität sich spaltet, bei Abmessung der Strafe — und dies ist gar nicht selten der Fall — ihre doch nach dem Gesetze nicht geltende Ueberzeugung der Nichtschuld wiederum geltend machen. Und hier ist die Sache eigentlich noch schlimmer: denn die Ueberstimmten haben sich formell erklärt über Schuld oder Nichtschuld, während im schwurgerichtlichen Verfahren die rechtsgelehrten Richter eine so bestimmte Ansicht sich gar nicht zu bilden brauchen, meistens die Ansicht der Jury ohne Weiteres dahin gelten lassen, daß

---

[17]) Im Königreich Sachsen nehmen die Schöffen an der Strafbestimmung nicht Theil. Zachariä a. a. O. S. 27 ff. nennt dies eine „principlose Halbheit", ein („Discreditiren der Schöffen in den Augen des Publicums, was andererseits wieder vertuscht werden solle"). Hierüber geben wir kein Urtheil ab; indeß der Widerspruch unter den Anhängern des Schöffengerichts ist bedeutsam.

[18]) Bei manchen Tagesströmungen liegt diese Gefahr gleichsam auf flacher Hand. Manche Uebervortheilungen des Publicums sind moralisch verwerflich, aber doch nicht strafbar. Laien sind hier geneigt, die ihrer Ansicht nach strafwürdige, aber doch nicht „ganz strafbare" Handlung zu strafen, aber milder.

sie ein Bild der That sich so entwerfen, daß dessen Mittelpunkt der von den Geschworenen festgestellte Thatbestand bildet. Das Argument, daß in denselben Händen die Abmessung der Strafe liegen müsse, denen die Feststellung der Schuld anvertraut ist, würde voraussetzen, daß entweder die Feststellung der Schuld nur durch einstimmigen Beschluß der Gerichtsmitglieder erfolgen könne, oder aber eine Verbindung der Abstimmung über Schuld- und Straffrage, eine Art der Abstimmung, bei welcher der Angeklagte wegen eines von der Majorität für den fraglichen Fall gar nicht für zutreffend erachteten Delictes verurtheilt werden könnte — weil dieses zufällig mit der geringsten Strafe bedroht ist — und bei welcher dem Rechtsmittel der Nichtigkeitsbeschwerde aller Boden entzogen werden würde. Dann müßte auch nach diesem Argumente alle und jede Straffestsetzung durch einen Cassationshof verworfen, im Falle einer Cassatoria nur wegen unrichtiger Subsumtion des Thatbestandes unter einen Verbrechensbegriff dennoch eine vollständige neue Verhandlung behufs der Straffestsetzung verlangt werden. Die Hauptsache aber ist, daß das ganze Argument u. E. auf einer durchaus übertriebenen, dem Wesen des Rechtes widersprechenden Werthschätzung der Individualität des einzelnen Falles beruht. Schuld und Strafe sind nun einmal nicht der Art commensurable Dinge, daß man bei einem weiten Strafrahmen mit absoluter Sicherheit sagen könnte, ob 2 Jahr, 2 Jahr 6 Monate oder 3 Jahr Zuchthaus die allein richtige Strafe seien. Eine zu weit getriebene Individualisirung ist nichts Anderes als Willkür, wie denn dafür bestimmte Gründe schließlich gar nicht mehr angegeben, oder die angegebenen nicht selten in umgekehrter Richtung benutzt werden können, und die Strafe ist nicht allein des Verbrechers wegen da, sondern sie soll auch auf die Gesammtheit zurückwirken. Starke Strafunterschiede und Wechsel in den Strafmaßen, wo das Publicum gar keinen Unterschied in der Sache wahrnehmen kann, sind in den Augen des Publicums einfach Willkür. In England ist durch die Centralisation der Justiz in den Händen weniger Richter gegen eine allzugroße Ungleichförmigkeit der Strafmaße Fürsorge getroffen: in Deutschland droht durch die aus anderen Gründen freilich empfehlenswerthe Beseitigung der Berufungsinstanz eine zweifellos schon jetzt vorhandene große Ungleichmäßigkeit der Strafzumessung zu einem vollständig verschiedenen Strafrechte in den verschiedenen Gerichtsbezirken auszuarten. Diese Ungleichmäßigkeit soll nun durch das wechselnde Laienelement verstärkt werden, das von der wechselnden Tagesströmung, bald von einer weichherzigen Milde, bald von einer rohen Abschreckungstheorie sich leiten läßt und diese Theorien bei den verschiedenen Verbrechensarten bekanntlich sehr verschieden zu handhaben geneigt ist.

Der **Hauptpunkt** aber, auf den die Anhänger des Schöffengerichts Gewicht legen, ist die ungehinderte Belehrung der Laien und die Aufklärung von Mißverständnissen.

Es wäre ungerecht, diese Möglichkeit bestreiten zu wollen. Sie wird aber erkauft durch den Wegfall des öffentlichen Schlußvortrags des Präsidenten. Denn ein Gerichtsmitglied, welches nachher selbst miturtheilen soll, kann einen solchen nicht wohl halten: die Collegialität würde dadurch vollständig zerstört werden. Sonach handelt es sich um die Frage, was vorzuziehen sei: die öffentliche, formelle, vorbereitete Rechtsbelehrung eines einzelnen gewiegten Mannes [19]) oder geheime, formlose, der Eingebung des Augenblicks anheimgegebene Belehrung durch Mehrere, die sich möglicher Weise und in zweifelhaften Fällen fast immer widersprechen wird. Beides hat seine Vorzüge, seine Nachtheile. Aber unserer Meinung nach überwiegen die Vorzüge bei jenem, die Nachtheile bei diesem Verfahren. In England wird gerade die „Charge“ des Präsidenten als das Hauptstück des Verfahrens angesehen. Daß es in Frankreich und Deutschland nicht so steht, hat seinen Grund einerseits in der mit einer Leitung der Jury unvereinbaren inquisitorischen Thätigkeit des Präsidenten, andererseits aber in der — sagen wir es offen — in manchen Beziehungen mangelhaften Vorbildung vieler unserer Richter. Eine wirkliche Leitung der Jury setzt voraus eine hohe wissenschaftliche Ausbildung, welche allein wiederum befähigt, die Sprache der Wissenschaft in die unmittelbar faßliche Sprache des gewöhnlichen Lebens zu übertragen, und zugleich eine schnelle Fassungskraft für das Thatsächliche. Daß hierin ein gutes Theil der Abneigung gegen die Schwurgerichte, des maßlosen Kritisirens angeblich fehlerhafter Verdicte begründet ist, dürfte die Erfahrung bestätigen, daß wirklich ausgezeichnete Juristen regelmäßig mit den Geschworenen sehr gut fertig werden. Soll freilich dasjenige Minimum der wissenschaftlichen Ausbildung genügen, welches nach einer anscheinend stark verbreiteten Praxis jetzt bei dem ersten preußischen Staatsexamen als Mitgabe für das juristische Leben gefordert wird,[20]) so mag die Gefahr nahe liegen, daß die Schöffen ebenso wie die Geschworenen den rechtsgelehrten Richtern in Zukunft über den Kopf wachsen.

---

[19]) Bei welcher zweifellos auch der alte Satz gilt: „Docendo discimus.“

[20]) Hier können wir uns auch berufen auf die Aeußerung v. Stintzing's in v. Sybel's histor. Zeitschr. 1872 S. 432.

Und daran glauben wir auch gegenüber einem neuerlichen Ausspruche Zachariä's[21]) festhalten zu müssen, daß die Juristen den Schwerpunkt der Justiz auch künftig bilden müssen, wenn nicht Unsicherheit und Roheit das Ende sein soll; nur sollen sie eben fortwährend mit den Anschauungen des Volkes in steter Bekanntschaft bleiben, an ihnen sich rectificiren, und daß geschieht am besten, wenn dem Juristen die Aufgabe gestellt wird, durch einen öffentlichen Vortrag die Ueberzeugung der Laien zu leiten, auf diese zu wirken. Der Einwand aber, daß bei solcher Leitung der Jury wesentlich der Richter die Entscheidung gebe, die Jury eigentlich überflüssig sei, ist leicht zu widerlegen. Es bleiben immer noch Erwägungsgründe übrig, welche schwer in bestimmten Formeln faßbar sind, und welche in zweifelhaften Fällen die Entscheidung, das „Ja" oder das „Nein" liefern. Und wenn es auch wahr wäre, daß regelmäßig schon aus dem Vortrage des Richters der Spruch der Jury sich ersehen ließe — was übrigens gar nicht immer der Fall ist, da die englischen Richter sich oft sehr reservirt ausdrücken — so würde damit immer noch nicht die Ueberflüssigkeit der Jury, sondern nur die Tüchtigkeit des Richters und der Gerechtigkeitssinn der Geschworenen bewiesen sein. Jenes Argument steht der Deduktion gleich, welche aus der Uebereinstimmung zwischen Regierung und Volksvertretung die Ueberflüssigkeit und Nullität der letzteren ohne Weiteres glaubt folgern zu dürfen.

Vortrefflich ist es bekanntlich von Tocqueville geschildert, wie in England und in gewissem Grade selbst in Nordamerika — in letzterem Lande trotz so vieler demokratischer Einrichtungen — die Justiz einen gewissen aristokratischen Charakter behauptet, der doch indirect, indem er den Wogen der augenblicklichen Stimmungen einen kräftigen Damm entgegensetzen kann, der Freiheit wieder zu Gute kommt, während umgekehrt die Jury dem Manne aus dem Volke gewisse Gewohnheiten des Richteramtes mittheilt. Das aber ist nur möglich, wenn Staatsrichter und Laien in getrennten Vereinigungen einander gegenüber stehen, ein Punkt auf welchen neuerlich auch Wellmann[22]) sehr richtig aufmerksam gemacht hat: „Das Recht muß dem Volke als fertiges, festes gegenübertreten, um seine Würde und Kraft zu bewahren." Es gilt hier in gewissem Sinne der Satz, daß Niemand groß ist vor seinem Kammerdiener, obschon bekanntlich der letztere deshalb nicht immer

---

[21]) Göttinger gel. Anzeigen 1873 (v. 30. April) I. S. 688 „Juristen sollen künftig nicht mehr den Schwerpunkt der Rechtsprechung in Strafsachen bilden."

[22]) Geschworene oder Schöffen. S. 132.

die richtigste Meinung von seinem Herrn zu haben braucht. Der Laie, der den Disputationen von Juristen beiwohnt, kommt meistens zu dem Glauben, das Recht sei völlig unsicher, viel unsicherer als es wirklich ist. Soll der Laie dann dennoch urtheilen, so verwandelt sich der Respect vor dem Rechte leicht in gedankenloses Anschließen an eine persönliche Autorität. Nur die gehörige Form der Theilnahme der Laien an der Rechtspflege kann den Vortheil bieten, daß Sinn für Recht und Gesetz sich verbreiten; die ungehörige befördert die Charakterlosigkeit und untergräbt das Rechtsbewußtsein.

Die gewünschte Leitung der Schöffen durch die Richter kann dann auch in's Gegentheil umschlagen. Die Vereinigung von Laien und Staatsrichtern zu einem ungetheilten Collegium ist die vollständigste Demokratie in der Rechtspflege, vollständiger selbst als eine Einrichtung, bei welcher der Richter lediglich in öffentlicher Form der Berather der Laien wäre. Haben hier einmal die Schöffen die Ueberhand gewonnen — und in unruhigen Zeiten, und bei verhältnißmäßig steigender Bildung der Laien, geringerer wissenschaftlicher Bildung der Juristen ist das gar nicht so unmöglich — so werden sie eintretenden Falles das Gesetz noch in ganz anderer Weise frei interpretiren, als man bis jetzt dem Geschworenengerichte vorgeworfen hat. Und in gewissem Grade kann die Autorität der rechtsgelehrten Richter auch durch sie selbst dabei untergraben, das bisher im Ganzen vortreffliche collegialische Verhältniß bei den deutschen Gerichten geschädigt werden. Bei solchen Berathungen mit außerhalb des Gerichts oft einflußreichen Laien erhalten Eitelkeit und bloße Redefertigkeit ohne gründliche Bildung einen vortrefflichen Spielraum, sich geltend zu machen, Meinungsdifferenzen und gelegentliche Niederlagen bei der Abstimmung aber leicht eine ganz besondere Schärfe und einen ganz besonderen Stachel.[23]) Wenn in kleineren Republiken dergleichen Wirkungen sich nicht geltend gemacht haben, so sind hier auch nicht, wie in den größeren Staaten, die Richter ein so abgeschlossenes Corpus, in welches man regelmäßig mit unzureichender Besoldung und mit der Hoffnung auf glückliches Avancement an ein höheres Gericht eintritt.

Ein Punkt, den die Anhänger der Schöffengerichte sich meist nicht klar gemacht haben, ist die Zahl der Schöffen in den schweren Strafsachen. Diese darf jedenfalls nicht zu klein sein; denn der Vortheil

---

[23]) Aus Furcht vor solchen Dingen wird man andererseits auch oft, wie oben bemerkt, die Discussion möglichst abschneiden. Bei solcher der Oeffentlichkeit entzogener Einwirkung ist eben Alles unberechenbar.

einer Theilnahme von Laien an der Rechtspflege beruht anerkanntermaßen gerade auf der durch verschiedene Lebensstellungen bedingten Verschiedenheit der Gesichtspunkte, welche sich bei Beurtheilung der That geltend machen lassen. Im Zweifel wird sich behaupten lassen, daß ein einzelner Jurist besser auch das Thatsächliche beurtheilen wird, als ein einzelner Laie; aber 12 Juristen beleuchten das Thatsächliche meist nicht aus so verschiedenen Gesichtspunkten, wie 12 Laien; der Bildungsgang, die Lebensanschauung der Juristen ist mehr gleichmäßig.[24]) Zachariä z. B. (S. 64) fordert denn auch sieben Schöffen für die schweren Strafsachen, und dabei verlangt Zachariä auch sehr mit Recht — entgegen dem sächsischen Gesetze § 24 — innerhalb gewisser Grenzen ein freies Ablehnungsrecht der Parteien[25]) wie im Geschworenengerichte. Dann fällt aber der von den Anhängern der Schöffengerichte so oft hervorgehobene Vortheil, daß unnütz eine Menge von Menschen ihren täglichen Beschäftigungen entzogen werden, zum großen Theile wieder fort; jedenfalls kann dieser Vortheil dann kein Grund mehr sein, die Geschworenengerichte aus der Welt zu schaffen.

Viel ist auch eingewendet worden gegen die periodische Wiederkehr der schwurgerichtlichen Sessionen, gegen den dabei unvermeidlichen Aufschub mancher Sachen, die Belästigung der von entfernteren Orten herankommenden Geschworenen. Diese Uebelstände sind nicht zu leugnen. Sie sind aber einerseits zu mindern, und andererseits sind auch manche Vortheile damit verbunden. Was den Aufschub der Untersuchungen betrifft, so kommen hier sehr wesentlich die Grundsätze über die Untersuchungshaft mit in Betracht. Der auf der veralteten Criminalordnung von 1805 beruhende umfangreiche Gebrauch derselben z. B. in den älteren Preußischen Provinzen wird zweifellos höchst wesentlich beschränkt werden. Für einen nichtverhafteten Angeschuldigten ist es aber ein so übermäßiges Uebel nicht, einen oder zwei Monat länger etwa auf das

---

[24]) Vrgl. Heinze, Ein deutsches Geschworenengericht S. 56 ff.

[25]) Ohne dies ist die Garantie der Unparteilichkeit bei Staatsrichtern leicht bei Weitem größer, namentlich wenn, wie es nach dem sächsischen Gesetze § 11 zulässig, für kleine Sachen allenfalls unbedenklich ist, die Schöffen bezüglich der Theilnahme an den einzelnen Sitzungen beliebig mit einander tauschen können. Dem gegenüber ist die auch gemachte Bemerkung, daß das Ablehnungsrecht bei den Geschworenengerichten ein leeres, entwürdigendes Spiel sei, vollkommen hinfällig. In hundert Fällen mag es gleichgültig sein, ob A oder B Geschworener ist. Das nimmt dem Ablehnungsrechte, vermöge dessen der Geschworene auch als Vertrauensmann erscheint, und das z. B. ebenso in der römischen Strafjustiz anerkannt war, nichts von seinem idealen Werthe.

Urtheil warten zu müssen, während in den ganz schweren Strafsachen ohnehin ein ganz übermäßiges Beschleunigen der Untersuchung nicht zu wünschen ist. Für die Geschworenen ließen sich dabei manche Erleichterungen treffen, z. B. könnte man ja sehr gut bei demselben Gerichte gleichzeitig zwei Sachen mit Geschworenen verhandeln lassen, wodurch denn ermöglicht würde, daß bei einer nur wenig zu erhöhenden Anzahl einzuberufender Geschworenen die Sitzungszeit für die auswärtigen Geschworenen ungefähr auf die Hälfte reducirt würde. Möglicher Weise könnte man auch — und darauf ist von uns bereits bei einer anderen Gelegenheit hingewiesen — die in der Strafsache ausgeloosten oder abgelehnten Geschworenen für die Civilrechtspflege benutzen, falls man auch hier eine gewisse Theilnahme der Laien will, z. B. bei Schädenliquidationen.

Das Herausreißen aber aus dem gewöhnlichen Ideengange, der gewöhnlichen Beschäftigung, wie solches bei den nicht am Orte des Gerichts wohnenden Geschworenen eintritt, in Verbindung mit einer dabei angestrengten Thätigkeit im Gerichte halten wir für einen Vortheil des Geschworenengerichts. Die Aufmerksamkeit wird bei solchen Geschworenen meistens ganz anders auf die Sache gelenkt, der Ideenaustausch ein ganz anderer werden, als bei Schöffen, die in der Nähe des Gerichts, meistens am Orte desselben wohnen und ab und zu an einzelnen Sitzungen Theil nehmen.[26])

Ein sehr gewichtiger Grund für die Schöffengerichte soll sodann die Harmonie sein, welche nur durch sie in die gesammte Rechtspflege gebracht werden könne. Die kleinste Polizeiübertretung würde danach — abgesehen von der Zahl der Gerichtsmitglieder — vor denselben Gerichten und in wesentlich demselben Verfahren erledigt werden, wie ein todeswürdiges Verbrechen. Wir sehen darin einen ganz entschiedenen Nachtheil. Gerade die ganz gleichmäßige Behandlung der Polizeiübertretungen mit den criminellen Delicten wirkt verwirrend auf das Volksbewußtsein. Auch das ältere Deutsche Recht zeichnete das Gericht mit dem „Blutbanne" ganz besonders aus, und die periodische Wiederkehr des Geschworenengerichts, der feierliche Ernst seines Erscheinens haben entschieden da, wo nicht ein allzu schlankes Abmachen der Sache eingerissen ist, sehr vortheilhaft gewirkt: bei den Schöffengerichten aber reducirt sich der ganze Unterschied darauf, daß man ein Paar Personen mehr berathen läßt.

---

[26]) Vrgl. auch Heinze a. a. O. S. 79.

Außerdem ist es ganz falsch zu behaupten, daß der Einfluß der Geschworenen sich auf diejenigen Sachen beschränke, wo dieselben selbst miturtheilen. Sehr oft wird da, wo die Geschworenengerichte längere Zeit in Wirksamkeit stehen, der Richter unwillkürlich sich die Frage vorlegen, wie die Geschworenen in solchem Falle geurtheilt haben würden, und Faustin Hélie's Urtheil, der gerade dies sehr stark hervorhebt, bestätigt uns diese an uns selbst und an Anderen gemachte Beobachtung, während umgekehrt die Forderung einer Laienjustiz auch bei der kleinsten Ordnungswidrigkeit lebhaft erinnert an das Bekämpfen des Parlamentarismus durch den Parlamentarismus: das beständige Quälen der Laien mit dem Justizdienste läßt endlich den letzteren nur widerwillig und schlecht erfüllen.

Dagegen glauben wir vollständig das Recht zu der Behauptung zu besitzen, daß, insoweit überhaupt im französischen und deutschen Strafprocesse Mündlichkeit und Anklageprincip herrscht, dies zum großen Theile den Geschworenengerichten zu verdanken ist. Wir stecken zwar auch jetzt noch in manchen Traditionen des früheren schriftlichen Inquisitionsverfahrens. Doch würden wir voraussichtlich noch weit tiefer darin stecken, wenn die Geschworenen nicht gezwungen hätten, mit einer vollständigen Discussion in der mündlichen Verhandlung vorzugehen. Bei Verhandlungen, an denen Geschworene nicht Theil nehmen, pflegen Richter, Staatsanwalt, Vertheidiger in Folge einer leicht begreiflichen Connivenz sich manche Erörterungen zu schenken, und der Gebrauch der Acten läßt sich bei Gerichten, an denen Richter unmittelbar an der Entscheidung Theil nehmen, gar nicht mit Wirksamkeit hindern. So werden auch die Schöffen nicht selten die Acten einsehen, und der vorsitzende Richter wird ihnen daraus Mittheilung machen.

Es wird nun angemessen sein, den Werth der Zeugnisse für die bisherige Wirksamkeit der Schöffengerichte zu prüfen. Die Ueberzeugungstreue der Aussteller wollen wir nicht in Zweifel ziehen. Das aber ist sicher, daß, wenn eine Regierung oder eine vorgesetzte Behörde in der unzweifelhaftesten Weise ihre Vorliebe für ein bestimmtes Institut zu erkennen giebt, sie meistens von Behörden nicht ungünstige Zeugnisse erhalten wird. Eine große Anzahl ganz tüchtiger Praktiker hat doch nicht gerade Lust, nebenher noch eingehend mit Gesetzgebungsfragen sich zu befassen: so fällt im Zweifel schon aus diesem Grunde die Antwort zu Gunsten der fragenden Oberbehörde aus, um so mehr als das Kundgeben anderer Ansichten ohne tiefere Motivirung leicht als ein Mangel an Intelligenz betrachtet werden kann.[27]) Unter diesen Umständen aber ist es allerdings von Bedeutung, daß die entschieden vortheilhaftesten Zeugnisse wesentlich aus Sachsen stammen, weniger dagegen aus Würtemberg, wo auch die Schöffengerichte in den mittleren Strafsachen fungiren, die Regierung der Sache aber wohl unparteiisch gegenüber steht — während umgekehrt gerade in Sachsen die Schwurgerichte am wenigsten Zeit gehabt haben, Wurzel zu fassen.

Dazu kommen aber noch andere Gründe, die das Schöffengericht Manchen zusagender machen, obschon es gerade nicht Gründe sind, die bei der Gesetzgebung den Anspruch auf Anerkennung haben dürfen.

Das Geschworenengericht beruht auf ungetheilter voller Verantwortlichkeit und vollster Oeffentlichkeit; zudem ist es an bestimmte und genau einzuhaltende Formen gebunden. Das Schöffengericht ruht auf getheilter Verantwortlichkeit; seine Fehler werden gedeckt durch das Geheimniß des Berathungszimmers: nach allen diesen Eigenschaften ist es **gemüthlich**, d. h. gemüthlich für die Richter, welche keine Kritik des Resümé's, für die Schöffen, welche keine Kritik des Wahrspruchs zu befürchten haben, und denen bei etwaigen auffälligen Entscheidungen die unwiderlegliche Einrede des unverschuldeten Mißverständnisses zur Seite steht. Die Zeugnisse über bewiesene Selbständigkeit der Schöffen sind aber höchst bedenklich: gerade über diesen Punkt ist, wie jeder Menschenkenner zugestehen wird, der testis in propria causa, am wenigsten werth, und propria causa der Richter, welche etwa mit Schöffen zusammen zu berathen und zu urtheilen hatten, ist es auch, daß sie eine Pression nicht ausgeübt haben; gewiß aber haben sie eine Pression nicht ausgeübt, wenn die Schöffen so selbständig sich bezeigten, daß diese Pression gar nicht möglich war: so ist der Ruhm der Schöffen das beste Attest für die Discretion der Richter. Das Schöffeninstitut ist aber auch ein Institut, welches auf bequeme Weise das Bewußtsein vortrefflich erfüllter Pflichten — und das ist immer angenehm — verschafft. Das sächsische Gesetz läßt die Richter zuerst votiren und in seiner ganzen Anordnung verräth es unzweifelhaft den Wunsch des Gesetzgebers, die Schöffen mögen sich durch die Richter leiten lassen. Was kann da der Schöffe Besseres thun, als dieser Leitung folgen, seine Selbständigkeit aber, wie manche Menschen zu thun pflegen, durch Festhalten irgend einer besonderen Ansicht über einen nicht stark in

---

[27]) Vrgl. übrigens das sehr gewichtige Votum des Sächsischen Bezirksgerichts-Directors Petsch (Allgem. Deutsche Strafrechtszeitung 1872 S. 321 ff.).

Betracht kommenden Nebenpunkt zu bezeigen? So trennt man sich unter der Versicherung ausgezeichneter Hochachtung in der besten Harmonie — während im schwurgerichtlichen Verfahren überall die Kritik herausgefordert wird.

Und diese Kritik ist unter dem Einflusse einerseits der Abneigung vieler Juristen, welche in dem Schwurgerichte eine Schmälerung ihres Ansehens und den Anfang des Endes der Jurisprudenz erblickten, wie andererseits der der Jury abgeneigten Reaction in Deutschland in der herbsten, rücksichtslosesten Weise geübt worden, welche wiederum nicht ohne Rückwirkung auf die Pflichtfreudigkeit der Geschworenen bleiben konnte — während gegen eine derartige Kritik der Aussprüche rechtsgelehrten Richter die Paragraphen der Strafgesetze in ganz anderer Weise zur Geltung gebracht werden konnten.

Nicht das Wenigste sodann an der Herabsetzung der Geschworenengerichte haben, abgesehen von den vielfachen, allen Anforderungen der Wissenschaften und Erfahrung entgegen in vielen Ländern noch immer festgehaltenen Mängeln, insbesondere mancher Gesetze über Aufstellung der Listen und Auswahl der Geschworenen, die in manchen Staaten erlassenen Competenzbestimmungen geleistet. Hatte man zuerst in verkehrter Weise von Seiten der Anhänger der Jury deren politischen Character besonders hervorgehoben, so wurde nun umgekehrt das Geschworenengericht hauptsächlich zu einem Apparate für die Aburtheilung zweifelloser Verbrecher und besonders rückfälliger Diebe herabgesetzt. Daß hierbei der Dienst der Geschworenen diesen selbst unbegreiflich und unnütz erscheinen mußte, bedarf keines Beweises. Man kann durch unrichtige Competenzbestimmungen jede Theilnahme der Laien an der Rechtspflege vollständig ruiniren, besonders indem man sie da eintreten läßt, wo sie nicht nöthig ist.

Kam dazu noch, daß die Präsidenten der Gerichtshöfe, an sich freilich entschuldigt durch ihre inquisitorische Thätigkeit und durch eine viel verbreitete verkehrte Auffassung des Instituts, die Geschworenen nicht selten ohne alle Direction ließen, zuweilen auch eine mangelhafte Vorbereitung der Hauptverhandlung, die kritiklose Anhäufung oft ganz werthlosen Beweismaterials in Folge des thatsächlich festgehaltenen Inquisitionsprincips und des Arrangirens riesiger Processe, in welchen allen Regeln eines mündlichen Verfahrens zuwider, über alle möglichen Verbrechen und Vergehen einer ganzen Reihe von Personen zusammen abgeurtheilt werden sollte — so darf man sich über den Widerwillen bei vielen Geschworenen nicht gerade wundern.

Die ganze Erfahrung der Schöffengerichte ist aber eine verschwindend kleine gegenüber der langen Geschichte der Geschworenengerichte, und in dieser Beziehung wäre es auch eine Art Heuchelei, der politischen Bedeutung der Jury nicht ihr Recht widerfahren zu lassen. Daß die Freiheit in England, insbesondere die Glaubensfreiheit und die vernünftige und stetige Fortentwicklung seiner Institutionen zwar nicht durch die Jury allein bewirkt, wohl aber sehr wesentlich durch dieselbe geschützt und gefördert worden ist, kann Niemand leugnen, der die Geschichte Englands auch nur oberflächlich kennt. Eine interessante Sammlung derartiger Zeugnisse enthält die bereits oben citirte neue Schrift Wellmann's, eine Reihe von Aussprüchen hervorragender englischer Staatsmänner führt auf die soeben erschienene Brochüre Gotthelf's[28]). Pressionen, denen gegen Ende des XVII. Jahrhunderts die Geschworenen siegreich Widerstand leisteten, könnten Schöffengerichte nimmermehr vertragen. Gerade die Geschlossenheit des Laienelements ist die wesentliche Bürgschaft seiner Unbefangenheit und Unabhängigkeit.[29]) Darüber kann nach den in dieser Beziehung unmittelbar praktisch verwerthbaren historischen Untersuchungen Brunner's[30]) kein Zweifel bestehen, daß der Untergang der Jury in Frankreich zu Ende des Mittelalters thatsächlich durch die mehr und mehr überhand nehmende Einzelbefragung der Geschworenen bewirkt wurde, welche letztere so allmählig in gewöhnliche Zeugen des römisch-canonischen Rechtes verwandelt wurden. Hält man damit zusammen, die in Deutschland zur Zeit der Reception des römischen Rechts und des Eindringens der technischen Jurisprudenz sehr bald eintretende Bedeutungslosigkeit der Schöffen, so hat man die Probe auf das Exempel zweimal.

Nicht die Vertheidiger der Geschworenengerichte sind die Doctrinaire und Schwärmer, wie ihnen von manchem Gegner zugerufen wird. Oder ist die Berufung auf die Geschichte doctrinair? Die Geschichte ist doch nichts Anderes als die Erfahrung der Gesammtheit nach Jahrhunderten, mit welcher verglichen die Erfahrung des Einzelnen nur eine Spanne Zeit umfaßt. Die Geschichte aber lehrt auch den Weg, auf welchem eine gedeihliche Entwickelung möglich ist, daß man nicht sofort zu Gunsten nagelneuer Projecte Rechtsinstitutionen ausrotte, die in anderen Ländern Jahrhunderte bestanden und bei uns doch schon geraume Zeit

---

28) Schwurgerichte und Schöffengerichte. Zwei Vorträge. München 1873 S. 27.

29) Vrgl. darüber auch die energischen Worte des Oberappellationsraths Becker, der keineswegs ein principieller Gegner der Schöffengerichte ist, in den Verhandlungen des X. Deutschen Juristentags, Bd. 2 S. 166.

30) Die Entstehung der Schwurgerichte S. 278 ff., S. 438 ff.

Wurzel geschlagen haben, daß man vielmehr, so lange nicht die völlige Unbrauchbarkeit nachgewiesen ist, lieber verbessere — und die Hoffnung auf Verbesserung braucht man bei den Schwurgerichten wahrlich noch nicht aufzugeben!

Daß der Name „Schöffengericht" hier nicht täuschen darf, ist schon oft hervorgehoben. Die altdeutschen Schöffengerichte oder Gemeindegenossengerichte haben mit diesen modernen Schöffengerichten nichts gemein. So viel aber ist klar, daß wenn hier von Aehnlichkeiten die Rede sein soll, die Geschworenengerichte den ältesten Volksgerichten, bei denen die Richter nur formell die Verhandlungen leiteten, immer noch ähnlicher sind als die modernen Schöffengerichte, wie sie innerlich auch verwandt sind mit dem alten Beweismittel der Germanen, der Berufung auf die Gewissensüberzeugung der Genossen über die Wahrheit der Parteibehauptung.

Ganz zurückweisen aber müssen wir den Grund, welchen die amtliche Denkschrift über die Schöffengerichte[31]) vorbringt gegen Brunner's Behauptung, daß die Jury wie keine zweite Institution in kurzer Zeit Verbreitung gefunden und Wurzel geschlagen, die Natur nahezu eines Weltrechtsinstituts angenommen habe. Nachdem nämlich die Denkschrift gesprochen hat von einer „gewissen zeitweisen Unfähigkeit der europäischen Völker, nationale Schöpfungen hervorzubringen," welche Unfähigkeit denn die Einführung der Jury in so vielen Ländern erklären soll, heißt es ferner:

> „Das deutsche Volk aber, das gegenwärtig an Größe und Machtstellung hinter keinem Volke der Erde zurücksteht, wird sich nicht begnügen dürfen, den früher betretenen, seiner heutigen Größe aber keineswegs würdigen Weg des Nachahmens weiter zu verfolgen; es wird gerade auf dem Gebiete des Rechts am wenigsten darauf verzichten können, eigene nationale Schöpfungen ins Leben zu rufen, wenn eine unbefangene Prüfung der bestehenden, dem Auslande entlehnten Schöpfungen zu der Ueberzeugung führt, daß dieselben durch etwas Besseres ersetzt werden können."

Die von der Denkschrift angenommene Unfähigkeit zur Erfindung besonderer nationaler Rechtsinstitutionen ist unseres Erachtens einfach darauf zurückzuführen, daß das Recht in erster Linie den praktischen Lebensbedürfnissen zu dienen hat. Da diese bei den heutigen Cultur-

---

[31]) Mitgetheilt in Hahn's Archiv f. Deutsches u. Preußisches Strafr. 1873 S. 40 ff., das. S. 46.

völkern in vielfacher Beziehung die gleichen sind, so ergiebt sich daraus von selbst eine gewisse Gleichförmigkeit der Rechtsinstitutionen, und gerade auch auf dieser Gleichförmigkeit beruht ein großer Theil der Cultur. Nur durch eine gewisse Gleichförmigkeit des Strafrechts kann z. B. die Auslieferung der gemeinen Verbrecher eine allgemeine werden, und diese bedingt, wie man zugestehen wird, die allgemeine Sicherheit bei dem steigenden Verkehre, dem internationalen Verbrecherthume. Das Recht ist eben ein Stück der Cultur,[31a]) und so wenig wie diese überhaupt heut zu Tage eine ausschließlich nationale noch sein, so wenig ist dieser Zustand auch bei dem Rechte möglich. Die Gleichförmigkeit wird zudem h. z. T. noch befördert durch den raschen Verkehr; Rechtsinstitutionen, die sich bewährt haben und früher Jahrhunderte lang auf ein kleines Territorium würden beschränkt geblieben sein, werden rasch Gemeingut der gesammten Culturvölker. Das besondere Streben aber nach Originalität ist so wenig bei einem Volke, als bei einem Individuum ein Zeichen hervorragender geistiger Begabung oder gesunder Entwicklung. Man wähle einfach das Beste, suche das am besten auszuführen, und eine gewisse Originalität wird sich von selbst finden. Bei dieser Auswahl aber ist es allerdings ebenso wie sonst auch im Leben ein nicht zu unterschätzendes Moment, daß Andere in wesentlich gleicher Lage Dasselbe gewählt haben und sich dabei wohl befinden.

Während aber nun nach den Untersuchungen Brunner's kein Zweifel mehr darüber bestehen kann, daß das Geschworenengericht fränkischen, also germanischen Ursprungs und nur auf einem Umwege wieder zu uns zurückgekehrt ist, hat der Entwurf, mit welchem uns die neuen Schöffengerichte als nationale Schöpfung empfohlen werden, eine gewisse Vorliebe für französische Einrichtungen in einer ganzen Reihe der tiefgreifendsten Bestimmungen bekundet.

Wie endlich bei einem glücklich geführten Vertheidigungskriege es

---

[31a]) Gegenüber einer solchen Ueberschätzung des nationalen Elements können wir uns auch berufen auf Ihering's Ausführungen, Geist d. röm. Rechts, 3. Aufl. I. S. 5 ff., der direct auch hier der Declamationen gegen das Geschworenengericht aus dem angeblichen nationalen Gesichtspunkte Erwähnung thut, wie denn Gneist (Die Bildung der Geschworenengerichte in Deutschland S. 141 ff.) bereits vor Jahren auf die vollkommene Trüglichkeit des Arguments hingewiesen hat, daß die Jury ein französisches Institut sei. Vrgl. auch Walther in der münchener krit. Vierteljahrsschr. 1861 S. 446 ff. Die Vorhersage Walther's, daß Oesterreich die Geschworenengerichte wieder erhalten werde, ist in Erfüllung gegangen, und Sachsen hat sich vorläufig ebenso wieder mit ihnen befreunden müssen.

nicht gethan ist mit einer bloßen Abwehr des Feindes, sondern es richtig erscheinen mag, dem Feinde diejenigen Bollwerke zu nehmen, welche die Ausgangspunkte seiner Angriffe waren, so, denken wir, müssen auch die Vertheidiger des Geschworenengerichts den Gegnern das Bollwerk entreißen, von dem aus sie die Geschworenengerichte zu vernichten gedachten. Und dies Bollwerk sind die Schöffengerichte für die sog. mittleren Straffälle. So lange diese in Deutschland noch existiren, wird der heimliche Kampf gegen die Geschworenengerichte nicht leicht aufhören, und hier wird es auch wichtig, sich zu erinnern, wie die Schöffengerichtsfrage auf dem IX. Deutschen Juristentage zu Stuttgart zur Sprache gebracht wurde. In der Form einer Empfehlung des Schöffengerichts für die mittleren Straffälle wurde eine „Todtschlagskritik," wie Wahlberg es richtig nannte, des Geschworenenrichtes gegeben. Bei Beseitigung der Schöffengerichte für die mittleren Straffälle, ist es aber keineswegs nöthig, zu den von Merkel[32]) empfohlenen kleineren Schwurgerichten für diese Fälle zu greifen, obwohl eigentlich principielle Bedenken diesem Vorschlage nicht entgegenstehen.

Wir sind mit S. Mayer[33]) und Gotthelf (S. 35) wie mit der Oesterreichischen Strafproceßordnung, nicht minder auch mit Faustin Hélie der Meinung, daß zur Zeit und vielleicht für immer die Theilnahme der Laien an der Aburtheilung der schweren Straffälle vollkommen genügt, eine andere Einrichtung aber leicht zu zweckloser Ueberbürdung, und zum Widerwillen gegen den an sich wahrlich nicht leichten Dienst der Laien führen würde. Nur muß man die Competenz der Geschworenengerichte richtig bestimmen, und hier warnen wir vor der Annahme des französischen, in der preußischen Gesetzgebung adoptirten und dem Anscheine nach auch für die Deutsche Gerichtsverfassung und den Deutschen Strafproceß in Aussicht genommenen, rein äußerlichen, oberflächlichen Princips, wonach fast ausschließlich die Höhe der Strafmaxima die Competenz der Gerichte bestimmt. Nimmt man dagegen neben der Höhe der Strafe auch Rücksicht auf die Natur der einzelnen Delicte, wie es z. B. auch die Würtembergische und Oesterreichische Gesetzgebung thun, giebt man daneben dem Angeschuldigten etwa noch das Recht bei einzelnen Delicten, die an sich vor die rechtsgelehrten Richtercollegien gehören würden, auf die Jury zu provociren — obwohl wir

---

[32] Gutachten in den Verhandlungen des IX. Deutschen Juristentags. Nachträge S. 33 ff.

[33]) A. a. O. S. 160 ff.

das keineswegs für absolut nöthig erachten — und läßt man in dem Falle, wie auch das sächsische Gesetz im Principe richtig bestimmt hat, die Jury ausschließen, daß der Angeschuldigte in der Voruntersuchung ein vollgültiges Geständniß[34]) abgelegt und sich für strafbar erklärt hat, so wird der Dienst der Geschworenen erträglich, ihr Einfluß auf die gesammte Strafrechtspflege gleichwohl ein heilsamer sein.

Der Augenblick, in welchem durch Beschluß des Reichstags der Untergang der Geschworenengerichte besiegelt würde, wird, das hoffen wir, nicht eintreten. Sollte es dennoch so kommen, so würden die Lobsprüche, welche das neue Institut der Schöffengerichte eine Zeit lang ernten könnte, in dem Urtheile über die Bedeutung jenes Momentes uns nicht irre machen.

Ein fehlerhaftes Gesetz auf dem eigentlichen Rechtsgebiete ist eine Schuld, die oft erst in den folgenden Generationen fällig wird, dann aber mit Zinseszinsen!

---

[34]) Wir halten aber dabei Ablegung oder Wiederholung des Geständnisses in öffentlicher Sitzung und vor mehreren Richtern und zugleich Assistenz eines rechtsgelehrten Vertheidigers für nöthig.

Druck von Troitzsch & Ostertag in Berlin, Kommandanten-Str. 44a.

Kritik

der

Principien des Entwurfs

einer

Deutschen Strafproceßordnung

vom Januar 1873.

Von

Dr. L. v. Bar,

o. ö. Professor an der Universität Breslau.

Berlin.

Verlag von J. Guttentag (D. Collin).

1873.

Nicht mit Unrecht hat man wohl den Zustand des Strafrechtes einen Spiegel der Cultur eines Volkes genannt. Vielleicht in noch höherem Grade kann dies von dem Strafproceßrechte gelten. Dieses ist zugleich, mehr oft als vieldeutige und unbestimmte, wenngleich volltönende Verfassungsbestimmungen, der praktisch wirksame Garant der Freiheit des Einzelnen. So verdient denn der Entwurf einer Strafproceßordnung für das Deutsche Reich die allgemeinste Aufmerksamkeit, und nicht nur der Juristen von Fach.

Der Verfasser hat geglaubt, in der vorliegenden kleinen Schrift einen Beitrag zur Kritik dieses Entwurfs in der Art liefern zu sollen, daß er wesentlich nur die Grundsätze dieses Werkes, diese aber in ihrer Gesammtwirkung und in ihrem Verhältniß zu einander möglichst scharf zu prüfen versuchte, um, wenn thunlich, auch den gebildeten Laien und insbesondere den Vertretern unseres Volkes, die nicht Juristen von Fach sind, ein Urtheil bilden zu helfen. Wie z. B. die tiefgehende Frage, ob es nicht an der Zeit sei, ein wirkliches zeitgemäßes Beweisrecht wieder zu bilden, die mehr technischen Fragen der Nichtigkeitsbeschwerde (Revision) und Wiederaufnahme der Untersuchung nicht erörtert sind, so sind auch redactionelle Bedenken und Einwendungen gegen untergeordnete Bestimmungen nur gelegentlich erhoben worden.

Man wolle daraus nicht schließen, daß der Verfasser mit der Redaction der Einzelbestimmungen durchweg oder meist einverstanden sich erkläre. Umgekehrt aber wolle man auch nicht das Urtheil, welches dem Verfasser aus gewissenhafter Prüfung über jene Principien und deren Durchführung sich ergeben hat, ohne Weiteres auf die ganze Arbeit und die vieles Gute enthaltenden Einzelbestimmungen übertragen, und wenn nach Ansicht des Verfassers dieser Kritik der Entwurf weit zurückbleibt hinter Demjenigen, was Verfasser von einem derartigen Entwurfe für das Deutsche Reich glaubte erwarten zu dürfen, was in manchen Beziehungen schon in mehreren deutschen Staaten in Wirksamkeit ist und was jetzt in einem großen zu uns in den nächsten Beziehungen stehenden Nachbarstaate gewährt wird, so steht der Verfasser doch nicht an, der sehr vollständigen, zuverlässigen und auch rückhaltlosen Mittheilung legislativen Materials, durch welche die Motive und deren Anlagen sich auszeichnen, als einer sehr wesentlichen Erleichterung der öffentlichen Kritik die aufrichtigste Anerkennung zu zollen.

Nicht in den Bereich der Erörterung gezogen ist die Frage des Geschworenen- **oder** Schöffengerichts. Die vorliegende Kritik soll nach Absicht des Verfassers passen, mögen Geschworene oder mögen Schöffen an der Justizpflege des neuen Deutschen Reichs Theil nehmen. Nur gelegentlich ist darauf aufmerksam gemacht worden, welche Bedeutung eine gesetzliche Bestimmung gerade bei einer Besetzung des Gerichts auch mit Schöffen haben könne.

Der Verfasser wird, wie er sogleich bemerkt, nur mit einem gewissen Widerstreben den Kampfsplatz betreten, auf welchem gegenwärtig über Schöffen- oder Geschworenengerichte gestritten*) wird. Aber da er sich vor längerer Zeit (1865) nachdrücklich für die Geschworenen- und gegen die Schöffengerichte ausgesprochen hat, und einerseits aus dem Schweigen vielleicht auf Meinungsänderung geschlossen werden könnte, andererseits schon von einer „Panique unter den Anhängern des Geschworenengerichts" gesprochen worden ist, so hofft er doch trotz mannigfacher nächster Berufsgeschäfte noch rechtzeitig einige bisher noch nicht oder doch noch nicht vollständig beachtete Argumente demnächst in einer besonderen Schrift vorführen zu können.**)

Breslau, April 1873.

---

*) Recht und Beweis im Geschworenengericht S. 56 ff.

**) Zu seinem Bedauern hat Verf. die ihm erst nach Absendung des Manuscripts zugegangene Schrift seines Collegen H. Meyer: „Die Mitwirkung der Parteien im Strafproceß, ein Beitrag zur Beurtheilung des Entwurfs einer Deutschen Strafproceßordnung" nicht mehr benutzen können. Man wird aber bemerken, daß was die Nothwendigkeit einer besseren oder richtiger gesagt, wirklichen Durchführung des Anklageprincips betrifft, beide Kritiken in den Hauptpunkten übereinkommen.

Die Umgestaltung, welche vor nun bald einem Vierteljahrhundert in dem bei weitem größten Theile Deutschlands im Strafverfahren eintrat, wurde gleich anfangs zusammengefaßt unter der vielverheißenden Devise des Anklageprincips, der Mündlichkeit und Oeffentlichkeit und der freien Beweiswürdigung. Glaubte man nun auch zunächst, indem man wesentlich die Einrichtungen des französischen Strafprozesses copirte, diese Principien verwirklicht zu haben, so hat nachher doch praktische Erfahrung in Verbindung mit wissenschaftlicher Untersuchung überzeugend die hier obwaltende Täuschung — wenn man absieht von der fast schrankenlos freien, leicht ins Gefährliche übergehenden Beweiswürdigung — dargethan, und während man anfangs in naiver Unschuld von einem Anklageproceß mit inquisitorischem Princip redete, stellt das Handbuch des deutschen Strafprocesses von Zachariae Bd. II. (1868) S. 76 der Hauptverhandlung nach den gegenwärtigen Strafproceßgesetzen Deutschlands das unserer Ansicht nach classische Zeugniß aus, daß sie ein reiner Untersuchungsproceß mit „accusatorischem Beiwerk" sei, wobei denn die einzelnen Gesetzgebungen „in sich selbst nichts weniger als consequent sind und zum Theil den Eindruck machen, als habe man Bestandtheile eines accusatorischen und inquisitorischen Verfahrens in einen Topf geworfen, und den Zufall der Looziehung über ihre Aufnahme entscheiden lassen."

Schwere Einwendungen lassen sich aber auch erheben gegen die vielfach in den dermaligen deutschen Strafproceßgesetzen vorkommenden Verletzungen des Mündlichkeitsprincips.

Für eine Kritik des Entwurfs einer deutschen Strafproceßordnung kommen daher wesentlich diese beiden Punkte, die richtige und consequente Durchführung der Principien der Anklage und der Mündlichkeit, in Betracht. Dazu kommt aber außerdem die besondere und oft erörterte Frage des s. g. Anklagemonopols der Staatsanwaltschaft, und als letzte Frage die in dem Entwurfe proponirte, von Vielen auch lebhaft empfohlene Aufhebung der Berufungsinstanz. Daran dürfte endlich noch eine Erwägung einzelner besonders wichtiger Bestimmungen zweckmäßig sich anreihen.

Wir beginnen mit der Erörterung des ausschließlichen Anklagerechts der Staatsanwaltschaft, gleichsam einer Vorfrage für die Durchführung des Anklageprincips.

I.

Der Entwurf hält im Wesentlichen durchaus fest an dem Monopol der Staatsanwaltschaft bei Erhebung der öffentlichen Klage.

Zwar handelt das fünfte Buch in 55 Paragraphen und vier Abschnitten von der Betheiligung des Verletzten am Strafverfahren. Aber diese umfangreichen Bestimmungen sind praktisch höchst unbedeutend und zum Theil selbst in dem Falle für schädlich zu erachten, daß man etwa das Festhalten am Monopol der Staatsanwaltschaft für richtig hält. Ein von der Staatsanwaltschaft unabhängiges Auftreten einer Privatperson als Verfolger einer strafbaren Handlung ist nämlich nach § 282 (vgl. § 305) als subsidiäre Privatklage nur zulässig bei Delicten, deren Verfolgung nur auf Antrag eintreten, oder bei denen der Strafrichter auf eine an den Verletzten zu erlegende Buße erkennen kann. Nach dem Strafgesetzbuche ist letzteres nur zulässig in Fällen der Beleidigung und Körperverletzung; möglicher Weise könnten in Particulargesetzen noch andere Fälle vorkommen; viele werden es schwerlich sein. Da nun Beleidigungen lediglich auf Antrag strafbar sind, Körperverletzungen aber oft nur auf Antrag, so sind es im Wesentlichen doch nur die s. g. Antragsdelicte, bei denen das Gesetz subsidiäre Privatklage freigeben will.

Ein besonderes Bedürfniß mag hier nun zwar bei Beleidigungen und Körperverletzungen anzuerkennen sein, nicht sowohl im Interesse des Verletzten, als deshalb, weil gerade in diesen Fällen leicht grundlose Denunciationen vorkommen, und dieser die Staatsanwaltschaft, ohne die Staatskasse mit Kosten zu belasten, am besten ledig werden kann, wenn sie den angeblich Verletzten auf den Weg der Privatklage zu verweisen berechtigt ist. Bei Beleidigungen und leichteren Fällen der Körperverletzungen läßt sich als innerer Grund für diese Maßregel der Zweckmäßigkeit auch geltend machen, daß das Interesse der staatlichen

Ordnung hier nur mehr mittelbar in Frage kommt. Diese letztere Auffassung aber ist bei einer großen Anzahl solcher Delicte, die nur auf Antrag verfolgt werden, ohne Zweifel falsch. Wir erinnern hier z. B. an Unzuchtsverbrechen, Hausdiebstähle. Bei manchen dieser Delicte erklärt sich das Erforderniß vielmehr umgekehrt aus einer Rücksichtnahme der Gesetzgebung auf das hier oft vorhandene Interesse des Verletzten, die Kundbarmachung der Sache zu hindern, wie dies insbesondere von Hälschner (Goltdammer, Archiv für Strafrecht 19, S. 366 ff.) ausgeführt worden ist, während der Staat gerade hier — und wir dürfen nur erinnern an den zur Zeit oft betriebenen schmählichen Handel um Zurücknahme des Strafantrags und an die bekannten Bemühungen oberster Gerichtshöfe, in eclatanten hierher gehörigen Fällen, eine Bestrafung von Amts wegen zu rechtfertigen — ein Interesse an der Verfolgung hat. Diesem letzteren wirkt aber die Zulassung der subsidiären Privatklage entgegen. In zweifelhaften Fällen wird der Staatsanwalt alle Mal auf diese letztere verweisen. Dadurch wird die Position des Verletzten verschlechtert, der Verbrecher bezüglich seines Handels über den Strafantrag günstiger gestellt. Der Idee aber, daß doch die Strafverfolgung nicht ganz in das Ermessen einer Administrativbehörde — denn das ist juristisch auch die Staatsanwaltschaft — gelegt werden solle, wird durch Zulassung der Privatklage gerade in diesen Fällen nicht im Mindesten Genüge gethan.

Bekanntlich hat nun bereits der zweite deutsche Juristentag für die allgemeine Zulassung einer subsidiären Privatklage sich ausgesprochen und ein darauf bezüglicher von einer Commission des preußischen Abgeordnetenhauses im Jahre 1862 ausgearbeiteter Entwurf ist in den Anlagen des gegenwärtigen Entwurfs der Strafproceßordnung mitgetheilt. Nach der französisch-rheinischen Proceßordnung kann bekanntlich der Verletzte eine Geldentschädigung gegen den Straffälligen in nicht schwurgerichtlichen Fällen ohne Weiteres vor dem Strafgerichte geltend machen und damit zugleich eine Bestrafung des Schuldigen herbeiführen, und äußersten Falles kann die Anklagekammer dem Staatsanwalt die Erhebung der öffentlichen Anklage befehlen. In Thüringen besteht schon längere Zeit subsidiäre Privatanklage. Der bayerische Entwurf wollte sie gewähren und der jetzt bereits von den österreichischen Kammern genehmigte Entwurf einer Strafproceßordnung gewährt sie im weitesten Umfange. In England gilt das Recht der Privatanklage — nicht bloß für den speciell Verletzten — als unumstößliches Recht des Engländers, das man auch bei Einführung einer der continentalen Staatsanwaltschaft etwa nachzubildenden Einrichtung, wie die Anlagen des Entwurfs selbst uns mittheilen, keinenfalls aufheben will.

Dem Allem gegenüber — und vielleicht wäre noch Anderes nachzutragen — beschränken sich die Gründe des Entwurfs (S. 171 der Anlagen der Motive), der wie bemerkt im Wesentlichen — denn die Privatanklage bedeutet bei den Antragsdelicten wenig — nicht ein Haarbreit von dem Monopol der Staatsanwaltschaft missen will, auf folgende Sätze:

„Die Auffassung des älteren Rechts, daß der durch eine strafbare Handlung Verletzte sich selbst für die ihm zugefügte Verletzung Genugthuung zu verschaffen und zu dem Ende als Privatkläger aufzutreten habe, verschwand immer mehr, je mehr der aus einem geläuterten Staatsbewußtsein hervorgehende Gedanke zur Geltung gelangte, daß jede Verletzung des Strafgesetzes nicht blos einen Angriff auf den Einzelnen enthalte, vielmehr zugleich einen Angriff auf das Staatswesen als solches in sich schließe, und daß deshalb die Staatsgewalt unabhängig davon, ob sie vom Verletzten zur Bestrafung angerufen werde oder nicht, verpflichtet sei, dem verletzten Gesetze durch Verfolgung des Uebelthäters Genugthuung zu verschaffen.

„Dieser Auffassung entsprechend entwöhnte sich der Einzelne allmählig, die Mühewaltung und Verantwortlichkeit eines Anklägers zu übernehmen, überließ vielmehr die Aufgabe willig dem Staate, welcher auf diesem Wege der alleinige und ausschließliche Ankläger wurde.

„So verschwand im Laufe der Zeit die Privatklage zunächst thatsächlich aus der Rechtsübung und dem entsprechend allmählig auch aus der Gesetzgebung, bis diese sie endlich als ein müßiges Beiwerk des Strafprocesses völlig vollends beseitigte.“ —

In diesen Sätzen ist Wahres und Unrichtiges in einer eigenthümlichen Weise gemischt und aus dieser Mischung dann wie natürlich ein falscher Schluß gezogen.

Es ist richtig, daß im Laufe der geschichtlichen Entwickelung Privat- und Strafrecht erst nach und nach sich trennen. Eine große Menge von Verletzungen, die in einer Periode als rein private erscheinen, nehmen in einer anderen den Charakter auch das Gemeinwesen direct interessirender an. Man kann das in gewissem Umfange als eine Folge eines geläuterten Rechts- oder Staatsbewußtsein auffassen. Es ist aber ganz falsch, daß nun bei dem strafbaren Unrechte *nur* der *Verletzte*, gleichsam als handelte es sich doch im Grunde nur um ein Privatrecht, zur Anklage im Strafverfahren berechtigt gewesen wäre. Vielmehr konnte nun — so zeigt es wenigstens die Geschichte des deutschen und des römischen Rechts — Jeder das öffentliche Interesse geltend machen, weil das öffentliche Interesse als das Interesse zugleich des einzelnen Bürgers oder Gemeindegenossen galt (nur daß faktisch bei manchem Verbrechen der auch in seinem Rechte oder im Rechte seines Familiengenossen Verletzte vorzugsweis als Ankläger auftrat). Wenn dem gegenüber nach dem vollständigen Siege des Inquisitionsprocesses und der vollständigen Ertödtung alles öffentlichen Lebens das Verbrechen als ein Gegenstand nur des Interesses der Polizei und der Obrigkeit aufgefaßt wurde, so ist das gewiß nicht Folge eines geläuterten, sondern eines gesunkenen Staatsbewußtseins, und damit stimmt auch genau überein, daß diese Anschauung gerade zur Zeit des Verfalles und Zerfalles der deutschen Nation als solcher aufkam. Deutsches Rechtsbewußtsein, ist es gewiß nicht, auf welches ursprünglich der Gedanke zurückgeführt werden müßte, daß bei der Verfolgung des Verbrechers in respectvoller Resignation lediglich die Maßnahme der Obrigkeit abzuwarten sei.

Fällt hiernach unseres Erachtens die philosophisch-historische Deduction der Motive in sich zusammen, so sind nun ebenso die Gründe, welche die Motive in praktischer Hinsicht gegen die subsidiäre Privatanklage geltend machen, hinfällig. Hauptsächlich scheint man sich darauf berufen zu wollen, daß da, wo bisher in Deutschland die subsidiäre Privatanklage gegolten habe, dieselbe praktisch bedeutungslos gewesen sei. Der seltene Gebrauch eines Rechtsinstituts beweist aber keineswegs dessen Werthlosigkeit — oder man würde aus der geringen Zahl verbrecherischer Tödtungen auch die Nutzlosigkeit der Strafgesetze dagegen deduciren können. Wir sind vielmehr mit v. Holtzendorff (die Reform der Staatsanwaltschaft S. 29) der Ansicht, gerade weil die Möglichkeit einer subsidiären Privatanklage die Staatsanwaltschaft zwingt, jeder begründeten Denunciation Folge zu geben, oder was wir für noch wichtiger halten, ohne Ansehen der Person oder der Interessen von selbst einzuschreiten, macht die segensreiche Wirksamkeit des genannten Instituts sich äußerlich oft wenig bemerkbar. Außerdem aber kann aus dem im Ganzen friedlichen Stillleben einiger kleinerer deutschen Staaten noch kein Schluß gezogen werden auf die Bedürfnisse Preußens, des Deutschen Reichs im Ganzen.

Die subsidiäre Privatanklage erscheint uns vielmehr — und hierin können wir uns im Wesentlichen nur den früheren Ausführungen v. Holtzendorff's anschließen — als ein unerläßliches Bedürfniß jedes Staates, der auf den Namen Rechtsstaat Anspruch machen, nicht mehr Polizeistaat genannt sein will.

Gerade bei Erhebung der öffentlichen Klage fühlt die Staatsanwaltschaft in eminenter Weise ihre Parteistellung; denn späterhin im Laufe nehmen ihr die gegenwärtigen Gesetze und ebenso auch der Entwurf fast jede Verfügung über die Anklage. Gerade bei Erhebung der öffentlichen Klage erwägt daher die Staatsanwaltschaft ganz natürlich die Chancen des Erfolgs mit scrupulöser Sorgfalt, und Niemand kann sie des Unrechts zeihen, wenn sie in Fällen, wo ihr das öffentliche Interesse besonders betheiligt erscheint, weniger scrupulös verfährt, als in anderen, wo das öffentliche Interesse mehr zurückzutreten scheint. Hier ist es nur nöthig, das öffentliche Interesse mit dem wirklichen oder auch nur vermeintlichen Interesse der jeweiligen Inhaber der leitenden Regierungsstellen oder der herrschenden Parteiströmung zu verwechseln — und diese theoretisch so leicht scheidbaren Dinge sind es praktisch doch so schwer — um eine strenge Strafverfolgung gegen Gegner, eine laxe gegen Anhänger der Regierung zu bewirken, eine Art Abolition, die um so gefährlicher wirkt, je weniger irgend Jemand dafür verantwortlich gemacht werden kann; die gleichsam in der Luft liegt, weil sie einer in den oberen Regionen herrschenden Strömung zu entsprechen scheint. Wäre das Alles aber auch thatsächlich nicht so, so würde der Glaube des Publikums an eine derartige Handhabung des Anklagerechts fast ebenso nachtheilig wirken wie die Thatsache selbst.

Eine ganz wesentliche Bedeutung der Privatanklage erblicken wir auch darin, daß sie gegen strafbare Handlungen der Beamten den wirksamsten Rechtsschutz gewährt. Abgesehen von der Redefreiheit der Abgeordneten, der es aber auch einmal an einem praktischen Resultate fehlen kann, ist hier der einzige vom Ermessen der Administration in den meisten deutschen Staaten durchaus unabhängige Weg der, daß Jemand eine Verläumdungsklage über sich ergehen läßt, um dann mit der Einrede der Wahrheit gegen den Beamten aufzutreten, und wenn man sich zuweilen über die schrankenlose Redefreiheit der Abgeordneten beschwert, so vergißt man, daß der letztgenannte Ausweg denn doch gerade kein angenehmer ist. Ohne Zweifel würde die Möglichkeit einer Privatanklage ein sehr gutes Correktiv gegen Zügellosigkeiten der Redefreiheit des Volksvertreters bilden. Wo jene den Umständen nach leicht durchführbar wäre, würde ein Abgeordneter sich scheuen, mit einer öffentlichen Denunciation hinter dem Privilegium der Redefreiheit sich zu verschanzen. Zur vollen Wirksamkeit der Privatanklage in solchen Fällen gehört freilich auch die Aufhebung des schon so oft angegriffenen und theoretisch ganz unhaltbaren preußischen Gesetzes vom 13. Febr. 1854 betreffend die Conflicte bei gerichtlichen Verfolgungen wegen Amts- und Diensthandlungen. Es kann hier nicht einmal von einem wirklichen Competenzconflicte die Rede sein; denn die Frage, ob Jemand auf Grund eines allgemeinen Strafgesetzes strafbar sei, muß alle Mal Justizsache sein, und der preußische Gerichtshof für Entscheidungen über Competenzconflicte hat sich selbst schon energisch gegen dieses Gesetz ausgesprochen, das nur als eine klare, lediglich auf französischen Ideen beruhende Beeinträchtigung der Justiz [1]) angesehen werden kann. Wir wissen nun nicht, ob der Bundesrath, speziell die preußische Regierung geneigt sein wird, in dem Gerichtsorganisationsgesetze die ganze Einrichtung der sog. Competenzconflicte [2]) fallen zu lassen, oder ob der Reichstag sich bewogen finden wird, in dieser Richtung vorzugehen. Wenn aber gegen die vollständige Beseitigung der sog. Competenzconflicte zur Zeit Bedenken erhoben werden könnten, so existiren dieselben doch u. E. gar nicht da, wo es sich nur um Erledigung einer Strafsache auf Grund des gemeinen Strafgesetzes handelt, und so würde sich denn für die deutsche Strafproceßordnung der Satz empfehlen:

„Die Erhebung von Competenzconflicten ist der Erhebung und Durchführung der öffentlichen Klage gegenüber ausgeschlossen."

An der Competenz der Reichsgesetzgebung ist hier nicht zu zweifeln — oder sollte sie, während doch das frühere, so oft wegen seiner Schwäche verspottete deutsche Reich zweifellos die Befugniß hatte und übte, willkürliche Beschränkungen der Justiz in den Territorien zu beseitigen, nur die Fragen der Technik der Rechtssprechung als Reichssache behandeln sollen, und nicht vor Allem darauf zu sehen haben, daß im ganzen Reiche überhaupt gleichmäßig Recht zu bekommen sei?

Wenn aber diesen Vortheilen der Möglichkeit der Privatklage gegenüber auf die Gefahren hingewiesen wird, welche dieses Institut, wie nicht zu leugnen im römischen Strafprocesse mit sich führte, so kann die Existenz dieser Nachtheile doch nur für den Fall zugestanden

---

[1]) Vgl. über alles Dieses v. Rönne, Staatsr. d. preuß. Monarchie. 3. Aufl. II, 1. S. 507 ff.

[2]) Die richtige Methode, Administrativbeamte gegen vexatorische Klagen zu schützen, ist nicht Beschränkung der Competenz der Justiz, sondern Ausschließung der Klage, wenn nicht mala fides oder bezw. grobe Fahrlässigkeit vorliegt. So ist es auch in England.

werden, daß eben eine öffentliche Behörde, welche von Amts wegen auf die Durchführung der Anklage zu achten und in jedem Falle das Interventionsrecht hat, nicht existirt. Damit wird insbesondere auch das Bedenken Zachariae's (Handbuch II, S. 41) beseitigt, daß man consequenter Weise das Nacheinanderauftreten verschiedener Privatankläger, wie im römischen Rechte auch, gestatten müsse. Besteht eine nur etwas vertrauenswürdige öffentliche Anklagebehörde, und hat diese das Interventionsrecht, so muß die Anklage des Privatanklägers die öffentliche Klage ebenso consumiren, wie die des Staatsanwalts. Zugleich aber liegt auf der Hand, daß Drohungen mit Denunciationen weit eher zu Erpressungen benutzt werden können, als Drohungen mit Anklagen, wenn nur in allen irgend erheblichen Fällen, z. B. in allen Fällen, in denen über 10 Thlr. Geldbuße erkannt werden kann, die Erhebung der Privatanklage an einen Gerichtsbeschluß und an vorgängige Ablehnung der Sache seitens der Staatsanwaltschaft gebunden ist, wogegen freilich nicht zu verlangen ist, daß der Privatankläger erst etwa alle Instanzen der Staatsanwaltschaft erschöpfe.

Wir sind sodann der Meinung — und zwar in Uebereinstimmug mit v. Holtzendorff und dem deutlichen Ausspruche des deutschen Juristentags — daß die Privatanklage keineswegs zu beschränken sei auf den Fall eines Geldinteresses an der Schuldigsprechung. Im Gegentheil halten wir diese Klagen für weniger schutzbedürftig als die z. B., bei denen Beeinträchtigung oder Verletzung politischer Rechte in Frage steht, Bestechung bei Wahlen u. dergl. Ist dies aber richtig, dann ist es auch sachlich und sprachlich richtig, gar kein besonderes Interesse an der Strafverfolgung zu fordern, sondern einfach das Anklagerecht aufzustellen als das Recht jedes unbescholtenen Staatsbürgers (Reichsangehörigen), der ein bestimmtes Alter erreicht hat, und wir würden hier, um die Vorsicht genügend zu beobachten, ein Alter von 30 Jahren vorschlagen. Verlangt man ein besonderes Interesse, das doch nicht nur im Gelde soll bestehen können, so weiß man nicht, wo das anfangen und bezw. aufhören soll. Haben z. B. bei vorgekommener Bestechung von Wahlstimmen für den Reichstag nur die Wähler des betreffenden Kreises ein Interesse, oder ist es nicht richtiger zu sagen, daß alle Angehörigen des Reiches ein Interesse daran haben, daß Wahlbestechungen nicht vorkommen?[3]) Denkt man aber etwa an die Bestimmungen des römischen Anklageprocesses, wodurch dieser sich den im einzelnen Falle

[3]) Der Entw. d. österreich. St. P. O. §§ 47, 48 läßt als Privatbetheiligten jeden in seinen Rechten Verletzten zu.

besten Ankläger unter mehreren auszusuchen strebte, so verliert auch diese Betrachtung dadurch ihre Bedeutung, daß neben dem Privatkläger immer die Staatsanwaltschaft mit dem Interventionsrechte besteht und mangelhafte, fahrlässige oder selbst colludirende Erhebung und Durchführung der Anklagen leicht überwachen und verhindern kann. Als eine nicht zu unterschätzende Garantie würden wir es endlich betrachten, wenn in allen irgend erheblichen Sachen die Privatanklage nur durch einen rechtsgelehrten Anwalt betriebenwerden könnte.

II.

Die Aufhebung des Anklagemonopols der Staatsanwaltschaft ermöglicht aber andererseits, der Staatsanwaltschaft während der Untersuchung eine freiere und selbstständigere Stellung zu gewähren und dadurch wiederum das Anklageprinzip wahrer und richtiger durchzuführen; denn dieses ganze Princip ist offenbar von wenig Bedeutung, wenn alsbald nach Erhebung der Klage das Gericht ausschließlich — wenigstens de jure — Herr der Sache und der Staatsanwalt wesentlich zur Rolle eines Berathers des Gerichtes herabgesetzt wird.

Die deutschen Strafproceßgesetze — und ebenso das französische — gestatten dem Staatsanwalt keine Zurücknahme oder Einschränkung der einmal erhobenen öffentlichen Klage; sie fordern, indem sie jedes Verfügungsrecht des Staatsanwalts in dieser Beziehung negiren, hierzu einen Gerichtsbeschluß. Eine Ausnahme macht hier nur die neue österreichische Proceßordnung, welche dem Staatsanwalt die Rücknahme der Anklage sogar noch nach einem förmlichen Anklagebeschlusse gestattet. Auch der Entwurf § 132 hält streng fest an jenem Principe, und die Motive bemerken dazu, die Staatsanwaltschaft, obwohl sie im Strafverfahren in gewisser Weise als Partei aufgefaßt werden könne, sei das doch nicht in dem Sinne, daß ihr auch nach eröffneter Untersuchung eine Verfügung über die Klage eingeräumt werden könne. Habe sie einmal das Richteramt mit einer Klage befaßt, so entspreche es eben so sehr dem Wesen einer Strafsache als der Würde des strafrichterlichen Amtes, daß der Fortgang der Sache dann nicht mehr dem einseitigen Ermessen der Staatsanwaltschaft unterstellt bleiben dürfe, die Klage vielmehr durch richterliche Entscheidung ihre Erledigung finden müsse.

Wir vermögen die Richtigkeit dieser Argumente nicht anzuerkennen. Es kommt unserer Ansicht nach wesentlich an auf die Bedeutung, welche man der Voruntersuchung beilegt. Steht sie der Hauptverhandlung gleichberechtigt gegenüber, oder ist gar diese nur ein Anhängsel jener, so haben die Motive Recht. Ist aber die Voruntersuchung wesentlich nur bestimmt, Vorbereitung der Anklage und Vertheidigung zu liefern, so ist es unrichtig, von vornherein dem Ankläger das Fallenlassen der Anklage unmöglich zu machen. Das Gericht, welches die Eröffnung der Voruntersuchung, sofern diese vom Staatsanwalte beantragt wird, nicht deßhalb zurückweisen kann, weil genügende Verdachtgründe nicht vorliegen, (vgl. § 145 des Entwurfs) — und das ist auch gewiß richtig — hat mit Eröffnung der Voruntersuchung noch gar nicht erklärt, daß die fernere Untersuchung im öffentlichen Interesse liege. Dies kann vielmehr erst dann behauptet werden, wenn ein förmlicher Anklagebeschluß, der auch auf Prüfung der Beweise beruht, vorhanden ist. Bis dahin hat das Gericht noch nicht erklärt, die Sache zu der seinigen machen zu wollen, und unmittelbar öffentlich wird die Sache erst durch den Beginn der Hauptverhandlung. Bis zu dem ersteren Zeitpunkte also jedenfalls sollte dem Staatsanwalte die Befugniß zur Rücknahme gegeben werden, freilich so, daß der Beschuldigte, mit welchem durch Erhebung der Klage einmal doch der Streit befestigt ist und der ein sehr wesentliches Interesse daran haben kann, für seine Unschuld auf einen Gerichtsbeschluß sich berufen zu dürfen, einen solchen muß fordern können. Durch diese Freiheit der Staatsanwaltschaft werden aber bedeutende Vortheile ermöglicht. Zunächst können bei vielen Sachen Weitläufigkeiten und Kosten gespart werden, und dem zu Unrecht Beschuldigten kann die durch die Untersuchung gestörte völlige bürgerliche Integrität und das Gut der Freiheit ohne Aufschub restituirt werden. Sodann trägt nun auch die Staatsanwaltschaft die Verantwortlichkeit für den weiteren Verlauf der Untersuchung; sie kann nun, wenn eine resultatlose Untersuchung sich endlos fortspinnt, nicht mehr darauf sich berufen, daß ihr die Sache aus den Händen genommen sei. Damit hängt es aber endlich zusammen, daß die sonderbare und widernatürliche Rollen- und Stellenverschiebung der Staatsanwaltschaft und des Untersuchungsrichters, welche durch Eröffnung der Voruntersuchung nach den bestehenden Strafproceßgesetzen und nach dem Entwurfe eintritt, aufgehoben oder doch auf ein richtiges Maß zurückgeführt werden kann. Ein Mißbrauch ist hier seitens der Staatsanwaltschaft nicht zu besorgen. Der Staatsanwalt, der die öffentliche Klage zurückzieht, trägt dafür die Verantwortlichkeit in ganz anderer

Weise, als wenn er dieselbe einfach nicht erhebt, sei es, daß er sich um die Sache überhaupt nicht kümmert, sei es, daß er nach einseitig von ihm geleitetem Informations- oder Scrutinialverfahren die Reposition der Acten im Stillen verfügt — und gegen Denjenigen, der nicht durch Gerichtsbeschluß außer Verfolgung gesetzt ist, kann ja jeder Zeit noch die Privatanklage erhoben werden.

Mit dem Informations- oder Scrutinialverfahren einerseits und der Voruntersuchung andererseits aber verhält es sich bekanntlich folgendermaßen. In dem ersteren ist der Staatsanwalt absolut Herr der Sache, das Gericht muß seinen Anträgen stattgeben, ohne aus thatsächlichen Erwägungen dieselben zurückweisen zu können; der Staatsanwalt bestimmt Anfang und Ende dieses Verfahrens und von seinem Ermessen nur hängt der weitere Fortgang der Sache ab. In der Voruntersuchung dagegen ist der Staatsanwalt wesentlich beschränkt auf die Rolle eines Controleurs oder gutachtlichen Berathers des Gerichts. Kein Wunder hiernach, daß der Staatsanwalt das Informationsverfahren auszudehnen, die Voruntersuchung zu beschränken oder ganz zu vermeiden suchen wird, und daß das thatsächlich auch geschieht, können wir aus eigenen amtlichen Erfahrungen bezeugen, die sich freilich nur auf die inzwischen beseitigte hannoversche Strafproceßordnung von 1859 beziehen. Hier war thatsächlich in den meisten Fällen, in denen aber nicht wegen einer nothwendigen Verhaftung die unmittelbare Eröffnung der Voruntersuchung direct geboten war, die Voruntersuchung ein ganz bedeutungsloses Nachspiel. Selbstverständlich kann es uns nicht in den Sinn kommen, der nothwendigen Vorbereitung der Anklage gegen eine bestimmte Person die erforderlichen Mittel zu entziehen. Aber es ist ein logischer Widerspruch und ein gewaltiger praktischer Mißgriff, die Untersuchung, die thatsächlich bereits längst den Charakter einer Verfolgung gegen eine bestimmte Person angenommen hat, nun in das Gewand einer ganz vorläufigen Untersuchung, bei der der Verdächtige noch mehr oder weniger unbestimmt ist, aus angeblichen Bequemlichkeitsgründen einzukleiden. Daraus entsteht eine fast **schrankenlose Gewalt des Staatsanwaltes** über die gesammte Vorbereitung der Hauptverhandlung, und alle Garantien, welche die Strafproceßordnung für die Voruntersuchung enthält, sind fast werthlos, wenn es nur vom Belieben der Staatsanwaltschaft abhängt, wann die förmliche Voruntersuchung beginnen soll, oder gar ob eine solche überhaupt statt zu finden habe. Dies aber wird selbstverständlich noch weit bedenklicher, wenn die Berufungsinstanz aufgehoben wird, deren wesentliche Bedeutung unseres Erachtens nicht in dem zweimaligen Urtheile über dasselbe Beweismaterial, sondern darin zu finden ist, daß die öffentliche Hauptverhandlung der ersten Instanz dem Beschuldigten das Angriffs- und Vertheidigungsmaterial in wirksamer Beleuchtung vorgeführt hat. Wird die Berufungsinstanz gestrichen, so muß nothwendig die Voruntersuchung mit schützenden Formen mehr als bisher noch umgeben werden. Dies ist auch in dem Entwurfe selbst in gewissem Umfange anerkannt worden. § 154 enthält insbesondere die Vorschrift, dem Beschuldigten und dem Vertheidiger sei auf ihr Verlangen zugestatten, der Vernehmung der Zeugen und Sachverständigen und der Einnahme des Augenscheins beizuwohnen, während z. B. die bisherige preußische Gesetzgebung die Gegenwart des Beschuldigten hier ausschloß. Welchen Werth aber hat diese Vorschrift, wenn die Voruntersuchung erst eintritt, wenn alle Zeugen- und Sachverständigenaussagen abgegeben, alle Augenscheinseinnahmen bereits erfolgt sind? Der Verdächtige als solcher kann im gerichtlichen Verfahren keine Rechte haben. Lediglich durch den Antrag der Staatsanwaltschaft, welcher der Staatsanwaltschaft keinen Vortheil bringt, dagegen dieselbe plötzlich aus der herrschenden Stellung in eine untergeordnete versetzt, also lediglich durch einen Antrag, den die Staatsanwaltschaft naturgemäß auf das Aeußerste zu verzögern, zu vermeiden suchen wird, werden dem Beschuldigten diese Rechte gewährt. Wenngleich nun allerdings daran — abgesehen von dem Falle der Verhaftung des Beschuldigten — nicht gedacht werden kann, ein abstractes Merkmal für die Grenze des Scrutinialverfahrens und der eigentlichen Voruntersuchung in der Art aufzustellen, daß der Staatsanwalt dasselbe zu beobachten gezwungen würde, so muß doch durch anderweite Bestimmungen dafür gesorgt werden, daß der Staatsanwalt ein Interesse daran habe, die Eröffnung der Voruntersuchung zu gebührender Zeit selbst zu beantragen.

Wir vermögen die hier naturgemäße Vorschrift aber nur darin zu finden, daß alle Handlungen, welche irgend Beweishandlungen sein sollen, mit Ausnahme allein derjenigen, welche nach Ansicht des Untersuchungsrichters voraussichtlich bei einigem Aufschube verloren gehen würden, nicht dem Scrutinialverfahren, sondern der Voruntersuchung angehören müssen, und daß abgesehen von dem letzteren Falle auch Zwangsmaßregeln, z. B. gegen Zeugen in dem vorläufigen, der Staatsanwaltschaft unterstellten Verfahren auszuschließen seien. Soll das Anklageprincip Wahrheit und nicht bloß Aushängeschild sein, so muß jede Beweishandlung, soweit irgend möglich, unter Mitwirkung der Parteien vor sich gehen. Dagegen hat das Scrutinialverfahren gar nicht den Zweck der Beweiserhebung, sondern nur den Zweck, der Staatsanwaltschaft die Möglichkeit eines wohlbegründeten und überlegten Entschlusses über die Erhebung oder Nichterhebung der Anklage zu gewähren. Die einzige Ausnahme aber, welche dies in der Natur der Sache liegende Princip durchbricht, ist die factische Nothwendigkeit, einem aus besonderen Gründen, z. B. wegen Krankheit, voraussichtlicher weiter Entfernung eines Zeugen, drohenden Verluste von Beweismitteln entgegenzutreten, und der Regel nach wird eine Augenscheinseinnahme im Strafverfahren, wegen der meistens eintretenden oder doch leicht möglichen Veränderung der äußeren Umstände, Eile erfordern. Die hier einschlagende praktische Bestimmung würde also sein:

> In der Hauptverhandlung darf unter keinen Umständen irgend welcher Gebrauch gemacht werden von Protokollen, welche vor Erhebung der Beschuldigung gegen eine bestimmte Person aufgenommen sind, es sei denn, daß entweder der Untersuchungsrichter die Gefahr des Verlustes von Beweismitteln ausdrücklich bei Aufnahme des Actes festgestellt oder, daß der spätere Beschuldigte mit der etwaigen Benutzung des Actenstückes in der Hauptverhandlung sich ausdrücklich zu gerichtlichem Protokoll einverstanden erklärt hätte, oder solches noch in der Hauptverhandlung erklären sollte.[4])

Die letztere Ausnahme wird insbesondere praktisch für Geständnisse, die der Schuldige nicht selten unter dem ersten mächtigen Eindruck der Schuld ablegt, ehe noch eine förmliche Beschuldigung gegen ihn erhoben werden kann. Theoretisch gerechtfertigt wird sie dadurch, daß das Anklageprincip in gewissem Umfange den Parteien ein Dispositionsrecht über die Beweismittel gestatten kann und muß, insoweit nämlich, als man den Parteien wirklich mit Grund zutrauen darf, das ihnen Frommende und zugleich der materiellen Gerechtigkeit Dienende am besten selbst beurtheilen zu können. Die Augenscheinseinnahme aber und eine damit verbundene Vernehmung von Sachverständigen wird meistens ohne Weiteres als eine Eile fordernde angesehen werden müssen. Eine Schwierigkeit ist nur vorhanden bei mehreren Mitschuldigen, die erst successive in die Untersuchung hineingezogen werden. Die Lösung ergiebt sich aber unseres Erachtens einfach dahin, daß, in soweit die Interessen der Beschuldigten mit einander übereinstimmen,

---

[4]) Darauf kommen auch die englischen Vorschriften hinaus, obwohl sie noch strenger sind. Vgl. das in den Anlagen der Motive mitgetheilte englische Gesetz über die Voruntersuchung. s. XVII.

der zuerst Beschuldigte als Vertreter der übrigen Mitschuldigen betrachtet werden kann, in soweit aber die Interessen der Beschuldigten collidiren, die später in die Untersuchung Hineingezogenen gegen eine Beweisbenutzung zu ihrem Nachtheil protestiren können. Freilich fehlt es zum Schutz der letzteren Vorschrift noch an einer Nichtigkeitsbeschwerde wegen Verletzung des Beweisrechts, wie solche das englisch-amerikanische Recht kennt. Indeß darf man ja nicht glauben, daß sie deßhalb durchaus unwirksam sein würde. Und der Hauptzweck ist für uns hier, daß nicht thatsächlich Untersuchungen gegen bestimmte Personen rechtlich noch als Untersuchungen gegen unbestimmte Personen behandelt werden.

Eine andere Frage ist die, ob bereits in dem Vorverfahren Zwangsmaßregeln, und unter welchen Voraussetzungen insbesondere Zwangsmaßregeln zur Ablegung eines Zeugnisses, namentlich auch eines eidlichen, zulässig seien. Diese Frage ist ausführlich erörtert worden auf dem fünften Juristentage (vgl. Verhandlungen II. S. 188 ff., S. 66 ff. und das Gutachten v. Tippelskirchs das. I. S. 76 ff.) Wir sind mit dem Plenum des Juristentags und dem Gutachten v. Tippelskirchs damit einverstanden, daß die Zulässigkeit von Zwangsmaßregeln gegen Zeugen nicht an die Eröffnung einer Voruntersuchung gegen eine bestimmte Person geknüpft werden solle; der Staatsanwalt würde durch eine dahin gehende Beschränkung thatsächlich oft gezwungen werden, ins Blaue hinein Beschuldigungen zu erheben, ohne daß damit irgend ein wirksamer Rechtsschutz namentlich gegen Beeidigungen vermuthlich schuldiger Personen geschaffen würde. Wir sind aber ebenso mit dem Juristentage und v. Tippelskirch der Ansicht, daß unter der Zulässigkeit der Zwangsmaßregeln der Richter in demselben Umfange zu entscheiden habe, als befände sich die Sache im Stadium der Voruntersuchung: d. h. in soweit es sich um Zwangsmaßregeln handelt, hat der Richter auch die Frage mitzuprüfen, ob factisch die Wahrscheinlichkeitsgründe die Maßregel rechtfertigen. Von diesem Principe weicht aber der Entwurf (vgl. § 137), wenigstens nach Auffassung der Motive, durchaus ab. Die Motive (S. 108) wollen dem Richter nur die Prüfung der gesetzlichen Zulässigkeit, nicht aber die der Zweckmäßigkeit der Anwendung von Zwangsmitteln gestatten, d. h. mit anderen Worten, der Richter soll beschränkt sein auf die Prüfung der eignen Zuständigkeit und allenfalls der Frage, ob die von ihm begehrte Handlung überhaupt strafproceßualisch zulässig sei. Dadurch wird der Richter aber durchaus Werkzeug in der Hand der Staatsanwaltschaft und damit scheinen die viel besprochenen Fälle eines Zeugnißzwanges, ohne daß ein dem gemeinen Strafgesetze unterliegendes Delict überhaupt auch nur genannt werden kann, Fälle, in denen die Zeugnißpflicht zur Denunciationspflicht über unbestimmte Thatsachen schien gesteigert zu werden, für ganz Deutschland legalisirt. Anders und richtig bestimmt Abs. 2 des § 88 der neuen österreichischen Strafproceßordnung:

„Der Untersuchungsrichter und Bezirksrichter haben auch bei diesen Vorerhebungen jene Rechte und Obliegenheiten, welche dem Untersuchungsrichter in der Voruntersuchung zukommen.“

Im höchsten Maaße bedenklich aber erscheint es uns, daß nicht einmal im Falle einer Verhaftung ein Zwang zur Eröffnung einer gerichtlichen Voruntersuchung ausgesprochen ist. Die Motive S. 91 bemerken darüber: „Wiederholt ist die Forderung ausgesprochen, daß bei Erlaß des Haftbefehls auch stets die gerichtliche Voruntersuchung eröffnet werden müsse, weil es unzulässig sei, nach erfolgter Verhaftung des Verdächtigen das Verfahren in der Hand der Staatsanwaltschaft zu belassen. Der Entwurf theilt diese Anschauung zwar insofern, als er der Verhaftung baldmöglichst die Eröffnung der Untersuchung folgen lassen will; andererseits aber glaubt er auch, die Staatsanwaltschaft in den Stand setzen zu sollen, prüfen zu können, ob nicht mit Uebergehung einer Voruntersuchung, alsbald die förmliche Anklage erhoben werden könne. Zu dieser Prüfung genügt häufig die Einsicht des Protokolls über die Vernehmung des Verhafteten, namentlich dann, wenn derselbe ein Geständniß abgelegt hat. Wollte man vorschreiben, daß die Staatsanwaltschaft mit dem Antrage auf Verhaftung stets den Antrag auf Eröffnung der Voruntersuchung verbinden müsse, so würde das in zahlreichen Fällen dem Beschuldigten insofern zum größten Nachtheile gereichen, als durch die Voruntersuchung, selbst bei möglichster Beschleunigung derselben, immer eine Verlängerung der Haft herbeigeführt wird. Nichts entspricht gerade so sehr dem Interesse des Beschuldigten, als die der Staatsanwaltschaft gewährte Möglichkeit, denselben alsbald vor das erkennende Gericht zu stellen.“ Gewiß ist es nun richtig, daß wenn der Angeschuldigte zweifellos schuldig ist und wenn er sich selbst dafür bekennt, die möglichste Abkürzung der Procedur seinen Interessen entspricht. Auf diesen Fall aber dürfen die Institutionen des Strafprocesses nicht berechnet werden, wenn wir nicht zu einer Justiz kommen wollen, die an Kürze freilich Nichts, an Garantieen Alles zu wünschen übrig läßt. Von diesem Standpunkte aus, möchte selbst unter Umständen das richterliche Urtheil über die Schuld als entbehrlich, die einfache Executionsverfügung der Staatsanwaltschaft als genügend bezeichnet werden. Sobald dem Verdächtigen die Freiheit der Bewegung, die Möglichkeit, selbst für seine Vertheidigung zu sorgen, durch die Verhaftung genommen ist, muß ihm der Weg zu dieser Vertheidigung durch das Anrufen des unparteiischen Richters eröffnet werden. Es ist wahr, in einzelnen Fällen kann durch die Unterlassung eines Antrages auf Voruntersuchung eine Spanne Zeit[5]) erspart werden. Der Gewinn aber, der hieraus für zweiffellose Verbrecher sich ergiebt, steht in keinem Verhältniß mit dem idealen Gute der Sicherung der Freiheit Aller — wenn, wie der Entwurf mit alleiniger Ausnahme der bei den kleinen Schöffengerichten zu verhandelnden Sachen will der Staatsanwaltschaft nicht einmal eine Frist zur Stellung des Antrages auf Voruntersuchung gesetzt werden soll. Danach kann die **Staatsanwaltschaft** also den Verhafteten im Stadium der Vorerhebungen als bloßer Verdächtiger beliebig lange in Haft sitzen lassen, ihn so zum Geständniß bringen. Wir zweifeln nicht, daß das die Absicht des Entwurfes nicht ist. Aber alle Hochachtung vor unserer Staatsanwaltschaft vorbehalten, eine solche Macht darf keinem Ankläger, keiner Partei im Processe gegeben werden. Die Motive S. 92 rechtfertigen den vollständigen Mangel eines Rechtsschutzes mit der einfachen Bemerkung, daß solche Friste nicht für alle Fälle passen, bald zu lang, bald zu kurz seien, also nicht viel damit gewonnen sein würde. Dem gegenüber ist zu erwidern, daß die Frist kurz sein muß; denn wenn der Staatsanwalt längere Zeit zu weiteren Ermittelungen bedarf, so fällt ja der ganze Vortheil, den man durch Abschneidung der Voruntersuchung erhofft, von selbst weg. Auch die jetzt freilich beseitigte hannoversche revidirte Strafproceßordnung von 1859, der man gewiß einen übermäßigen Liberalismus nicht, wohl aber die präponderirende Stellung der Staatsanwaltschaft oft zum Vorwurf gemacht hat, bestimmt im § 66, daß wenn die Staatsanwaltschaft nicht binnen achttägiger Frist Beschuldigung — sei es durch Antrag auf Voruntersuchung, sei es durch direkte Ladung zur Hauptverhandlung — erhebe, die Haftentlassung stattzufinden habe.

Die Bestimmungen über den Wegfall der gerichtlichen Voruntersuchung erhalten aber noch eine andere Bedeutung durch die gleichzeitig von dem Entwurfe beabsichtigte Aufhebung der Berufungsinstanz. Gerade mit Rücksicht darauf, daß in schwurgerichtlichen Sachen eine

---

[5]) Uebrigens wird der ganze Aufschub wesentlich dadurch herbeigeführt, daß die Staatsanwaltschaft unnützer Weise bei eröffneter Voruntersuchung stets einen richterlichen Beschluß über die Stellung des Angeschuldigten vor das erkennende Gericht erwirken soll. Vgl. dagegen schon die hannoversche revidirte Proceßordnung von 1859 § 121.

Berufung nicht stattfindet, haben die bisherigen deutschen Strafproceßgesetze für diese Sachen die Nothwendigkeit einer Voruntersuchung festgehalten. Oppenhoff bemerkt z. B. zu § 75 der preußischen Verordnung v. 1849: „In den übrigen Sachen wird der Ersatz für die nicht unerläßliche Voruntersuchung in der Statthaftigkeit einer zweiten Instanz gefunden." Der Entwurf hebt die Berufung allgemein auf, giebt dem selbst verhafteten Beschuldigten während der Vorerhebung (des Scrutinialverfahrens) gar keine Parteirechte[6]) und gestattet dem Staatsanwalt, den solchergestalt Verhafteten auch wider seinen Willen sofort vor das erkennende Gericht zu stellen, gegen dessen Entscheidung es kein Rechtsmittel giebt, wenigstens soweit Thatsachen in Frage stehen!

Man wird zur Rechtfertigung darauf hinweisen wollen, daß doch das erkennende Gericht eine Ueberraschung des Angeschuldigten nicht gestatten, bei vorkommenden Mißgriffen der Staatsanwaltschaft eine Vertagung anordnen werde. Allein ist denn auch ein erkennendes Gericht nicht der Uebereilung, der Voreingenommenheit ausgesetzt, ist dasselbe wirklich der Art unfehlbar, daß man alle Garantien des Verfahrens auf sein Ermessen glaubt zurückführen zu können? Ist nicht vielmehr, wenn einmal es zu öffentlichen Verhandlung gekommen ist, die Zeugen der Staatsanwaltschaft erschienen und bereits der ganze, zumeist kostspielige Apparat in Scene gesetzt ist, die Neigung bei den Gerichten vorhanden, die Sache, sowie sie liegt, zu erledigen, und wenn Laien an der Entscheidung, und zwar nicht als Geschworene, sondern als förmliche Richter, als Schöffen Theil nehmen, haben diese nicht gerade oft Neigung, wenn der erste Eindruck dem Beschuldigten ungünstig, alles Weitere als unnütz abzuschneiden? Daß gewisse Formen das Wesen der Justiz sind, hat bereits Montesquieu bemerkt. Die Verfasser des Entwurfs sind anscheinend nicht dieser Ansicht. Der Entwurf ist kurz und anscheinend elegant gefaßt wie kein anderer uns bekannter. Oft wird in den Motiven der Mangel besonderer Schutzvorschriften damit gerechtfertigt, daß ein richtig verfahrendes Gericht, eine wohlmeinende Staatsanwaltschaft solcher einengender Vorschriften entrathen könne. Wir verweisen in dieser Beziehung und in diesem Zusammenhange auf § 168:

> „Vor dem Kleinen Schöffengericht kann auch ohne schriftlich erhobene Anklage und ohne eine Entscheidung über die

---

[6]) Diese kann der Beschuldigte schon deßhalb nicht haben, weil das Gericht ja die Zweckmäßigkeit der vom Staatsanwalte beantragten Handlungen nicht prüfen soll.

Eröffnung des Hauptverfahrens zur Hauptverhandlung geschritten werden, wenn der Anzuklagende entweder sich freiwillig stellt oder vorläufig festgenommen ist und dem Gerichte vorgeführt wird."

Die Motive verweisen bei diesem Paragraphen auf § 30 der preußischen Verordnung v. 3. Januar 1849 mit dem Bemerken, daß die unmittelbare Vorführung des Beschuldigten vor den erkennenden Richter sich sehr gut bewährt habe. Sie vergessen dabei nur Eines, daß nämlich der genannte § 30 der preußischen Verordnung dies Verfahren nur gestattet, wenn entweder der Angeschuldigte gesteht oder die Beweismittel für die Anklage und Vertheidigung zur Hand sind, und daß außerdem in Preußen gegen Erkenntnisse der Einzelrichter freilich nicht die volle Berufung, doch ein dieser in der Wirkung ziemlich nahe kommendes Rechtsmittel, der Recurs, zusteht. Man könnte freilich wiederum sagen, das verstehe sich von selbst, daß wenn die Beweismittel für die Vertheidigung nicht zur Hand sind, das Gericht nicht urtheilen werde. Man würde aber hier wiederum vergessen, daß solche formell gegebenen Vorschriften für die etwaige Nichtigkeitsbeschwerde einen ganz andern Anhaltepunkt abgeben, als allgemeine Folgerungen aus der Nothwendigkeit der Wahrung der Gerechtigkeit, und daß sie auch ganz anders in der Praxis beachtet werden.

Wenn wir hiernach der Voruntersuchung in ausgedehnter Weise das Wort reden, so verhehlen wir uns nicht, daß von manchen Seiten gerade gegen die Voruntersuchung, da in ihr der Untersuchungsrichter inquisitorisch verfährt, Bedenken erhoben sind. In der That ist es auch ein sonderbarer Gedanke, den Strafproceß gleichsam in zwei Theile zu zerlegen, von denen der eine unter dem inquisitorischen Principe, der andere, die Hauptverhandlung, aber nicht darunter stehen soll. Der Untersuchungsrichter, dem durch einen einfachen Antrag auf Voruntersuchung die ganze Sache seitens der Staatsanwaltschaft übergeben wird, verliert dadurch auch leicht die nöthige Unparteilichkeit. Wenn er auch nicht mehr formell den ersten Anstoß zur Untersuchung giebt (materiell wird er es häufig thun, wenn Gefahr im Verzuge ist), so ist ihm doch, wie v. Stemann (Goltdammers Archiv VIII. S. 43) bemerkt, der Beruf geblieben, einen bestimmten Untersuchungsplan zu machen und durchzuführen, und die Ehre, wenn er den Schuldigen ermittelt, der Tadel, wenn er ihn entschlüpfen läßt. Will er also selbstsüchtigen Motiven Raum geben, so fehlen sie ihm auch heutzutage nicht. Der Schluß hieraus ist aber nicht die Beseitigung der Voruntersuchung, sondern ihre **Unterstellung unter das accusa-**

torische Princip, das hierdurch erst zu einem den ganzen Proceß wahrhaft beherrschenden wird. Das aber geschieht eben dadurch, daß man auch im Voruntersuchungsverfahren der Staatsanwaltschaft beziehungsweise dem Privatankläger es überläßt, bei dem Untersuchungsrichter die geeigneten Schritte zu beantragen, sofern eben nicht Gefahr im Verzuge ist. Dadurch wird denn auch der im englischen und nordamerikanischen Strafverfahren unerfindliche und spitzfindige Unterschied zwischen dem Scrutinialverfahren und der wirklichen Voruntersuchung im Wesentlichen, abgesehen von der Entstehung wirklicher Parteirechte für den Verdächtigen durch die Erhebung der Beschuldigung, praktisch beseitigt, der Untersuchungs*richter* wirklich unparteiisch gestellt, so daß er um so wirksamer auch das Interesse eines unschuldig Angeschuldigten wahrnehmen kann.[7]) Die Staatsanwaltschaft aber erhält nun ein wirklich bedeutendes Feld der Thätigkeit ein für alle Mal zugewiesen, und es wird der Uebelstand vermieden, daß die Arbeit in den gewöhnlichen Untersuchungssachen den Gerichten auferlegt werde, die Staatsanwaltschaft aber, wo es ihr gut oder genehm scheint, d. h. in Sachen vorwiegend politischen Charakters, in allen „causes célèbres“, durch Verlängerung des sog. Scrutinialverfahrens die Thätigkeit der Gerichte in der Voruntersuchung ausschließe.

Da es uns zweifelhaft erscheint, ob die hergebrachte, freilich leicht in allen Punkten zu widerlegende Anschauung die Einführung des vollen Anklageprincips auch für die Voruntersuchung zur Zeit schon gestatten wird — freilich hatte, wie die Motive selbst mittheilen, sogar das *französische* kaiserliche Justizministerium 1870 die Nothwendigkeit des Anklageprincips für die Voruntersuchung anerkannt — legen wir um so größeres Gewicht einerseits auf die sog. Parteiöffentlichkeit der Voruntersuchung, d. h. darauf, daß die Parteien den einzelnen Untersuchungshandlungen beiwohnen können, und andererseits auf die Gestattung der Assistenz eines rechtsgelehrten Vertheidigers schon während der Voruntersuchung. Dabei ist es unserer Ansicht nach selbstverständlich, daß diesen Dingen bei Abschneidung der Berufung eine erhöhte Bedeutung zukommt. Gerade in der Rechtsmittelinstanz trat im bisherigen Verfahren des preußischen Rechts und der Strafprozeßordnungen, welche die Berufung noch kennen, das Anklageprincip deßhalb reiner hervor, weil den Parteien durch die erstinstanzliche Verhandlung das Material ausreichend bekannt geworden war und in dem Urtheile erster Instanz ein Object der Kritik für beide

---

[7]) The judge is the counsellor of the prisoner!

Theile vorlag. Mit dem Wegfall der Berufung wird das Inquisitionsprincip, wenn es in der Voruntersuchung gilt, um so stärker für das ganze Verfahren wieder wirken, dessen Geist und Handhabung indirekt bestimmen. Kann man sich daher nicht zur wirklichen Aufgabe des Inquisitionsprincips für die Voruntersuchung entschließen, so müssen doch jene Milderungen desselben möglichst weit reichen. Der Entwurf will nun die Parteiöffentlichkeit bei der Vernehmung der Zeugen und Sachverständigen und der Einnahme des Augenscheins, nicht aber bei der Vernehmung des Beschuldigten. (§§ 154. 153.) Die Motive vermögen zwar hier die große Mehrzahl der deutschen Strafproceßordnungen für sich anzuführen. Der Erwägung aber, „daß die Vernehmung des Beschuldigten, ungeachtet sie den letzteren nicht zu einem Geständnisse nöthigen soll, immerhin ein wichtiges Untersuchungsmittel bleibt, auf welches man in vielen Fällen so gut wie ganz verzichten würde, wollte man dem Vertheidiger gestatten, bei der Vernehmung anwesend zu sein und den Beschuldigten von jeglicher Aeußerung, zu welcher dieser geneigt sein möchte, zurückzuhalten" (Motive S. 127) glauben wir getrost die einfachen und beredten Worte des Berichts des braunschweigischen Obergerichts[8]) entgegensetzen zu können:

„Der § 7 der hiesigen Strafproceßordnung giebt dem Beschuldigten das Recht, in jedem Verhör mit seinem Vertheidiger zu erscheinen ... Der den Gesetzgeber leitende Gedanke war folgender. Obschon nicht verkannt wurde, daß ein Geständniß als regina probationum von dem höchsten Werthe sei, so sollte doch der fehlerhaften Richtung, durch lautere oder unlautere Mittel den Angeschuldigten zu einem Geständnisse zu bringen, mit allen Mitteln entgegengetreten werden, einmal, weil man ein derartiges Verfahren für unwürdig hielt, sodann, weil nur ein freiwillig abgelegtes Geständniß wirklichen Werth hat, während eine dem Angeklagten abgedrungene und abgelistete Erklärung oft genug nur den trügerischen Schein eines Geständnisses gewährt. Wie nach § 43 der Angeklagte zu keiner Antwort oder Erklärung genöthigt werden kann, so ist es ihm nach § 7 freigegeben, sich, bevor er eine Erklärung abgiebt, mit seinem Vertheidiger zu berathen. Der Ton liegt hier darauf, daß der Angeklagte, wenn er will, einen Vertheidiger zuziehen kann .... Von dem Rechte, sofort nach eröffneter Voruntersuchung einen Vertheidiger zu wählen und mit ihm bei Verhören zu

---

[8]) Die Principien des braunschweigischen Strafprocesses. Drei gutachtliche Berichte auf Veranlassung des Reichskanzleramts .. erstattet vor dem Plenum des Herzogl. Obergerichts. 1872. S. 30. 31.

erscheinen, wird höchst selten Gebrauch gemacht. Vorgekommen ist es bei Beleidigungen von Behörden und Beamten, bei Preßvergehen, außerdem aber in sehr schweren Fällen."

Auch wir finden die wesentliche Bedeutung dieser Vorschrift nicht sowohl in dem mehr oder minder häufigen Gebrauche, der davon gemacht wird, als vielmehr darin, daß sie dem gesammten Vorverfahren einen bestimmten Charakter ideell aufdrückt. Wo die Gesetzgebung dem Beschuldigten nicht formell das Recht zugesteht, die Antwort zu weigern, und ihm andererseits den Beistand eines Vertheidigers bei der Vernehmung formell entzieht, da bestimmt sie indirect, daß der Untersuchungsrichter jeden Anlaß zur Erlangung eines Geständnisses benutzen, auf dieses hinarbeiten, den Schuldigen bearbeiten solle, und wenn dazu heut zu Tage auch nicht mehr die Ungehorsams- und Lügenstrafen verwendet werden, so steht doch die Untersuchungs- und insbesondere die Collusionshaft nach dem Entwurfe dazu in ausgedehntester Weise zu Gebote.

Außerdem wird gerade die vollständige Aufgabe eines jeden Hinarbeitens auf ein Geständniß und die dadurch gegebene vertrauenerweckende Haltung des Richters nicht selten zu einem offenen Geständnisse bewegen, das dann auch vollen Werth besitzt.

Ebenso unvortheilhaft zeichnet der braunschweigischen Strafproceßordnung gegenüber der Entwurf sich hinsichtlich der sonstigen Stellung des Vertheidigers in der Voruntersuchung aus.

Der Entwurf gestattet zwar, hierin sich vortheilhaft vor den meisten älteren deutschen Strafproceßgesetzen auszeichnend, schon während der Voruntersuchung die Zuziehung und Assistenz eines Vertheidigers, welche auch der bayerische Entwurf von 1870 noch verwirft. Allein:

1) der Richter kann anordnen, daß der Unterredung des Vertheidigers mit dem Beschuldigten eine Gerichtsperson beiwohne (§ 127 Abs. 2);

2) dem Vertheidiger steht das Recht der Acteneinsicht vor Eröffnung des Hauptverfahrens nur zu, falls dies ohne Gefährdung des Untersuchungszweckes geschehen kann (§ 126 Abs. 2).

Diese Bestimmungen[9]) entspringen einerseits aus einem ungerechtfertigten und schädlich wirkenden Vorurtheile gegen den Stand der rechtsgelehrten Anwälte, andererseits stehen sie im Zusammenhange mit

---

[9]) Vgl. dagegen namentlich auch die Ausführungen von S. Mayer: Zur Reform des Strafprocesses I. (Frankfurt a. M. 1870) S. 57.

der im Entwurfe noch ganz unbeschränkt zugelassenen Collusionshaft, wie sie denn auch bei eingetretener Verhaftung des Beschuldigten das Princip der Gleichstellung der Parteien tief verletzen. Wir verweisen hier zunächst auf den erwähnten Bericht des höchsten braunschweigischen Gerichtshofes, der zu der kategorischen Vorschrift der braunschweigischen Proceßordnung, wonach der Angeklagte in jeder Lage der Untersuchung sich mit dem Vertheidiger ohne Zeugen besprechen kann, die folgenden beherzigenswerthen Bemerkungen macht: „Die hiesige Gesetzgebung hat sich von dem Gedanken leiten lassen, daß ohne einen vom würdigen Geiste beseelten Advocatenstand an ein nachhaltiges Gedeihen der Rechtspflege nicht gedacht werden könne. Sie ist nun zu dem Ende energisch vorgeschritten und sie hat die Genugthuung, sich keinen vergeblichen Hoffnungen hingegeben zu haben. Erscheinungen, die vor 30 oder 40 Jahren gar nicht selten waren, sind fast zur Unmöglichkeit geworden, und die Advocatenkammer würde, wenn ein Advocat, die Pflichten seines Berufs verkennend, das in ihn gesetzte Vertrauen täuschen und den rechtlichen Schutz der Unschuld in widerrechtliche Mithülfe der Schuld verwandeln sollte, ein solches Mitglied nicht dulden.“ Sodann aber fragen wir, wenn gegen den Beschuldigten die Untersuchung von rechtskundiger Seite geleitet wird, ist es da nicht billig, daß ihm rechtlicher Beirath nicht fehle, und wenn dem Beschuldigten selbst die Untersuchungshaft, soweit sie nur sein Entweichen hindern soll, nothgedrungener, aber doch nicht beabsichtigter Weise die Freiheit der Vertheidigung entzieht, soll ihm diese nicht in der Person des Vertheidigers ersetzt werden? Nur vom Gesichtspunkte einer Collusionshaft in dem Sinne, daß es vortheilhaft, nicht etwa für eine einzelne Untersuchungssache — denn um einzelne Fälle handelt es sich nicht — sondern für die gesammte Strafrechtspflege sei, dem Beschuldigten gleichsam im Dunkeln Schlingen zu legen und ihn darin zu fangen, kann ein Einwand erhoben werden gegen das unbedingte Recht der freien Unterredung des Angeklagten mit dem rechtsgelehrten, doch auch auf sein Amt verpflichteten und unter Disciplinaraufsicht stehenden Vertheidiger und auf das unbedingte Recht des Vertheidigers auf Acteneinsicht, „sobald der Angeklagte verhaftet, ein Verhör mit ihm erfolgt, oder eine Haussuchung oder Beschlagnahme gegen denselben verfügt ist.“ [10])

---

[10]) Braunschweigische Strafproceßordnung § 8. — Die Bestimmungen des österreichischen Entwurfs sind übrigens hier noch weniger empfehlenswerth, als die des deutschen Entwurfs.

Die Motive erörtern (S. 118) auch die Frage der vollständigen Oeffentlichkeit der Voruntersuchung. Sie entscheiden sich vom Standpunkte des im Wesentlichen festgehaltenen Inquisitionsprincips gegen die Oeffentlichkeit, und dies von diesem Standpunkte aus auch mit Recht. Freilich kann, wie die Motive bemerken, zugegeben werden, „daß die Oeffentlichkeit ein erwünschtes Mittel sein würde, schon in diesem Abschnitte des Verfahrens den richterlichen Anordnungen das öffentliche Vertrauen in vollstem Maße zu sichern, wie ja auch in England gewichtige Stimmen behaupten, daß die daselbst gewährte Oeffentlichkeit der Erreichung des Untersuchungszwecks mehr förderlich als hinderlich sei.“ Vom Inquisitionsprincipe aus kann freilich niemals Oeffentlichkeit der Untersuchung empfohlen werden. Aber gerade das letzterwähnte Zugeständniß scheint uns zu beweisen, daß das Inquisitionsprincip ein schlechtes ist, und die Ausführungen der Motive (S. 112) erschienen uns einfach als „verlorene Liebesmüh“. Es handelt sich in der That im Hauptverfahren nicht um eine bloße Anklageform, sondern um das Anklageprincip. Das letztere hat freilich nicht die Bedeutung, daß die Parteien, wie die Motive glauben, über die in Frage stehenden Rechte frei wie über Privatrecht disponiren könnten; wohl aber hat es doch die Bedeutung, daß beiden Parteien mit gleichem Maße gemessen werden soll, daß beiden Theilen bestimmte Rechte unbedingt gewährleistet werden, welche eben nicht vom richterlichen Ermessen abhängen, und daß endlich, wenngleich der Richter gegen offenbare materielle Ungerechtigkeit einschreiten kann, das zunächst bewegende Princip der Verhandlung nicht in der Person des Richters, sondern in der Thätigkeit der Parteien gefunden wird. Wenn aber die Motive meinen, der Entwurf stehe, was die Voruntersuchung betrifft, zwischen dem englischen Anklageprincipe und dem bisherigen Inquisitionsprincipe in der Mitte, so liegt diese Mitte unserer Ansicht nach ganz merkwürdig der letztgenannten Seite nahe, viel näher, als die braunschweigische Strafproceßordnung, obwohl die letztere sich noch gar nicht einmal dieses neuen mittleren Princips berühmt!

Wir fügen zum Schluß noch Eins hinzu. Niemand wird die Staatsanwaltschaft (oder den Ankläger überhaupt) hindern wollen, im Stillen und im Geheimen Ermittelungen anzustellen und dabei z. B. auch der Hülfe der Polizeibehörden sich zu bedienen. Sie mag das in ausgedehntestem Maße thun, und es mögen ihr dazu, was wir durchaus billigen, auch genügende Geldmittel zu Reisen, auch zur Entschädigung von Zeugen, die die Staatsanwaltschaft selbst vernahm, zur

Disposition gestellt werden — und es ist unseres Erachtens nur eine merkwürdige Pedanterie, wenn die deutsche Gesetzgebung der Staatsanwaltschaft alle möglichen anderen Befugnisse giebt, ihr aber so ziemlich absolut den Geldbeutel verschließt. Aber wo das Gericht thätig wird, wo Zwangsmittel angewendet werden, wo Actenstücke aufgenommen werden, die möglicher Weise als Beweisstücke oder zur Unterstützung doch eines Beweises verwendet werden, da muß auch die Herrschaft des Princips beginnen, nach welcher der ganze Proceß bezeichnet wird. Auf eine inquisitorische Voruntersuchung kann nicht leicht eine wirkliche accusatorische Hauptverhandlung folgen, und eine durchaus schriftliche Voruntersuchung verschleppt die Schriftlichkeit auch in die Hauptverhandlung. Kann man aber gleichwohl zu einer kühnen, radicalen Aenderung sich nicht entschließen, so gebe man wenigstens folgende Vorschrift:

> In allen wichtigeren Sachen [11]) muß der öffentlichen Verhandlung vorangehen eine öffentliche Verhandlung vor einem Richter, der nicht der Untersuchungsrichter sein darf, in welche die Parteien die Sache summarisch unter Angabe der Beweismittel erörtern, aber auch Zeugen und Sachverständige zur summarischen regelmäßig nichteidlichen Vernehmung unmittelbar zur Stelle bringen können. Die richterliche Entscheidung beschränkt sich auf den Anspruch, ob mit Rücksicht auf die Anklage, wie sie der Ankläger beabsichtigt, und demgemäß auch im Termin zu formuliren hat, die Hauptverhandlung genügend vorbereitet sei. (Nicht in diesem Termine vorgebrachte Beweismittel können in der Hauptverhandlung nur nach dem Ermessen des Gerichtvorsitzenden und von Seiten der Anklage in der Regel nicht vorgebracht werden.) Ein Rechtsmittel gegen die Entscheidung des Richters findet nicht statt.

Diese Verhandlung nimmt im Wesentlichen die Stelle des Schlußverhörs in der Untersuchung ein, welches z. B. auch die hannoversche revidirte Strafproceßordnung § 115 mit den Worten vorschrieb:

> „Beim Schluß der Voruntersuchung .... muß der Untersuchungsrichter den Beschuldigten im Allgemeinen von den gegen ihn ermittelten Beweisen in Kenntniß setzen.

---

[11]) Selbstverständlich wäre dies genauer zu bestimmen. Unserer Ansicht nach könnte einfach gesagt werden in allen nicht vor die Strafgerichte unterster Ordnung gehörigen Sachen.

Auch ist der Beschuldigte, sofern dies nicht schon früher geschehen, zu einer Erklärung hierüber und zur Abgabe der noch nicht angegebenen Vertheidigungsmittel aufzufordern"

und welches auch Zachariä Strafproc. II. § 124 im Allgemeinen für eine Pflicht des Untersuchungsrichters erklärt. Während aber diese nichtöffentliche Vernehmung vor dem Untersuchungsrichter — eben weil der Untersuchungsrichter inquisitorisch die ganze Sache bisher geleitet hatte, ihm Alles selbstverständlich schien, und der Staatsanwalt nicht zugegen war — meistens zu einer bloßen Formalität wurde, ist durch die Einschiebung eines anderen Richters, die Gegenwart der Parteien, die Oeffentlichkeit dagegen Fürsorge getroffen. Insofern zur Stellung des Angeschuldigten vor das erkennende Gericht ein Beschluß eines Gerichts, ein Anklagebeschluß erforderlich sein sollte — was wir aber mit Ausnahme der schwersten Fälle gar nicht wünschen — könnte die Verhandlung, welche dann vor einem Gerichtskollegium erfolgen müßte, auch den Anklagebeschluß zum Gegenstande haben.

Die Motive S. 132 bemerken freilich: „In noch höherem Maße wie gegen die Zuziehung der Staatsanwaltschaft und der Vertheidigung (behufs Abgabe des gerichtlichen Anklagebeschlusses) sprechen die vorhin erwähnten Rücksichten (Weitläufigkeiten bei Heranziehung der Staatsanwaltschaft und beziehungsweise des Vertheidigers) gegen eine mündliche Beweiserhebung vor dem beschließenden Gerichte. Denn eine solche Beweiserhebung würde, wenn sie eine vollständige und ihrem Zweck genügende sein sollte, sich von der Verhandlung vor dem erkennenden Gericht wenig oder gar nicht unterscheiden, während ein minder vollständiges Verfahren, etwa nach Art der englischen großen Jury (die überdies nur den Ankläger und die Belastungszeugen hört) nicht nur keine Vortheile bieten, sondern auch der deutschen Anschauungsweise durchaus widersprechen würde, wie ja auch in England selbst nicht verkannt wird, daß das Verfahren vor der großen Jury an sehr erheblichen Mängeln leidet."

Hier sind unseres Erachtens verschiedene Dinge durch einander geworfen und daraus ist dann ein halbrichtiger und halbunrichtiger Schluß gezogen. Der Anklagebeschluß im heutigen deutschen Strafverfahren erfüllt eine doppelte Function, erstens entscheidet er über die genügende Vorbereitung der Anklage und Vertheidigung für die Hauptverhandlung und zweitens darüber, ob von der Hauptverhandlung eine Schuldigsprechung möglicher Weise zu erwarten sei. Da eine bejahende Entscheidung über den zweiten Punkt die Entscheidung über den ersten bereits voraussetzt, so wird jener erste Punkt bei den Erörterungen über den Anklagebeschluß meist ganz außer Acht gesetzt. Gleichwohl sind beide Punkte trennbar, und sehr wohl ist die Ansicht zu vertheidigen, daß man den Anklagebeschluß als solchen gänzlich fallen und nur eine Entscheidung über die genügende Vorbereitung der Anklage und Vertheidigung bestehen läßt.

Die Nothwendigkeit eines besonderen Anklagebeschlusses, welcher erklärt, daß der Angeklagte genügend verdächtig sei, ist bekanntlich von mehreren Seiten [12]) mit schwer wiegenden Gründen, namentlich mit dem Hinweise darauf bekämpft worden, daß der Angeklagte unter dem Gewichte eines solchen Verdächtigkeitsbeschlusses, dem doch eine ernsthafte Prüfung, wenigstens im bisherigen deutschen Strafverfahren, nicht vorausgehe, schwer zu tragen habe, während ein sehr viel besserer Schutz in der strengen und ungetheilten Verantwortlichkeit der öffentlichen Anklagebehörde, der Staatsanwaltschaft, zu befinden sei, und auch wir haben uns gegen den von anderer Seite [13]) gemachten Vorschlag, dem Angeschuldigten einen besseren Schutz durch eine contradictorische Verhandlung vor dem Anklagebeschlusse und über denselben zu gewähren, deßhalb erklärt, [14]) weil wir dabei eine ungründliche Hauptverhandlung durch Vorwegnahme des Interesses an der Vorverhandlung glaubten befürchten zu müssen. Dennoch hat sich der Juristentag [15]) für Beibehaltung des Anklagebeschlusses auf nicht contradictorischer Grundlage entschieden und selbst die neue österreichische Strafproceßordnung will denselben für die schwereren Straffälle aufrechterhalten. Ohne Zweifel hat dabei mitgewirkt die Erwägung, daß der Anklagebeschluß wie er gegen eine unbegründete öffentliche Hauptverhandlung Schutz gewähre, so auch gegen eine ungenügende Vorbereitung der Hauptverhandlung, wenngleich wesentlich in den Vordergrund trat die Rücksicht auf die Person des Angeklagten, der, weil die Justiz das ganze menschliche Leben zu beleuchten pflege, aus einem solchen Verfahren zwar freigesprochen, aber zuweilen an Ehre und guter Meinung geschädigt zurückkehre. Wir geben das letztere zu; indeß wird es doch nur dann eintreten, wenn die öffentliche Verhandlung wirklich entweder wie die Hauptverhandlung die ganze Sache erschöpfen soll, oder doch mindestens

---

[12]) Vgl. insbesondere Glaser, Archiv des Criminalrechts 1852 S. 252 ff.; kleinere Schriften II. S. 148 ff. Geyer, Gutachten für den deutschen Juristentag. Verhandlungen VII. 1. S. 63 ff. und die Debatten das. 2. S. 134 ff. Dafür erklärte sich auch v. Stenglein, das. S. 140 ff.

[13]) Dalcke im Archiv f. preuß. Strafr. X. S. 451.

[14]) Bar, Recht und Beweis im Geschworenengericht. S. 50.

[15]) Verhandlungen des VII. deutschen Juristentages 2. S. 154.

zu einem Gutachten dienen soll, ob der Angeklagte wahrscheinlich werde verurtheilt werden. Soll die öffentliche Verhandlung nur zu einem Ausspruche darüber dienen, ob die demnächstige Hauptverhandlung genügend vorbereitet sei, so ist es ganz widersinnig, Beweisführungen über das frühere Leben des Angeklagten, über seinen Charakter — Beweisführungen, mit denen bei Angeklagten wie bei Zeugen in Deutschland leider ebenso wie in Frankreich zuweilen der übelste Mißbrauch getrieben wird — hineinzuziehen. Von einem den Angeklagten benachtheiligenden Gewichte eines Beschlusses, der nur erklärt die Anklage und Vertheidigung sei genügend vorbereitet, kann nicht die Rede sein. Gleichwohl werden durch die Möglichkeit einer Zurückweisung ungenügend vorbereiteter Anklagen auch Anklagen zurückgehalten, die überhaupt nicht genügend vorbereitet werden können, weil sie in thatsächlicher Beziehung durchaus unbegründet sind, wenn man in Betracht zieht, daß dem Staatsanwalt nach unserer oben begründeten Ansicht die Befugniß gegeben werden sollte, mit Zustimmung des Angeklagten die erhobene Anklage fallen zu lassen: hat der Staatsanwalt erhebliches Material nicht mehr in Händen, so muß er nothgedrungen die Anklage lassen fallen. Dabei wäre aber auch dem eigenen Ermessen des Angeklagten ein großer Spielraum gegeben; er könnte sich mehr oder weniger opponiren, je nachdem ihm die definitive öffentliche Verhandlung weniger oder mehr vortheilhaft erschiene, und das würde bei solcher mündlichen Verhandlung von selbst ins Gewicht fallen. Nur gegen eine irrige rechtliche Qualificirung der Anklage schützt ein solcher Gerichtsbeschluß nicht. Liegt aber der Fehler wesentlich hierin, und sind die Thatsachen im Wesentlichen vom Angeklagten nicht bestritten, so schadet ihm auch die öffentliche Hauptverhandlung in seinem Rufe nicht, während ein vollständiger Anklagebeschluß, insbesondere, wenn er etwa vom höchsten Gerichtshofe bestätigt ist, den Angeklagten in eine höchst nachtheilige Lage versetzt. Ein solcher Beschluß, wie wir ihn hier proponiren, kann aber auch das Verfahren nicht lange aufhalten, namentlich da es keiner Rechtsmittel bedarf: denn der Staatsanwalt selbst und nicht das Gericht setzt die Anklageformel für die demnächstige Hauptverhandlung fest. Daneben würde die Nothwendigkeit einer besonderen Anklageschrift wegfallen, die einerseits das Verfahren verzögert, andererseits, bekanntlich dem Angeklagten, indem sie leicht eine Menge unbewiesener Facta als gewiß darstellt, gefährlich werden kann.

Wir kehren jetzt zu dem oben S. 29 mitgetheilten Satze der Motive zurück. Man wird, hoffen wir, schon jetzt anerkennen, daß die Conclusion der Motive eine unrichtige ist. Wir dürfen aber noch hinzufügen, daß die Angriffe, welche in neuerer Zeit in England auf die dortige Art der Vorbereitung der Hauptverhandlung gemacht sind, sich gar nicht auf die öffentliche Verhandlung vor dem Magistrat und dessen Ausspruch — nach Mittermaier[16]) die beiden wichtigsten Stücke der englischen Vorunntersuchung — sondern auf das Verfahren der großen Jury beziehen. Die Motive dürfen sich also zur Bekämpfung einer öffentlichen contradictorischen Verhandlung hierauf nicht berufen. Wie aber dem deutschen Rechtsbewußtsein eine öffentliche Verhandlung über die Anklage widerstreiten sollte, vermögen wir nicht einzusehen. Von solchen allgemeinen ohnehin oft sehr mißlichen Berufungen auf das deutsche Rechtsbewußtsein kann doch wohl nicht die Rede sein bei Einrichtungen, die erst vor wenig Jahren aus dem französischen Proceß herüber genommen sind, oder man müßte denn das ganze alte heimliche Inquisitionsverfahren als ein Postulat des deutschen Rechtsbewußtseins hinstellen wollen.

Der Entwurf (§§ 159 ff.) will, abweichend hierin von einer Mehrzahl von Strafproceßordnungen, die wenigstens bei minder schweren Strafsachen einen Anklagebeschluß nicht fordern, immer einen gerichtlichen Beschluß über die Stellung des Beschuldigten vor das erkennende Gericht; indem er dadurch einerseits in allen denjenigen Fällen, in welchen eine Voruntersuchung stattfindet, eine Menge von Weiterungen und Verzögerungeu herbeiführt, macht er die durch den Verweisungsbeschluß dem Angeschuldigten gegebene Garantie dadurch im Wesentlichen zu einer problematischen, daß er die Frage, ob eine Voruntersuchung stattfinden solle, in den leichteren Straffällen ganz vom Ermessen der Staatsanwaltschaft abhängen läßt, in den schwereren Straffällen aber doch wenigstens die Frage, wann die Voruntersuchung zu beginnen habe, und daß er in allen Fällen die Staatsanwaltschaft zur möglichsten Umgehung der Voruntersuchung veranlaßt. Es ist das eine Folge des Mangels der subsidiären Privatanklage. Ohne diese kann der Staatsanwaltschaft eine (gesetzlich) freie Stellung nicht eingeräumt werden.

Wie bemerkt erklären die Motive S. 135. 136 die Ausarbeitung einer besonderen Anklageschrift nach dem Anklagebeschlusse für nicht unbedenklich. Der Entwurf stellt gleichwohl über die Abfassung derselben keine Vorschrift auf. Zugegeben, daß dergleichen Bestimmungen wenig helfen, so fragt man doch billig, weßhalb denn die in der neuen österreichischen Strafproceßordnung angenommene, bereits früher von

---

[16]) Das englische, schottische und nordamerikanische Strafverfahren S. 171 ff.

Glaser wie von uns empfohlene Einrichtung verworfen ist, nach welcher der Staatsanwalt die Anklageschrift vor dem Anklagebeschlusse auszuarbeiten hat, und jene dann in diesem einfach genehmigt wird. Dann ist es ja auch nicht nöthig, daß, wie die Motive zum § 171 bemerken, der Angeklagte erst noch prüfen muß, ob die Anklageschrift mit dem Anklagebeschlusse übereinstimmt. Nur durch diese Einrichtung der österreichischen Strafproceßordnung (§§ 207 ff.) wird ein wirksamer Schutz gegen captivirende Anklageschriften geschaffen, und wenn manche Anweisungen eines Gesetzes selbst leicht fromme Wünsche bleiben, so ist diese Gefahr noch mehr vorhanden, wenn diese Wünsche sich gar noch in die Motive zurückziehen, die je älter ein Gesetz wird, desto mehr an ihrer Bedeutung zu verlieren pflegen.

Was sodann die fernere Vorbereitung zur Hauptverhandlung betrifft, so gewährt § 173 dem Angeklagten eine Frist von einer Woche zur Vorbereitung der Vertheidigung zwischen der Ladung zur Hauptverhandlung und dieser selbst. Die Motive bemerken dazu, diese Frist erscheine völlig ausreichend. „In den Fällen, in denen eine Voruntersuchung stattgefunden, habe der Angeklagte schon im Laufe der letzteren Gelegenheit gehabt, sich über die gegen ihn vorliegenden Beweise zu unterrichten; die Fälle aber, in denen ohne vorgängige Voruntersuchung das Hauptverfahren eröffnet werde, werden meistens von so einfachem Sachverhalt sein, daß es zur Vorbereitung der Vertheidigung keines größeren Zeitraumes bedürfen werde. Treffe diese Voraussetzung ausnahmsweise nicht zu, oder mache es der Angeklagte aus sonstigen Gründen glaubhaft, daß die Vorbereitung seiner Vertheidigung eine längere Frist erheische, so sei selbstverständlich das Gericht ebenso berechtigt als verpflichtet, auf seinen Antrag den Termin zur Hauptverhandlung hinauszuschieben". Hierbei ist wieder übersehen, daß die Eröffnung einer wirklichen Voruntersuchung abgesehen von den schwersten Straffällen ganz vom Ermessen der Staatsanwaltschaft abhängt, und daß das Recht des Beschuldigten zur Vertheidigung in einem Verfahren, welches den Namen eines Anklageverfahrens verdient, innerhalb ausreichender Grenzen ein unbedingtes sein muß, nicht wieder vom Ermessen des Gerichts abhängen darf. Hat man nun den Angeklagten von der Staatsanwaltschaft während der Voruntersuchung genügend emancipirt, und besteht ein wirksamer Zwang für die Staatsanwaltschaft, die Voruntersuchung, insbesondere in Fällen einer Verhaftung, zu beantragen, so genügt die Bestimmung des Entwurfs freilich; sie ist aber bedenklich, wenn, wie nach den früher erörterten Bestimmungen des Entwurfs, gerade das Gegentheil der Fall ist, und außerdem keine Berufung stattfindet.

Für sehr bedenklich müssen wir ferner die Bestimmung des Abs. 2 des § 173 halten, wonach der Angeklagte das Recht verliert, die Aussetzung der Verhandlung zu beantragen, wenn er es vor Beginn des Vortrags der öffentlichen Anklage nicht spätestens geltend gemacht hat. Personen, die keinen rechtsgelehrten Vertheidiger haben, werden damit des Rechts auf Aussetzung der Verhandlung ohne Weiteres meistens verlustig gehen, und das Ermessen des Gerichts hilft nicht in allen Fällen; Voreingenommenheit und Uebereilung können auch bei dem erkennenden Gerichte vorkommen und kommen ohne feste sichernde Formen gar nicht so selten vor, wie es denn auch möglich ist, Gerichte an eine Art tumultuarischen Verfahrens durch zu laxe Formen gleichsam zu gewöhnen. Die fragliche Bestimmung muß unseres Erachtens in die folgende umgewandelt werden:

„Der Beschuldigte kann auf das Recht, Aussetzung der Verhandlung zu beantragen, ausdrücklich verzichten bei Beginn oder während der Hauptverhandlung; vorher zu richterlichem Protokoll, wenn er einen rechtsgelehrten Vertheidiger hat."

Es ist unseres Erachtens Sache der rechtsgelehrten Staatsanwaltschaft, wenn sie eine Sache vorzeitig zur Verhandlung bringen will, den Beschuldigten auf jene Befugniß aufmerksam zu machen. Die hannoversche Strafproceßordnung bestimmte im § 186, daß im schwurgerichtlichen Verfahren der Vorsitzende den Angeklagten bei Strafe der Nichtigkeit des Verfahrens zu befragen habe, ob er Gründe habe, die Aussetzung des Verfahrens zu beantragen!

Zu besonderen Bemerkungen gaben bezüglich der Vorbereitung der Hauptverhandlung noch die §§ 175—177 Anlaß. Sie sind im Wesentlichen der revidirten hannoverschen Strafproceßordnung entnommen und behandeln im Allgemeinen richtig die Vorladung der Zeugen und Sachverständigen als Parteisache, zunächst der Staatsanwaltschaft. Wir halten aber den in der hannoverschen Proceßordnung enthaltenen, von dem Entwurfe (vgl. Motive S. 150) gestrichenen Satz:

> „Bei der Auswahl der vorgeschlagenen Zeugen darf der Staatsanwalt nur die unparteiische Ermittelung der Wahrheit im Auge haben"

doch auch in der deutschen Strafproceßordnung für ganz entsprechend; denn man glaube ja nicht, daß allgemeine in einem Proceßgesetze ausgesprochene Maximen ganz nutzlos seien; die Menschen sind weder so ideal, daß eine Berufung auf jene nicht gelegentlich am Platze wäre, noch sind sie so wenig dem Gesetze zugethan, daß das Gesetz stets

Zwang und Nichtigkeitsandrohungen brauchte. § 177 giebt dem Vorsitzenden des (erkennenden) Gerichts ebenfalls das Recht, Zeugen und Sachverständige zu laden. Die Motive bemerken dazu, da der Vorsitzende dies Recht von Amts wegen üben könne, so könne er es auch auf Antrag des Beschuldigten üben, wenn die Staatsanwaltschaft diesen Antrag abweise. Wir sind der Meinung, es sei richtiger, dies auch besonders auszusprechen; denn es sieht fast so aus, als habe zwar der Vorsitzende jenes Recht unbeschränkt, der Angeklagte dürfe aber von dem Staatsanwalt nicht an ihn appelliren. Die hannoversche Strafproceßordnung sprach letzteres ausdrücklich aus.

III.

Wenn der Entwurf mit den letztgenannten die Vorbereitung der Hauptverhandlung bezielenden Bestimmungen sich wesentlich auf den Boden des Anklageprincips gestellt hat, so bleibt er, was die Hauptverhandlung selbst betrifft, wiederum vollständig im Inquisitionsprincipe stecken, und diese ist doch in einem mündlichen Verfahren das Hauptstück.

Nach § 193 erfolgt die Vernehmung des Angeklagten und die Aufnahme des Beweises durch den Vorsitzenden des Gerichts. Das ist rein inquisitorisches Verfahren. Das Anklageprincip verlangt, wie hier weiter auszuführen wohl nicht nöthig ist, daß die Parteien die Beweise dem Richter selbstthätig liefern, diesem aber nur eine ergänzende Thätigkeit, namentlich im Interesse des Angeklagten zufällt! Dadurch wird auch allein eine wirklich unparteiische Stellung des Gerichtsvorsitzenden ermöglicht, während nach dem bisherigen Verfahren des deutschen und französischen Processes der Staatsanwalt häufiger unparteiischer erscheint als der Vorsitzende, der unwillkürlich sich Mühe geben muß, die Schuld nach Maßgabe der Voruntersuchungsacten herauszuinquiriren.

Die Motive S. 166 führen dann auch eine Reihe von Autoritäten an, welche für die englische, in England als ein Grundpfeiler gerechter Justiz betrachtete Einrichtung des Kreuzverhörs sich ausgesprochen haben, z. B. auch Zachariae, v. Stemann, und es würde nicht schwer sein, diesem noch andere Schriftsteller anzureihen. [17]) Die Motive verkennen auch keineswegs die mit dieser Einrichtung verbundenen Vortheile, daß nämlich der vorsitzende Richter von einer seine sonstigen Aufgaben gefährdenden Arbeitslast befreit, und ihm eine größere Objectivität der Entscheidung gesichert werde, daß andererseits aber Staatsanwalt und Vertheidiger ihre Befugnisse wirksamer wahrzunehmen vermögen, während gegen ungebührliche Fragen und mangelhafte Verhöre durch die ergänzende und beaufsichtigende Thätigkeit des Vorsitzenden Vorsorge getroffen werde. Die Motive entscheiden sich aber gleichwohl für die bisherige Einrichtung, erstens weil die Vernehmung der Zeugen in der Hauptverhandlung keineswegs eine nothwendige Folgerung aus der Anklageform sei — denn sonst müßte man noch mehr für den heutigen Civilproceß die Vernehmung der Zeugen durch die Parteien verlangen — und zweitens weil nur in einem Bruchtheile der Strafsachen die bei dem Kreuzverhöre nothwendige Mitwirkung des Vertheidigers stattfinde. Das erste Argument ist uns in der That nicht verständlich. Wir können ihm z. B. den von den Motiven selbst citirten Ausspruch Zachariae's entgegensetzen. Ein Engländer und Nordamerikaner würde es für unmöglich halten als ein accusatorisches Verfahren ein solches zu bezeichnen, bei welchem gerade in dem allein entscheidenden Stadium der Richter das Beweismaterial heranzieht und auseinanderlegt — während die Parteien auf die naturwidrige Rolle von Controleuren des Gerichts beschränkt sind. Kaum nöthig erscheint es noch zu bemerken, daß auch der Anklageproceß des Alterthums an eine Production des Beweismaterials durch den Richter nicht gedacht hat, und dieselbe im mittelalterlichen Processe undenkbar war. Die Berufung auf den Civilproceß ist aber deßhalb hinfällig, weil eben dieser gerade jetzt sich im Stadium radicaler Umänderung befindet und erst eben aus den Fesseln der Schriftlichkeit sich wirklich befreien will, und es keinem Zweifel unterliegen kann, daß er mehr noch als der Strafproceß in einem großen Theil Deutschlands, speciell aber in den altpreußischen Provinzen hinter den Anforderungen der Zeit und der Wissenschaft zurückgeblieben ist. Uebrigens haben wir z. B. bereits im Jahre 1867 die Vernehmung der Zeugen durch die Anwälte der Parteien auch im Civilprocesse als richtig und sachgemäß bezeichnet [18]) und es ist möglich, daß wir auch hierin, wie in einigen andern Dingen, welche die

---

[17]) In neuester Zeit z. B. H. Seuffert: Ueber Schwurgerichte und Schöffengerichte. 1873 S. 55.

[18]) Recht und Beweis im Civilprocesse S. 257.

hergebrachte Anschauung anfangs als unmöglich oder unpraktisch betrachtete, schließlich noch durchdringen.

Gewichtiger scheint der andere Einwand, der sich auf die Nothwendigkeit der Zuziehung eines rechtsgelehrten Vertheidigers gründet, und hier konnten die Motive sich auch auf einen Ausspruch v. Stemann's berufen. Allein jedenfalls trifft der Einwand doch die Fälle nicht, wo ohnehin schon ein Vertheidiger zugezogen wird, also keinenfalls die schweren Straffälle, in denen der rechtsgelehrte Vertheidiger schon jetzt gesetzlich nothwendig ist, mit andern Worten, er trifft gar die wichtigsten Straffälle nicht, für die ja auch sonst exceptionelle Vorschriften existiren, und dann erscheint es uns, wenn die Berufungsinstanz für die übrigen Straffälle aufgehoben wird, als eine Nothwendigkeit, dafür die Garantieen der ersten und einzigen Instanz zu verstärken, und eine der wichtigsten Garantieen ist gerade die Zuziehung eines rechtsgelehrten Vertheidigers. Unserer Ansicht nach muß dieselbe auch in den wichtigeren der zur Competenz der mittleren Strafgerichte gehörigen Fälle dann obligatorisch gemacht, in allen anderen vor die mittleren Strafgerichte gehörigen Fällen aber dem unvermögenden Angeschuldigten auf sein Ansuchen auf Staatskosten gewährt werden.[19]) Die Vorschrift des § 122 Abs. 2, wonach die Zuordnung eines Vertheidigers überall in den mittleren Straffällen im Ermessen des Gerichts steht, reicht unserer Ansicht nach nicht aus. Die Gerichte mögen den besten Willen haben, dem Antrage des Beschuldigten überall da zu entsprechen „wo solche mit Rücksicht auf die Persönlichkeit des Beschuldigten oder auf die Schwierigkeit der Sache angemessen erscheint" (vgl. Motive S. 99), ein Schutz gegen Uebereilung liegt darin nicht. Wir glauben doch uns nicht ganz seltener Fälle zu erinnern, wo dadurch, daß über die in erster Instanz rasch erledigte Sache in der zweiten ein rechtsgelehrter Vertheidiger gehört wurde, eine Freisprechung oder doch eine wesentliche Herabminderung der Strafe erfolgte.

Es ist uns freilich bekannt, daß häufig die Zuziehung eines Vertheidigers von den Gerichten nicht gerade mit Gunst für den Beschuldigten, der dieselbe wünscht, betrachtet wird.[20]) In der That sind die Vertheidiger durch die inquisitorische Einrichtung des gegenwärtigen Verfahrens leere Worte zu sprechen nicht selten verurtheilt, durch welche sie dann die Gerichte ermüden, und das hat wiederum zur Folge, daß

---

[19]) Vgl. dafür jetzt auch die Bestimmung der neuen österreichischen Strafproceßordnung § 41 a. E.

[20]) Scherzhaft ausgedrückt: der Verdächtigkeits- bezw. Erschwerungsgrund eines verlangten Vertheidigers!

die Vertheidigung im Strafprocesse oft in weniger gute Hände kommt, als sie verdient. Es bedarf aber keiner weiteren Ausführung darüber, daß sich das anders gestalten muß, wenn dem Vertheidiger die naturgemäße Rolle bei Aufnahme des Beweises zufällt.

Aber selbst in den Fällen, wo ein Vertheidiger nicht zugezogen wird, halten wir die Beweisaufnahme zunächst durch die Staatsanwaltschaft für das richtige Verfahren. Hat der vorsitzende Richter hier inquisitorisch gegen den Angeklagten zu verfahren, so ist klar, daß der letztere — selbst ohne Vertheidiger — eigentlich zwei Ankläger sich gegenüber hat, auf einen wirklich unparteiischen Schutz aber in der Verhandlung verzichten muß.

Keiner weiteren Darlegung bedarf es sodann, daß die inquisitorische Thätigkeit des Vorsitzenden noch bedenklicher wird, wenn ihm das Gesetz, wie der Entwurf im § 193 Abs. 2 will, eine präponderirende Stellung bei der Stimmenzählung der Richter über Beschlüsse im Laufe der Hauptverhandlung gewährt. Es läßt sich erwarten, daß bei den mittleren Strafgerichten, da nach § 213 eine dem Angeklagten nachtheilige Entscheidung der Schuldfrage mit zwei Drittheilen der Stimmen erfolgen soll, die Anzahl der richtenden Personen eine gerade (6) sein solle. Danach werden Fälle der Stimmengleichheit gar selten sein, in denen der Präsident — ohnehin durch alleinige Kenntniß der Acten vor den übrigen Gerichtsmitgliedern in der Regel ausgezeichnet — den Stichentscheid abgiebt. Die richtige Bestimmung würde die sein, daß im Falle der Stimmengleichheit die dem Antrage der Vertheidigung günstigere Meinung, und nur dann, wenn ein solcher Antrag nicht vorliegt, die Stimme des Präsidenten den Ausschlag gebe.

Die inquisitorische Thätigkeit des Gerichts wird aber unserer Ansicht nach noch weit bedenklicher, wenn eine Berufungsinstanz nicht stattfindet, und wenn das Geschworenengericht beseitigt wird, möchte es immerhin in anderer Hinsicht durch Zuziehung von Schöffen zur Urtheilsfällung ersetzt werden.

Es ist nicht lediglich historischer Zufall, daß der Inquisitionsproceß dem Angeschuldigten eine ganze Reihe von Rechtsmitteln in mehreren Instanzen eröffnete. Durch die Kritik, welche die Vertheidigung an dem Urtheile der früheren Instanz unbeschränkt üben konnte, erhielt der Angeschuldigte einen freilich nur beschränkten, aber doch nicht zu unterschätzenden Antheil der Parteirechte zurück, welche ihm in erster Instanz nicht gewährt wurden, wie denn der Richter, welcher die Entscheidung zu geben hatte, im Inquisitionsprocesse in den wichtigeren Fällen nach der Gesetzgebung der meisten Territorien nicht derjenige sein durfte, der die Untersuchung geführt hatte. Hiernach springt in die Augen, wie gefährlich (bei Uebereilungen!) ein Tribunal sein kann, in welchem der Vorsitzende inquisitorisch verfährt, ohne daß — bei gehöriger Wahrung der Formen — irgend die Möglichkeit einer Remedur, bezüglich der Feststellung der thatsächlichen Grundlagen des Urtheils bestände. Die Geschworenengerichte stehen hier — es ist dies freilich ein Punkt, den wir hier nur andeuten können — doch insofern anders, als der Vorsitzende im Geschworenengerichte den Beweis für die Ueberzeugung der Geschworenen, nicht aber wie bei einem rechtsgelehrten Gerichte oder einem Schöffengerichte für sich und für diejenigen führt, denen er auf eine formlose, nicht durch die Oeffentlichkeit und nicht durch die Parteien zu controlirende Weise seine Ansichten mittheilen kann.

In § 194 des Entwurfs ist nun zwar dem Vorsitzenden die Befugniß gegeben, die Vernehmung der Zeugen und Sachverständigen den Parteien zu überlassen. Hier aber gilt der Satz, daß die halbe Maßregel eine unwirksame ist. Das besondere an den Vorsitzenden gerichtete Verlangen, nicht selbst die Beweisaufnahme zu besorgen, sondern dieselbe der Partei zu überlassen, ist als solches leicht als Mißtrauensvotum gegen den Präsidenten aufzufassen, und vor diesem werden die Parteien sich hüten. Auch das preußische Gesetz von 1852 enthält eine derartige Bestimmung, von welcher fast nie Gebrauch gemacht ist. So dürfte es auch nach dem Entwurf sein, und wir vermögen eben wegen der Mißlichkeit eines Mißtrauensvotums gegen den in einem Schöffengerichte wahrlich höchst mächtigen Präsidenten keinen wesentlichen Unterschied darin zu entdecken, daß das preußische Gesetz auch noch die Zustimmung der Gegenpartei forderte.

Wir nehmen hier Gelegenheit, über die Stellung des Vorsitzenden nach dem Entwurfe ein Weniges zu bemerken. Die Motive verwahren sich feierlichst dagegen (vgl. S. 166), daß dem Präsidenten die sog. discretionäre Gewalt des französischen Rechts eingeräumt werde. Diese Gewalt, die übrigens keineswegs dahin geht, daß der Präsident sich über die Schranken des Proceßrechts beliebig hinwegsetzen könne, sondern (vgl. insbesondere die gute Erläuterung in der rev. hannoverschen Proceßordnung §. 143 Abs. 4) nur dahin, daß es lediglich vom Ermessen des Präsidenten abhängt, von den Parteien nicht oder nicht rechtzeitig benannte Beweismittel noch zu benutzen, kann gefährlich erscheinen; wir halten sie nicht dafür, wie denn aus Hannover uns keine Klagen darüber je bekannt geworden sind. Es kann im höchsten Interesse der materiellen Gerechtigkeit liegen, noch einen Zeugen, der sich z. B. aus dem Zuschauerraum plötzlich meldet, zu vernehmen; es kann aber nicht den Parteien eine Art Recht auf solche nachträgliche Vernehmungen eingeräumt werden, dadurch, daß man dieselben zum Gegenstande eines Gerichtsbeschlusses macht. Den scheinbar liberalen § 200 des Entwurfs, wonach verspätete Beweismittel doch selbst zu Gunsten der Anklage zulässig erscheinen, halten wir dem gegenüber gerade für gefährlich. Ohne bestimmte Parteirechte, insbesondere der Angeklagten, sollte man nicht von einem Anklageprocesse reden. Es leuchtet ein, wie sehr ein verhafteter Angeklagter durch Bestimmungen, welche thatsächlich die Staatsanwaltschaft von aller Beobachtung von Fristen bei Mittheilung der Beweismittel entbinden, gefährdet werden kann — und dabei giebt es keine Berufung!

Dagegen will es uns durchaus nicht angemessen scheinen, daß die unmittelbare Vorlegung einzelner Fragen zwar nicht den Parteien, wohl aber den beisitzenden Richtern und den Schöffen vom Vorsitzenden soll untersagt werden können. Unseres Erachtens entspricht das nicht der collegialen Stellung der Gerichtsmitglieder. Es ist nur zu verlangen, daß die Beisitzer den Vorsitzenden vorher um das Wort ersuchen. So war es z. B. auch bestimmt in der hannoverschen revidirten Strafproceßordnung und so ist es bestimmt in der österreichischen Proceßordnung § 249, ebenso aber auch in der würtembergischen Proceßordnung Art. 308, und zwar hier, wie in den beiden andern genannten Proceßordnungen, auch für die Geschworenen. Daß dadurch in Hannover z. B. Unzuträglichkeiten erwachsen wären, ist uns aus früherer Praxis nie bekannt geworden. Aber in den Worten der Motive S. 168, daß durch ein solches Fragerecht der Beisitzer der Plan der Vernehmung des Vorsitzenden durchkreuzt, ihm seine schwierige Aufgabe bis zum Unerträglichen erschwert werden könnte, scheint ein leises Mißtrauen gegen die vortrefflichen Schöffen der Zukunft hervorzuschimmern!

Noch weniger können wir selbstverständlich uns dafür erklären, daß der Entwurf § 196 im Widerspruche mit § 199, wonach den Umfang der Beweisaufnahme das Gericht bestimmen soll, dem Vorsitzenden ohne Möglichkeit der Berufung auf einen Anspruch des Gerichts das Recht giebt, nicht zur Sache gehörige (d. h. nach Ansicht des Präsidenten nicht zur Sache gehörige) Fragen zurückzuweisen. Wir verweisen dagegen z. B. auch auf die revidirte hannoversche Strafproceßordnung § 143 Abs. 6 und die württembergische St.-P.-O. Art. 308 a. E. Nach unserer Meinung ist das eine sehr gefährliche Art der discretionären Gewalt!

Wer auch nur oberflächlich die Geschichte des deutschen Strafprocesses kennt, dem kann die enge Verbindung des Inquisitionsprincips mit der Schriftlichkeit des Verfahrens nicht fremd sein. So ist denn auch in dem modernen Strafverfahren trotz der proclamirten Mündlichkeit ein gutes Stück Schriftlichkeit stecken geblieben. Es wird sich nicht bezweifeln lassen, daß in vielen Fällen der Vorsitzende die Voruntersuchungsacten aus dem Angeklagten und den Zeugen wieder herausexaminirt, und alle an sich wohlgemeinten Vorschriften über die Unzulässigkeit der Verlesung von Schriftstücken in der Hauptverhandlung können eben nur die gröbsten Verletzungen des Mündlichkeitsprincips, nicht aber dieses fast beständige und naturnothwendige, leise, aber darum nicht minder bedenkliche Hereinziehen der Voruntersuchung hindern. Denn wie soll der Vorsitzende, wenn er unparteiisch examiniren soll, da er doch mit einer gewissen Sachkunde einem gewissen Plane procediren soll, anders verfahren? Die Partei steht hier anders, sie arbeitet auf ein anderes Ziel hin, und das weiß man von ihr. Ganz richtig erkennen die Motive S. 172 auch an, daß gerade bei Beseitigung der Berufungsinstanz, welche nur des Mündlichkeitsprincips wegen erfolgt, strictere Vorschriften über die Innehaltung des Mündlichkeitsprincips nothwendig sind. Hier erscheint uns aber der § 206 doch noch zu lax, insofern er eine Verlesung von Protokollen zur Unterstützung des Gedächtnisses des Vernommenen gestattet. Damit läßt fast bei jedem etwas langsam aussagenden Zeugen die Verlesung sich rechtfertigen. Unserer Ansicht nach dürfte die Verlesung nur zur Feststellung offenbarer Widersprüche benutzt werden, nicht auch, wie der Entwurf ferner will, zur Hebung von Widersprüchen. Doch wird das Alles keinen wesentlichen Schutz gewähren, wenn nicht die formelle Sanction hinzutritt, daß die Verlesung nur kraft Gerichtsbeschlusses geschehen kann. Freilich sind hier die in Aussicht genommenen Schöffen wiederum nicht unbedenklich, während in einem aus rechtsgelehrten Richtern zusammengesetzten Collegium dergleichen Beschlüsse, wo nöthig, leicht und schnell sich fassen lassen.

Uebersehen ist dagegen vom Entwurfe ein Fall, in welchem die Verlesung von Aussagen auch noch zulässig sein muß, den auch die östereichische Proceßordnung § 252 hervorhebt, der Fall nämlich, daß Zeugen, ohne dazu berechtigt zu sein, nachdem sie in der Voruntersuchung ausgesagt, in der Hauptverhandlung ihr Zeugniß verweigern.

Von besonderer Wichtigkeit gerade bei einer Ausschließung der Berufung ist es auch, daß das Gericht nicht ohne die Möglichkeit einer besonderen Vertheidigung des Angeklagten auch hierauf, die Beurtheilung der That aus einem anderen als dem von der Anklage hervorgehobenen strafrechtlichen Gesichtspunkte vornehme; denn Ueberraschungen sind in einem Verfahren ohne Berufung geradezu eine Justizverweigerung. Der Entwurf enthält denn auch im § 215 eine hierauf abzielende Bestimmung. Dieselbe schützt aber den Angeklagten nicht genügend, da ihm nicht unbedingt das Recht zugestanden wird, Aussetzung der Sache zu fordern. Es muß auch hier darauf hingewiesen werden, daß in einem Anklageverfahren die erheblichsten Parteirechte nicht wieder vom Ermessen des Gerichts abhängen dürfen, und man bedenke nur, daß, wenn das Gericht hier übereilt verfährt, auf eine verkehrte Nichtanwendung der in sein Ermessen gestellten Vertagung eine Nichtigkeitsbeschwerde nicht gegründet werden kann. In den meisten Fällen, wo wirklich sofort abgeurtheilt werden kann, wird die Zustimmung des Angeklagten eventuell leicht zu erlangen sein; denn bei zweifelloser Schuld wird er meistens durch Verweigerung derselben seine Haft nur verlängern. Außerdem ist es gut, daß die Staatsanwaltschaft bei Formuliruug der Anklage nicht zu nachlässig verfahre und in Folge der Nachlässigkeit nicht noch mit besonderen Vortheilen über den Angeklagten ausgestattet werde. Eine nachlässige Formulirung der Anklage entzieht dem ganzen Processe die sichere Grundlage. Uebrigens gilt hier selbstverständlich der Satz, daß in dem Majus auch das Minus mitenthalten sei, daß also, wenn die Thatsachen dieselben bleiben, das Gericht wegen einer minder strafbaren Modalität desselben Delictes stets verurtheilen darf, z. B. wegen Beihülfe, wenn die Anklage auf Urheberschaft sich richtete.

IV.

Der Entwurf hat sich zu dem wichtigen bereits in einigen deutschen Staaten erfolgten Schritte entschlossen (den jetzt im Wesentlichen auch die östereichische Gesetzgebung thut): die Berufung im Strafverfahren abzuschaffen. Wir wollen selbstverständlich hier nicht diese Principienfrage erörtern; wir sind damit einverstanden, daß die Beseitigung der bisherigen Berufung, soweit sie thatsächliche Feststellungen des Urtheils betrifft, eine Consequenz des Mündlichkeitsprincips ist, und möchten allen Denjenigen, welche in Kürze über die unserer Ansicht nach durchschlagenden Gründe sich unterrichten wollen, verweisen auf die Rede, welche der österreichische Justizminister Glaser im österreichischen Abgeordetenhause (Stenographische Berichte der VII. Session S. 768) am 25. Mai 1872 gehalten hat.[21])

Die Beseitigung der Berufung setzt aber voraus, daß dem Angeklagten die Garantien, welche ihm die Berufung nach dem ersten Urtheile gewährte, in reichlichem Maaße vor demselben ersetzt werden, und daß soweit dies ausnahmsweise nicht möglich ist, durch eine Erweiterung, bezw. zweckmäßige Behandlung anderer beizubehaltender Rechtsmittel (Nichtigkeitsbeschwerde, Wiederaufnahme des Verfahrens nach rechtskräftigem Urtheile) geholfen werde.

Halten wir uns zunächst an die ersteren vor dem Urtheile zu beschaffenden Garantieen, so finden wir eine ganz wesentliche Funktion der Berufung in dem Schutze vor Uebereilungen. Die Gegner der Berufung sind leicht geneigt, den Werth dieses Schutzes nicht hoch genug anzuschlagen, und der Werth statistischer Berichte über die verhältnißmäßig geringe Zahl der Einlegungen eines Rechtsmittels und über den Erfolg, welcher in den Fällen der Einlegung erzielt wurde, pflegt andererseits überschätzt zu werden. Der Werth von Einrichtungen der Rechtspflege ist nicht lediglich nach äußerlich greifbaren Resultaten zu messen, so wenig als der Werth geordneter Rechtspflege überhaupt gemessen werden darf an der Zahl der entschiedenen Processe. Wie einerseits es für die umsichtige Thätigkeit der Gerichte günstig wirkt, daß eine Kritik in höherer Instanz Platz greifen kann, in welcher der ganze Rechtsfall ohne die beengenden Schranken der Nichtigkeitsbeschwerde (Revision des Entwurfs) klar gelegt wird, so ist andererseits für jeden Staatsangehörigen das Bewußtsein hiervon von nicht geringem, gleichsam idealem Werthe. Dennoch muß diese Erwägung der Rücksicht weichen, daß die Mündlichkeit (richtiger Unmittelbarkeit der Verhandlung vor dem erkennenden Richter) im Ganzen die besten Garantieen gerechter Rechtsprechung liefert, und daß mit ihr, wenn sie vollständig durchgeführt wird, eine Berufungsinstanz, womit jede mit dem ersten Urtheil unzufriedene Partei ohne Weiteres ein neues Verfahren und ein neues Urtheil soll fordern können, unverträglich ist.

---

[21]) Vgl. auch z. B. Schwarze: „Die zweite Instanz im mündlichen Strafverfahren. Wien 1862, aus neuerer Zeit Zachariae in Goltdammer's Archiv f. Deutsches Strafrecht 1871 S. 209 ff. Sehr instructiv sind übrigens auch die gutachtlichen Berichte über diese Fragen, welche das Reichskanzleramt aus den einzelnen deutschen Staaten herangezogen hat und die in den Anlagen der Motive S. 1—95 mitgetheilt sind, von denen einige sich allerdings für die Berufung aussprechen.

Die Gefahr der Uebereilung aber wird nur vermieden durch eine sorgfältige Vorbereitung der Hauptverhandlung und gewissenhafte Wahrung des Parteirechtes des Angeklagten. Was in dieser Hinsicht uns an dem Entwurfe mangelhaft erscheint, haben wir bereits in den beiden vorhergehenden Abschnitten auseinandergesetzt. Mit Rücksicht darauf jedoch, daß in einigen kleinen Staaten, in welchen eine Berufung nicht besteht, der Mangel derselben nicht fühlbar geworden ist, möchten wir besonders noch hinweisen auf die würdigen und freien Worte, welche sich in dem Berichte des braunschweigischen höchsten Landesgerichts (Anlagen der Motive S. 48) finden:

„Es bedarf kaum der Bemerkung, daß wir die Garantien nicht allein in der Einstimmigkeit (der Urtheilenden),[22]) sondern zugleich in der gesammten Anlage unseres Strafverfahrens finden. Der Staatsanwalt kann begreiflich eine von der hiesigen sehr verschiedene Stellung angewiesen erhalten, die Voruntersuchung läßt sich als wahre Inquisition denken, bei der Hauptverhandlung kann, statt des ruhigen und würdigen richterlichen Ganges mit wesentlicher Gleichheit der processualischen Rechte und Pflichten, der Gesichtspunkt eines schlanken und geschäftsmäßigen Abmachens an die Spitze gestellt worden. Fragt man alsdann, ob derartige mehr büreaukratische Erledigungen auf Grundlagen von überwiegend polizeilicher Richtung nach unserer Ansicht als vertrauenswürdige gerichtliche Entscheidungen erster und letzter Instanz gelten können, so müssen wir hierauf mit einem unbedingten „Nein" antworten. Das Gebäude ist nicht dasselbe, wenn man die Bausteine umwandelt und die Structuren wesentlich verändert."

Nun gewährt aber erstens, wie wir glauben und oben zu zeigen versuchten, die braunschweigische Strafproceßordnung mehrere Garantien, welche der neue Entwurf nicht giebt; zweitens ist was man auch sagen möge, die Gefahr (nicht, bitten wir zu bemerken, die Nothwendigkeit) schlanken geschäftsmäßigen Abmachens der Natur der Dinge nach in einem großen Staate mit großen Bevölkerungscentren und andererseits sehr entlegenen Gerichtsorten größer als in einem kleinen Staate, und drittens ist es einem kleinen (noch dazu sehr wohlhabenden) Staate naturgemäß leichter, einen durchweg ausgezeichneten Richterstand sich zu schaffen, als einem großen Staate. Eine besondere Garantie aber finden wir und ebenso die sämmtlichen Proceßgesetze, welche zur Beseitigung der Berufung geschritten sind, in einer größeren Stimmenzahl, welche zur Verur-

---

[22]) Davon sogleich unten.

theilung des Angeklagten erforderlich ist. Die würtembergische Strafproceßordnung verlangt wie die badische Strafproceßordnung und die hamburgische von fünf Stimmen bei den mittleren Strafgerichten vier, die sächsische von sieben Stimmen fünf, die neue österreichische Strafproceßordnung (§ 13) von vier Stimmen drei, während die braunschweigische und die oldenburgische Einstimmigkeit bei drei Richtern fordern. (Die Stimmenverhältnisse im Geschworenengericht können hier außer Betracht bleiben, da die Zahl der urtheilenden Geschworenen eine bedeutend größere ist, als die Zahl der in andern Fällen urtheilenden Richter, andererseits das Hinzutreten oder doch die Controle des Gerichtshofes die Sachlage ändert, und in dem unbedingten Recusationsrechte des Angeklagten eine Garantie liegt, welche bei ständigen Richtercollegien oder auch Schöffengerichten fehlt.)

Der Entwurf verlangt nach § 213 stets nur Majorität von zwei Dritteln der Stimmen. Es ist das ein dem Angeklagten weit ungünstigeres Stimmenverhältniß als nach den sämmtlichen genannten Strafproceßgesetzen, und unseres Erachtens bei einem theilweise aus Laien, theilweise aus rechtsgelehrten Richtern zusammengesetzten Collegium, wo es, wie die Motive selbst in anderer Beziehung anerkennen, thatsächlich nicht zu hindern ist, daß einmal ungeeignete Laien hineinkommen, eine viel zn schwache Garantie.

Aus dem Entwurfe, der in dieser Beziehung auf den noch ausstehenden Entwurf eines Gerichtsorganisationsgesetzes verweist, ist freilich die Zusammensetzung der großen, mittleren und kleinen Schöffengerichte nicht zu ersehen.

Wenn aber z. B. die kleinen Schöffengerichte aus 3 Mitgliedern bestehen sollen, einem Richter und zwei Schöffen, — und eine andere Zusammensetzung ist ohne allzugroße Belastung des Laienstandes wie des Richterpersonals bei der Unmasse z. B. von Polizeidelicten und Contraventionen kaum erfindlich — so ist die Zwei-Drittelmajorität hier nichts Anderes als eine einfache Majorität, und dasselbe findet statt, wenn das Collegium für die mittleren Schöffengerichte aus sechs Mitgliedern zusammengesetzt ist. Ueberhaupt wird man noch die Erfahrung machen, daß die so sehr als harmonisch bezeichnete Schöffengerichtsverfassung thatsächlich sehr schwer harmonisch herzustellen ist, wenn man bei den Abstufungen der Gerichte Harmonie haben will und rechtes Verhältniß in den zur Verurtheilung nöthigen Stimmen und in den Zahlen der Laien und der rechtsgelehrten Richter.

Indem wir es nun als ein jedenfalls schädliches Omissum bezeichnen, daß der Entwurf keine Bestimmung trifft über die Abstimmungsart — namentlich über die durchaus nothwendige Trennung[23]) der Schuld- von der Straffrage, während die braunschweigische Strafproceßordnung sogar stets eine besondere Verkündigung jenes ersten Theils des Urtheils vorschreibt — glauben wir ganz besonders darauf aufmerksam machen zu müssen, daß der Entwurf, indem er gegen die Erkenntniß der kleinen Schöffengerichte die Berufung abschneidet, ein höchst gefährliches legislatives Experiment macht. Anscheinend ist auch hier wieder größte Harmonie vorhanden. In Wahrheit aber verhält es sich anders. Die Beseitigung der Berufung wirkt ganz anders in einem mehr mit schützenden Formen umgebenen, sorgfältiger vorbereiteten und regelmäßig, bei den Strafgerichten höchster Ordnung nothwendig unter Zuziehung eines rechtsgelehrten Vertheidigers vor sich gehenden Verfahren, als in einem mehr formlosen Verfahren, wie es bei den mit vielen Bagatellen belasteten untersten Strafgerichten gesetzlich und mehr noch nach der Praxis stattfinden wird. Einerseits sind hier Uebereilungen, Abschneidung der Vertheidigung, ohne daß doch letztere sich durch das summarische Sitzungsprotokoll nachweisen läßt, ganz wesentlich mehr zu befürchten, und andererseits wird es bei der mangelnden Formenstrenge, insbesondere bei der nur selten vorkommenden rechtsgelehrten Vertheidigung schwierig, dem Urtheile zum Grunde liegende rechtliche Fehler zum Zwecke einer Nichtigkeitsbeschwerde (Revision) im Urtheile auch genügend erkennbar zu machen. Uns schweben doch mehrfache Fälle in der Erinnerung, wo Jemand von einem Schöffengerichte in Folge ganz unrichtiger Beurtheilung der Rechtsfrage auf den Titel eines Delictes verurtheilt war, das seine Ehre unrettbar schädigen mußte. Im Verfahren eines gehörig besetzten Collegialgerichts wären derartige Fehler vermuthlich nicht gemacht worden — einfach schon deßhalb, weil die Strafgerichte mittlerer Ordnung mit größerer Ruhe procediren und procediren können. Aber keine Nichtigkeitsbeschwerde der Welt hätte den Flecken der Ehre wieder abwaschen können, während mit der Berufung dies ein Leichtes war. So haben denn auch die neueren Gesetzgebungen — mit alleiniger Ausnahme der braunschweigischen, welche aber dem Einzelrichter eine höchst

---

[23]) Doppelt nothwendig in einem zum Theil aus Laien zusammengesetzten Collegium, die geneigt sind, beide Fragen mit einander zu vermischen. — Die ungehörige Verbindung von Schuld- und Straffrage entzieht der Nichtigkeitsbeschwerde (Revision) allen sicheren Boden.

beschränkte Competenz zuweist, des oldenburgischen [24]) Gesetzes von 1868, welches Einstimmigkeit der mehreren Urtheiler verlangt, endlich der würtembergischen Proceßordnung, welche auch die untersten Gerichte sehr stark [25]) besetzt hat — im Einzelrichterverfahren die Berufung (Recurs) beibehalten, die eine Anfechtung der thatsächlichen Feststellungen gestattet, so noch neuerdings die österreichische Proceßordnung (§ 413), obgleich deren Verfasser sonst ein anerkannter Gegner der Berufung ist. Und zur Bestätigung, daß dies ein richtiges Princip sei, dürfen wir nun auch auf den Entwurf der deutschen Civilproceßordnung verweisen. Der Entwurf der norddeutschen Civilproceßordnung wollte die Berufung in einem großen Theile der den Einzelrichtern zugewiesenen Sachen nicht. Der spätere Entwurf der deutschen Civilproceßordnung giebt umgekehrt die Berufung in den letzteren, nicht aber in den größeren den Collegialgerichten zugewiesenen Sachen, und der Grund weßhalb dies geschieht, liegt ebensowohl in der größeren Formlosigkeit des Verfahren, dem mangelnden Anwaltszwange, als in der nicht-collegialischen Besetzung des Gerichtes erster Instanz.

Die neue österreichische Strafproceßordnung, obschon eine Berufung über die Schuldfrage gegen collegialgerichtliche Urtheile ausschließend, kennt gleichwohl eine Berufung über die Straf): frage, das königlich sächsische Strafproceßrecht wenigstens zu Gunsten des Verurtheilten. Wenngleich nun das in den Anlagen der Motive S. 35 mitgetheilte Schreiben des königl. sächsischen Justizministeriums wenig Gewicht auf die Beibehaltung dieser, vom braunschweigischen Obergerichte (das. S. 49) für bedenklich erachteten, Einrichtung legt, so wäre denn doch zu erörtern, ob nicht schließlich bei den thatsächlich schon sehr weiten Strafrahmen des deutschen Strafgesetzbuches, bei der Appellation an ein ganz unbestimmtes subjectives Gefühl, wie solche liegt in der Annahme mildernder Umstände, ein derartiges Correctiv gegen eine allzu ungleichmäßige Strafzumessung, welche die Rechtseinheit thatsächlich illusorisch macht, sich als nothwendig ergeben möchte. In einem Lande von der Größe des Königreichs Sachsen, das noch dazu einen so regen Verkehr hat, mag nicht nothwendig sein, was in dieser Beziehung einem Lande von der Ausdehnung des cisleithanischen Oesterreichs oder des deutschen

---

[24]) Es bedarf wohl kaum der Bemerkung, daß die Verhältnisse Oldenburgs, eines Landes, in welchem es nicht einmal eine sog. Mittelstadt giebt, nicht für das Deutsche Reich maßgebend sein können. Ein so massenhaftes Aburtheilen von Polizeisachen wie in großen Städten wird dort nicht vorkommen.

[25]) Majorität von 4 Stimmen ist erforderlich nach Art. 411.

Reichs angemessen ist. Doch wollen wir diese Frage, wie die fernere, ob nicht auf einem anderen Wege als dem einer beschränkten Berufung geholfen werden könne, hier als eine zu weit führende nur aufwerfen, nicht erörtern.

Da wir diese Kritik aus mehreren Gründen nicht übermäßig ausdehnen wollen, müssen wir uns auch vorbehalten, die Bestimmungen des Entwurfs über die Nichtigkeitsbeschwerde (Revision) und insbesondere über die Wiederaufhebung eines rechtskräftigen Urtheils an einem anderen Orte zu erörtern. Völlig befriedigt sind wir durch dieselben nicht. Um auf einen wichtigen, obgleich zunächst nur redactionellen Punkt hinzuweisen, so muß es, § 250 Nr. 7 unter den Nichtigkeitsgründen heißen, nicht

„wenn das Urtheil keine Entscheidungsgründe enthält",

sondern

„wenn das Urtheil keine oder (nach Ansicht des Revisionsgerichtes) offenbar ungenügende Entscheidungsgründe enthält."

Ohne dies würde es thatsächlich im Belieben des Untergerichtes stehen, durch ganz allgemein gefaßte Entscheidungsgründe jede Nachprüfung der Rechtsfrage in der Revisionsinstanz illusorisch zu machen.

V.

Von einzelnen wichtigen Bestimmungen des Entwurfs erwähnen wir hier nur folgende:

1) Der Entwurf hält im Anschluß an das frühere gemeine und an das bisherige preußische Recht, im Widerspruch aber mit den in den meisten neueren Strafproceßgesetzen[26]) angenommenen Principe fest an der Gleichberechtigung der Gerichtsstände des Orts der Handlung und des Wohnorts des Angeklagten. Die Motive berufen sich nun freilich auf die badische und die braunschweigische Strafproceßordnung und darauf, daß gerade das Princip der Mündlichkeit eine Auswahl unter mehreren Gerichtsständen wünschenswerth mache, da in zahlreichen Untersuchungssachen die für die Sache wesentlichen Zeugen nicht im Bezirke des Orts der Handlung, sondern in der Nähe des Wohn- oder persönlichen Aufenthaltsortes des Angeklagten wohnen.

[26]) Vgl. Planck, Deutsches Strafverfahren S. 76, würtemberg. St.-P.-O. Art. 33.

Wir sind indeß der Meinung, daß bei allen wichtigeren Strafsachen irgend welche Willkür des Anklägers in der Auswahl des entscheidenden Richters — und je mehr Laien an der Rechtspflege Theil nehmen um so mehr können allgemeine Antipathien und Sympathien der Bevölkerung wichtig werden — ausgeschlossen sein müsse. Die Verhältnisse des großen deutschen Reiches sind ferner nicht die eines kleineren oder mittleren deutschen Einzelstaates, und sehr wesentlich kommt es hier doch auch in Betracht, daß die deutschen Staaten noch in gewissen Beziehungen als selbständige zu betrachten sind. Die Motive (S. 14) meinen zwar, nach § 8 des deutschen Strafgesetzbuchs sei kein deutscher Staat im Verhältniß zu einem andern als Ausland zu betrachten, und dieser Satz, der auch für das Strafverfahren gelten müsse, führe nothwendig dahin, daß es nicht mehr darauf ankomme, welchem Staate das entscheidende oder untersuchende Gericht angehöre. Ein Streit über die Zuständigkeit unter den Gerichten verschiedener Bundesstaaten könne künftig nur aus denselben Gründen vorkommen, wie unter den Gerichten eines und desselben Staates und werde dann durch den gemeinsamen höchsten Gerichtshof entschieden. Hierbei ist übersehen das für den Angeklagten und noch mehr den Verurtheilten höchst wichtige Begnadigungsrecht, welches ja nicht den Gerichten, sondern dem Souverain zusteht. Bereits früher haben wir darauf aufmerksam gemacht, daß, wenn das ganze Gebiet des Reichs (damals des norddeutschen Bundes) strafrechtlich als Einheit gelten solle, eine Regelung für die Zuständigkeit der Begnadigung unumgänglich sein werde und zu diesem Zwecke Vorschläge gemacht,[27]) die wir auch jetzt noch für angemessen erachten müssen. Da bis jetzt nach § 21 des Rechtshülfegesetzes vom 21. Juni 1869 das Forum delicti commissi noch als der wesentlich entscheidende Gerichtsstand für die Rechtshülfe angesehen wird, so sind Collisionen hier nicht eben bemerklich geworden. Bei einer Gleichstellung verschiedener Gerichtsstände könnte diese Sache aber doch bedenklich werden. Da wir nun aber gleichwohl nicht verkennen, daß ein starres Festhalten des Gerichtsstandes des Orts der Handlung unter Umständen die Untersuchung vertheuern, verlangsamen und für die Zeugen lästiger machen kann, so schlagen wir im theilweisen Anschluß an §§ 51 und 52 der neuen österreichischen Strafproceßordnung, die doch nicht minder als der Entwurf das Princip der Mündlichkeit verwirklichen will, vor, daß zwar innerhalb des-

---

[27]) Goltdammer's Archiv 1870 S. 90 ff. — Vgl. darüber auch die (vor diesem Aufsatze erschienenen) staats- und strafrechtlichen Erörterungen Heinze's zu dem Entwurfe eines Strafgesetzbuches für den deutschen Bund. S. 77.

selben Staates auch das Gericht des Domicils oder des gewöhnlichen Aufenthaltsortes zuständig sei, jedoch jeder der Beschuldigten die Abgabe der Untersuchung an das Gericht des Ortes der That verlangen könne. Diese Befugniß würde erlöschen, wenn der Beschuldigte auf Befragen keinen Gebrauch davon macht; denn allerdings kann, wenn einmal das Anklageprincip gelten soll, in gewissem Umfange der Wille des Beschuldigten hier als entscheidend betrachtet werden.

Dagegen glauben wir — um dies noch in diesem Zusammenhange zu berühren — die (aus dem bisherigen preußischen Rechte entnommene) Vorschrift des § 11 des Entwurfs, wonach der Beschuldigte die Einrede der territorialen Unzuständigkeit bei Verlust derselben bei seiner ersten Vernehmung in der Voruntersuchung geltend machen muß, als eine unangemessene bezeichnen zu müssen. Einem rechtsunkundigen Beschuldigten wird dadurch die Einrede der Incompetenz geradezu abgeschnitten, und dies ist z. B. schon wegen des Begnadigungsrechtes der verschiedenen deutschen Staaten bei einer Proceßordnung für das gesammte Reich noch wichtiger. Dagegen läßt es sich allerdings mit gutem Grunde vertheidigen, daß die Einrede sogleich bei Beginn der Hauptverhandlung vorgebracht werden muß. Diese Bestimmung — und nicht einmal in dieser Strenge — galt in Hannover[28]) und man ist sehr gut damit ausgekommen und wird damit auch auskommen, da eine etwaige Unzuständigkeit des Untersuchungsgerichts in der Voruntersuchung keineswegs dessen Handlungen ohne Weiteres nichtig macht, sofern es eben nur nicht fehlt an dem territorialen Gerichtszwange für die Handlung. Uebrigens ist bei den §§ 10. 11 des Entwurfs noch eine redactionelle Ungenauigkeit zu rügen. Es muß heißen[29]) „die auf die territoriale Abgrenzung der Gerichtsbezirke gestützte Unzuständigkeit.“ Denn eine sachliche Unzuständigkeit wird doch, abgesehen von dem Falle, daß ein leichterer Straffall vor ein Strafgericht höherer Ordnung gebracht ist, stets bis zum Urtheile geltend gemacht werden können.

2) Ohne Zweifel einer der wichtigsten Punkte des Strafprocesses, weil einerseits bei richtiger Regelung die wahrhafte Gewähr[30]) der

---

[28]) Vgl. revidirte St.=P.=O. § 221. 2). Es war nur die Nichtigkeitsbeschwerde ausgeschlossen, wenn der Unzuständigkeitsgrund nicht schon vor dem erkennenden Gericht geltend gemacht wird.

[29]) Vgl. auch die rev. hannov. St.=P.=O. a. a. O.

[30]) Ueber die geringe Bedeutung des angeblichen „Palladiums der Freiheit“, welches man in den Bestimmungen der preußischen Verfassungsurkunde glaubte entdeckt zu haben, vgl. Sontag, Die Entlassung gegen Caution im deutschen Strafverfahren. S. 105 ff.

persönlichen Freiheit, andererseits aber ein oft überwältigendes Präjudiz für den ganzen Verlauf des Processes, ist die Verhaftung des Angeschuldigten, und hier bleibt der Entwurf, trotz aller Ausführungen der Motive, durchaus beeinflußt von dem bisherigen preußischen noch wesentlich auf der Criminalordnung von 1805 ruhenden Rechte, weit hinter den Garantien der Freiheit anderer deutscher Strafproceßordnungen zurück.

a. Der Entwurf behält die Collusionshaft, deren Zulässigkeit z. B. Zachariae (Handb. d. Strafprocesses II. S. 137) überhaupt lebhaft bestreitet,[31]) in vollem Umfange und ohne Beschränkungen bei. Wir gehen nicht so weit. Es kann Fälle geben, wo der Verdächtige seine Freiheit sofort benutzen würde, um vorhandene Spuren der That zu vernichten. Dagegen ist es durch nichts gerechtfertigt, die Collusionshaft in der Weise des Inquisitionsprocesses auf die Gefahr einer Verabredung mit Zeugen oder Mitschuldigen auszudehnen.[32]) Diese Gefahr liegt, wenn man will, eigentlich in jedem Falle vor und dauert auch eigentlich so lange fort, bis die Zeugen eidlich, die Mitschuldigen vor dem erkennenden Gericht vernommen sind. Diese Art der Collusionshaft — nicht die Collusionshaft überhaupt, wie Zachariae will — ist auch mit dem Principe des Anklageprocesses unverträglich. Denn die Gefahr der Verabredung mit Zeugen ist durch die auf Meineid gesetzten Strafen im Allgemeinen als beseitigt zu betrachten. Die Verhängung der Haft aber wegen befürchteter Verabredung mit Mitschuldigen kann nur zurückgeführt werden auf ein Recht des Staats, ein Geständniß zu erlangen, d. h. mit anderen Worten auf das reine, nackte Inquisitonsprincip, nach welchem es wohl als Pflicht des Untersuchungsrichters betrachtet wurde, zuerst einmal alle Verdächtigen durch Gefängniß mürbe zu machen. Gerade diese Collusionshaft ist aber auch deshalb gefährlich, weil ihr Grund nicht augenfällig mit der Aufnahme des sog. objectiven Thatbestandes aufhört.

Jedenfalls würde sich übrigens empfehlen in Uebereinstimmung mit der wüttembergischen Strafproceßordnung Art. 90 hinzuzufügen, daß die Collusionshaft unverzüglich aufzuheben sei, sobald die dieselbe veranlassende Gefahr vorüber ist. Vielleicht wird darauf erwidert, das sei nach §. 109 selbstverständlich. Gerade bei der Verhaftung ist aber eine gewisse Ausführlichkeit der gesetzlichen Bestimmungen, welche gleichsam auch äußer-

[31]) Zachariae bezeichnet dieselbe als widersprechend dem accusatorischen Princip.

[32]) Vgl. darüber die Bemerkungen v. S. Mayer a. a. O. S. 19 ff., die wir durchaus für richtig halten.

lich ausdrückt, daß es sich hier um eines der wichtigsten Güter des Angeschuldigten, um die Rechtssicherheit Aller handelt, und welche den Richter auch gleichsam äußerlich zur Behutsamkeit auffordert, unserer Ansicht nach mehr am Platze, als eine blos elegante Kürze, die Alles als selbstverständlich betrachtet, aber dann dem Richter auch nie einen Verstoß gegen ein klares Gesetz nachzuweisen verstattet. Auch behaupten wir, daß die Aufnahme solcher Bestimmungen, auf deren Wortlaut sich der Beschuldigte berufen kann, keineswegs gleichgültig ist. Außerdem könnte doch höchst fraglich sein, ob nicht wie in der badischen Proceßordnung eine bestimmte Dauer vorgeschrieben werden sollte, über welche hinaus die Collusionshaft in keinem Falle ausgedehnt werden dürfte.

Die Motive — insofern allerdings in Uebereinstimmung mit Zachariae (a. a. O. S. 143) — halten eine solche Vorschrift für nicht angemessen und ziehen das richterliche Ermessen hier vor. Wir sind anderer Ansicht und glauben, daß gegen unbegründete Entziehung der Freiheit Fristbestimmungen, die nicht umgangen werden können, weit werthvoller sind, als Hinweisungen auf ein wohlmeinendes Ermessen. Nur darf die Frist nicht so lang bemessen sein, wie in der badischen Proceßordnung. Drei Tage für die mittleren, sieben für die schwersten Straffälle (bei den Polizeiübertretungen soll nach dem Entwurfe keine Collusionshaft[33]) eintreten) würden genügen. Auch das französische Gesetz vom 14. Juli 1865 sur la mise en liberté hat wenigstens für die minder wichtigen Straffälle mittlerer Ordnung eine solche Zeitbeschränkung.

b. Der Entwurf geht mit der Zulassung der Untersuchungshaft wegen Fluchtverdachtes sehr freigebig um. So ist ohne besondere Begründung dieses Verdachts die Verhaftung nach § 99 schon für zuläßig erklärt, wenn das Delict auch nur mit 5 Jahr Zuchthaus oder Festungshaft, d. h. im Maximum, bedroht ist. Nach der neuen österreichischen Proceßordnung § 175 a. E. ist hier ein Delict erforderlich, bei welchem auf mindestens 5 Jahr Kerker zu erkennen ist, die Haft dann freilich obligatorisch. Nach der hannov. rev. Proceßordn. § 69 kam es auf die muthmaßlich zu erkennende (schwere) Strafe an, wodurch in vielen Fällen die Verhaftung ausgeschlossen wurde, und auch da wurde die Verhaftung keineswegs als ohne Weiteres begründet betrachtet oder auch nur als allgemeine Regel. Sodann aber ist die Haftentlassung gegen Caution im § 103 lediglich zum

---

[33]) Beiläufig bemerkt scheint uns die Bemerkung der Motive S. 86 nicht gerechtfertigt, daß das englische Recht auch eine Art von Collusionshaft kenne, da in gewissen Fällen die Haftentlassung gegen Caution ausgeschlossen oder beziehungsweise im richterlichen Ermessen stehe. Dies erklärt sich u. E. einfach aus der Schwere der fraglichen Delicte und ihrer Bedeutung für die öffentliche Ordnung.

Ermessen des Untersuchungsgerichts verstellt, während es als ein unbedingtes Recht des Angeschuldigten betrachtet werden muß, bei nicht schweren Verbrechensfällen gegen Caution auf freiem Fuße zu verbleiben.[34]) Abgesehen vom englischen Rechte können wir uns hier z. B. auch berufen auf die frühere revidirte hannoversche Strafproceßordnung § 73, die würtembergischen Strafproceßordnung Art. 114 und auf den sehr bestimmt lautenden § 192 der neuen österreichischen Proceßordnug:

„Sofern es sich nicht um ein Verbrechen handelt, bei welchem nach dem Gesetze auf die Todesstrafe, oder auf eine mindestens fünfjährige Kerkerstrafe zu erkennen ist, muß die wegen des Verdachtes der Flucht verhängte Haft gegen Caution oder Bürgschaft für eine von der Rathskammer . . . zu bestimmende Summe und gegen Ablegung des im § 191 erwähnten Gelöbnisses[35]) auf Verlangen unterbleiben oder aufgehoben werden."

Erfreulich ist es allerdings, daß in Uebereinstimmung mit den genannten Proceßgesetzen und den von Sontag entwickelten Grundsätzen, denen wir durchaus beitreten, der Entwurf die Entlassung gegen Caution bei schweren Verbrechen nicht mehr allgemein ausschließt.

c. Der Entwurf enthält über die Behandlung der Untersuchungsgefangenen nur die im Lapidarstyl gehaltene Vorschrift (§ 102)

„Den Verhafteten dürfen nur solche Beschränkungen auferlegt werden, welche zur Sicherung des Zweckes der Haft oder zur Aufrechterhaltung der Gefängnißordnung nothwendig sind."

Dieser Satz eignet sich vortrefflich als Einleitung für den Paragraphen eines Lehrbuches des Strafprocesses, welcher von der Untersuchungshaft handelt, und wir möchten ihn auch gern als einleitende Vorschrift behalten. Aber einen ausreichenden Schutz gegen verkehrte und rohe Behandlung der Untersuchungsgefangenen, und insbesondere Maßregelungen derselben, um ein Geständniß herbeizuführen, gewährt er in keiner Weise, z. B. nicht gegen ungerechtfertigtes Anlegen von Fesseln, unterlassene Absonderung der Untersuchungs- von Strafgefangenen, unberechtigtes Entziehen von Unterhaltungs- und Bequemlichkeitsmitteln. Und den etwaigen Einwand, daß diese Dinge nicht in eine Strafproceßordnung, sondern in eine Gefängnißordnung gehören, können wir nicht gelten lassen. Es handelt sich eben darum, die richtige Behandlung auch als ein Recht des Untersuchungsgefangenen

---

[34]) Vgl. hierüber namentlich Sontag a. a. O. S. 134 ff. S. 190.

[35]) Gelöbniß, sich nicht zu entfernen u. s. w.

hinzustellen. Man vergleiche doch der Vorschrift des § 102 gegenüber die Vorschriften der neuen österreichischen Strafproceßordnung §§ 183 bis 189, der badischen Strafproceßordnung §§ 177—182 und namentlich die sehr sorgsamen Bestimmungen der würtembergischen Proceßordnung Art. 106—113, welche letztere auch über die etwa nothwendig werdenden Disciplinarstrafen gegen Untersuchungsgefangene sich aussprechen.

d. Sehr richtig erschiene uns auch eine den Schluß des Art. 95 der würtembergischen Strafproceßordnung wiedergebende Vorschrift:

> „Im Falle einer aus Vorsatz oder grober Fahrlässigkeit widerrechtlich verfügten oder verlängerten Gefangenschaft ist der Schuldige dem Verletzten zur Genugthuung und vollen Entschädigung verpflichtet.
>
> Sollte die (zuerkannte)[36]) Entschädigungssumme uneinbringlich sein, so hat die Staatskasse vorbehaltlich ihres Rückgriffs auf den Schuldigen einzutreten."

Die letztere Bestimmung ist es, worauf es uns wesentlich ankommt. Die Haftung des Staates wird jetzt vielfach in einer exorbitanten, nach unserer Ansicht oft ungerechtfertigten Weise in Anspruch genommen. Hier aber erscheint sie am Platze, wenn man bedenkt, daß auch durch Versehen selbst untergeordneter, zahlungsunfähiger Beamter Verhaftungen vorkommen oder fortdauern können.

Ja wir stellen zur Erwägung, ob nicht unter Umständen, wenn selbst ein Culpa eines Beamten nicht zum Grunde liegt, eine Entschädigung bei später erfolgter Freisprechung geleistet werden sollte, z. B. wenn der Beschuldigte noch nie mit einer anderen Freiheitsstrafe als Haft vorher bestraft war.[37])

3) Der Entwurf zeichnet sich durch eine ganz außerordentliche Strenge beim Zeugnißzwange aus.

Nach § 62 kann ein Zeuge, der ohne Grund sein Zeugniß weigert, abgesehen von Geldstrafen bis zum Gesammtbetrage von zweihundert Thalern, durch Zwangshaft bis zu **sechs Monaten** zur (eidlichen) Ablegung des Zeugnisses angehalten werden. Keine einzige der uns bekannten Preßordnungen geht über drei Monate hinaus, die meisten gehen nur bis 6 Wochen.[38]) Wenn die Motive zur Rechtfertigung der im Entwurfe angenommenen harten Bestimmung sich

---

[36]) Dieses Wort würden wir wegzulassen vorschlagen.

[37]) Auf rückfällige Verbrecher könnte selbstverständlich solche Bestimmung keine Anwendung finden.

[38]) Vgl. die Zusammenstellung in den Motiven S. 62 ff. und jetzt noch österreichische Proceßordnung § 160 (6 Wochen Arrest).

darauf berufen, daß bei geringerem Maximum des Zwanges es einem Reichen möglich sei, durch Entschädigung der Zeugen für die ihnen auferlegte geringe Haft sich Straflosigkeit zu erkaufen, so fragt sich, diese Möglichkeit zugegeben, ob denn gerade im deutschen Volke die Käuflichkeit schon zu dem Punkte gestiegen sei, daß im deutschen Reiche hier gleichsam der allerschlimmste sociale Zustand zum Ausgangspunkte der Gesetzgebung angenommen werden müsse, während andere und bisher auch die deutschen Staaten, soweit eine gesetzliche Regelung überhaupt vorhanden war, — in den altpreußischen Provinzen besteht solche bekanntlich nicht — mit einem geringeren Maximum sich begnügen konnten. Entscheidend aber für uns ist Folgendes. In den bei weitem meisten Fällen wird das Zeugniß nicht deßhalb verweigert, weil der Zeuge erkauft ist — denn der erkaufte Zeuge wird häufig, indem er einen Meineid auf sich nimmt, seinen Zweck sicherer erreichen — sondern weil ein anderes durchaus ehrenhaftes, sittliches und daher von der Gesetzgebung mit einer gewissen Schonung zu behandelndes Motiv, z. B. vertraute Freundschaft mit dem Angeklagten, das Verhältniß des Arztes zum Patienten ihm höher gilt als die staatsbürgerliche Pflicht. Derartige Verhältnisse berücksichtigt nun die Gesetzgebung in gewissem Umfange in der Befreiung vom Zeugnißzwange; sie kann aber bei letzterer nicht hinausgehen über bestimmte allgemein anerkannte und gleichsam greifbare Verhältnisse, wie denn z. B. ihr nur nahe Verwandtschaft, nicht aber vertraute Freundschaft ein Befreiungsgrund sein kann, und der Kreis der Befreiungsgründe ist im Entwurf §§ 43, 44 wahrlich nicht[39]) allzu weit gegriffen. Für solche Fälle paßt eine

---

[39]) Der Entwurf will:

1) nach § 44 nur den Vertheidiger, nicht aber den Rechtsbeistand in Civilsachen befreien. Diese letztere Befreiung bestand z. B. nach der rev. hannoverschen Strafproceßordnung § 95 (nicht nach der jetzt geltenden Proceßordnung für die neuen preußischen Provinzen); sie besteht nach der badischen P.=O. § 104 und nach der würtembergischen Art. 142 a. E. Wenn die Motive (S. 53) bemerken, der Anwalt stehe zwar zu seinem Clienten in einem Vertrauensverhältnisse, die Rücksicht darauf werde aber überwogen durch das Interesse der Strafrechtspflege, so gilt dem gegenüber das Wort eines englischen Schriftstellers, daß die Bekanntschaft des Publikums mit der Verpflichtung des Anwalts diese Beweisquelle im Wesentlichen verstopft. So wird das für den Rechtsverkehr so äußerst wichtige Vertrauen des Publikums zum Anwalt ohne nennenswerthen Gewinn für die Rechtspflege beeinträchtigt. In England und Nordamerika wird der Anwalt nur mit Erlaubniß des Clienten vernommen, dem er gedient hat, ohne diese sogar wegen des angenommenen öffentlichen Interesses von Amts wegen zurückgewiesen. Best, Law of evidence 6. edit. § 581. Wharton, Criminal law of the United States 6. edit. Vol. I. § 773. (Nicht in England, wohl aber in einigen Staaten Nordamerika's besteht ein Privilegium auch für Aerzte, welches letztere allerdings weit bedenklicher ist.)

mäßige Zwangsstrafe, nicht aber eine Strafe, welche durch ihre Härte den Charakter einer wirklichen Criminalstrafe anzunehmen scheint. Der Hinweis darauf aber, daß die Strafe gegen den Zeugen je nach richterlichem Ermessen bestimmt, also auch auf das Motiv der Zeugnißweigerung Rücksicht genommen werde, würde unseres Erachtens nicht gelten können. Schon die Höhe des Maximums influirt auf das richterliche Ermessen. Sodann führt die Auffassung der Maßregel, nicht als einer Strafe, sondern als einer Zwangsmaßregel, welche öfter in Anwendung kommen kann — eine Auffassung, welche der Entwurf zum Grunde legt, gegen die sich aber Vieles einwenden läßt, wenigstens wenn sie, bis zu den letzten Consequenzen verfolgt wird — von selbst bei fortdauerndem Widerstande des Zeugen leicht zur Erschöpfung des Maximums. Und endlich kann bei den wichtigsten und heiligsten Dingen des Einzelnen nicht Alles dem richterlichen Ermessen überlassen bleiben. Diesen Punkt kann man h. z. T. kaum genug wiederholen!

Sehr viel wirksamer als harte Strafen erscheint uns eine angemessene Behandlung der Zeugen, und unangemessen erscheint uns insbesondere die bisherige Art des deutschen Strafprocesses, welche den Zeugen gleich bei Beginn durch Befragung nach irgend welchen Bestrafungen, auch wenn diese mit seiner Glaubwürdigkeit nicht das mindeste zu schaffen haben, zwingt, sich vor dem Publikum selbst schlecht zu machen, und bekanntlich häufig Meineidsprocesse gegen Personen veranlaßt hat, die mit Recht glaubten, den Richter gehe für den vorliegenden Fall diese frühere Bestrafung nichts an, während sie, aller-

---

2) Der Entwurf § 46 befreit den Zeugen nur von der Beantwortung solcher Fragen, die ihn (oder nahe Verwandte) der Gefahr einer Strafverfolgung aussetzen würden. Dies ist zu eng. Der richtige, auch in England wenigstens im Wesentlichen anerkannte (vgl. Best, § 130) Satz ist der alte gemeinrechtliche, daß der Zeuge nicht zu seiner eigenen Schande aussagen zu braucht. So auch die rev. hannov. St.-P.-O. § 101. Diese St.-P.-O. befreit den Zeugen ebenfalls, wenn er einen pecuniären Schaden aus seiner Aussage zu befürchten hat. Dies geht wohl etwas zu weit. Die würtembergische P.-O. Art. 145 befreit den Zeugen, wenn die Antwort ihn der Gefahr unmittelbarer schwerer Vermögensnachtheile aussetzen würde.

Bei der aus dem französischen Processe überkommenen Neigung, in einem strafgerichtlichen Verfahren Dinge mit in die Verhandlung hineinzuziehen, die nicht die mindeste directe Beziehung zu dem begangenen Delicte haben und als Beweismomente reiner Wind sind — der englische Richter weist solche Punkte von vornherein mit Strenge zurück — ist es auch in anderer Hinsicht sehr wesentlich, daß die Zeugen einigen Schutz genießen. Das kommt der Strafrechtspflege indirect zu Gute. Ist der Zeuge ungehörigen Quälereien schutzlos preisgegeben, so wird Jeder es thunlichst vermeiden, Zeuge zu sein!

dings formell, einen Meineid schworen! Mit welcher Vorsicht und Behutsamkeit, der in Deutschland — man kann schwer sagen, aus welchen Gründen — mit besonderer Erbitterung jetzt so oft angegriffene englische Proceß hier verfährt, zeigt ein Blick in jedes Handbuch des englischen oder englisch-nordamerikanischen Beweisrechtes.

4) Der Entwurf will, wie die Motive zu § 63 ergeben, die Höhe der dem Zeugen zu bewilligenden Entschädigung den Landesgesetzgebungen überlassen.

Unserer Ansicht nach sollte das nicht sein. Die Pflicht des einem anderen Bundesstaate angehörenden Zeugen vor dem Proceßgerichte zu erscheinen, gründet sich auf das Reichsrecht. So muß auch sein Recht, Entschädigung zu fordern, und zwar auch dem Betrage nach, auf das Reichsrecht sich gründen. Wenn, wie es leicht kommen kann, ein Zeuge in einer wichtigen Sache eine Reise von 100 Meilen mit mehrtägigem Aufenthalte am Verhandlungsorte machen muß, so kann es nicht im Belieben einer sparsamen Einzelregierung liegen, die ihren Tarif etwa nach dem geringen Umfange ihres Landes abmißt, den Zeugen mit einem Minimum abzufinden, das bei weitem nicht die nothwendigen Reisekosten deckt. Mindestens muß also für die aus einem andern Bundesstaate requirirten und einem andern Bundesstaate angehörigen Zeugen von Reichs wegen ein Tarif aufgestellt werden.

Schluß.

Wir resümiren. Der Entwurf beruht auf folgender Grundlage:

1. er behält das Anklagemonopol in allen wirklich wesentlichen Beziehungen durchaus bei.

2. er macht den Staatsanwalt fast zum ausschließlichen Herrn der Vorbereitung der Hauptverhandlung, selbst bei einer Verhaftung des Verdächtigen, und behandelt die Verhaftung fast durchaus im Sinne des Inquisitionsprocesses.

3. er beschränkt die (rechtsgelehrte) Vertheidigung in der Vorbereitung des Hauptverfahrens in einer Weise, welche mit dem Wesen des Anklageprocesses und der Gleichheit der Parteien in Widerspruch steht und setzt fast überall an die Stelle fester Parteirechte ein unbegrenztes richterliches Ermessen.

4. er hält im Wesentlichen fest an der inquisitorischen Hauptverhandlung und verletzt dadurch ebenso die Anklageform, (wie die Motive sich ausdrücken) wie das Anklageprincip und die Mündlichkeit gerade im entscheidenden Zeitpunkte.

Wir fragen, ob unter diesen Umständen

5. die Aufhebung der Berufung, welche unter den erforderlichen Voraussetzungen freilich als Fortschritt und gleichsam letzte Consequenz des Mündlichkeits- und Anklageprincips zu betrachten ist,[10]) wirklich einen mit der nöthigen Garantie für den Angeklagten versehenen Fortschritt enthalte?

Um schließlich eine naheliegende Vergleichung nicht zu unterlassen, so stehen wir nicht an, der neuen österreichischen Strafproceßordnung in einer ganzen Reihe sehr wesentlicher Beziehungen durchaus den Vorrang einzuräumen.

Unserer Ansicht nach würde der Entwurf nur unter sehr wesentlichen und **tief greifenden Aenderungen** Gesetz des Deutschen Reiches werden dürfen!

---

[10]) Die Beibehaltung der Berufung in den Uebertretungsfällen halten wir zudem für einen Großstaat wie Preußen für unumgänglich.

Druck von Troitzsch & Ostertag in Berlin, Kommandanten-Str. 44a.

Gutachten

über den

Entwurf einer Prozeßordnung

in

bürgerlichen Rechtsstreitigkeiten

für den

Norddeutschen Bund.

Erstattet

dem deutschen Juristentage

von

Dr. L. v. Bar,

Professor an der Universität zu Breslau.

(Separatabdruck aus den Verhandlungen des neunten deutschen Juristentags.)

Berlin.

Verlag von J. Guttentag.

1870.

Indem der Verfasser das nachstehende für den Juristentag ausgearbeitete Gutachten noch einem weiteren Leserkreise übergiebt, glaubt er zur Rechtfertigung, außer auf mehrfache an ihn ergangene Aufforderung, auch darauf sich berufen zu dürfen, daß ihm das jetzt so vielfach besprochene und bei Ausarbeitung des norddeutschen Entwurfes besonders berücksichtigte hannoversche Verfahren aus früherer eigener praktischer Thätigkeit bekannt ist.

Zugleich aber ist er der Ansicht, daß die Gestaltung des Civilprozesses von ganz eminenter nationalökonomischer wie politischer Bedeutung sich erweisen muß. Nicht nur verlangen Handel und Industrie ein rasches und doch zugleich das materielle Recht wahrendes Verfahren. Es ist auch ein im wahren Sinne nationales, allgemein verständliches und allgemeines Interesse erregendes öffentliches und mündliches Civilverfahren eine Schule für die vernünftige politische Freiheit, und von der Gestaltung des Prozesses hängt die Organisation der Gerichte, die Stellung der Richter, und von dieser wieder die Frage ab, in wie weit eine Rechtsprechung im Gebiete des öffentlichen Rechtes thatsächlich möglich sei; letztere aber ist eine der Hauptbedingungen derjenigen Selbstständigkeit kleinerer Kreise des politischen Gemeinwesens, welche unter dem Namen der Decentralisation und des Selfgovernment heut zu Tage von so Vielen erstrebt wird.*

Die Frage der künftigen Gestaltung des Civilprozesses ist nicht lediglich eine technisch-juristische. In ihren Fundamentalsätzen ist sie auch der vollen Aufmerksamkeit unserer Staatsmänner werth.

---

* Bar Recht und Beweis im Civilprozesse, 1867. S. 234 ff.

Es wird einem Zweifel nicht unterliegen können, daß die Hauptaufgabe des Entwurfs einer Civilprozeßordnung für den Norddeutschen Bund, neben der Herstellung der Rechtseinheit auf dem Gebiete des Civilprozeßrechts, in der richtigen Durchführung des Prinzips der Mündlichkeit besteht. Ein Gutachten, welches daher, wie das von mir gewünschte, sich über den jetzt vorliegenden Entwurf im Allgemeinen aussprechen soll, wird wesentlich auf diejenigen Bestimmungen des Entwurfs sich beschränken können und müssen, welche jenes Prinzip zum Gegenstande haben. Einzelheiten und redaktionelle Bedenken können ohnehin nicht wohl zur Diskussion des Juristentages gestellt und Erörterungen darüber in die Verhandlungen des Juristentages nicht aufgenommen werden. Außerdem ließ sich mit Grund erwarten, daß die vom Norddeutschen Bundesrathe berufene Kommission da, wo es sich nur um eine Codifikation des bestehenden Rechts oder etwa um Ausgleichung partikulärer Rechtssätze handelte, im Wesentlichen das Richtige treffen werde, und wenn ich mir hierüber ein Urtheil erlauben darf, so ist — vorbehalten selbstverständlich manche Einwendungen gegen Detailpunkte — diese Erwartung bei mir wenigstens nicht getäuscht worden. Das Gesetzgebungswerk würde m. E., selbst wenn es ohne die noch im Einzelnen wünschenswerthe Verbesserung zur Geltung gelangte, den wissenschaftlichen und praktischen Anforderungen in dieser Beziehung im Wesentlichen durchaus Genüge leisten, ja voraussichtlich, indem es die verlorene Rechtseinheit für das Gebiet des Norddeutschen Bundes herstellte, auch die Prozeßrechtswissenschaft, die durch die Zerspaltung des Rechtes empfindlich gelitten hat, in der wirksamsten Weise fördern. Anders aber freilich steht es in Ansehung jenes wichtigsten Prinzips. Hier gehen die Meinungen auch heut zu Tage noch weit genug auseinander, und eine genaue Betrachtung dürfte ergeben, daß die Consequenzen, welche die Annahme jenes Prinzips mit sich bringt, auch auf Prozeßrechtssätze sich erstrecken, welche man damit in Verbindung zu bringen nicht gewohnt ist, und daß in dieser Beziehung gegen den jetzt vorliegenden Entwurf noch erhebliche Bedenken erhoben werden können. Eben so wenig werden auch die nachträglich publizirten die Rechtsmittel betreffenden Theile des Entwurfs auf allgemeine Zustimmung in vielen und wichtigen Punkten Aussicht haben.

I.

Das Wesen der Mündlichkeit besteht bekanntlich nicht in dem absoluten Ausschlusse aller und jeder schriftlichen Fixirung der Prozeßverhandlungen; letztere wird vielmehr bei unseren heutigen Culturzuständen als unentbehrlich zu betrachten sein. [1]) Richtiger wird man statt des Ausdrucks „Mündlichkeit" der Bezeichnung „Unmittelbarkeit" sich bedienen, in dem Sinne, daß der Richter, statt wie im schriftlichen Prozesse sein Urtheil zu gründen auf die durch das Medium der Schrift wiedergegebenen prozessualischen Vorgänge, diese unmittelbar zum Anlasse seiner Thätigkeit nimmt und zur Bildung seiner Ueberzeugung benutzt; es fällt danach von selbst der „Schwerpunkt [2]) des Verfahrens in die mündliche Verhandlung" und wenn etwa schriftliche Vorverhandlungen stattfinden, nicht in diese.

Faßt man so den Begriff der Mündlichkeit, so erscheint die letztere nicht als eine exceptionelle, besonders erfundene Maxime des Verfahrens, sondern als ein Untersatz der freien richterlichen Beweisprüfung und damit zugleich als ein Stück der großen geschichtlichen Entwickelung, welche von dem Formalbeweise des germanischen Rechts zu jenem in allen neueren Gesetzen und Entwürfen im Prinzip wenigstens anerkannten und erstrebten Grundsatze des modernen wie des römischen Prozeßrechtes geführt hat. Diese Unterstellung aber des Prinzips der Mündlichkeit unter ein höheres umfassenderes Prinzip ist nicht ohne Bedeutung. Man wird dadurch die beabsichtigte Prozeßreform einerseits vor Uebertreibungen zu bewahren, andererseits aber um so besser die zu erreichenden Zielpunkte ins Auge zu fassen in den Stand gesetzt werden.

Der Begriff der Mündlichkeit in diesem Sinne erfordert daher:

1) Alles für die Entscheidung wesentliche muß dem Richter durch die Parteien selbst oder ihre Vertreter vorgelegt und vorgetragen wer-

---

[1]) Vgl. auch Glaser, gesammelte kleinere Schriften, 1868, II. S. 351 ff.

[2]) Beschluß der vierten Abtheilung des deutschen Juristentags Verhandlungen II. 2. S. 451 ff.

den, und wo es auf Beweis ankommt, müssen die Beweismittel selbst, nicht aber deren durch die Schrift (Protokolle) fixirte, durch die Reflexion des Aufschreibenden modifizirbare Ergebnisse die Grundlage der Entscheidung bilden.

2) Keine Entscheidung, auch nicht eine Zwischenentscheidung, welche irgend dem Endresultate präjudiziren könnte, darf abgegeben werden, ohne daß über den zu entscheidenden Punkt eine mündliche Verhandlung stattgefunden hat.

3) Der dem Richter zur Entscheidung vorliegende Stoff muß so vorgelegt und so beschaffen sein, daß nicht zu befürchten steht, es werde durch den Umfang des jedes Mal zu erledigenden Streitmaterials ein unmittelbar auf die Verhandlung gebautes Urtheil unmöglich, vielmehr ein Urtheil auf schriftliche Aufzeichnungen zur praktischen Nothwendigkeit werden. Und umgekehrt als negatives Correlat dieser Sätze: der Prozeß darf nicht derartig in Abschnitte getheilt werden, daß eine Trennung faktisch zusammengehöriger Punkte oder gar eines einheitlichen Streitpunktes stattfindet, bei welcher die spätere Verhandlung nur durch ein eingehendes Studium der Aufzeichnungen über die früheren Verhandlungen verstanden werden könnte oder nach diesen Aufzeichnungen interpretirt werden müßte.

Kaum als besonderer Folgesatz braucht hervorgehoben zu werden, daß an der Entscheidung immer nur solche Richter Theil nehmen dürfen, welche der dieser Entscheidung zum Grunde liegenden Prozeßverhandlung beigewohnt haben.

Mit diesen Sätzen, sofern sie nur wirklich im Prozesse durchgeführt werden, wird aber auch dem Prinzipe der Mündlichkeit Genüge geleistet sein, und werden alle diejenigen Vortheile erreicht werden können, die man von der erstrebten Prozeßreform im Großen und Ganzen irgend erwarten darf. Als solche Vortheile der Mündlichkeit sind zu betrachten:

1) Das lebendige Wort vermag den Richter und die Gegenpartei regelmäßig weit besser von der wahren Bedeutung einer Parteierklärung in Kenntniß zu setzen, als die Schrift. Während schriftliche Anfragen zeitraubend und kostspielig sind und leicht als eine Verletzung der Verhandlungsmaxime oder als eine Bevormundung der Partei oder des Anwalts erscheinen, sind im mündlichen Verfahren Irrthümer und Mißverständnisse durch Frage und Antwort leicht aufzuklären; gewundene und ausweichende Erklärungen, mit denen bei einem schriftlichen Verfahren eine im Unrechte befindliche Partei sich zu decken vermöchte, werden im mündlichen Verfahren sehr erschwert, und noch weniger findet, während man vom schriftlichen Verfahren sagt: „Literae non erubescunt", die Lüge, insbesondere die frivole Ableugnung im münd-

lichen Verkehr von Angesicht zu Angesicht eine sichere Stelle. Endlich ermöglicht der mündliche Verkehr zwischen Partei und Gegenpartei und wiederum zwischen diesen und den Richtern die vergleichsweise oder doch gutwillige Erledigung von Nebenpunkten, über welche im schriftlichen Verfahren leicht mehrere Instanzen beschritten werden. Kurz das materielle Recht kommt präsumtiv zu besserer und rascherer Geltung, und die starre Verhandlungsmaxime des schriftlichen Prozesses, welche bei jedem kleinen prozessualischen Schritte wenn möglich einen bestimmt zugeschnittenen Antrag der Partei verlangt, wird in richtiger Begrenzung gegen die Offizialmaxime zu dem Satze, daß der Richter, wenn einmal seine Thätigkeit angerufen ist, diese nur bis zu dem Punkte ausdehnen darf, als dies dem erkennbar gemachten oder doch dem präsumtiven Willen derjenigen Partei entspricht, welcher die fragliche Prozeßhandlung günstig ist. So sind insbesondere die für die Partei kostspieligen und zeitraubenden, dem Ansehen des Richters gefährlichen Abweisungen angebrachtermaßen im mündlichen Verfahren von weit größerer Seltenheit, als im schriftlichen. Während sie im schriftlichen Verfahren sehr oft dem Formalismus und nicht selten der Pedanterie, welche die Schriftlichkeit bei den Gerichten groß zieht, das gute Recht opfern, kommen sie, abgesehen von offenbarer Nachlässigkeit der Partei oder deren Vertreter, im mündlichen Verfahren präsumtiv nur da vor, wo in Wahrheit der Anspruch wenigstens mit einem materiellen Mangel behaftet, zur Zeit oder doch in der von der Partei unzweifelhaft begehrten Richtung nicht verfolgt werden kann, oder vielleicht in keiner Weise existirt. Wird durch alles dieses neben dem sichereren Schutze des materiellen Rechtes eine größere Schnelligkeit des Verfahrens ermöglicht, so wird diese Wirkung noch in höherem Grade dadurch erreicht, daß

2) während die Schriftlichkeit eine möglichst feste unverrückbare Basis für jede weitere Prozeßhandlung bedarf und deßhalb die Unabänderlichkeit der Zwischenbescheide durch den Richter erster Instanz, damit aber die Appellabilität dieser Zwischenbescheide und wiederholte Appellationen und Rechtsmittel in verschiedenen Stadien desselben Rechtsstreits regelmäßig erforderlich macht, im mündlichen Verfahren die Rechtsmittel einerseits der größeren Concentration der Verhandlungen wegen und andrerseits in Folge der größeren Beweglichkeit und Freiheit der Parteien und des Richters sich wesentlich nur gegen das Endurtheil richten. Daneben kommt dann in Betracht, daß weil die Partei bessere Gelegenheit hat, durch unmittelbaren Verkehr mit dem Richter Irrthümer zu rectificiren oder ihrerseits Aufklärungen zu geben und ihre Prozeßhandlungen zu vervollständigen, die Eröffnung höherer Instanzen auch weniger Bedürfniß ist, als im schriftlichen Prozesse, wo in Folge mangelhafter thatsächlicher Instruktionen Rechtsirrthümer und kleine Nachlässigkeiten leicht verhängnißvoll werden.

3) Wie die Mündlichkeit ein Folgesatz der freien richterlichen Beweiswürdigung ist, so ist auch andererseits diese ohne jene nicht wohl denkbar. Die Mündlichkeit allein vermag dem Richter durch unmittelbaren Verkehr mit Parteien und Parteivertretern und unmittelbare Kenntnißnahme der Beweismittel die erforderliche sichere Erkenntniß derjenigen durch die Schrift nicht zu fixirenden oder einer schriftlichen Verhandlung sich entziehenden genaueren Umstände zu verschaffen, welche ein Abgehen von allgemeinen Regeln der Beweiswürdigung im einzelnen Falle rechtfertigen und nach der Individualität des Falles ein richtigeres Urtheil, als lediglich nach solchen allgemeinen, abstrakten Regeln garantiren.

Sind dies, wenn man sich so ausdrücken darf, die primären Vortheile der Mündlichkeit, so bestehen die sekundären Vortheile, welche die Oeffentlichkeit mit der Mündlichkeit erreichen läßt, in der Stärkung des allgemeinen Rechtsbewußtseins und damit zugleich in der Erziehung des Volkes für den Rechtsstaat. Die Oeffentlichkeit ohne wahre Mündlichkeit würde Nichts wirken; mündliche Schlußverhandlungen, wenn der Schwerpunkt des Verfahrens in schriftliche Vorverhandlungen fällt, sind für das große Publikum unverständlich.

Es kam nicht darauf an, im Vorstehenden etwa die Mündlichkeit gegenüber der Schriftlichkeit zu rechtfertigen. Das Prinzip als solches im Großen und Ganzen steht bereits fest, und ein Abgehen davon wird für die heutige Bundesgesetzgebung von vornherein als eine praktische Unmöglichkeit bezeichnet werden dürfen. Es bedurfte nur einer Hervorhebung der wesentlichen Vorzüge eines wahrhaft mündlichen Verfahrens, um zu zeigen, wie alle diese sofort sich ergeben, wenn man die Mündlichkeit auffaßt als einen Untersatz der freien Beweiswürdigung. So war gleichsam die Probe auf die Rechnung gemacht.

Dem Wesen der mündlichen Verhandlung widerspricht es dagegen nicht, sie nur auf schriftlicher Grundlage zu gestatten, in der Art, daß das in der Schrift verzeichnete gewissermaßen den Rahmen bildet, welchen die mündliche Verhandlung mit Hervorhebung des Details auszufüllen hat. Will man in letzterer Beschränkung eine Verletzung des Prinzips der Mündlichkeit finden, so muß man es auch für unzulässig erklären, daß die Parteien über einen schriftlich errichteten Contrakt prozessiren und letzteren mit Ausschluß anderer Beweismittel als allein maßgebend für das in Frage gestellte Rechtsverhältniß erklären: ließe sich doch eine Klage geradezu in der Art denken, daß der Kläger unter Ueberreichung eines mit dem Beklagten abgeschlossenen schriftlichen Contraktes einfach beantragte, ihm die am Schlusse des Contraktes ihm stipulirten Rechte zuzuerkennen und den Beklagten zur Leistung der daselbst übernommenen Verpflichtungen zu verurtheilen. Und wie die Partei erklären kann, sich auf einen bestimmten Kreis von Thatsachen beschränken zu wollen bei Ableitung ihres Klaganspruchs, so wird auch die Prozeßordnung die Partei verpflichten können, in der Prozeßverhandlung nur einen vorher schriftlich angezeigten und bezeichneten weiteren Kreis von Thatsachen als Grundlage geltend zu machen, vorbehaltlich der Befugniß, alle Modalitäten und Details, welche von diesem weiteren Kreise von Thatsachen umschlossen sind, in der mündlichen Verhandlung hervorzuheben oder die anfänglich gleich mitvorgebrachten Details innerhalb dieser Grenze zu modifiziren oder durch Heranziehung anderer Thatsachen in ein anderes Licht zu setzen. Die Prozeßordnung kann daher, ohne einer Verletzung des Prinzips der Mündlichkeit sich schuldig zu machen die wie oben erwähnt in unsern Culturverhältnissen praktisch unumgängliche Fixirung der Prozeßverhandlungen in gewissem Umfange dadurch erreichen, daß sie die Parteien verhindert, in der mündlichen Verhandlung eine gewisse Grenze des thatsächlichen Materials zu überschreiten, welche sie vorher schriftlich einander und dem Gerichte mitzutheilen haben.

Es läßt sich aber auch, um zu einer schriftlichen Fixirung der mündlichen Verhandlung zu gelangen, der umgekehrte Weg denken, daß man die Parteien an eine im schriftlichen Vorverfahren anzuzeigende Grenze nicht bindet, aber für eine Fixirung der Prozeßverhandlungen Sorge trägt, die während der Verhandlungen selbst oder doch unmittelbar nach denselben zu geschehen hätte. Wäre nun die Rücksicht auf die Feststellung des Umfangs der Res judicata für etwa später mögliche Zweifel und Streitigkeiten die Hauptrücksicht, welche die Prozeßordnung hier nehmen soll, so würde man ohne Zweifel diesen Weg einzuschlagen haben. Aber gewiß ist jene Rücksicht nur eine sekundäre, untergeordnete. In den meisten Fällen wird die Entscheidung selbst den Umfang des Res judicata hinlänglich klar stellen, und wenn die Richter recht sorgfältig bei der Ausarbeitung der Entscheidung zu Werke gingen, so würde man nur in verhältnißmäßig sehr seltenen Fällen einer weiteren Kenntniß der voraufgegangenen Prozeßverhandlungen zu jenem Zwecke bedürfen. Eben so wenig kann die Rücksicht auf die etwa möglichen Rechtsmittel hier als zunächst maßgebend betrachtet werden; denn einerseits kann leicht Veranstaltung getroffen werden, daß eine Partei, welche in ihren Rechten sich verletzt glaubt, exceptioneller Weise für sofortige schriftliche Fixirung der ihrer Ansicht nach unrichtig vorgenommenen Prozeßhandlung Sorge trage, oder auch daß besonders wichtige Dinge in authentischer Weise sofort durch das Gericht festgestellt werden, und andererseits würde ein Rechtsmittel, welches die fortlaufende genaue schriftliche Wiedergabe der mündlichen Verhandlung zur Voraussetzung hätte, in einem mündlichen Verfahren als ein Widerspruch erscheinen. Wie man sich leicht überzeugen wird, läuft auf Ersteres eine richtige Organisation der Nichtigkeitsbeschwerde im mündlichen

Verfahren hinaus, während Letzteres gerade umgekehrt zur Herstellung einer Berufungsinstanz führt, die auf schriftliche Aufzeichnungen zu urtheilen angewiesen wird. Ueberhaupt aber kann es ein richtiger legislativer Grundsatz nicht sein, die erste Instanz wesentlich mit Rücksicht auf die Einrichtung einer zweiten zu organisiren, während umgekehrt die Einrichtungen der höheren Instanzen aus den Einrichtungen der ersten Instanz sich ergeben müssen. Die Hauptrücksicht ist vielmehr die Vorbereitung der mündlichen Verhandlung. Die Gegenpartei muß behuf ihrer Vertheidigung Kunde erhalten von dem, was gegen sie vorgebracht werden wird, und dies ist um so mehr erforderlich, als heut zu Tage die wichtigeren Prozesse fast ausnahmlos durch Stellvertreter geführt werden, welche bei ihren Mandanten erst Erkundigungen einziehen müssen. Dieser Hauptrücksicht entspricht aber prinzipiell nicht die zweite, sondern die erste der beiden genannten Maximen, welche die Partei in gewissem Umfange an die von ihr der Gegenpartei oder dem Gerichte überreichten Schriften bindet, wenngleich auch die zweite Maxime die gleichzeitige Fixirung oder Fixirung unmittelbar nach der Verhandlung als Auskunftsmittel mit verwendet werden muß, da die Notirung desjenigen, was den schriftlichen Rahmen in der mündlichen Verhandlung auszufüllen bestimmt ist oder die anfangs behaupteten Details modificirt, für die Parteien von großer Wichtigkeit sein kann.

Die erste Methode der schriftlichen Fixirung schließt sich zugleich genau an dasjenige an, was heut zu Tage bei Erhebung der Klage nothwendig beobachtet werden muß. Die Erhebung der Klage ist, da heut zu Tage doch nicht mehr wie zur Zeit der römischen in jus vocatio behufs Einleitung des Prozesses der Beklagte nöthigenfalls zwangsweise vor Gericht wird geschleppt werden können, schwerlich anders denkbar als durch Behändigung eines Schriftstücks. An diese Behändigung, wenn nicht etwa schon die Ueberreichung der Schrift auf dem Gerichte, müssen die für das materielle Recht so außerordentlich wichtigen Wirkungen der Rechtshängigkeit geknüpft sein. Wie nun, wenn in der mündlichen Verhandlung der Kläger einen wesentlich andern Anspruch geltend macht, als den in der schriftlichen Klage bezeichneten? Hier bleibt doch, wenigstens wenn der Beklagte sich nicht nachträglich mit der Aenderung einverstanden erklärt, wenn er den Widerspruch zwischen mündlicher Verhandlung und Schriftstück rügt, nichts Anderes als eine Zurückweisung des Klägers übrig. Warum sollte aber das, was man hinsichtlich der Klage anerkennen muß, nicht auch auf die Einrede u. s. w. Anwendung finden, zumal da die Einrede oft nichts Anderes als ein selbstständiger dem Klageanspruche opponirter Gegenanspruch ist und nicht selten sogar eventuell als Widerklage mitgeltend gemacht wird?

Der norddeutsche Entwurf hat nun aber in Uebereinstimmung mit der hannoverschen Prozeßordnung, dem früher zu Hannover ausgearbeiteten deutschen Entwurfe und ebenso mit dem preußischen Entwurfe von 1864 gleichwohl für das zweite System sich entschieden.

Die Schriftsätze, welche im regelmäßigen Verfahren vor den Collegialgerichten gewechselt werden und welche der Entwurf ausdrücklich nur als „vorbereitende" bezeichnet §§. 172, 173 (binden an sich die Partei in Ansehung der mündlichen Verhandlung gar nicht (§. 389). Indeß indirekt sucht der Entwurf die Parteien gleichwohl an den wesentlichen Inhalt der Schriftsätze zu binden. §. 290 bestimmt:

„Die mündliche Verhandlung kann vertagt werden, wenn eine Partei erklärt außer Stande zu sein, die Sache vollständig zu verhandeln, insbesondere, wenn die Gegenpartei die rechtzeitige Mittheilung eines Schriftsatzes oder einer Urkunde unterlassen hat oder wenn durch ein neues Vorbringen weitere Erhebungen erforderlich werden."

Der Unterschied gegenüber dem ersten Systeme, welches dem Obigen zufolge der Vorbereitung des mündlichen Verfahrens mehr zu entsprechen scheint, liegt also nur in dem Präjudize, welches der nachlässigen Partei gedroht wird: nach dem ersten Systeme besteht dasselbe in der Zurückweisung des neuen in dem Schriftsatze nicht angezeigten Vorbringens, nach dem zweiten Systeme zunächst in der Vertagung. Doch wird man auch nach dem zweiten System nicht mit der Vertagung völlig ausreichen; es würde sonst z. B. der Beklagte durch fortwährendes neues Vorbringen den Prozeß beliebig aufhalten können, und der Entwurf gewährt die Befugniß der Zurückweisung nach richterlichem Ermessen auch, indem er sagt, die Verhandlung könne vertagt werden. Sie braucht also nicht in jedem Falle vertagt zu werden, und da man eine Partei doch ohne Zweifel nicht wegen der Nachlässigkeit ihres Gegners bestrafen kann, so wird, im Falle von der Vertagung nicht Gebrauch gemacht oder das neue Vorbringen nach Ansicht des Gerichts die sofortige Erwiderung der Gegenpartei nicht behindert, nicht die sofortige Verhandlung auf Grund des neuen Vorbringens, sondern die Zurückweisung des letzteren die Folge sein dürfen.[3])

[3]) Die Majorität der Kommission ist zwar (vgl. Protokolle S. 544) nicht „geneigt" gewesen, außer der Ahndung im Disziplinarwege, die Befugniß beizulegen, die betreffende Anführung nicht zu berücksichtigen. Allein bloße nicht zum Ausdrucke im Gesetze gebrachte „Neigungen" der Kommission können gegenüber einer aus der Natur der Sache sich ergebenden Folgerung Nichts verschlagen, und die Ansicht des Referenten, daß diese Befugniß besonders im Gesetz gegeben sein müsse, würde nur dann richtig sein, wenn der Beklagte ein Recht zur beliebigen Verzögerung des Prozesses zugestanden bekäme. Außerdem trägt der Anwalt gar nicht immer die Schuld und dis-

Eine Verletzung des Prinzips der Mündlichkeit, welche die Beschlüsse der Majorität der Kommission in den angeführten sachlichen Rechtsnachtheilen glaubte erblicken zu müssen, wäre, wenn sie wirklich vorhanden wäre, als letztes Auskunftsmittel wenigstens doch nicht zu umgehen: man müßte denn prinzipiell dem Beklagten, der häufig ein dringende Interesse an der Verzögerung des Prozesses hat, das Recht auf solche in infinitum zugestehen. Jene befürchtete Verletzung des Mündlichkeitsprinzips ist aber auch nicht nur theoretisch nicht anzuerkennen, sondern auch praktisch nicht vorhanden.

Man hat zwar bemerkt,[4]) nicht nur eine Ueberladung der Schriftsätze mit unerheblichen, vielleicht gewundenen Erklärungen werde die Folge eines sachlichen Präjudizes sein; es werde auch wesentlich in der Hand des Vorsitzenden liegen, durch Ausdehnung der verlangten schriftlichen Fixirung den Prozeß ganz in einen schriftlichen zu verwandeln. Dagegen liege eine hinreichende Nöthigung zur schriftlichen Aufzeichnung in der Gefahr für den Anwalt, daß das blos mündlich Gesagte von dem Gerichte nicht vollkommen genau aufgefaßt und in dem Urtheile nicht berücksichtigt werde. Es sei eher zu besorgen, daß zu viel, als daß zu wenig aufgeschrieben werde. Besser als die maßlose Ausdehnung der Parteischriften sei immer noch die Protokollirung durch den Gerichtsschreiber unter richterlicher Leitung. Weitläufige Compensations-Einreden könnten zur besonderen Verhandlung verwiesen werden, und als letztes Hilfsmittel bleibe das außerordentliche schriftliche Verfahren.

Allein man darf nicht vergessen, wie auch in der Kommission von anderer Seite hervorgehoben wurde, daß auch der Gegner ein Interesse an der schriftlichen Fixirung haben kann. Damit stimmt eine doch mehrjährige Erfahrung überein, die ich als Richter bezüglich der hannoverschen Prozeßordnung gemacht habe, der hier der norddeutsche Entwurf durchaus gefolgt ist. Die Parteischriften waren nicht selten durchaus unvollständig und machten weitläufige Protokollirung während der öffentlichen Sitzung des versammelten Collegs erforderlich. Das Geräusch der Feder des Gerichtsschreibers gab dann, während das Colleg halbe Stunden lang und länger dem richterlichen Stillleben überwiesen war, eine Illustration ab für die alte Wahrheit, daß die Uebertreibung eines Prinzips praktisch in dessen Gegentheil umschlägt, und nicht selten kamen noch recht unerbauliche, bei der Ungenauigkeit improvisirter Parteibehauptungen aber kaum vermeidliche Streitigkeiten der Anwälte mit dem Gerichtsschreiber hinzu. Abgesehen von dem doch auch zu berück-

---

ziplinarische Ahndungen sind im Allgemeinen das schlechteste Mittel zur Aufrechterhaltung der Bestimmungen einer Prozeßordnung.

[4]) Protokolle S. 542 ff.

sichtigenden Falle, daß ein redegewandter Anwalt versuchen mag, durch neue mündliche Behauptungen den Gegner zu überraschen und zu blenden und ihn zu ungenauen Gegenerklärungen zu veranlassen, die einen Sachverlust herbeiführen können, eine Taktik, die namentlich dann Erfolg verspricht, wenn dem Gegner, z. B. dem Kläger eine Vertagung sehr ungelegen kommt, ist das Vorbringen von Einreden und das verspätete Ueberreichen der schriftlichen Gegenanträge ein vorzügliches Mittel für einen säumigen Beklagten, sich einer Verurtheilung auf lange Zeit zu entziehen. Er bekommt bei einem vielbeschäftigten Gerichte, welches die Termine weit hinaus ansetzen muß, gegen Zahlung geringer Gebühren eine Terminsverlegung, die bei Gelegenheit einer Duplik wiederholt werden kann, als Prämie für eine prozessualische Nachlässigkeit.[5])

Endlich aber ist es ein bekannter Satz, daß eine mehrmals unvollständig verhandelte und nicht zum Schluß gebrachte Sache langweilig und ermüdend wird. Wenn also z. B. einmal die Klage und Klagebeantwortung verhandelt, dann aber wegen Vorbringens einer Replik die Verhandlung vertagt ist, so ist es leicht begreiflich, daß an die Stelle einer vollständigen neuen und lebendigen Verhandlung ein cursorisches Durchgehen der früher gemachten schriftlichen Aufzeichnungen tritt. Die Erfahrung dürfte das, wenn man aufrichtig sein will, auch in Hannover bestätigen. Ungenügende Vorbereitung und Vertagungen unvollständiger Verhandlungen sind jedenfalls gefährliche Feinde wahrhafter Mündlichkeit. Die Befürchtung vor Wortklauberei und vor ausweichenden, gewundenen Erklärungen scheint mir dabei wenig begründet, wenn doch den Parteien in dem bezeichneten ausgedehnten Maaße die Befugniß der Modifikation der in den Schriftsätzen angezeigten Angriffs- und Vertheidigungsmittel zusteht. Vor allzu vielen Rügen bezüglich der Abweichung der Schriftsätze von dem mündlichen Vorbringen schützt hier schon die in den meisten Fällen eher zu weit getriebene, als zu wenig beachtete kollegialische gegenseitige Rücksicht der Anwälte, da ja vermöge Uebereinkunft der Parteien immer eine Vertagung stattfinden kann, und auch, wenn dem Gerichte eine unverschuldete Versäumniß vielleicht glaubhaft nachgewiesen oder an sich wahrscheinlich wäre, ohne solche Uebereinkunft ausgesprochen werden müßte.

Der Entwurf (§ 394) nimmt nun freilich, um Verschleppungen entgegenzutreten, in gewissem Umfange die Eventualmaxime zu Hülfe. Hierin

---

[5]) Es versteht sich von selbst, daß ich hiermit dem hannoverschen Anwaltstande keinen Vorwurf habe machen wollen. Das Gesetz giebt jene Befugniß willkürlicher Verzögerung zu deutlich, als daß nicht schlechte Schuldner von selbst darauf kommen müßten. Dem Anwalte wird z. B. die Sache unmittelbar vor dem Termin zur mündlichen Verhandlung von der Partei übertragen.

aber (und ebenso in dem früher zu Hannover ausgearbeiteten Entwurfe) ist ein Widerspruch gegen ein anderes dort angenommenes Prinzip insofern bemerkbar, als § 445 nur einen das Gericht nicht bindenden Beweis bescheid kennt, während doch § 394 die nach dem Beweisbescheide etwa vorgebrachten Behauptungen in gewissem Umfange in Gemäßheit der Eventualmaxime ausschließt. Wenn man, wie die hannoversche Prozeßordnung thut, das Beweisurtheil als ein den Richter bindendes wirkliches Urtheil behandelt, so kann zwar dem Schluß der mündlichen Verhandlung vor diesem Urtheile jene Wirkung mit Recht beigelegt werden; wie aber bei einem einfachen Bescheide dieselbe angenommen werden könne, scheint mir schwer verständlich.

Der französische Prozeß hat in den bekannten Conclusions motivées, welche dem Gerichte von den Anwälten bei der mündlichen Verhandlung überreicht werden, wie mit Grund von einem Mitgliede der norddeutschen Kommission bemerkt wurde, eine viel sicherere schriftliche Grundlage, als sie nach den Vorschriften des norddeutschen Entwurfes vorhanden sein wird. Und doch wird, da der Entwurf mit Recht den Zeugenbeweis im gemeinrechtlichen Umfange beibehalten, beziehungsweise denselben im Gebiete des rheinisch-französischen Rechts wiederherstellen will, (vergl. § 429 und die zugehörigen Protokolle) das Prozeßverfahren bei weitem weitschichtiger werden, als das französische, zumal der Entwurf eine Bestimmung, wonach das Gericht Behauptungen, die seiner Ansicht nach nur zum Verschleif der Sache vorgebracht werden, gemäß der in Frankreich sog. Souverainetät des Gerichts ohne Weiteres zurückweisen kann, nicht aufgenommen hat. Der preußische Entwurf von 1864 hatte freilich den Fehler begangen, die in vielfacher Beziehung unbestimmten, insbesondere dem Belieben des Gerichts wie der Parteien großen Spielraum lassenden Bestimmungen des französischen Rechts in ein festes, aber auch starres System bringen zu wollen. Aber mit dem Nachweise dieses Fehlers war noch keineswegs dargethan, daß nun das Prinzip des Schriftenwechsels nach der hannoverschen Prozeßordnung ein richtiges sei.

Hiergegen wird vielleicht auf die in Hannover gemachten günstigen Erfahrungen hingewiesen werden. Allein abgesehen davon, daß es leicht wäre Zeugnisse für die Vortrefflichkeit eines jeden Verfahrens immer aus dem Lande beizubringen, wo man an dasselbe sich einmal gewöhnt hat, scheint mir zu bedenken zu sein, daß der norddeutsche Entwurf in der schon oben hervorgehobenen äußerst wichtigen Beziehung von der hannoverschen Prozeßordnung abweicht, daß er die mit dem bindenden Beweisurtheile verbundene strenge Gliederung des Verfahrens aufgiebt. Dadurch wird ermöglicht, daß in der dem Endurtheile unmittelbar voraufgehenden Verhandlung ein viel umfangreicherer Stoff regelmäßig vorliegt, als nach der hannoverschen Prozeßordnung, und § 394 bestimmt in dieser Hinsicht im zweiten Absatze:

„Auf Thatsachen, welche zur näheren Begründung eines selbstständigen Angriffs- oder Vertheidigungsmittels dienen, sowie auf selbstständige Angriffs- oder Vertheidigungsmittel, auf welche die Partei nicht verzichten kann, findet der vorstehende Absatz" (Ausschluß kraft der Eventualmaxime) „keine Anwendung."

Man erwäge nun, ob von einem so freigestellten Prozesse dasselbe behauptet werden kann, als von dem in eine Menge kleiner Unterabschnitte zerfallenden hannoverschen Prozesse, namentlich da nach dem norddeutschen Entwurfe (vgl. §§ 173, 384, 387) die Beweise sogleich mit den zugehörigen Behauptungen angetreten werden sollen, was wiederum nach der hannoverschen Prozeßordnung nicht der Fall ist.

Der Entwurf hat aber die hannoversche Prozeßordnung in Ansehung der Schriftsätze noch dahin copirt, daß er als Regel nur zwei Schriftsätze Klage und Vernehmlassung verlangt. Ein weiterer Schriftenwechsel kann zwar stattfinden, aber nur auf Grund eines Gerichtsbeschlusses, also nur mittelst gleichzeitiger Vertagung. Dabei giebt der Entwurf alles hierher Gehörige völlig dem richterlichen Ermessen anheim. Wäre es nicht besser, statt aller dieser Vertagungen — die Vertagung wegen verspäteten Vorbringens besteht neben dieser Vertagung noch extra — ein für alle Mal einen festen Schriftenwechsel einzuführen? Die Vertagungen, die selbst in Hannover gar nicht so selten sind und bei wichtigeren Prozessen den Parteien oft ein Jahr kosten können, sind doch bei weitem gefährlicher und kostspieliger als ein für alle Mal bestimmte Fristen für die Einreichung oder Behändigung kurzer Schriftsätze. Und ganz außerordentlich fatal werden diese Vertagungen für die Geschäftseintheilung der Gerichte. Man kann in Hannover, da man das französische Rollenwesen mit seinen freilich zahlreichen Mißständen nicht aufgenommen hat — und auch der norddeutsche Entwurf kennt es nicht — nie wissen, ob das zusammentretende Gericht an einem Sitzungstage überhaupt Geschäfte vorfinden wird, während andere Zeiten dann mit Terminen übersetzt werden müssen. Machten diese Uebelstände sich schon in der Stadt Hannover oft bemerkbar, so kann daraus leicht in großen Verkehrsstädten, wie z. B. Breslau, Stettin oder gar Berlin und Hamburg ein völliger Geschäftsbankerott entstehen.

Man fällt mit jener Begrenzung der mündlichen Verhandlung durch die Schriftsätze auch keineswegs zurück in das so gefürchtete System der Schriftlichkeit mit dem bloßen Nachspiele leerer mündlicher Schlußverhandlung. Ein solches schriftliches Verfahren — und das ist in der That das in Hannover so wenig beliebte und gebrauchte schriftliche Vorverfahren für weitläufige Sachen, welches der norddeutsche Entwurf gar nicht aufgenommen hat — setzt voraus, daß der Richter in der mündlichen Schlußverhandlung, die Thatsachen, die in den Schriftsätzen nicht enthalten sind, gar nicht berücksichtigen darf, sie von Amtswegen zurückweisen muß; denn die Form, in welcher Thatsachen hier dem Gerichte bekannt werden sollen, ist allein die Schrift. Ebenso müssen die Parteien, wenn sie nicht rechtzeitig ihre Schriften einreichen, z. B. nach § 474 der hannoverschen Prozeßordnung besonders contumacirt werden. Von dem Allen ist aber bei dem hier vorgeschlagenen Verfahren nicht die Rede. Der Richter kann Alles berücksichtigen, was die Partei in der mündlichen Verhandlung vorbringt und braucht die Schriften regelmäßig gar nicht zu lesen.[6]) Es ist nur dafür gesorgt, daß die mündliche Verhandlung, wenn einmal begonnen, auch regelmäßig zum Schlusse führe, und indem einerseits Uebertreibungen des Mündlichkeitsprinzips abgeschnitten sind, können andererseits auch die nicht geringen Gefahren vermieden werden, welche indirekt durch das Protokolliren und Vertagen der Sitzungen der wahrhaften Durchführung und Beobachtung des Mündlichkeitsprinzips erwachsen. Ein Bedürfniß, eine weitergehende Freiheit der Parteien zu gestatten, liegt in der That nicht vor, wenn man nicht davon ausgeht, daß die mündliche Verhandlung zunächst zur Instruktion der Anwälte zu dienen habe, während doch letztere vor dem Beginn des Prozesses geschehen sollte. Abgesehen von den nach dem hannoverschen Verfahren häufig sehr unbequemen, der vollständigen Protokollirung bedürfenden Repliken und deren Beantwortung, kam meiner Erfahrung nach vollständig neues Streitmaterial meistens nur vor, wenn die Parteien die Instruktion der Anwälte vernachlässigt hatten, oder aber der Beklagte anscheinend bei der Verzögerung der Sache interessirt war. Gewundene und ausweichende Erklärungen abzugeben kann im Civilprozesse, wenn nicht zu einer Inquisitionsmaxime gegriffen werden soll, doch Niemandem absolut verwehrt werden. Allerdings sollen die mündlichen Vorträge frei gehalten werden. Allein, wie wenn ein Anwalt erklärte, er habe von seiner Partei den bestimmten Auftrag, eine Erklärung nur in einer bestimmten Formulirung abzugeben und sei daher genöthigt einen Passus seines Schriftsatzes vorzulesen?

In einer im Jahre 1867 erschienenen Schrift[7]) hatte ich bereits die oben dargelegten Sätze zu bestimmten Gesetzesvorschlägen formulirt. Wie es scheint, sind dieselben nicht selten dahin mißverstanden worden, als hätte

---

[6]) Nur behufs der Prüfung des Antrags auf Zurückweisung einer Thatsache muß er sie lesen.

[7]) Recht und Beweis im Civilprozesse S. 249 ff. und die Ausführungen daselbst S. 71 ff.

ich ein schriftliches Verfahren mit mündlicher Schlußverhandlung als das richtige bezeichnet. Ich erlaube mir daher meine Vorschläge nochmals in folgender Fassung vorzubringen:

„Die mündliche Verhandlung bildet die Grundlage der richterlichen Entscheidung. Die mündliche Verhandlung wird durch Schriftsätze vorbereitet.

Die Parteien können in der mündlichen Verhandlung auch andere als die in den Schriftsätzen angezeigten Thatsachen vortragen, nur in so weit nicht, als durch das neue Vorbringen die Vertheidigung des Gegners wesentlich erschwert wird, in welchem Falle, jedoch nur auf Antrag des Gegners, eine Zurückweisung des neuen Vorbringen erfolgen kann. Das Gericht kann jedoch auch, wenn seiner Ansicht nach die Versäumniß eine unverschuldete war, statt der Zurückweisung des neuen Vorbringens eine Vertagung der Verhandlung aussprechen. Modifikationen der in den Schriftsätzen angezeigten Thatsachen, welche die Vertheidigung des Gegners nicht wesentlich ändern, sind in jedem Falle zulässig.

Allgemeine Rechtsdeduktionen dürfen in den Schriftsätzen nicht enthalten sein.[8])

Regelmäßig findet ein Schriftwechsel bei dem Gerichte bis zur Duplik statt. Hat ein Theil die bestimmten gesetzlichen Fristen, welche von dem Gerichtspräsidenten (Abtheilungspräsidenten) einmal verlängert werden können, versäumt, so kann die Gegenpartei sogleich auf Ansetzung des Verhandlungstermins antragen."

Man wird bemerken, daß es sich hier nur um die Vermeidung praktischer Unzuträglichkeiten handelt, nicht um einen prinzipiellen Gegensatz gegen das System des Entwurfs. Auf ein schriftliches Verfahren mit mündlicher Schlußverhandlung, wie es der heutige preußische Prozeß aufweist, hätte der Entwurf in keiner Weise zurückkommen dürfen.

II.

Von weitreichender prinzipieller Bedeutung ist für die richtige Durchführung des Mündlichkeitsprinzips die richtige Behandlung derjenigen richterlichen Verfügung, welche das s. g. erste Verfahren in das Beweisverfahren hinüberleitet.

Bekanntlich ist über den Vorzug eines unabänderlichen, wenigstens den Richter der betreffenden Instanz bindenden Beweisurtheiles, wie es der gemeine

---

[8]) Selbstverständlich würde in einem wirklichen Gesetzentwurfe die Redaktion eine andere sein. Viele Details sind hier auch übergangen.

Prozeß und beziehungsweise die hannoversche Prozeßordnung kennt, oder umgekehrt über den Vorzug eines bis zum Endurtheil jeder Zeit abänderlichen Beweisdekrets oder Beweisresoluts, wie es im preußischen Prozesse z. B. vorkommt, vielfach gestritten worden, und wenn der Juristentag und ebenso der früher zu Hannover ausgearbeitete Entwurf einer deutschen Civilprozeßordnung sich für die Abänderlichkeit jener Verfügung ausgesprochen haben, so ist dies doch nur unter dem lebhaftesten Widerspruche geschehen, und die Anhänger des bindenden Beweisurtheils sind nur überstimmt, nicht aber überzeugt worden. Wie es scheint, bewegte der Streit sich früher auch nicht auf dem richtigen Boden. Man führte auf beiden Seiten Nützlichkeitsgründe für und wider das bindende Beweisurtheil an, ohne daß auf beiden Seiten beachtet wurde, daß das Prinzip der Mündlichkeit ein bindendes Beweisurtheil, welches die einzelnen zu beweisenden Thatsachen specialisirt und über die Beweislast entscheidet, gar nicht gestatten kann. Ja die Vertheidiger der hannoverschen Prozeßordnung behaupteten sogar, die strenge hannoversche Mündlichkeit habe ein bindendes Beweisurtheil, durch welches Ordnung und Stetigkeit des Prozesses bedingt werde, zur Voraussetzung. Sie bemerkten dabei aber nicht, daß Mündlichkeit des gesammten Rechtsstreits und Mündlichkeit einzelner Prozeßabschnitte verschiedene Dinge sind. Nur diese, nicht aber jene kennt der hannoversche Prozeß, sobald ein Beweisverfahren erforderlich geworden ist. Man braucht, um sich hiervon zu überzeugen, nur daran sich zu erinnern, daß das gemeinrechtliche (hannoversche) Beweisurtheil den Beweis anderer, als eben der zum Beweise gestellten Thatsachen ausschließt, und daß um diese Beweissätze richtig verstehen zu können, abgesehen von ganz einfachen Fällen, regelmäßig Kenntniß der voraufgegangenen Verhandlungen nothwendig ist. Diese Kenntniß nun wird dem Richter, welcher das Endurtheil zu fällen hat nur durch die schriftlichen Aufzeichnungen über die Vorverhandlungen oder, was doch bei genauer Betrachtung in dieser Hinsicht evident dasselbe ist, durch einen erzählenden Theil des Urtheils, den s. g. Thatbestand des Urtheils geliefert. Alle Fehler, welche in dieser schriftlich niedergelegten Auffassung des Streitverhältnisses enthalten sind, muß der Richter beim Endurtheil anerkennen, und Parteien wie Richter dürfen nun nicht mehr auf das eigentliche Sachverhältniß zurückgehen, sondern dasselbe nur durch jene künstlich gemachte unüberschreitbare Scheidewand betrachten. Außerdem ist bei freier Beweiswürdigung das bindende über die Beweislast entscheidende Beweisurtheil deßhalb zu verwerfen, weil es die freie Benutzung der gegründetesten Vermuthungen des gemeinen Lebens, d. h. die richtige Verwerthung des Indicienbeweises hindert und so zu Entscheidungen Veranlassungen giebt, welche dem materiellen Rechte wie dem allgemeinen Rechtsbewußtsein in der stärksten Weise widersprechen. Endlich ist selbst eine gewisse Willkür in der gemeinrechtlichen, freilich durch die Bedürfnisse des schriftlichen Verfahrens gerechtfertigten Trennung von Behauptungen und Beweisen gar nicht zu verkennen. Ein Zeugenbeweis z. B. läßt sich ohne alle und jede Aufstellung von Behauptungen in der Beweisinstanz kaum führen, und vom Standpunkte einer freien Beweiswürdigung verliert, da eine bewiesene oder zugestandene oder notorische Behauptung ein Indicium sein kann für die Wahrheit einer andern, die absolute Trennung von Behauptung und Beweis jede Berechtigung.[9])

Es war daher durchaus richtig, daß schon der früher zu Hannover ausgearbeitete Entwurf und jetzt der norddeutsche nur von einem abänderlichen Beweisbescheide reden[10]), und daß von einer Vertheilung der Beweislast in diesem Bescheide Abstand genommen ist.[11]) Dagegen ist es ein äußerer Widerspruch gegen die Natur eines solchen abänderlichen Bescheides, daß derselbe mit den Formen eines Urtheils ausgestattet, insbesondere stets mit (eingehenden) Entscheidungsgründen und mit einem s. g. Thatbestande, einer (vgl. § 329, 5) gedrängten Darstellung des Sach- und Streitstandes auf Grundlage der mündlichen Vorträge der Parteien und unter Hervorhebung der gestellten Anträge, versehen werden soll; denn von einem derartig feierlich abgefaßten und verkündeten Beschlusse wird das Gericht faktisch nicht leicht abgehen, wenn man auch rechtlich ihm dazu die Befugniß zugesteht, und mindestens wird es dadurch in die unangenehme Lage versetzt werden können, entweder einer später gewonnenen besseren Einsicht Zwang anzuthun oder ganz offen einen gemachten Fehler zu gestehen und dadurch die eigne Autorität zu schädigen.[12])

Mehr aber noch als dies dürfte der prinzipielle Fehler ins Gewicht fallen, daß der Entwurf, ungeachtet er das bindende Beweisurtheil der hannoverschen Prozeßordnung aufgiebt, mit diesem Bescheide indirekt eine auf die Eventualmaxime zurückzuführende präklusivische Wirkung verbindet, während doch schon die Motive des preußischen Entwurfs von 1864 sehr richtig die Unverträglichkeit der gemeinrechtlichen Eventualmaxime mit

---

[9]) Vgl. die Ausführungen bei Bar, R. u. Beweis S. 44 ff., S. 19 ff.

[10]) Vgl. § 445 in Verbindung mit § 339. Hannov. Entw. § 282 ff. (Beweisverfügung).

[11]) Vgl. Protokolle der nordd. Kommission S. 642 ff. Die Mehrheit der Kommission entschied sich, daß die Regulirung der Beweislast durch den Beweisbescheid nicht vorzunehmen sei. § 446, 3 spricht daher nur von der Bezeichnung der Partei, welche sich zum Nachweise oder zur Widerlegung thatsächlicher Behauptungen auf ein Beweismittel berufen hat (Beweisführer).

[12]) Durchaus richtig wurde von einigen Mitgliedern hervorgehoben, daß der Beweisbescheid die Bedeutung eines bloßen Admissionsdekrets (nach dem Systeme des Entwurfs) habe.

einem wirklich mündlichen Verfahren hervorgehoben und insbesondere darauf hingewiesen hatten, daß mit Beseitigung des gemeinrechtlichen bindenden Beweisurtheils der hannoversche Prozeß in allen denjenigen Fällen, wo eben eine Beweisaufnahme erforderlich werde, zu einem wesentlich schriftlichen Verfahren sich gestalten müsse.[13]) Nach einer anscheinend nur sehr kurzen Berathung (vgl. Protokolle S. 258) hat man jedoch, ohne daß dafür besondere Gründe in den Protokollen angegeben wären, die Beibehaltung der Eventualmaxime beschlossen, freilich in abgeschwächter Fassung, da die strenge gemeinrechtliche und preußische Eventualmaxime doch allzu sehr dem Prinzipe der Mündlichkeit widerstreitet. So ist man im § 394 zu den folgenden Bestimmungen gekommen:

„Ist die mündliche Verhandlung über die Hauptsache (Hauptverhandlung) geschlossen, so kann die Partei neue selbstständige Angriffs- oder Vertheidigungsmittel (Einreden, konnere Widerklagen, Repliken u. s. w.) in der Instanz nur insofern geltend machen, als sie glaubhaft macht, daß sie ohne ihr Verschulden außer Stande gewesen sei, dieselben schon bei der Hauptverhandlung beizubringen.

Auf Thatsachen, welche zur näheren Begründung eines selbstständigen Angriffs- oder Vertheidigungsmittels dienen, sowie auf selbstständige Angriffs- und Vertheidigungsmittel, auf welche die Partei wirksam nicht verzichten kann, findet der vorstehende Absatz keine Anwendung."

Es dürfte selbstverständlich sein, daß diese Bestimmungen, wenn irgend eine Anwendung von ihnen gemacht werden soll, auch auf den Schluß der mündlichen Verhandlung vor Abgabe des Beweisbescheides sich beziehen müssen.[14]) Nun scheint es freilich so, als ob nicht dem Beweisbescheide, sondern dem Schlusse der mündlichen Verhandlung jene Präklusivwirkung zukomme. Allein der Bescheid, welcher nur den Schluß der Verhandlung ausspricht, hat nicht einmal im gemeinen schriftlichen Prozesse jene Wirkung, und wenn der Schluß der Verhandlung aus einem anderen Grunde als aus demjenigen erfolgt, daß ein Urtheil abgegeben werden soll, so würde mit einem neuen

---

[13]) Motive S. 9: „Die Eventualmaxime macht es nothwendig, die Anführungen der Parteien bei der ersten mündlichen Verhandlung festzustellen, um später beurtheilen zu können, ob eine Partei sich innerhalb der Schranken halte, welche ihr durch erstere angewiesen sind; sie führt unausweichlich zum Prinzip der Schriftlichkeit, sobald das Endurtheil auf Grund der ersten mündlichen Verhandlung nicht erlassen werden kann. In der That enthält die hannoversche Prozeßordnung Vorschriften, deren Zweck es ist, das Ergebniß der ersten mündlichen Verhandlung in bindender Weise festzustellen, wozu namentlich, nicht ohne erhebliche Bedenken, auch die Gründe des ergehenden Urtheils benutzt werden können."

[14]) Vgl. § 445 a. E. wo von dem Schluß der mündlichen Verhandlung behufs Abgabe des Beweisbescheides die Rede ist.

Termine auch die Befugniß der Parteien wieder in Kraft treten, vollständig von Neuem die Sache zu verhandeln. Der Schluß der Verhandlung im mündlichen Verfahren hat allerdings jene Wirkung, aber nur insofern ein wirkliches Urtheil darauf folgen soll. Das Urtheil muß nothwendiger Weise neues Vorbringen präkludiren, und da die Abgabe eines Urtheils Zeit erfordert und oft nicht in dem Verhandlungstermine selbst erfolgen kann, das Gericht aber nicht fortwährend dabei durch neues Vorbringen der Parteien gestört werden kann, so kommt jene präkludirende Wirkung — außer wenn das Gericht selbst nachträglich die Sache dunkel und einer nochmaligen Instruktion fähig und bedürftig finden sollte, so daß es selbst erklärt nicht im Stande zu sein, ein Urtheil zu fällen — auch jenem Vorbescheide zu, aber nur insofern darauf wirklich ein Urtheil folgt. Die Präklusion kraft der Eventualmaxime ist daher nach dem hannoverschen Prozeßrechte richtig; nach dem Systeme des Entwurfs enthält sie einen inneren Widerspruch, der dazu führen muß, entweder den Beweisbescheid praktisch als Urtheil zu behandeln oder die Eventualmaxime über Bord zu werfen. So lange nicht ein einheitlicher oberster Gerichtshof existirt, würde vermuthlich, je nach den Traditionen der verschiedenen Gerichte, in Hannover und in den Ländern des gemeinen Prozeßrechts die erste, in den Ländern, wo jetzt französisch-rheinisches Verfahren gilt, die zweite Alternative acceptirt werden und damit praktisch eine ganz verschiedene Handhabung der wichtigsten prozessualischen Normen eintreten, wenn nicht durch einen zweiten im zweiten Absatze des § 394 enthaltenen Widerspruch wiederum dafür gesorgt wäre, daß am Ende vermuthlich doch die Eventualmaxime das Feld räumen müßte — freilich nur nach einem langen Kampfe der Praxis.

Daß diese letztere Bestimmung, welche noch in dem hannoverschen Entwurfe fehlte, gerade in diesem Gutachten kritisirt wird, könnte auffällig erscheinen, da in der bereits mehrfach citirten Schrift[15]) § 9 des daselbst gegebenen Gesetzentwurfs es am Schlusse über das dort proponirte Beweisurtheil heißt:

> „Die im Beweisurtheile in den einzelnen Beweissätzen hervorgehobenen Thatsachen können jeder Zeit bis zum Endurtheile durch die Behauptung und den Beweis von Nebenumständen begleitenden[16]) oder vorhergegangenen Thatsachen vervollständigt oder modifizirt werden, vorausgesetzt, daß nicht eine solche Veränderung mit ihnen eintritt, welche die Vorbereitung des Beweisverfahrens dem Gegner wesentlich erschwert."

---

[15]) Recht und Beweis im Civilprozesse S. 252.

[16]) In der Schrift befindet sich der Druckfehler „bestreitenden" statt „begleitenden".

ein Satz, dem eine gewisse Verwandtschaft mit der citirten Schlußbestimmung des § 394 des norddeutschen Entwurfs wohl nicht abzustreiten ist.

Allein das dort proponirte Beweisurtheil war, so verschieden es auch seinem Inhalte nach von dem hannoverschen und dem gemeinrechtlichen Beweisurtheile sich bezeigen würde, doch seiner Wirkung nach insofern diesen Urtheilen gleichstehend, als es eine den Richter bindende, appellable Verfügung, ein wirkliches Urtheil sein sollte. Es konnte ihm also eine gewisse präcludirende Wirkung, die aus anderen Bestimmungen meines Entwurfs sich ergab[17]), auf der einen Seite zugeschrieben werden. Auf der anderen Seite aber konnte die Präclusivkraft des Beweisurtheils in der That in jener bezeichneten Weise ermäßigt werden, da das dort proponirte Beweisurtheil seinem Inhalte nach von dem gemeinrechtlichen Beweisurtheil abwich.

Gerade umgekehrt aber verhält es sich mit dem Beweisbescheide des norddeutschen Entwurfs. Seiner Wirkung nach soll er ein einfacher, abänderlicher Bescheid sein, in seinem Inhalte aber die gemeinrechtlichen Beweissätze wiederholen; denn in letzterer Beziehung bestimmt § 446:

„Der Beweisbescheid soll enthalten

1) die Bezeichnung der streitigen Thatsachen, über welche Beweis zu erheben ist (Beweissätze)."

Daß hier irgend etwas Anderes, als der Inhalt der gemeinrechtlichen Beweissätze gemeint sei, läßt sich nicht darthun, und wäre wirklich etwas Anderes gemeint, so würde es nicht ausgedrückt sein.

Die letztcitirte Bestimmung verstößt aber einmal gegen einen anderen Satz, welchen der Entwurf nach Ausweis der Protocolle hat sanctioniren wollen, gegen den schon erwähnten Satz, daß im Beweisbescheide über die Beweislast Nichts bestimmt werden solle (wie denn absichtlich in dem ganzen Paragraphen der Ausdruck „Beweislast" oder „Beweispflichtige" vermieden ist), da ein in der gemeinrechtlichen oder hannoverschen Weise specialisirter Beweissatz immer implicite auch den Ausspruch über die Beweislast enthält[18]). Sodann aber, wie verhält sich § 446 No. 1 zu § 394? Wenn der Beweisbescheid die einzelnen zu beweisenden Thatsachen bezeichnen soll, so versteht es sich von selbst, daß jede einzelne Thatsache oder jede

---

[17]) Den Bestimmungen über die Schriftsätze und über die mündliche Verhandlung.

[18]) Darauf läßt sich leicht die Probe machen. Wenn z. B. bei einer Contractsklage in Folge Einwendens des Beklagten der Beweissatz dahin formulirt wird: es sei zu beweisen, daß Kläger den fraglichen Fehler der verkauften Sache gekannt habe oder daß die gekaufte Waarenladung am 10. März 1869 verladen worden sei, während der Kläger, der rechtzeitige Absendung behauptet hatte, jenen, der Beklagte aber einen späteren Tag behauptet hatte, so weiß Jeder, daß im ersten Falle dem Beklagten, im zweiten dem Kläger die Beweislast treffen muß.

Gruppe von Thatsachen, die gesondert aufgestellt ist, dadurch für den einzelnen Proceß zu einem besonderen Angriffs- oder Vertheidigungsmittel gemacht wird, Klaggrund, Einrede, Duplik. Wenn z. B. 1) Abschluß des Vertrages, 2) die Handlungsunfähigkeit des Beklagten bei dem seitens des Klägers geltend gemachten Vertragsabschlusse zum Beweise verstellt wird, so ist 1) Klaggrund, 2) Einrede. Solche selbstständige Angriffs- und Vertheidigungsmittel kann die Partei nach dem Schlusse der mündlichen Verhandlung nicht mehr vorbringen, wie § 394 im ersten Absatze besagt. Sehr gut. Aber nun soll diese Präclusion wieder nicht gelten in Bezug auf Thatsachen, welche zur näheren Begründung eines selbständigen Angriffs- oder Vertheidigungsmittels dienen. Nun unterscheide man, wenn es zum Endurtheile kommt, ob eine Thatsache zu dieser oder zu jener Kategorie gehört, anders, als danach, ob der Beweisbescheid einen besonderen Beweissatz daraus gemacht hat oder doch hätte machen müssen, wenn er richtig abgefaßt war. Diese Frage ist aber, wenn überhaupt zu entscheiden, und nicht in vielfacher Beziehung rein der Willkür und Convenienz anheimgegeben, nur durch eine abstracte, d. h. von den Resultaten des Beweisverfahrens und der concreten Sachlage absehende Theorie der Vertheilung der Beweislast zu lösen. Auf diese abstracte Theorie der Beweislast kommt es also bei Fällung des Endurtheils an, und nun nicht, wie nach gemeinem Proceßrechte der Fall ist, zu dem Zwecke, um bei zweifelhafter Sachlage für oder gegen den Kläger oder Beklagten zu entscheiden, sondern lediglich um zu bestimmen, ob eine Behauptung im Beweisverfahren noch aufgestellt werden könne. Abgesehen nun davon, daß dann fortwährend, um dies rechtzeitige Vorbringen einer Behauptung zu prüfen, auf die schriftlichen Aufzeichnungen der ersten mündlichen Verhandlung zurückgegangen werden muß, fragt man wohl mit Grund, weshalb denn in einer Proceßordnung überhaupt die Eventualmaxime einen Platz verdient. Ohne Zweifel doch nur, um Verschleppung des Processes zu verhüten und deshalb Behauptungen, die nicht zur rechten Zeit vorgebracht sind, sofort zurückweisen zu können. Nach dem System des norddeutschen Entwurfs aber, der ein bindendes Beweisurtheil nicht kennt und ebenso wenig deshalb reden kann von einem besonderen Zurückweisungs-Decrete, welches dem Endurtheil präjudiciren würde, geht jener Hauptzweck der Eventualmaxime fast ganz verloren: der Proceß muß mit verspäteten Behauptungen sich bis an's Ende hinschleppen, und nur in ganz klaren Fällen wird die Partei in Voraussicht der muthmaßlichen Präclusion von dem Vorbringen der verspäteten Behauptung Abstand nehmen, oder das Gericht auf die Gefahr hin, daß das bei Abfassung des Endurtheils anders zusammengesetzte Gericht anderer Ansicht sein, oder anderweit eine andere Ansicht zur Geltung kommen möchte, einen für die verspätete Behauptung angebotenen Beweis oder darauf bezügliche Benutzung der sonst angebotenen Beweismittel von vornherein vor der Berathung des Endurtheils als unerheblich abschneiden. Allein solche klare Fälle werden nach der Abschwächung, in welcher § 394, Absatz 2 die Eventualmaxime allein bestehen lassen will, nur höchst selten kommen. So wird denn die im schriftlichen Verfahren und bei einem bindenden Beweisurtheile [19]) so richtige Eventualmaxime hier in einem mündlichen Verfahren nur zu nutzlosen Streitigkeiten bei Abfassung des Endurtheils, Wort- und Silbenstechereien, mit einem Worte zu einem ganz willkürlichen Siege des Formalismus über das materielle Recht führen.

Gleichwohl läßt sich nicht verkennen, daß § 394 im zweiten Absatze in Verbindung mit § 446 1) etwas Richtiges erstrebt, aber nur nicht erreicht. Man bemerkte, daß eine strenge Handhabung der Eventualmaxime mit dem Principe der Mündlichkeit nicht wohl vereinbar sei; man wünschte auch die gemeinrechtlichen Streitigkeiten über das Beweisurtheil und dessen Fassung zu vermeiden und wollte deshalb weder die bindende Kraft desselben noch die Vertheilung der Beweislast. Auf der anderen Seite aber hielt man nicht mit Unrecht, wenn das gründlichere deutsche Beweisverfahren und insbesondere der Zeugenbeweis in vollem Umfange beibehalten werden sollte, eine Theilung des Verfahrens — Cäsur des Processes, wie Ihering treffend sich ausdrückt — und dadurch eine Sichtung und Ordnung des Verfahrens für erforderlich. Daher die Proteusgestalt des Beweisbescheides und die in der gegenwärtigen Fassung schwerlich haltbaren Bestimmungen des § 394 über die Eventualmaxime.

Aus diesem Wirrsal herauszukommen, giebt es nur zwei Wege

Die eine Alternative besteht darin, daß man die letztgenannten Zwecke aufgiebt. Man wirft dann die Eventualmaxime völlig über Bord, macht den Beweisbescheid zu einem bloßen Admissionsbescheide und läßt die erste mündliche Verhandlung, sobald eine weitere Beweisaufnahme erforderlich wird, zu einem bloßen Vorspiele herabsinken, so daß die Parteien darin gewissermaßen sich gegenseitig nur instruiren, in der auf die Beweisaufnahme folgenden Verhandlung aber die Streitsache mit völliger Freiheit verhandeln. Es würde dies, abgesehen von den Einleitungsformen, principiell wenigstens eine reine Nachahmung des französischen Processes — nur ohne dessen schriftliche Grundlage, die s. g. conclusions motivées — sein. Das Experiment wäre nicht ungefährlich bei der Zulassung des Zeugenbeweises und bei der Abneigung der deutschen Gerichte auf Vermuthungen und In-

---

[19]) Im preußischen Processe giebt es zwar kein bindendes Beweisurtheil; aber der Ausschluß verspäteter Behauptungen tritt wie im gemeinrechtlichen schriftlichen Verfahren schon früher ein.

dicien — und wären es die dringendsten — einen Beweis im Civilprocesse für geführt oder für unmöglich zu erklären. Die s. g. Souverainetät der französischen Gerichte, welche der Entwurf freilich nicht anerkennt, möchte bei solchem Verfahren mindestens nicht entbehrt werden können.

Die zweite, meiner Ansicht nach, allein noch mögliche Alternative besteht in der Einführung eines der formula des klassischen römischen Processes nachgebildeten richterlichen Zwischenurtheils in den deutschen Proceß, wie ich solches in der bereits mehrfach citirten Schrift vorgeschlagen habe.

Die wesentlichste Abweichung dieses Zwischenurtheils von dem gemeinrechtlichen Beweisurtheile und dem Beweisbescheide des norddeutschen Entwurfs würde zu bestehen haben darin, daß nicht einzelne Thatsachen, sondern immer das Recht oder die Berechtigung das Beweisthema bildete. So gewinnt der Begriff eines selbständigen Angriffs- und Vertheidigungsmittels, als welches ja sonst jede Thatsache betrachtet werden könnte, im § 394 gegenüber den daselbst genannten Thatsachen, „welche zur näheren Begründung eines selbständigen Angriffs- und Vertheidigungsmittels dienen", faßbare, verwendbare Gestalt. Auf erstere kann dann die Eventualmaxime[20]) Anwendung finden, während sie in Bezug auf letztere ausgeschlossen bleibt, wie ja auch im römischen Processe die exceptiones regelmäßig in die formula aufgenommen werden mußten, wenn sie in judicio Berücksichtigung finden sollten, während im Uebrigen die Freiheit der Parteien vollkommen gewahrt blieb. Es muß dann freilich auch das Beweisurtheil das Gericht, von welchem es erlassen ist, binden, und zweckmäßiger Weise sofort mit einem Rechtsmittel angefochten werden können, der Rechtskraft fähig sein, falls nicht das Gericht nach seinem Ermessen, weil seiner Ansicht nach das Rechtsmittel voraussichtlich keinen Erfolg haben wird, auf Antrag einer Partei das Rechtsmittel vorbehält und sofort das Beweisverfahren einleitet. Als eine unseren Traditionen entsprechende und einer zweckmäßigen Theilung des Verfahrens dienende Modification der römischen formula habe ich empfohlen, den Beweis nicht auf das Haben oder das gegenwärtige Bestehen eines Rechtes, sondern auf den Entstehungsgrund bez. die mehreren Entstehungsgründe (Klaggründe) zu richten, woraus dann auch die Nothwendigkeit sich ergiebt, für den etwa behaupteten Aufhebungsgrund, beziehungsweise die mehreren etwa behaupteten Aufhebungsgründe des klägerischen Rechts besondere Beweissätze auszuwerfen, beides Modificationen, zu denen schon im römischen Rechte sich Beispiele und Ansätze finden. Dagegen würden die s. g. rechtsverhindernden Thatsachen besondere Beweissätze regelmäßig nicht ver-

---

[20]) Man kann hier wohl nur im weiteren Sinne von Eventualmaxime sprechen. Vgl. darüber Recht und Beweis S. 117.

langen, und zwar selbstverständlich auch solche Thatsachen nicht, welche etwa das Entstehen eines rechtsbegründeten Rechtsaufhebungsgrundes, z. B. einer behaupteten Zahlung hindern, während gleichwohl besondere Verhinderungsgründe der Entstehung eines Rechts, beziehungsweise eines Rechtsaufhebungsgrundes, welche im ersten Verfahren behauptet sind, als Punkte, auf welche es voraussichtlich besonders ankommen werde, hervorgehoben werden könnten. Das Beweisverfahren könnte dann bei verwickelten Sachen auch so getheilt werden, daß z. B. über den factisch mit der Einrede nicht zusammenhängenden Klaggrund und bez. über die einzelnen factisch nicht zusammenhängenden Einreden u. s. w. getrennt verhandelt und entschieden würde. Während der gemeinrechtliche und auch der hannoversche Proceß das Verfahren so eintheilt, daß sämmtliche Fäden des Processes gleichzeitig an derselben Stelle zerschnitten werden, würden dann die einzelnen Fäden des Processes von einander getrennt, jeder bis zu seinem natürlichen Ende verfolgt und aus den Resultaten der einzelnen Fäden nachher ein Gesammtresultat zusammengesetzt werden. Rücksichtlich der näheren Begründung und Rechtfertigung dieser Vorschläge auf die citirte Schrift S. 99 ff., ferner auf einen Aufsatz in der Zeitschrift für Gesetzgebung und Rechtswissenschaft in Preußen 1868, S. 220 ff., und einen Aufsatz im Archiv für die civilistische Praxis, 1869, S. 459, mich beziehend, erlaube ich mir nur die Gesetzesvorschläge, vorbehaltlich besserer Redaction, mitzutheilen.

§ 1.

„Das Beweisurtheil trifft specielle Bestimmungen über die Vertheilung der Beweislast nicht.

Es bestimmt nur im Allgemeinen, daß die Entstehung eines Rechtes auf den fraglichen Gegenstand oder auf die fragliche Leistung zu beweisen sei, unter Bezeichnung des behaupteten concreten Entstehungsgrundes, beziehungsweise der mehreren eventuell behaupteten Entstehungsgründe.

§ 2.

Ebenso bestimmt es über den Beweis behaupteter Aufhebungsgründe des angeblich oder des zugestandenermaßen einmal entstandenen Rechtes bez. über den Beweis derjenigen Rechte bez. Thatsachen, welche diese Aufhebungsgründe wiederum hinterher außer Kraft gesetzt haben.

§ 3.

Thatsachen, welche als besondere Verhinderungsgründe der Entstehung eines Rechtes, bez. des Eintritts eines Rechtsaufhebungsgrundes zu betrachten sind u. s. w., hat das Beweisurtheil zwar, insoweit sie im ersten Verfahren behauptet sind, als Punkte, auf welche es voraussichtlich ankommen werde, hervorzuheben, jedoch keineswegs zu bestimmen, daß, wenn sie bewiesen seien, die Entscheidung für oder gegen eine der Parteien ausfallen müsse. Ob das letztere der Fall sei, hat das Gericht vielmehr, ohne durch das Beweisurtheil gebunden zu sein, im Endurtheile zu entscheiden.

§ 4

Die im Beweisurtheile in den einzelnen Beweissätzen hervorgehobenen Thatsachen können jeder Zeit bis zum Endurtheil durch die Behauptung und den Beweis von Nebenumständen und anderen begleitenden oder vorhergegangenen Thatsachen vervollständigt oder modificirt werden, vorausgesetzt, daß nicht eine solche Veränderung mit ihnen eintritt, welche die Vorbereitung des Beweisverfahrens dem Gegner wesentlich erschwert.

§ 5.

Das Beweisurtheil wird, vorbehaltlich der Bestimmung in § 6 rechtskräftig, wenn es nicht mittelst des binnen 14 Tagen zu erhebenden Rechtsmittels angefochten wird.

§. 6.

Das Gericht kann auf Antrag bestimmen, daß das Rechtsmittel gegen das Beweisurtheil nur mittelst des Rechtsmittels gegen das Endurtheil geltend gemacht werden solle.

§. 7.

Das Gericht kann das Beweisverfahren über einzelne Entstehungsgründe, Aufhebungsgründe eines Rechtes 2c. trennen und darüber Theilurtheile abgeben."

Ich bin mir bewußt, daß diese Vorschläge zuerst den Eindruck einer künstlichen, praktisch schwer zu handhabenden Einrichtung machen. Aber dies ist nur scheinbar der Fall und den Vorzug dürften sie doch vor den Bestimmungen des norddeutschen Entwurfs voraus haben, daß bei ihnen etwas Bestimmtes, Greifbares sich denken läßt, während dies bei den Vorschriften der §§ 394. 446 des norddeutschen Entwurfs theilweise gar nicht möglich ist. Man mache außerdem bei praktischen Rechtsfällen nur den Versuch und man wird finden, daß solche Beweisurtheile außerordentlich leicht korrekt anzufertigen sind. Da die konkreten Thatsachen bei den einzelnen Entstehungsgründen u. s. w. eines Rechtes nur demonstrationis causa hervorgehoben sind, so schaden kleine Ungenauigkeiten auch gar nicht; eben deßhalb aber braucht auch die Zulassung eines Rechtsmittels gegen das Beweisurtheil nicht gefürchtet zu werden. Es wird praktisch nur da zur Hand genommen werden, wo eben sehr zweifelhafte Rechtsfragen, z. B. der Mangel der sogen. legitima persona standi in judicio den Fortgang des gesammten Prozesses unnütz machen könnten; die vorherige Feststellung solcher Mängel kann aber ein ganzes, vielleicht sehr kostspieliges und zeitraubendes Beweisverfahren ersparen. Wenn man es zweckmäßiger findet, könnte übrigens auch als Regel die Unzulässigkeit eines besonderen Rechtsmittels gegen das Beweisurtheil ausgesprochen und dem Gerichte gestattet werden, auf Antrag die Zulässigkeit der sofortigen Anfechtung mittelst des Rechtsmittels zu verfügen.[18])

Zum Schlusse dieses Abschnittes muß ich noch eines meiner Ansicht nach klaren Widerspruchs gedenken, der zwischen der nach dem norddeutschen Entwurfe angenommenen abänderlichen Natur des Beweisbescheides und § 339 dieses Entwurfs besteht, wenigstens nach der von der Kommission adoptirten Bedeutung dieses letzteren Paragraphen. § 339 bestimmt:

„Das Gericht ist an die von ihm erlassenen Urtheile, einschließlich der Zwischenurtheile (§. 396. 398) gebunden. Vorbescheide sowie Entscheidungsgründe sind für das Gericht nicht bindend."

Von den citirten Paragraphen handelt § 396 von der Art der (mündlichen) Verhandlung über „prozessualische Zwischenstreitigkeiten", und im § 398 heißt es im zweiten Absatz:

„Sind einzelne Angriffs- oder Vertheidigungsmittel, oder sind prozessualische Zwischenstreitigkeiten zur Entscheidung reif, so sind sie bei Erlassung des Vorbescheides durch Zwischenurtheile zu erledigen.

Danach wird angenommen werden müssen — und die Kommission war, wie die Protokolle S. 688 ergeben, selbst dieser Meinung — daß z. B. auch der Ausspruch über die unter den Parteien streitige Zulässigkeit eines Beweismittels das Gericht bei Fällung des Endurtheiles binde. Wie kann aber, wenn die im Beweisbescheide ausgesprochene Ansicht des Gerichts über das Beweisthema das Gericht nicht bindet, ein Ausspruch das Gericht binden, der in vielen Fällen, z. B. wenn die Zulässigkeit des Beweismittels von dessen materieller Erheblichkeit abhängt, nur eine Folge jener Feststellung des Beweissatzes ist? Meiner Ansicht nach ist nur die Alternative juristisch durchführbar, entweder Reception der gemeinrechtlichen, freilich sehr kontroversen und gesetzlich schwer zu definirenden [22]) Theorie der sog. Decisivdekrete oder Zwischenurtheile oder Verwerfung aller bindenden Zwischenurtheile, mit Ausnahme der über sog. prozeßhindernde Einreden ergehenden. Die hannoversche Prozeßordnung kennt ein bindendes Beweisurtheil; danach nimmt man in Hannover allgemein als unzweifelhaft an, daß die gemeinrechtliche Theorie der Zwischenurtheile beibehalten sei, obwohl eine besondere Bestimmung darüber in der hannoverschen Prozeßordnung sich nicht findet. Aus dem Umgekehrten würde hier meines Erachtens das Umgekehrte folgen, wie denn die gemeinrechtliche Lehre von der bindenden Kraft des Beweisurtheiles nur möglich gewesen ist im Anschluß an die Theorie der Decisivdekrete, und auch z. B. der preußische und der französische Prozeß wie ein bindendes Beweisurtheil so auch jene bindenden Zwischenbescheide nicht

---

21) Vgl. das Nähere in Recht und Beweis S. 110 ff.

22) Man sehe die Berathungen der Kommission, Protokolle S. 574. 612. 688.

kennen. Die nicht bindende Natur des Beweisbescheides ist hier als besondere Ausnahme gar nicht haltbar: alle Merkmale einer präjudicirenden Zwischenentscheidung passen darauf. Uebrigens widerspricht die bindende Natur der Zwischenurtheile dem Prinzipe der Mündlichkeit. § 348. 2, des preußischen Entwurfs war daher, wie auch ein Mitglied der Kommission bei der Berathung bemerkte, sachlich viel korrekter. Vielleicht wäre eine besondere Bestimmung über die bindende oder nicht bindende Natur der Bescheide oder Zwischenurtheile gar nicht erforderlich.

III.

Die Durchführung des Mündlichkeitsprinzips verlangt, daß, abgesehen von besonderen Ausnahmefällen, die Beweisaufnahme unmittelbar vor dem erkennenden Gerichte, und nicht etwa nur vor einem einzelnen Mitgliede des letzteren oder einem beauftragten Richter geschehe. Dieser bereits in der hannoverschen Prozeßordnung §. 224 und ebenso in dem hannoverschen Entwurfe §. 287, desgleichen von dem Juristentage (Verhandlungen V, 2. S. 242 ff.) anerkannte Grundsatz hat im §. 452 des norddeutschen Entwurfs eine prinzipiell wenigstens, wie man anerkennen muß, genügend scharfe Fassung erhalten:

> „Die Beweisaufnahme erfolgt vor dem Prozeßgerichte. Die Uebertragung auf ein Mitglied des Prozeßgerichtes oder auf ein Amtsgericht soll nur in den durch dieses Gesetz bestimmten Fällen geschehen".

In der That kann man nicht leicht zu viel Gewicht auf diesen Grundsatz legen, wenn man dem Richter, wie die neuen Gesetze und Entwürfe [23]) sämmtlich thun, eine freie Würdigung des vorgebrachten Beweismaterials gestatten will. Die Beweisaufnahme vor dem erkennenden Gerichte selbst ist das nothwendige Correlat freier Beweiswürdigung; ohne jene ist diese einerseits gefährlich, da die Schrift diejenigen Nebenumstände regelmäßig zu fixiren nicht im Stande ist, welche ein Abgehen von der allgemeinen rationellen Regel der Beweistheorie im konkreten Falle rechtfertigen, und andererseits praktisch nicht zu erzwingen, da der Richter aus dem letzterwähnten Grunde geneigt sein wird, die allgemeinen Beweisregeln beizubehalten. Ich könnte aus eigner Praxis hier Fälle anführen, wo mehrmalige Zeugenvernehmungen durch Requisition eine zweifelhafte Sache aufzuhellen nicht vermochten, bis man sich endlich entschloß, die entfernt wohnenden Zeugen vor dem erken-

---

[23]) Vgl. nordd. Entw. § 430 (§ 429 des ersten Entwurfs).

nenden Gerichte erscheinen zu lassen, wodurch dann eine sofortige Entscheidung ermöglicht wurde.[24])

Während aber der Grundsatz, wie bemerkt, im hannoverschen und ebenso im norddeutschen Entwurfe anerkannt ist, haben beide Entwürfe Ausnahmen gestattet, welche geeignet sind, die praktische Ausführung statt zur Regel, bei den mehr beschäftigten Gerichten vielmehr zur Ausnahme zu machen. Das Gericht kann auch dann die Vernehmung der Zeugen durch einen beauftragten Richter anordnen, wenn die Beweisaufnahme vor dem erkennenden Gerichte sehr „zeitraubend" sein würde (§ 474). Das ist nun aber diese letztere Beweisaufnahme, wenn die gegenwärtige Art der Protokollirung beibehalten wird, eigentlich immer. Bei vielbeschäftigten Gerichten, bei denen übrigens auch selbstverständlich die Mehrzahl der wichtigsten Prozesse verhandelt wird, wird es also um die Mündlichkeit im Beweisverfahren im Allgemeinen recht schlecht bestellt sein, zumal die Traditionen des Richter- und Anwaltstandes dagegen streiten.[25])

Auf der anderen Seite aber muß man anerkennen, daß ohne eine große Vermehrung der gegenwärtig vorhandenen Arbeitskräfte der Gerichte, welche aus finanziellen wie aus anderen im Interesse des Richterstandes selbst liegenden Gründen nicht befürwortet werden könnte, striktere Vorschriften nicht wohl möglich waren. Die strikte Durchführung des Prinzips war vielmehr praktisch nur möglich, wenn man sich entschloß, die bisherige Art der Protokollirung fallen zu lassen, welche, indem sie die Zeugenaussagen wörtlich wiederzugeben sucht, eine Verlesung und Genehmigung derselben vorschreibt und nicht selten Zweifel und Streitigkeiten zwischen den Anwälten, dem Zeugen und dem Gerichtsschreiber hervorruft, leicht die Arbeitszeit eines ganzen Kollegiums in ungebührlicher Weise in Anspruch nehmen könnte und endlich den Zusammenhang der mündlichen Verhandlung in der bedenklichsten Weise gefährdet.

Dieses Protokolliren aber geschieht, wie auch § 503 des norddeutschen Entwurfs:

> „Die Feststellung der Zeugenaussage zu Protokoll kann unterbleiben, wenn die Vernehmung vor dem Prozeßgerichte erfolgt und das Endurtheil der Berufung nicht unterliegt. In diesem Falle ist im Protokolle nur zu bemerken, daß die Vernehmung stattge-

---

[24]) Der preußische Entwurf von 1864 (vgl. Motive S. 89) befand sich daher im Irrthum, wenn er grundsätzlich über die Beweisaufnahme vor dem erkennenden Gerichte Nichts bestimmen wollte. Vgl. dagegen Recht und Beweis S. 79 ff.

[25]) Die im Entwurfe gemachte Ausnahme ist auch dem Beschlusse des Juristentages entgegen.

[26]) Ueber die regelmäßige Art des Protokollirens vgl. Entw. S. 344.

funden habe; der wesentliche Inhalt der Zeugenaussagen ist in den Thatbestand des Urtheils aufzunehmen."

anerkennt, wesentlich im Interesse einer nochmaligen Prüfung des Beweisresultats in zweiter Instanz, und enthält dadurch zugleich, indem er das Gericht zweiter Instanz auf die Protokolle verweist, also die nochmalige Vernehmung der Zeugen in zweiter Instanz nur als Ausnahme betrachtet, eine ziemlich starke Verletzung des Mündlichkeitsprinzips für die beabsichtigte zweite Instanz.

Könnte man sich entschließen, wie ich bei einer freien richterlichen Beweisprüfung, bei wahrhafter Mündlichkeit und der dadurch den Parteien gewährten freieren Bewegung nicht nur für möglich, sondern auch für juristisch und nationalökonomisch richtig halte, die zweite Instanz bezüglich der Prüfung des Beweisresultates zu beseitigen, womit übrigens eine dreifache Abstufung der Gerichte und unter Umständen selbst eine doppelt wiederholte Prüfung der Rechtsfrage wohl vereinbar wäre, so würde, wie man sieht, die Mündlichkeit auch für die erste Instanz erst vollkommen garantirt werden.[27]) Die Möglichkeit — abgesehen von der Stenographie, die jedenfalls auch für den Prozeß noch zu verwenden sein wird — einzelne Aussagen, z. B. wegen ganz besonderer Wichtigkeit oder etwa im Falle des Verdachts eines Meineides noch besonders zu protokolliren, bliebe selbstverständlich daneben bestehen, und außerdem könnte ja auch den Parteien eine vorläufige nichteidliche Vernehmung der Zeugen durch einen Einzelrichter mit der bisherigen Protokollirung gestattet werden.[28])

IV.

Weniger von prinzipieller Bedeutung als vielmehr von Erwägungen prozessualischer Zweckmäßigkeit abhängend ist die Frage, ob mit den Behauptungen der Partei auch stets die erforderliche Beweisantretung zu verbinden sei. Während die hannoversche Prozeßordnung und ein Beschluß der vierten Abtheilung des deutschen Juristentages[29]) sich für die Verneinung dieser Frage entschieden haben, ist im norddeutschen Entwurfe in Uebereinstimmung mit dem französischen und gegenwärtigen preußischen Prozesse, desgleichen dem hannoverschen Entwurfe (§ 120, 4) das System der Beweisverbindung angenommen worden. Meines Erachtens hätte man besser gethan, hierin der hannoverschen Prozeßordnung und dem gemeinen Rechte

---

[27]) Die weitere Rechtfertigung findet sich in der citirten Schrift S. 81 ff. und in der Zeitschrift für Gesetzgebung und Rechtspflege in Preußen 1868, S. 235 ff. Siehe dafür auch Meyer, (Obertribunalsrath) Bemerkungen zur Civilprozeßgesetzgebung. 1867. S. 35 ff.

[28]) Vgl. den Gesetzesvorschlag in Recht und Beweis S. 253.

[29]) Verhandlungen I, 328 ff.

zu folgen, wie dies auch von dem gegenwärtigen preußischen Justizminister[30]) schon früher dargelegt ist. Die mit dem System der Beweisverbindung zu erreichenden Vortheile, insbesondere das Abschneiden unbegründeter Behauptungen, wie leichtfertigen Leugnens, dürften in keinem Verhältniß stehen zu den Nachtheilen desselben, namentlich zu der Verweitläufigung der Schriftsätze, der Unübersichtlichkeit derselben wie der ersten Verhandlung und zu den nothwendig werdenden Vertagungen, endlich zu den bei strikter Durchführung[31]) unvermeidlichen, das materielle Recht schädigenden Härten gegen die Parteien, welche die Angriffsmittel der Gegenpartei und deren Anwendung doch nicht haarscharf im Voraus wissen können. Ganz besonders stark müssen diese Nachtheile hervortreten, wenn man, wie der Entwurf will, regelmäßig nur zwei Schriftsätze wechseln läßt. Im schriftlichen Verfahren, wie es der gegenwärtige preußische Prozeß ist — und doch hat gerade ein preußischer hervorragender Praktiker (Waldeck) sich dagegen erklärt — liegt die Sache anders, als in einem mündlichen Verfahren, in welchem klare Uebersichtlichkeit so wesentlich ist, und auf den französischen Prozeß, der bei weitgehender Beschränkung des Zeugenbeweises in den meisten Fällen nur Urkunden und Eid gelten läßt, kann man sich eben aus diesem Grunde schon nicht berufen. Außerdem aber hat, wie schon bei anderer Gelegenheit hervorgehoben wurde, der französische Prozeß eine weit bestimmtere schriftliche Grundlage als die mündliche Verhandlung des Entwurfs, die nicht einmal einen schriftlichen Gegenantrag des Beklagten gegenüber der Klage für nothwendig erklärt.

Unter den Bestimmungen über den Beweis nehmen sodann noch folgende einen hervorragenden Platz ein:

1) die Bestimmung des § 440, wonach die landesgesetzlichen Vorschriften, welche in Ansehung gewisser Rechtsverhältnisse einzelne Arten von Beweismitteln ausschließen oder nur unter Beschränkung zulassen, außer Kraft treten, soweit nicht die Prozeßordnung ein Anderes bestimmt. Hiermit sind insbesondere auch die Vorschriften des französisch-rheinischen Rechtes über die Beschränkung des Zeugenbeweises gefallen, welche der hannoversche Entwurf § 310 noch aufrecht erhalten wissen wollte. Im Interesse einer wirklich von einem einheitlichen Geiste getragenen Rechtspflege war diese Aufhebung, da doch von einer Uebertragung der bezüglichen Vorschriften des rheinischen Rechtes auf das übrige Gebiet des norddeutschen Bundes nicht wohl die

---

[30]) Leonhardt: Zur Reform des Civilprozesses I, 1865. S. 65 ff.

[31]) Was nützt z. B. in den meisten Fällen die Mittheilung, daß man für eine Behauptung sich auf das Zeugniß des A. berufe? Ob die Aussage des A. zum direkten oder nur zu einem davon ganz verschiedenen künstlichen Beweise benutzt werden soll, weiß man noch nicht.

Rede sein konnte, in der That, wie auch in der Kommission [32]) treffend hervorgehoben wurde, unumgängliches Erforderniß. Die Beweismittel sind die Grundlage eines jeden Prozeßrechts. Eine Prozeßordnung, welche in einem Gebiete ein volles, unverkümmertes Beweisrecht, in einem anderen ein verstümmeltes bestehen ließe, würde alsbald die Praxis auch in anderen Gebieten des Prozeßrechts eine verschiedene werden lassen, und eine Zwangsausgleichung durch die Beschlüsse eines einheitlichen obersten Gerichtshofes wäre dagegen ein schlechtes Hülfsmittel. [33]) Eine weitere Empfehlung des von der Kommission hier gefaßten rühmlich anzuerkennenden Beschlusses dürfte an dieser Stelle nicht erforderlich sein, da der Juristentag ja früher selbst im Sinne des § 440 sich ausgesprochen hat. [34])

2) Die Bestimmung des § 434:

„Die Wirksamkeit des gerichtlichen Geständnisses wird dadurch nicht beeinträchtigt, daß demselben eine Behauptung beigefügt wird, welche ein selbstständiges Angriffs- oder Vertheidigungsmittel enthält.

Inwiefern eine vor Gericht erfolgte einräumende Erklärung ungeachtet anderer zusätzlicher oder einschränkender Behauptungen als ein Geständniß zu beurtheilen ist, bestimmt sich nach der Beschaffenheit des einzelnen Falls"

war gleichfalls im Interesse der Rechtseinheit nothwendig, um die Vorschriften des französisch-rheinischen Rechts über die Untheilbarkeit des Geständnisses zu beseitigen, wenn man sich nicht entschließen wollte, diese Bestimmungen, deren prinzipielle Unrichtigkeit und problematischen Nutzen eine Kritik Planck's [35]) treffend dargethan hat, dem deutschen Civilprozesse aufzuzwingen. Ohne diese Voraussetzung wäre es freilich das Beste gewesen, einer derartigen Bestimmung sich zu enthalten. [36])

3) Die Vorschrift des § 437:

„Ist in einem gerichtlichen Strafverfahren der Angeklagte auf Grund eines Schuldbekenntnisses oder einer Beweiserhebung durch ein inländisches Gericht rechtskräftig verurtheilt, so sind für den Richter in dem bürgerlichen Rechtsstreite der Thatbestand und die

---

[32]) Vgl. Protokolle S. 688. 689. 988. 989.

[33]) Der Einwand, daß man demnach die Bestimmungen der Partikularrechte über das Erforderniß der Schrift bei Verträgen aufheben müsse, paßt nicht. Diese letzteren sind formell rein civilrechtlicher Natur, mögen sie auch mit Rücksicht auf den Beweis gegeben sein; die französischen Vorschriften über Beschränkung des Zeugenbeweises haben eine eigenthümliche, prinzipiell kaum zu rechtfertigende Zwitternatur, vermöge deren sie jedenfalls auch dem Prozeßrechte angehören.

[34]) Verhandlungen, V. 2. S. 239 ff.

[35]) Münchener krit. Vierteljahrsschrift für Rechtsw. IV. S. 254 ff.

[36]) Vergl. Protokolle S. 701. 793 ff.

Thäterschaft endgültig festgestellt. Diese Bestimmung findet auf die in Feld-, Forst- und Jagd-Rügesachen und auf die wegen Verletzung polizeilicher und finanzgesetzlicher Vorschriften erlassenen Strafurtheile keine Anwendung.

Ein freisprechendes Urtheil des Strafrichters ist für den bürgerlichen Richter nicht bindend."

(übereinstimmend mit dem preußischen Entwurf § 273) dürfte dagegen entschiedene Mißbilligung verdienen. Da die hier behandelte Frage schon der Gegenstand eingehender Erörterungen des Juristentags gewesen ist,[37]) darf ich mich auf die Bemerkung beschränken, daß dieser Paragraph dem fast mit Einstimmigkeit gefaßten Beschlusse der vierten Abtheilung des deutschen Juristentags und dem dabei zu Grunde gelegten Gutachten Planck's[38]) wie auch einem Kommissionsberichte des preußischen Abgeordnetenhauses[39]) und der bisherigen Praxis des preußischen Obertribunals[40]) widerspricht und von der norddeutschen Civilprozeß-Kommission nur nach mehrfachen Debatten und Zweifeln angenommen worden ist (in der Hauptsache nur mit 6 Stimmen)[41]). Diese Bestimmung ist um so bedenklicher, als die fragliche Wirkung des Strafurtheils, wie mit 5 gegen 4 Stimmen beschlossen wurde (Protokolle S. 302. 303), nicht nur dem Angeklagten und dessen Erben, sondern auch Dritten gegenüber eintreten soll. So lange noch eine gemeinsame Strafprozeßordnung nicht existirt, würde man den Paragraphen für völlig unannehmbar erklären müssen. Ich behalte mir vor auf diese Sache, deren weitere Erörterung hier nicht angemessen sein würde, anderwärts zurückzukommen. Zwar kann die prinzipielle Nichtbeachtung des Strafurtheils das Rechtsbewußtsein verletzen. Sollte aber eine andere richtig vermittelnde Bestimmung, als welche ich übrigens die z. B. in der hannoverschen Prozeßordnung enthaltene und auch in der norddeutschen Kommission erörterte Vorschrift der Anerkennung des Thatbestandes des Strafurtheils bis zum Gegenbeweise nicht betrachten kann, nicht aufzufinden sein, so würde in Uebereinstimmung mit dem erwähnten Beschlusse des Juristentags von jeder derartigen Vorschrift besser Abstand genommen werden müssen, zumal da auch das französisch-rheinische Recht eine unzweifelhafte Vorschrift in dieser Beziehung gar nicht enthält, und sogar angesehene Autoritäten die mit

---

37) Verhandlungen VII. 2. S. 164 ff. 178.

38) Verhandlungen VII. 1. S. 1—44.

39) Session von 1855—56. Vergl. darüber Goltdammer's Archiv f. preuß. Strafrecht V. S. 344 ff.

40) Goltdammer a. a. O. S. 370.

41) Protokolle S. 299 ff.

dem § 437 des norddeutschen Entwurfs conforme Praxis nach dem Wortlaut wie nach dem Sinne der französischen Gesetzbücher verwerfen.

· 4) Die in den §§ 584—611 enthaltenen Vorschriften über den Eid der Parteien betreffend, so darf ich, da einerseits mehrere der wichtigsten hierher gehörigen Fragen Gegenstand der Erörterungen des vorjährigen Juristentags gewesen sind, andererseits ein Eingehen auf Details grade hier nicht angezeigt sein würde, mich kurz fassen. Im Ganzen zeigen m. E. sowohl die Berathungen der Kommission, bei denen eine anerkennenswerthe besondere Gründlichkeit bemerkbar ist, wie die beschlossenen Paragraphen Streit und Kompromiß verschiedenartiger Prinzipien, welche immer nur theilweise zur Geltung gelangt sind. Sie liefern damit einen neuen Beweis für die Nothwendigkeit einer radikalen Umgestaltung des bisherigen Parteieides, welche in nichts Anderem, als in der Verwandlung des Parteieides in ein Zeugniß in eigener Sache bestehen könnte.

Die wichtigsten von dem gemeinen Proceßrechte abweichenden und den bisherigen Rechtszustand ändernden Bestimmungen sind folgende:

a) Der zugeschobene Eid kann nur ein Wahrheitseid sein (§ 584). Der Entwurf macht von diesem Grundsatze nur eine Ausnahme in dem Falle, daß es um den Beweis der Echtheit einer Privaturkunde sich handelt, welche von dem Rechtsvorgänger oder Vertreter des Proceßgegners ausgestellt sein soll, eine Ausnahme, welche vielleicht mit Rücksicht auf das praktische Bedürfniß kaum zu entbehren sein dürfte, und bei welcher der Ignoranzeid am wenigsten bedenklich ist. Dagegen ist m. E. die im Entwurfe § 610 1) gutgeheißene Zulassung des Ignoranz- und des Glaubenseides beim Notheide mit dem vorjährigen Beschlusse der vierten Abtheilung des Juristentages[39]) nicht zu vereinigen, vielmehr durchaus principlos und auch nicht durch die hier dem Kommissionsbeschlusse zum Grunde liegende Erwägung zu rechtfertigen, daß es dem Richter freistehen müsse, wo er das Nichtwissen oder die Ueberzeugung (das Nichtglauben) der einen oder anderen Partei, sei es hinsichtlich des eigentlichen Beweissatzes, sei es hinsichtlich einer für diesen als künstliches Beweismittel dienenden Thatsache für erheblich halte, darüber nach freiem Ermessen einen Eid aufzuerlegen. Allein ein Beweismittel, welches die Gesetzgebung in anderer Beziehung als ein durchaus verkehrtes bezeichnet, sollte sie auch dem richterlichen Ermessen nicht anvertrauen. Häufig ist es nur die richterliche Bequemlichkeit und die Scheu vor der allerdings verantwortlichen Entscheidung ohne gesetzliche Beweisregeln, welche auf den Notheid zurückgreifen läßt. Aber allerdings kann auch, wenn man niemals eine Befragung der Parteien als Zeugen in eigener Sache eintreten

---

[42]) Verhandlungen VIII., 2 S.

lassen will, das Resultat der gänzlichen Verwerfung des Ignoranz- und des Kredulitätseides sehr oft eine Rechtsverletzung sein, wie von Seiten der Mehrheit der Kommission[40]) mit Recht hervorgehoben wurde.

Uebrigens ist die Vernehmung der Partei als Zeuge in eigener Sache von einem Mitgliede der Kommission für diejenigen Fälle vorgeschlagen, wo heut zu Tage der Ignoranz- und bezw. Kredulitätseid Platz greift, und hat auch bei mehreren Mitgliedern in dieser Beschränkung Anklang gefunden.[41])

b) Der Entwurf beseitigt die Gewissensvertretung, wie auch die eventuelle Eidesdelation, gestattet vielmehr der Partei, welche Anfangs den Beweis durch andere Beweismittel angetreten hatte, später sich der Eideszuschiebung zu bedienen (§ 587 u. 588). Obwohl nun die vierte Abtheilung des vorjährigen Juristentages sich für die Beibehaltung der eventuellen Eidesdelation in dem gemeinrechtlichen Umfange ausgesprochen hat, halte ich die Ansicht des Entwurfs doch principiell für richtiger, und wenngleich sie in der von der Kommission angenommenen Härte[42]) zu vielfachen materiellen Rechtsverletzungen führen wird, doch für einen Anfang des Besseren in der Zukunft. Mit der eventuellen Eidesdelation und der davon schwer zu trennenden Gewissensvertretung würde der Formalismus der gemeinrechtlichen Beweistheorie, der in der Proceßordnung angenommenen freieren Beweiswürdigung zum Trotz, zum guten Theile praktisch aufrecht erhalten bleiben.

c) Nicht nur der zugeschobene Eid, sondern auch der Notheid (§§ 599, 610 3) soll nach richterlichem Ermessen durch einen Vorbescheid festgestellt werden können, wenn auch bezüglich des Notheides als Regel die Festsetzung durch bedingtes Endurtheil gelten soll.

Von besonderer, freilich in der Theorie wie in der Praxis oft nicht genügend gewürdigter Wichtigkeit sind die Bestimmungen über die Abstimmung der Richter. In dieser Beziehung dürfte § 323 des norddeutschen Entwurfs

> „Sowohl über die rechtliche Erheblichkeit eines jeden selbstständigen Angriffs- oder Vertheidigungsmittels als über den Beweis der Thatsachen, auf welchen dasselbe beruht, muß die Abstimmung, wenn sie erforderlich wird, getrennt erfolgen.
>
> Durch die Bestimmungen des ersten Absatzes wird eine getrennte Abstimmung in anderen dazu geeigneten Fällen nicht ausgeschlossen.
>
> Insoweit nach freier richterlicher Ueberzeugung zu entscheiden ist, ob eine thatsächliche Behauptung für wahr oder nicht wahr zu er-

---

43) Protokolle S. 1031.

44) Protokolle S. 996. 997.

45) Bezüglich meiner Ansicht darf ich auf Recht und Beweis S. 160 und den Gesetzesvorschlag daselbst S. 258 (§ 27) verweisen.

achten sei, wird über die für die Ueberzeugung maßgebenden Gründe nicht getrennt abgestimmt.

Kein Richter darf die Abstimmung über eine Frage deshalb verweigern, weil er bei der Abstimmung über eine vorhergehende Frage in der Minderheit geblieben ist."

einen wesentlichen Fortschritt gegen die Vorschriften der §§ 255, 272 des hannoverschen, wie des § 345 des preußischen Entwurfs[46]) enthalten. Eine besondere Beachtung verdient hier der jedenfalls correcte Absatz 3.[47])

V.

Das Verfahren vor den Einzelrichtern und den Handelsgerichten anlangend, so ist es nach dem Entwurfe im Wesentlichen dasselbe, welches vor den Kollegialgerichten stattfindet. Der Hauptunterschied besteht nur in dem Wegfall des Erfordernisses vorbereitender Schriftsätze, wie in dem Wegfall des hinsichtlich der Kollegialgerichte angenommenen Anwaltszwanges. Diese Grundsätze sind auch gewiß die richtigen, sofern man beides, das Verfahren vor dem Einzelrichter wie dasjenige vor den Handelsgerichten, gewissermaßen als ein schiedsrichterliches betrachtet, bei welchem durch das Ansehen der Gerichtspersonen und ihre Kenntniß der Personen, beziehungsweise durch ihre besondere Sachkunde manche Streitigkeiten entweder völlig geschlichtet oder doch auf eine geringere Anzahl streitiger Punkte reducirt und in der Regel nicht „de apicibus juris" gestritten wird. Die Voraussetzung ist dabei aber, daß einerseits die Kompetenz der Einzelrichter nicht zu hoch gegriffen werde und daß andererseits die Berufung an die höheren Kollegialgerichte besonders frei gestellt werde.[48]) Die Kompetenz der Einzelrichter ist im Entwurfe (§ 3) mit hundert Thalern Werth und demjenigen, was ihnen sonst noch zugewiesen ist (z. B. Ansprüche aus einem Viehhandel, § 3. 1),[49]) jedenfalls reichlich hoch, nach meiner Ansicht zu hoch bemessen.

Ueber die außerordentlichen Verfahrensarten bemerke ich hier nur, daß der Entwurf dieselben wohl mit Recht auf ein Minimum reducirt, insbeson-

---

[46]) Diese Entwürfe schrieben einfach die Abstimmung nach Gründen vor. Die Unrichtigkeit dieses allgemeinen Satzes hat Zacke, Ueber Beschlußfassung in Versammlungen und Collegien 1867, dargelegt. Zacke's Ansicht, daß stets nur über das Endresultat abzustimmen sei, ist freilich ebenso unrichtig.

[47]) Vgl. Bar in der Münchener kritischen Vierteljahrsschrift 1868, S. 467—508.

[48]) Die Berufung ist hier eben wegen der gewißermaßen provisorischen Natur der ersten Instanz auch prinzipiell zu rechtfertigen.

[49]) Solche Prozesse können oft sehr schwierig sein und einen sehr hohen Werthbetrag erreichen.

dere auch das noch in die hannoversche Proceßordnung wie in den hannoverschen Entwurf (§§ 546 ff.) aufgenommene schriftliche Verfahren mit mündlicher Schlußverhandlung beseitigt hat. Was das letztere betrifft, so ist es ein offenbarer Widerspruch, wenn man überhaupt das Princip der Mündlichkeit als besser zur Aufhellung einer Streitsache dienend ansieht, gerade schwierige oder verwickelte Sachen nach dem entgegengesetzten Principe zu behandeln, ganz abgesehen davon, daß ein häufiger Gebrauch dieses letzteren Ausnahmeprincips die Handhabung der als Regel festgehaltenen Mündlichkeit unsicher machen würde.[50])

Das „vorbereitende" Verfahren in Rechnungssachen, Auseinandersetzungen und ähnlichen Processen des norddeutschen Entwurfs (§§ 713 ff.) wahrt dagegen das Princip der Mündlichkeit, insofern der protokollarischen Festsetzung des beauftragten Richters wesentlich nur die Bedeutung eines vorbereitenden Schriftsatzes zukommt, und dürfte gleichwohl doch dem praktischen Bedürfnisse besser dienen als die Schriftsätze des gemeinen oder des preußischen Processes. Als außerordentliche Verfahrensarten kennt der Entwurf außerdem nur noch den Urkunden- und Wechselproceß, einen Arrestproceß, einstweilige Anordnungen und ein s. g. Mahnverfahren und wird damit den Bedürfnissen des Verkehrs, obwohl im Detail noch einige Modificationen wünschenswerth erscheinen können, auch Genüge leisten.

In den Vorbemerkungen sind die bei dem Entwurfe vorausgesetzten Grundzüge einer gemeinsamen Gerichtsorganisation dargelegt. Aus diesen wie aus anderen Bestimmungen des Entwurfs scheint zu folgen, daß man an einer vollständigen zweiten Instanz auch hinsichtlich der Beweisfrage, selbst bei den von den regelmäßigen Kollegialgerichten in erster Instanz verhandelten Sachen festhalten will. Man will dabei die erste Instanz mit drei, die zweite Instanz mit mindestens fünf Richtern besetzen. Zu kleine Richterkollegien haben indeß ihre bedenklichen Seiten. Der Einfluß eines Einzigen, insbesondere des Präsidenten, der außerdem vielleicht allein von den übrigen Mitgliedern die vorbereitenden Schriftsätze kennt und sich auf die mündliche Verhandlung vorzubereiten im Stande ist, kann hier leicht ein übermächtiger werden, ohne daß doch wie bei dem Einzelrichter auch äußerlich jene persönliche Verantwortlichkeit hervortritt. Bleiben die Mitglieder längere Zeit dieselben, so können ohne hinreichende Untersuchung leicht stabile Ansichten sich bilden, während wiederum ein Einzelner, der neu eintritt, leicht die bisherige Praxis umwirft. In einem mündlichen Verfahren, welches viele Fragen des Prozesses dem richterlichen Ermessen und selbst ohne Ge-

---

[50]) In Hannover ist denn auch dies schriftliche Verfahren nur höchst selten zur Anwendung gekommen.

stattung eines Rechtsmittels dagegen überläßt und überlassen muß, ist dies besonders bedenklich. Dennoch wird bei Beibehaltung einer vollständigen zweiten Instanz auch über die Beweisfrage die Mitgliederzahl für die erste Instanz sich nicht wohl vermehren lassen. Aber man wird von Neuem die Frage aufzuwerfen veranlaßt: ist eine zweimalige unvollständige Verhandlung (d. h. insbesondere eine Verhandlung ohne vollständiges Beweisverfahren vor dem erkennenden Richter) vor einem das erste Mal wenigstens mit schwacher Mitgliederzahl besetztem Gerichte, oder eine einmalige, dann aber mit allen erforderlichen Garantien ausgestattete Verhandlung vor einem ausreichend besetzten Gerichte vorzuziehen? Ohne Zweifel aber verlangt ein mündliches und vollständig kollegialisches Verfahren im Ganzen mehr Arbeitskräfte als ein schriftliches oder ein schriftliches Verfahren mit mündlicher Schlußverhandlung, welches letztere doch in Wahrheit nie ein vollkommen kollegialisches genannt werden kann. So dürfte denn leicht mit den bisherigen Arbeitskräften nach dem System des Entwurfs nicht auszureichen sein, während die Streichung der zweiten Instanz über die Beweisfrage selbst bei der vollständigsten Besetzung der ersten Instanz eine Ersparung an Arbeitskräften und damit die Möglichkeit einer besseren Ausstattung der Richterstellen in Aussicht stellen würde.

VI.

Ich gedachte eben mein vorstehendes Gutachten abzuschließen, als mir der „vervollständigte" Entwurf der Prozeßordnung, welcher die Lehre von den Rechtsmitteln enthält und die beabsichtigte Gerichtsorganisation schon deutlicher erkennen läßt, zu Händen kam.

Durchaus beitreten kann ich nun, wie hervorgehoben, zunächst der zu den „Vorbemerkungen" hinzugekommenen Anmerkung, nach welcher die Commission die Errichtung Eines obersten Gerichtshofes für den Norddeutschen Bund für erforderlich erachtet. Eigentlich ist dieselbe schon durch die weitgreifenden Bestimmungen des Rechtshilfegesetzes geboten, welche wenigstens eine einheitliche Kompetenzregulirung für die Gerichte der verschiedenen Bundesstaaten voraussetzen, nicht nur durch ein einheitliches, aber verschiedener Interpretation unterliegendes Gesetz, sondern durch ein stets eingreifendes und einheitlich entscheidendes Gericht.

Dagegen hat m. E. die Kommission die unmögliche Aufgabe, die Errichtung einer vollständigen zweiten Instanz auch über die Beweisfrage mit dem Prinzip der Mündlichkeit in Einklang zu bringen, ebenso wenig wie frühere Entwürfe und Gesetze zu lösen vermocht.

Anzuerkennen ist freilich, daß die Kommission hier den verhältnißmäßig besten Weg, wenn auch vielleicht nicht konsequent, eingeschlagen hat, die Berufung wesentlich als ein judicium novum zu organisiren. Diesem Princip entspricht es, daß

1) die Berufungsschrift (vgl. § 749) bestimmte Beschwerdepunkte nicht zu enthalten braucht;

2) die Parteien bis zum Schlusse der Hauptverhandlung Angriffs- und Vertheidigungsmittel, welche in der ersten Instanz nicht geltend gemacht sind, insbesondere neue Thatsachen und Beweismittel vorbringen können (§ 763), ja daß sie auch die in erster Instanz unterbliebenen oder verweigerten Erklärungen über Thatsachen, über Urkunden oder über Eideszuschiebungen nachholen können, vorbehaltlich der Befugniß des Berufungsgerichts nach freier Ueberzeugung zu ermessen, welche Wirkung der Thatsache beizulegen sei, daß eine solche Versäumung oder Weigerung stattgefunden habe (§ 763).[51])

Ebenso entschieden aber stellt sich der Nachtheil heraus, daß von einer wirklichen Nachprüfung desselben Streitmaterials, durch welche allein ein Instanzenzug prinzipiell gerechtfertigt werden kann, gar nicht mehr die Rede sein kann. Findet doch nach § 778, welcher die einzig zulässigen Fälle einer Zurückverweisung in die erste Instanz aufzählt, die letztere z. B. nicht statt, wenn der Richter erster Instanz die Klage ohne Beweisverfahren abgewiesen, also ein Beweisverfahren erster Instanz noch gar nicht vorliegt, und können doch nach § 768 neue Ansprüche, wenn auch nicht klagend, so doch zum Zweck der Kompensation erhoben werden!

Es leuchtet danach wohl ein, daß die vermeintliche Billigkeit, durch welche ohne alle Schranke die Zulässigkeit des Vorbringens neuen Angriffs- und Vertheidigungsmaterials in zweiter Instanz, auch abgesehen von dem Prinzip der Mündlichkeit, empfohlen und durch welche neuere Prozessualisten die Berufung andererseits dem Prinzip der Mündlichkeit zum Trotz, möge letztere auch biegen oder brechen, rechtfertigen wollen, in entschiedene Unbilligkeit umschlägt gegen Denjenigen, der seinen prozessualischen Verpflichtungen in erster Instanz gehörig nachgekommen ist und der nun an die von ihm in erster Instanz abgegebenen Erklärungen gebunden ist und der zweitens durch Nova des Gegners ohne weitere Remedur überrascht werden kann. Zugleich aber wird das naturgemäße Verhältniß der Instanzen verrückt. Während der Schwerpunkt der Justizpflege in die erste Instanz fallen, und die zweite nur eine Korrektur der ersten bilden sollte, ist ferner nach

---

[51]) Die entgegengesetzten Bestimmungen der §§ 765. 766. über die Wirksamkeit eines abgelegten gerichtlichen Geständnisses und über die Zuschiebung, Annahme und Zurückschiebung eines Eides auch für die Berufungsinstanz sind inconsequent und dürften voraussichtlich praktisch die üble Folge haben, daß in erster Instanz Eide möglichst gar nicht zugeschoben werden, also Alles für die zweite Instanz aufgespart und das Verfahren sehr verweitläufigt wird.

dem Entwurfe die erste Instanz nur ein Vorspiel, eine Versuchsstation für die zweite in Wahrheit entscheidende Instanz, und was die Parteien in England z. B. durch eine freie Instruktion billiger und besser erhalten, bekommen sie hier erst durch ein unter Obervormundschaft des Gerichts mit Beweisbescheiden und Urtheilen geregeltes förmliches Verfahren.[52])

Die Bestimmung des § 770:

„Wenn eine Partei in der Berufungsinstanz auf Grund eines neuen Vorbringens obsiegt, welches sie bereits in erster Instanz geltend zu machen im Stande war, so können ihr die Kosten der Berufungsinstanz ganz oder theilweise auferlegt werden"

kann schon deßhalb für ausreichend nicht erachtet werden, den Schwerpunkt der Verhandlungen für die erste Instanz aufrecht zu erhalten, weil beide Parteien gleichmäßig bestrebt sein werden, irgend einen Trumpf, wenn man sich so ausdrücken darf, für die zweite Instanz aufzusparen, eine nicht unrichtige Parteitaktik, welche das bei freier richterlicher Beweiswürdigung sonst mögliche ungünstige Präjudiz der ersten Instanz am besten bei Seite schieben läßt. Außerdem werden oft kleine Inkorrektheiten des Urtheils der ersten Instanz, wegen deren an sich die Berufung nicht zur Hand genommen sein würde, benutzt werden um die Anwendung des § 770 auszuschließen.

Dazu kommt aber der Nachtheil, daß die Berufung immer an ein präsumtiv schlechter informirtes Gericht geht. Zwischen die unmittelbare Kenntnißnahme des Sachverhalts, welche für die erste Instanz gilt, schiebt sich auch nach den Bestimmungen des Entwurfs das Urtheil erster Instanz, gegen welches die in den mündlichen Berufungsverhandlungen zu stellenden Beschwerden sich richten. Mehr oder weniger wird die Debatte — und nach dem Entwurfe mehr noch z. B. als im französischen Prozesse, der bei dem regelmäßig abgekürzten Beweise und bei der weitgreifendeu Praxis, den Beweis durch Schlußfolgerungen des gewöhnlichen Lebens zu ersetzen, eine freiere Bewegung auch in zweiter Instanz gestattet — so zu einem Referate der Anwälte über die erste Instanz sich gestalten. Die Hauptsache aber ist, daß man in der zweiten Instanz in der Regel nicht in der Lage sein wird, schon der Kosten und der sonst eintretenden Geschäftsüberhäufung wegen, die Beweisaufnahme vor dem erkennenden Gerichte geschehen zu lassen. Nach § 775, welcher die Befugniß nochmaliger Vernehmung eines in erster Instanz vernommenen Zeugen als Ausnahme erwähnt, wird man denn auch nicht daran zweifeln dürfen, daß regelmäßig das Berufungsgericht die Beweise auf Grund der Akten erster Instanz prüfen wird.

Indem ich die im Ganzen weniger erhebliche Beschwerde wider das

---

[52]) Vgl. Recht und Beweis S. 124 und den Gesetzesvorschlag daselbst S. 256.

Gericht (Extrajudizialappellation des gemeinen Rechts), wobei der Entwurf (§ 788 ff.) zweckmäßiger Weise die Schriftlichkeit beibehalten hat und auch wohl beibehalten mußte, und ebenso die Vorschriften über die s. g. Wiederaufnahmeklage (Restitution gegen ein rechtskräftiges Erkenntniß) übergehe, weil deren Kritik mich zu sehr in das Detail führen würde, darf ich noch hinsichtlich der praktisch insbesondere für die Aufrechterhaltung der Rechtseinheit im Norddeutschen Bunde so wichtigen Nichtigkeitsbeschwerde Folgendes hervorheben.

1) Der Entwurf läßt die Nichtigkeitsbeschwerde allgemein zu, wenn die Entscheidung auf der Verletzung einer Rechtsnorm beruht, mit der einzigen Beschränkung, daß ein besonderer Beweis eines Gewohnheitsrechtes, eines statutarischen Rechtes oder eines in einem anderen Staate geltenden Rechtes in der Nichtigkeitsinstanz nicht geführt werden soll. (§ 808.)

2) Nach § 823 Abs. 2. soll der oberste Gerichtshof, wenn die Vernichtung des Urtheils nur erfolgt wegen Gesetzesverletzung bei Anwendung des Gesetzes auf das der Entscheidung zum Grunde gelegte Sachverhältniß, nach den für das Berufungsverfahren geltenden Vorschriften in der Sache selbst entscheiden und nicht nur die Sache an das Instanzgericht zurückverweisen.

Beide Vorschriften würden nun, wenn der Entwurf nicht eine sogleich zu erwähnende rein äußerliche, und wie ich glaube zu verwerfende Beschränkung der Nichtigkeitsbeschwerde hinzufügt, den obersten Gerichtshof eines größeren Landes und sicher den in Aussicht genommenen einheitlichen obersten Gerichtshof für den norddeutschen Bund mit Geschäften überlasten und für den norddeutschen Bund einen einheitlichen obersten Gerichtshof vielleicht zur Unmöglichkeit machen. Kann nun auch darüber gestritten werden, ob in ersterer Beziehung eine sachliche Beschränkung der Nichtigkeitsbeschwerde — auch in Frankreich kann nur die Verletzung eines bestimmten Gesetzes, nicht jede nach Ansicht des Kassationshofes etwa unrichtige Rechtstheorie die Kassation begründen — theoretisch und praktisch durchführbar sein würde, so muß doch für ein größeres Gebiet die Beschränkung des Nichtigkeitsrichters auf die Vernichtung des Urtheils und Zurückverweisung der Sache selbst an die Instanz als das allein richtige Prinzip aufgestellt werden, ganz abgesehen davon, daß das Erkennen in der Sache selbst leicht dahin führen wird, daß der oberste Gerichtshof unbewußt auch in die Beurtheilung der von dem Berufungsgerichte allein festzustellenden Thatsachen sich einmische. Durch die Meinung, die Stellung eines obersten deutschen Gerichtshofes erfordere es in der Sache selbst anzuerkennen, lasse man sich dabei nicht irre führen. Die obersten deutschen Gerichtshöfe erkannten früher, nachdem ein schriftliches, und nicht nachdem ein mündliches Verfahren vorausgegangen war. Außerdem waren die Bedürfnisse des Rechtsverkehrs früher andere als heut zu Tage, und legte man insbesondere auf die praktische Erhaltung der Rechtseinheit nicht solches Gewicht, wie heut zu Tage geschehen muß. Allerdings hat auch die französische, auch in der neuen bayerischen Prozeßordnung §§ 815, 820 angenommene Kassation ihre Inkonvenienzen. Aber der Entwurf § 826, 3) hat sich bereits entschlossen, diesen Inkonvenienzen dadurch die Spitze abzubrechen, daß das Instanzgericht diejenigen Rechtsnormen, welche der oberste Gerichtshof der Vernichtung des Urtheils zu Grunde gelegt hat, stets einer neuen Entscheidung der Sache, da, wo z. B. die Vernichtung wegen eines Procedurfehlers erfolgt, zu Grunde legen soll. —

Die bereits erwähnte, meines Erachtens durchaus zu verwerfende rein äußerliche Beschränkung der Nichtigkeitsbeschwerde besteht eben darin, daß § 812 vorschreibt, es habe der Nichtigkeitskläger vor Einlegung der Beschwerde hundert Thaler Succumbenzgeld zu **hinterlegen**. Freilich ist er von der vorherigen Hinterlegung (jedoch nicht von der demnächstigen Zahlung nach § 825) befreit, wenn ihm das Armenrecht bewilligt ist. Dennoch widersprechen derartige Beschränkungen, gegen welche, wenn wir nicht irren, z. B. auch der gegenwärtige preußische Justizminister sich früher energisch erklärt hat, den Traditionen der deutschen und insonderheit der preußischen Justiz durchaus, und können als eine Rechtsverweigerung gegenüber dem Minderwohlhabenden bezeichnet werden, der sich scheut, geradezu um ein Armuthsattest nachzusuchen, oder die **hundert Thaler** (!) nicht sogleich zusammenbringen kann, um einen Prozeß, an welchem vielleicht sein Vermögen, seine Ehre und sein Familienglück hängt, zur Entscheidung des obersten Gerichtshofes zu bringen.[53]) Die neue bayerische Prozeßordnung § 813 verfährt hier weit liberaler. Nicht nur redet sie nicht von vorheriger Hinterlegung des Succumbenzgeldes; sie gestattet nur eine Verurtheilung bis zu 100 Gulden, wenn dem Beschwerdeführer Streitmuthwille zur Last fällt.

Diese Bestimmung führt mich auf einen anderen Punkt, bei dem es sich ebenfalls um Vermögen und Geld und Geldeswerth unmittelbar handelt.

Sieht man sich den Entwurf an, so kann man auf den Gedanken kommen, daß die Bewohner des norddeutschen Bundes sehr reich sein müssen, viel reicher als die Bewohner der übrigen europäischen Länder, England[54])

---

[53]) Die nachträgliche Verurtheilung in eine Succumbenzstrafe ohne das Erforderniß vorheriger Hinterlegung hat einen durchaus anderen Charakter. Der Rechtszug wird doch dann von dem Geldbesitze nicht abhängig gemacht, und bei der Beitreibung von Succumbenzgeldern pflegt man milde zu verfahren.

[54]) In England geht freilich die Kompetenz der neuen County courts bis 50 Pfund; aber jede der Parteien kann auch Entscheidung durch eine Jury verlangen.

kaum ausgenommen. Die Ausdehnung und Bedeutung, welche der Entwurf dem in Preußen s. g. Bagatellverfahren geben will, ist nämlich eine ganz exorbitante.

Während in den altpreußischen Provinzen der Bagatellprozeß vor den Einzelrichtern sich auf Prozesse bis 50 Thlr. Werth erstreckt, die Kompetenz der französischen Friedensrichter [55]) auf Prozesse bis 300 Frcs. Werth und der Einzelrichter nach der neuen bayerischen Prozeßordnung § 4 gleichermaßen auf 150 Gulden beschränkt ist, ist nach dem vervollstandigten Entwurfe § 3 die Kompetenz der Amtsgerichte bis auf **150** Thlr. einschließlich erhöht, ganz abgesehen davon, daß eine große Menge von Streitigkeiten ohne Rücksicht auf den Werth diesen Gerichten ausschließlich überwiesen ist. Nur in Hannover besteht seit 1859 eine gleich hohe Kompetenz der Einzelrichter. Dieselbe ist indeß nur nach energischem Widerstreben eines großen Theils der damaligen hannoverschen Ständemitglieder und insbesondere der hannoverschen Anwälte von der Regierung durchgesetzt worden, während die Prozeßordnung von 1850 die Kompetenz der Amtsgerichte nur bis zu 100 Thlr. erstreckt hatte.

Wie ich glaube, wurde mit Recht gegen die Vorlage der damaligen hannoverschen Regierung, welche ursprünglich eine Erhöhung der einzelrichterlichen Kompetenz bis zu 300 Thlr. wollte, von im Uebrigen begeisterten Anhängern des hannoverschen Verfahrens geltend gemacht, daß in Hannover vor den Amtsgerichten durchschnittlich durchaus anders als vor den Kollegialgerichten verfahren werde. Von einer einheitlichen mündlichen Verhandlung sei meistens nicht die Rede; das Verfahren löse bei dem Mangel an vorbereitenden Schriftsätzen und den fortwährenden Terminsverlegungen sich in ein rein schriftliches, ungründliches Verfahren mit schriftlichen im Termin überreichten Recessen und ermüdendem Protokolliren auf und koste außerdem durch die Verzögerungen und Verschleppungen den Parteien weit mehr als das obergerichtliche Verfahren. Daneben erblickten Viele in der übergroßen Ausdehnung der Kompetenz der Einzelrichter, denen mannigfache andere Geschäfte aufgelegt wurden, einen Angriff auf die Selbstständigkeit und Unabhängigkeit der Gerichte, welche in Deutschland von jeher ihren vorzüglichen Schutz in der kollegialen Gerichtsverfassung gehabt hat, — während der hannoversche Amtsrichter, soweit als irgend möglich unter die Oberaufsicht der Staatsanwälte gestellt war. [56])

Außerdem sind, abgesehen von dem Falle einer Prorogation, ihnen eine ganze Reihe von Streitsachen auch über 50 Pfund Werth speziell entzogen.

[55]) Gesetz vom 25. Mai 1838.

[56]) Vgl. z. B. Bekanntmachung des hannoverschen Justiz-Ministeriums vom 16. Mai 1859, §§ 28, 29 ff. 38. (Bei den Kollegialgerichten stellte sich das Verhältniß thatsächlich anders.)

Ganz **neu** und dem norddeutschen Entwurfe eigenthümlich aber ist die Ausdehnung, in welcher gerade die Urtheile der Einzelrichter von aller und jeder Kontrole durch die höheren Gerichte eximirt werden sollen.

Nach der hannoverschen Prozeßordnung sind alle Rechtsstreitigkeiten über 10 Thlr. Werth berufungsfähig, nach dem französischen Gesetze von 1838 alle friedensrichterlichen Urtheile in Sachen über 100 Frcs. Werth, nach der neuen bayerischen Prozeßordnung (§ 685) Urtheile der Einzelrichter in Sachen über 25 Gulden, nach der badischen Prozeßordnung von 1864 (§ 1104) Urtheile in Sachen über 50 Gulden. Im preußischen Verfahren findet in Sachen bis 50 Thlr. Werth zwar keine Appellation, wohl aber Rekurs statt, ein zwischen der modernen Nichtigkeitsbeschwerde und der sonst zuläßigen auch auf neue Thatsachen und Beweise zu stützenden Appellation in der Mitte stehendes Rechtsmittel, welches dem Oberrichter thatsächlich doch eine recht weitgreifende Korrektur fehlerhafter untergerichtlicher Erkenntnisse ermöglicht, und der Entwurf von 1864 § 617 wollte die Berufung in allen Sachen über 20 Thlr. Werth zulassen.

Der norddeutsche Entwurf § 742 will dagegen die Berufung in Sachen, deren Werth nicht 50 Thlr., ausschließen und nach § 807[57]) in diesen Sachen nicht einmal eine Nichtigkeitsbeschwerde gestatten! Denn diejenigen Voraussetzungen, unter welchen nach § 828 die Nichtigkeitsbeschwerde ausnahmsweise auch gegen einzelrichterliche Erkenntnisse zugelassen wird:

„1) wenn der Richter, welcher das Urtheil erlassen hat, behindert oder abgelehnt war, sofern im letzteren Falle das Ablehnungsgesuch für begründet erklärt ist;

2) wenn die Vorschriften über die Zuständigkeit oder über die Zuläßigkeit des Rechtsweges verletzt sind;

3) wenn die in dem Termin zur mündlichen Verhandlung, auf welche das Urtheil erlassen ist, nicht erschienene Partei nicht ordnungsmäßig, insbesondere nicht rechtzeitig geladen war, oder wenn irrthümlich angenommen ist, daß die Partei in dem bestimmten Termine nicht erschienen sei;

4) wenn die Vorschriften über die Oeffentlichkeit oder die Mündlichkeit des Verfahrens nicht befolgt sind;

5) wenn das Urtheil keine Entscheidungsgründe enthält"

können ihrer Natur nach die Fälle einer sachlich verkehrten Entscheidung nur höchst zufälliger Weise mittreffen. Es sind hier nur grobe formelle Verstöße als Nichtigkeitsgründe bezeichnet, die in der Praxis höchst selten vorkommen,

---

[57]) „Gegen Endurtheile, welche in der Berufungsinstanz erlassen sind, findet das Rechtsmittel der Nichtigkeitsbeschwerde statt."

und man kann behaupten, „in Sachen bis fünfzig Thaler soll der Einzelrichter nach dem norddeutschen Entwurfe souverain entscheiden" — während doch nach der französischen Gerichtsverfassung, desgleichen z. B. nach der bayerischen Prozeßordnung, wenigstens die Nichtigkeitsbeschwerde in allen Sachen zulässig ist, ohne Rücksicht auf den Werthbetrag.

Wenngleich ich nun ein entschiedener Gegner übermäßig vieler Instanzen bin und unter gewissen Voraussetzungen die erstinstanzliche Entscheidung eines gut und ausreichend besetzten Collegialgerichts in Ansehung der Beweisfrage einer Berufung nicht ausgesetzt sehen möchte, muß ich doch auf das Entschiedenste für die Möglichkeit einer Nachprüfung der Rechtsfrage in einer höheren Instanz mich aussprechen. Wollte man die erste Instanz auch über die Rechtsfrage endgültig sich entscheiden lassen, so würde abgesehen von der Gefährdung der Einheit der Rechtspflege ein verderblicher Antrieb zur Bequemlichkeit und zur unwissenschaftlichen Behandlung der Prozesse, ja zur Willkür gegeben sein. Dies ist nun offenbar bei den Entscheidungen eines Einzelrichters noch von viel größerer Bedeutung, als bei denjenigen der Kollegialgerichte. Auch die Richter sind Menschen und als solche mannigfachen unkontrolirbaren, ihnen selbst unbewußten Einflüssen ausgesetzt, welche das Urtheil trüben und eine ungerechte Beurtheilung einer Sache, einer Partei herbeiführen können. Diese zufälligen Einflüsse müssen durch die Prozeßgesetzgebung und die Gerichtsorganisation eliminirt, unschädlich gemacht werden, entweder durch einen Instanzenzug oder durch Besetzung des Gerichts mit mehreren Mitgliedern. Ersteres entspricht dem Prinzipe der Schriftlichkeit, letzteres dem Grundsatze der Mündlichkeit und ist um so nothwendiger, je mehr die Mündlichkeit ein freies Ermessen des Richters fordert und je mehr das Prinzip der freien Beweiswürdigung durchgeführt wird. Man vergesse doch nicht, daß, wenn die Bestimmungen des Entwurfs Gesetz werden, durch eine übereilte, aus freier Hand zu Protokoll diktirte Entscheidung eines Einzelrichters der Ruin einer Familie des Arbeiterstandes oder des geringeren Handwerkerstandes besiegelt werden kann, namentlich wenn, wie doch leicht möglich ist, mehrere gleichartige und zu gleicher Zeit anstehende Prozesse, z. B. über unbezahlte und angeblich verjährte Rechnungen, in Frage stehen. [58])

Und die Einwendungen gegen die übermäßige Kompetenz der Amtsgerichte, welche von Seiten der altkonservativen,[58a]) wie der liberalen Mitglieder der früheren hannoverschen Ständeversammlung erhoben wurden, ungeachtet

---

[58]) Uebrigens können selbst einem reichen Fabrikbesitzer solche Urtheile recht fatal werden, z. B. wenn es sich um Lohnforderungen der Arbeiter aus gleichem Rechtsgrunde handelt.

[58a]) Insbesondere gerade von der ersten Kammer.

die hannoversche Prozeßordnung ein sehr ausgedehntes Berufungsrecht gewährte, müssen auch noch aus anderen Gründen bestätigt werden. So segensreich auch der Einzelrichter gleichsam als ein vom Gesetze bezeichneter Schiedsrichter und Vertrauensmann wirken kann, so verkehrt ist es — und hier müssen wir gradezu den von der Majorität der Civilprozeß-Kommission gebilligten Gründen auf das Schärfste entgegengetreten — dies Verhältniß künstlich durch eine von aller oberrichterlichen Kontrolle souveraine Gewalt schaffen zu wollen. Könnte nicht durch den fortgesetzten Eigensinn eines Einzelrichters in einem bestimmten Bezirke eine wahre Rechtsverwirrung herbeigeführt werden![59]) Der Einzelrichter, dem vermuthlich die freiwillige Gerichtsbarkeit, das Amt des Polizeirichters, die Aufsicht über die Gefängnisse, in gewissem Umfange die Funktionen eines Untersuchungsrichters (wenigstens bei Gefahr im Verzuge) in Kriminalsachen aufgebürdet werden, wird nicht immer die erforderliche Zeit und Muße für ein genaues Studium der civilrechtlichen Fragen erübrigen können, und es liegt in der Natur der Sache, daß die mündliche Verhandlung selbst, welche, wenn sie Garantieen gerechter und gründlicher Rechtsprechung geben soll, eine gewisse äußere Ruhe und Sollennität verlangt, durch das Zusammenströmen der mannigfachsten Anliegen und Gesuche, dann aber schon in Folge mangelhafter Lokalitäten der Untergerichte vielfachen Störungen ausgesetzt sein wird. Und nicht außer dem Bereiche der Möglichkeit bleibt, daß der Amtsrichter in der Eile Versehen macht, wegen welcher er sogar civilrechtlich verantwortlich gemacht werden könnte, deren Verlautbarung ihm wenigstens störend sein würde. So kann der Einzelrichter moralisch in die Abhängigkeit z. B. eines geschickten Advokaten kommen — Veniam damus petimusque vicissim — oder auch des Staatsanwalts. Es werden dies vermuthlich wohl seltene Ausnahmsfälle sein: ihre abstrakte Möglichkeit aber ist nicht in Abrede zu stellen, und hätten wir nur Ideale von Menschen und Rechtsgelehrten zu Richtern, so brauchten wir vielleicht gar keine Prozeßordnung, und in dem patriarchalischen Gemälde, das man von dem Einzelrichteramte zu entwerfen gewohnt ist, dürfen doch auch einige mögliche Schattenseiten dieses an sich vortrefflichen Instituts, das nur nicht überspannt werden darf, nicht ganz verschwiegen werden.[60])

Daß die Annahme, es sei der Einzelrichterprozeß billiger, als der Prozeß an den Kollegialgerichten, in Hannover durchschnittlich als falsch sich herausstellt, ganz abgesehen von den indirekten Nachtheilen der Verschleppung

---

[59]) Daß hin und wieder selbst unsinnige Verfügungen eines Einzelrichters vorkommen können, wird Niemand bezweifeln.

[60]) Anders steht natürlich der Einzelrichter, wenn, wie in England, die Mitwirkung einer Jury eintreten kann.

des Verfahrens, wurde schon oben erwähnt. Der Prozeß vor dem Einzelrichter begünstigt aber außerdem den Vermögenden vor dem Unvermögenden ganz außerordentlich. Selbstverständlich wird man heut zu Tage nicht mehr daran denken können, den Parteien die Vertretung durch einen Anwalt bei den Amtsgerichten zu wehren. Nun bekommt der Unvermögende im Anwaltsprozesse bei den Kollegialgerichten einen Anwalt zugeordnet; [61]) nicht aber im amtsgerichtlichen Verfahren, während der Vermögende einen rechtsgelehrten Anwalt sendet, eine Unbilligkeit zwischen Arm und Reich, die gerade durch die scheinbar so humane Ausdehnung der einzelrichterlichen Kompetenz und Befugniß herbeigeführt wird.

Gewiß giebt es Rechtsstreitigkeiten, deren Werthbetrag so unbedeutend ist, daß die Kosten eines Verfahrens vor einem Kollegialgerichte mit obligatorischer Vertretung durch Anwälte nicht daran gewendet werden können, ebensowenig auch die Kosten mehrfacher vollständiger Instanzen. Aber bei angemessener Bestimmung der Gerichts- und Anwaltsgebühren liegt hier die Grenze für die Verhältnisse der Bewohner des Norddeutschen Bundes nicht in einem Werthbetrage von 150 und 50 Thlrn. Im Uebrigen gilt, wie mit Recht gesagt worden ist, der Satz, daß es der Maus ebenso wehe thut wie dem Elephanten, wenn man ihr die Haut abzieht, und die Behauptung, daß die Schnelligkeit und Billigkeit des Prozesses der Gründlichkeit und Güte der Entscheidung vorzuziehen sei, kann doch auch nicht auf die Spitze getrieben werden — sonst möchte der Würfelprozeß das Ideal der modernen Rechtspflege werden. Gerade in Preußen und folgeweise auch im norddeutschen Bunde sollte man aber der Traditionen des großen Friedrich eingedenk sein, der durch eine billige Justiz auch dem Armen volles Recht gewähren wollte.

Welche Logik aber liegt darin, daß andererseits nach der norddeutschen Prozeßordnung — während z. B. der französische Prozeß die Grenze der Nichtappellabilität bei Entscheidungen der Collegialgerichte viel weiter erstreckt (bis auf 1500 Frcs.) [62]) — die Urtheile der Kollegialgerichte allgemein der Berufung und der Nichtigkeitsbeschwerde wegen Verletzung irgend eines Rechtssatzes unterliegen sollen? Bei diesen Urtheilen die Garantieen der Kollegialität des Gerichts, der besseren Vorbereitung der Entscheidung durch Schriftsätze, der Vertretung der Parteien durch rechtsgelehrte Anwälte, und doch meint man, um auch ja in großen Prozessen kein Unrecht zu thun, nicht einmal einer zweiten Instanz über die Beweis-

---

[61]) Norddeutscher Entwurf § 157, 1.

[62]) Desgleichen beträgt nach der neuen bayerischen Prozeßordnung § 685 die Appellationssumme bei Urtheilen der Bezirks- und Handelsgerichte 300 Gulden.

frage entrathen zu können, obwohl diese entweder gegen das Prinzip der Mündlichkeit oder gegen das Verhältniß der Instanzen verstoßen muß und vermuthlich immer aus Verstößen gegen beide prinziplos zusammengesetzt werden wird, — während die Prozesse der Unbemittelten, d. h. der großen Masse des Volkes dem souverainen Schalten des Einzelrichters schutzlos preisgegeben sind[63])!

So ist, m. E. die Gerichtsorganisation, denn wie sie nach dem Rechtsmittelsysteme des Entwurfs sich ergeben muß, eine theoretisch und praktisch unhaltbare. Durch die Organisation der Berufung, welche die erste Instanz als ein reines Vorspiel erscheinen läßt, wird der Schwerpunkt des Verfahrens in allen größeren Prozessen in die Appellationsgerichte verlegt — und zwar ist dies bei einem mündlichen Verfahren viel mehr der Fall als bei einem schriftlichen, da in jenem das in erster Instanz Vorgetragene nicht fixirt und also für die zweite Instanz nicht unmittelbar wirksam wird —, in den kleineren Prozessen aber ruht der Schwerpunkt des Verfahrens bei den Einzelrichtern. Das Gebiet, in welchem die unteren Collegialgerichte wirklich entscheiden, ist das der Berufungen gegen amtsgerichtliche Erkenntnisse in Prozessen von 50 bis 150 Thlr. Werth!

Irre ich nicht, so sollen nach dem dem Entwurfe stillschweigend zum Grunde gelegten Organisationsplane die Amtsgerichte ständige Gerichte, nicht etwa nur Deputirte eines Kollegialgerichtes sein. Nun sollen hier zwar die Vorzüge des einen oder des anderen Systems nicht abgewogen, und soll in dieser Beziehung über den Entwurf nicht abgeurtheilt werden. Gegenüber der aus verkehrtem Partikularismus hervorgehenden übermäßigen Lobpreisung des Instituts der ständigen Einzelrichter und dem daraus wieder hervorgehenden Bestreben, dieses Institut auch da einzuführen, wo historisch ein Boden für eine gedeihliche Wirksamkeit desselben nicht vorhanden ist, mögen indeß einige Bedenken nicht verschwiegen werden.

Man meint humaner Weise für den Unbemittelten, für den Landbewohner zu sorgen, wenn man Einzelrichter in großer Anzahl auf kleine Orte und Dörfer vertheilt. Aber man vergißt, daß dieser Gesichtspunkt von Jahr zu Jahr mit der Entwicklung der Eisenbahnen und mit den besseren Kommunikationsmitteln mehr in den Hintergrund treten muß. Dazu kommt, daß der Landbewohner häufig mit größerem Nutzen eine etwas entferntere Stadt als ein näheres Dorf besuchen wird. In der Stadt findet er Gelegenheit mit Nutzen zu kaufen und zu verkaufen, in der Stadt Gelegen-

[63]) Uebrigens dürfte es den Handelsstand auch interessiren, daß Handelssachen bis 150 Thlr. Werth vor die Amts- und nicht vor die Handelsgerichte gehören vgl. § 9 des Entwurfs).

heit seine Kenntnisse zu bereichern, während auf dem Dorfe die etwa übrige Zeit dem Branntwein und der Dorfschenke gewidmet wird. In der Stadt kann der Landbewohner leicht einen guten Anwalt auswählen, — auf dem Dorfe muß er, wenn er nicht große Reisespesen zahlen will, nehmen, wen er findet.

Außerdem ist zu bedenken, daß der Einzelrichter an entlegenen Orten nur schwer sich Bildungsmittel verschaffen kann, und daß, wer nicht fortschreitet, nothwendiger Weise Rückschritte macht und so den Anforderungen, welche das moderne, vielgestaltige Leben auch an die Rechtspflege stellt, nicht mehr zu genügen im Stande ist. — Der Anwaltsstand aber leidet ganz besonders durch die Zersplitterung des Gerichtswesens auf kleine unbedeutende Orte, ein Punkt, der, wenn man an die früheren kleinen Patrimonialgerichte denkt, wohl keines Beweises mehr bedürfen wird.[64])

Die Hauptsache indeß ist folgende. Es muß von allen Mitgliedern des Juristentags angenommen werden, mögen sie übrigens den verschiedensten politischen Richtungen angehören, daß wir den Aufbau des Rechtsstaates wollen.

Nun ist eine Gerichtsverfassung, bei welcher der Einzelrichter ohne Zuziehung einer Jury die vorzüglichste Stelle einnimmt, nur mit dem schrankenlosesten Absolutismus, sei er monarchisch oder demokratisch, verträglich.[65]) Das deutsche Rechtsbewußtsein aber hat von jeher sich dagegen gesträubt, eine zu große richterliche Gewalt einem Einzelnen oder einem Kollegium von zu kleiner Mitgliederzahl anzuvertrauen, und selbst Napoleon I. betrachtete als eine wesentliche Aufgabe seiner Regierung und als eine Hauptbedingung ruhiger Entwicklung des Staatslebens die Organisation großer, angesehener Gerichtskörper, während die Revolution die Gerichtsorganisation in kleine Gerichte aufgelöst hatte.

Ohne Zweifel weist Vieles darauf hin, daß auch in Deutschland, eben so wie in England, den Gerichten die Rechtsprechung in manchen Gebieten des öffentlichen Rechts — die Grundlage des Selfgovernment — überlassen werden wird. Wird das bei der Gerichtsorganisation, welche der Entwurf in Aussicht stellt, möglich sein? Kann man annehmen, daß wenn in Folge der Uebertreibung des Prinzips der Mündlichkeit und gleichzeitiger Beibehaltung der vollständigen zweiten Instanz gerade bei Entscheidungen der Kollegialgerichte, die Zahl der Richter noch vermehrt werden müßte, an-

---

[64]) Dies Bedenken ist übrigens in der Kommission selbst geltend gemacht (vgl. Protokolle S. 79).

[65]) Die römischen Judices zur Zeit der Republik und in der ersten Kaiserzeit waren Volksrichter, und selbst die Magistrate wurden vom Volk gewählt — auf kurze Zeit.

4

dererseits aber ihre Verminderung nur durch eine übermäßige Kompetenz der Einzelrichter erreicht werden soll, die äußere Stellung der Richter erheblich verbessert, und ihr Ansehen gesteigert werden wird?

Die vielfach, in Preußen insbesondere, hervortretende scharfe Opposition gegen den Entwurf, ist zum Theil durchaus unbegründet. Das preußische Verfahren ist kein mündliches, noch weniger das Referat des preußischen Prozesses der römischen Formula zu vergleichen (!), das Plaidoyer des preußischen Prozesses ist meistens überflüssig und inhaltlos, und auf so einfache Weise, wie manche Praktiker meinen, ist diesen Mängeln nicht abzuhelfen. Die Grundsätze eines Prozeßsystems stehen in einem viel zu engen Zusammenhange, um ein so oberflächliches „Zurechtflicken" zu gestatten.

Wenn der Entwurf nur mit dem in Aussicht genommenen Rechtsmittelsystem und der dabei unterstellten Gerichtsorganisation durchführbar wäre, so würde meiner Ansicht nach aber gleichwohl trotz mancher sonstiger Vorzüge im Einzelnen seiner Annahme kaum das Wort geredet werden dürfen

Daß freilich, wenn wir statt das französische Verfahren mehr oder weniger zur Grundlage der neuen Prozeßordnung zu nehmen, uns mehr an das klassisch-römische und an das heutige englische und nordamerikanische Prozeßverfahren hielten, noch etwas anderes erreicht werden könnte, als das Gute, was der Entwurf sonst bietet, habe ich anderweit schon zu zeigen versucht. Warum aber anscheinend in keiner Weise die englischen und amerikanischen Einrichtungen in Betracht gezogen sind, die Antwort hierüber erhalten wir auch aus den Protokollen der Kommission nicht.

Breslau, 12. März 1870.

Druck von G. Jansen in Berlin.

Bar, Dr. L. v., ord. Professor an der Universität Göttingen.

—— Strafrechtsfälle zum akademischen Gebrauch und zum Selbststudium. 1875. gr. 8°. VII u. 168 S. 3 M.

—— Zur Frage der Geschworenen- und Schöffengerichte. 1873. gr. 8°. 31 S. 60 Pf.

—— Kritik der Prinzipien des Entwurfs einer Deutschen Strafprozeßordnung, vom Januar 1873. 1873. gr. 8°. 58 S. 1 M.

achten über den Entwurf einer Prozeßordnung in bürgerlichen Rechtsstreitigkeiten für den Norddeutschen Bund. Erstattet dem deutschen Juristentage. 1870. gr. 8°. 50 S. 80 Pf.
Sonderabdruck aus: Verhandlungen des IX. Deutschen Juristentages.

FSC
www.fsc.org
MIX
Papier | Fördert
gute Waldnutzung
FSC® C083411

Kolibri 360 GmbH
Ferdinand-Jühlke-Straße 7
99095 Erfurt, Deutschland
produktsicherheit@kolibri360.de